Produktivität von industriellen Dienstleistungen in der betrieblichen Praxis

Heiko Breit · Angelika C. Bullinger-Hoffmann ·
Uwe Cantner
Hrsg.

Produktivität von industriellen Dienstleistungen in der betrieblichen Praxis

Methodik, Dogmatik und Diskurs

Herausgeber

Heiko Breit
Institut für Sozialforschung und
Sozialwirtschaft
Saarbrücken
Deutschland

Uwe Cantner
Lehrstuhl für Mikroökonomik
Friedrich-Schiller-Universität Jena
Jena
Deutschland

Angelika C. Bullinger-Hoffmann
Arbeitswiss. u.Innov.management
Technische Universität Chemnitz
Chemnitz
Deutschland

Die Darstellung von manchen Formeln und Strukturelementen war in einigen elektronischen Aus-gaben nicht korrekt, dies ist nun korrigiert. Wir bitten damit verbundene Unannehmlichkeiten zu entschuldigen und danken den Lesern für Hinweise.

ISBN 978-3-658-08631-2   ISBN 978-3-658-08632-9   (eBook)
DOI 10.1007/978-3-658-08632-9

Die Deutsche Nationalbibliothek verzeichnet diese Publikation in der Deutschen Nationalbiblio-grafie; detaillierte bibliografische Daten sind im Internet über http://dnb.d-nb.de abrufbar.

Springer Gabler
© Springer Fachmedien Wiesbaden GmbH 2017

Gedruckt auf säurefreiem und chlorfrei gebleichtem Papier

Springer Gabler ist Teil von Springer Nature
Die eingetragene Gesellschaft ist Springer Fachmedien Wiesbaden GmbH
Die Anschrift der Gesellschaft ist: Abraham-Lincoln-Str. 46, 65189 Wiesbaden, Germany

Inhaltsverzeichnis

Metadaten Autoren

Alexander Aust Professur Arbeitswissenschaft und Innovationsmanagement, Technische Universität Chemnitz, Erfenschlager Straße 73, Gebäude C/F, 09125 Chemnitz, alexander.aust@mb.tu-chemnitz.de

Prof. Dr. Angelika C. Bullinger Professur Arbeitswissenschaft und Innovationsmanagement, Technische Universität Chemnitz, Erfenschlager Straße 73, Gebäude C/F, 09125 Chemnitz, bullinger-hoffmann@mb.tu-chemnitz.de

Annegret Petzoldt Professur Arbeitswissenschaft und Innovationsmanagement, Technische Universität Chemnitz, Erfenschlager Straße 73, Gebäude C/F, 09125 Chemnitz, annegret.petzoldt@mb.tu-chemnitz.de

Christian Traubinger Carpe Ideam, Moldaschl & Traubinger GbR, Bahnhofsweg 2, 82008 Unterhaching bei München, info@carpe-ideam.de

Claudia Roscher Professur Arbeitswissenschaft und Innovationsmanagement, Technische Universität Chemnitz, Erfenschlager Straße 73, Gebäude C/F, 09125 Chemnitz, claudia.roscher@mb.tu-chemnitz.de

Rüffert Danny Professur Arbeitswissenschaft und Innovationsmanagement, Technische Universität Chemnitz, Erfenschlager Straße 73, Gebäude C/F, 09125 Chemnitz, danny.rueffert@mb.tu-chemnitz.de

Dr. Heiko Breit Institut für Sozialforschung und Sozialwirtschaft e. V., Trillerweg 68, D-66117 Saarbrücken, breit@iso-institut.de

Joseph Heß Professur Arbeitswissenschaft und Innovationsmanagement, Technische Universität Chemnitz, Erfenschlager Straße 73, Gebäude C/F, 09125 Chemnitz, Joseph.Hess@wirtschaft.tu-chemnitz.de

Michael Spitzhirn Professur Arbeitswissenschaft und Innovationsmanagement, Technische Universität Chemnitz, Erfenschlager Straße 73, Gebäude C/F, 09125 Chemnitz, michael.spitzhirn@mb.tu-chemnitz.de

Sebastian Döll Wirtschaftswissenschaftliche Fakultät, Volkswirtschaftslehre/ Mikroökonomik, Friedrich-Schiller-Universität Jena, Carl-Zeiss-Str. 3, D-07743 Jena, sebastian.doell@uni-jena.de

Stefanie Picard Wirtschaftswissenschaftliche Fakultät, Volkswirtschaftslehre/ Mikroökonomik, Friedrich-Schiller-Universität Jena, Carl-Zeiss-Str. 3, D-07743 Jena, Stefanie.Picard@uni-jena.de

Stefanie Rockstroh Professur Arbeitswissenschaft und Innovationsmanagement, Technische Universität Chemnitz, Erfenschlager Straße 73, Gebäude C/F, 09125 Chemnitz, stefanie.rockstroh@mb.tu-chemnitz.de

Tobias Sanders Professur Arbeitswissenschaft und Innovationsmanagement, Technische Universität Chemnitz, Erfenschlager Straße 73, Gebäude C/F, 09125 Chemnitz, tobias.sanders@mb.tu-chemnitz.de

Prof. Dr. Uwe Cantner Wirtschaftswissenschaftliche Fakultät, Volkswirtschaftslehre/ Mikroökonomik, Friedrich-Schiller-Universität Jena, Carl-Zeiss-Str. 3, D-07743 Jena, uwe.cantner@uni-jena.de

Einleitung: Produktivität und Effektivität von industriellen Dienstleistungen - Zur innovativen Bewältigung einer Gratwanderung

Heiko Breit, Angelika C. Bullinger-Hoffmann und Uwe Cantner

Inhaltsverzeichnis

Seitdem Fourastié in den 1950er-Jahren die Transformation der Industriegesellschaft in eine Dienstleistungsgesellschaft als eine der großen Hoffnungen des 20. Jahrhunderts bezeichnete, ist der Blick auf Dienstleistungen differenzierter geworden. Die Anwendung neuer Technologien rückt die Dienstleistung näher an industrielle Arbeitsstrukturen als ursprünglich erwartet, so dass es falsch wäre, aus der Tertiarisierung moderner Gesellschaften einen generellen Bedeutungsverlust der Industrie abzuleiten. Auf der anderen Seite steigt in der Industrie rapide die Wertschöpfung in Form von Tätigkeiten, die nicht

H. Breit (✉)
Institut für Sozialforschung und Sozialwirtschaft e. V., Trillerweg 68,
D-66117 Saarbrücken
e-mail: breit@iso-institut.de

A.C. Bullinger-Hoffmann
Professur Arbeitswissenschaft und Innovationsmanagement, Technische Universität Chemnitz
Erfenschlager Straße 73, Gebäude C/F, 09125 Chemnitz
e-mail: bullinger-hoffmann@mb.tu-chemnitz.de

U. Cantner
Wirtschaftswissenschaftliche Fakultät, Volkswirtschaftslehre/Mikroökonomik
Friedrich-Schiller-Universität Jena, Carl-Zeiss-Str. 3, D-07743 Jena
e-mail: uwe.cantner@uni-jena.de

© Springer Fachmedien Wiesbaden GmbH 2017
H. Breit et al. (Hrsg.), *Produktivität von industriellen Dienstleistungen*
in der betrieblichen Praxis, DOI 10.1007/978-3-658-08632-9_1

unmittelbar der materiellen Güterproduktion zugerechnet werden. Längst ist deshalb von einer hybriden Wertschöpfung die Rede, bei der die Trennlinie zwischen Produktion und Dienstleistung verschwimmt.

Industrielle Dienstleistungen sind häufig qualitativ anspruchsvoll und „wissensintensiv". Sie sorgen für wesentliche Innovationsimpulse, bilden die Basis für neue Geschäftsmodelle und gestalten die Reorganisation interner Prozesse. Design und Software prägen den Markterfolg neuer Produkte. Letztlich hängt von solchen Dienstleistungen die Wettbewerbsfähigkeit von Unternehmen ab. Durch den steigenden Wettbewerbsdruck und der notwendig gewordenen Flexibilisierung der Märkte ist es für die meisten Unternehmen ökonomisch sinnvoller, auf kundenspezifische Qualitätsprodukte zu setzen statt auf standardisierte Massenfertigung bei niedrigen Kosten und unter hohem Konkurrenzdruck.

Kleinere Serien werden bereits im Vorfeld der Produkterstellung durch eine enge Kundenbeziehung mit hoher Beratungsintensität definiert. Sie benötigen in der Regel Customer Support mitsamt Beratung, Planung, Auftragskonfiguration, Wirtschaftlichkeitsberechnung, Entwicklung/Konstruktion. Die Kundenbeziehung endet zudem nicht mehr mit der Auslieferung des Sachgutes, vielmehr nehmen Umfang, Bedeutung und Aufwand des im Anschluss an den Verkauf erfolgenden produktübergreifenden Service zu. Dieser umfasst Systemlösungen und „cross-selling-Effekte". In der Produktion schlagen kleine Serien mit dienstleistungsintensiven Vorkehrungen bei der Entwicklung und der Konstruktion, bei der Instandhaltung sowie Wartung, Rüsten und Logistik etc. zu Buche.

Die gesamte Organisation von Unternehmen wird unter den gegenwärtigen Rahmenbedingungen wirtschaftlichen Handelns dienstleistungsintensiver. So wendet die Dienstleistungswirtschaft angesichts wandelnder und steigender Anforderungen sich vermehrt der Qualifizierung und Personalentwicklung sowie dem Gesundheitsmanagement älter werdender Belegschaften zu.

Unterfüttert wird der steigende Anteil industrieller Dienstleistungen durch die rasante Entwicklung der Informations- und Kommunikationstechnologien, die es ermöglichen, Routinefunktionen und flexible Leistungen zu integrieren. Durch sie steigen Information und Wissen nicht nur quantitativ, sondern auch qualitativ durch Möglichkeiten, reflexiv mit Daten umzugehen, indem sie in die Dokumentation und Organisation von Diskursen einfließen und Entscheidung transparenter gestalten.

Das rapide Anwachsen des tertiären Bereichs scheint jedoch mit Nachteilen versehen zu sein. Dienstleistungen zeigen ein anderes Input/Output-Verhältnis als die materielle Produktion. Sie sind durch Immaterialität, Nicht-Lagerfähigkeit und das Uno-Actu Prinzip charakterisiert, d. h. Produktion und Konsumption fallen zusammen. Als Wissensarbeit erfolgen sie in Zusammenarbeit mit unternehmensinternen wie -externen Konsumenten. Beginn, Ende, Einsatz und Wirkung lassen sich kaum oder gar nicht numerisch fassen. Die möglichen Produktivitätsgewinne der Dienstleistungsarbeit fallen deshalb offensichtlich geringer aus als im sekundären Bereich. Diese Entwicklung problematisiert das Messen der Dienstleistungsproduktivität und der Wahl von Strategien ihrer gezielten Steigerung.

1.1 Das Projekt EFFInDi

Das Verbundprojekt „Produktivität und Effektivität von Dienstleistungen – Zur innovativen Bewältigung einer Gratwanderung" (EFFInDi) hatte sich die Aufgabe vorgenommen, solchen Frage differenziert und arbeitsteilig nachzugehen. Ziel ist es gewesen, sowohl die theoretischen Grundlagen des Dienstleistungsbegriffs, der Dienstleistungsproduktivität, zu denen das Messen und Bewerten gehört, als auch die Gestaltung der Produktivität von Dienstleistungen in der abstrakt-generellen wissenschaftlichen Betrachtung und dem konkret-situativen betrieblichen Handeln näher zu untersuchen. Dadurch sollte eine Forschungslücke gefüllt werden. Das Projekt lief vom 01.11.2010 bis zum 31.12.2015 und wurde im Schwerpunkt „Produktivität von Dienstleistungen" des Förderprogramms „Innovationen mit Dienstleistungen" durch das Bundesministerium für Bildung und Forschung (BMBF) gefördert (siehe Abb. 1.1 Förderkontext).

Die einzelnen Verbundpartner waren:

Das Institut für Sozialforschung und Sozialwirtschaft e.V. (*iso*) in Saarbrücken, welches das Teilvorhaben „Produktivitätskultur und Dienstleistungsbewertung" bearbeitete und zugleich die Koordinationsfunktion des Verbundes übernahm (Förderkennzeichen: 01FL10020),

der Lehrstuhl „Volkswirtschaftslehre/Mikroökonomik" an Wirtschaftlichen Fakultät der Friedrich-Schiller-Universität Jena, der die das Teilvorhaben „Methodik der Messung der Dienstleistungsproduktivität und -effizienz" bearbeitete (Förderkennzeichen: 01FL10021)

sowie der Lehrstuhl „Arbeitswissenschaft und Innovationsmanagement" an der Technischen Universität Chemnitz, der das Teilvorhaben „Dienstleistungsperformanz und Innovation" übernahm (Förderkennzeichen: 01FL10022).

Das *iso*-Institut widmete sich inhaltlich dem Sachverhalt, dass in den Unternehmen industrielle Dienstleistungen einen immer größeren Anteil an der Wertschöpfung einnehmen, diese sich allerdings dagegen sperren, im Rahmen bestehender Produktivitätsmesskonzepte Bestandteil der betriebswirtschaftlichen Kalkulation zu werden. In exemplarischen Fallstudien wurden Praxisbeispiele erhoben, wie die Unternehmen mit dieser steigenden Intransparenz umgehen, ob und welchen Handlungsbedarf sie formulieren und welche Strategien sie einschlagen, um die Leerstelle bezüglich eindeutiger Kennzahlen zu füllen.

Der Lehrstuhl „Arbeitswissenschaft und Innovationsmanagement" der Technischen Universität Chemnitz beschäftigte sich mit dem Spannungsfeld von Innovation und Qualifikation sowie der Ergonomie am wissensintensiven Arbeitsplatz. Es wurden Praxisbeispiele

Abb. 1.1 Förderkontext

erhoben, die die zentrale Problemstellung von einwirkenden Umweltfaktoren und deren präventive Begegnung am wissensintensiven Arbeitsplatz zum Thema hatten. Weitere Schwerpunkte legte der Lehrstuhl in die Untersuchung, inwieweit digitale Menschmodelle als Methode zum Anlernen von Arbeitsprozessen geeignet sind und inwiefern sich Kompetenzerwerb durch organisationale und technologische Entwicklungen im Kontext der Digitalisierung der Arbeitswelt darstellt.

Das Teilvorhaben der Friedrich Schiller Universität Jena am Lehrstuhl „Volkswirtschaftslehre/Mikroökonomik" legte hingegen den Schwerpunkt auf die konzeptionellen Probleme bei der Messung der Dienstleistungsproduktivität, die sich durch die konstitutiven Merkmale von Dienstleistungen ergeben, sowie auf die Methodik einer solchen Messung. Auf Basis eines mehrdimensionalen nichtparametrischen Verfahrens wurde ein Modell zur Bestimmung der Serviceproduktivität entwickelt, welches den Besonderheiten von Dienstleistungen Rechnung trägt. Dies sind insbesondere ihre Immaterialität und ihre Integrativität. Folglich wurden sowohl quantitative als auch qualitative Daten berücksichtigt, die sich zum Teil einer monetären Bewertung entziehen. Zudem wurden neben internen Input- und Outputfaktoren des Anbieters auch externe Faktoren des Kunden einbezogen. Mit Hilfe einer umfassenden Auswertung der Literatur wurde eine konzeptionelle Grundlage für relevante Variablen geschaffen.

1.2 Konzeptionelle Zugänge

Die einzelnen Verbundpartner wählten für ihr Vorhaben unterschiedliche Zugänge. Zentral für das Vorgehen zur Messung der Sichtung der für die Serviceproduktivität unter besonderer Berücksichtigung des *iso*-Instituts ist ein kulturtheoretischer Ansatz, durch den wirtschaftliches Handeln als ganzheitliches in den Blick kommt. Neben quantitativen und funktionalen Voraussetzungen betrieblichen Handelns wird der Beitrag von Sinn der mit Motiven und Absichten versehen und in intersubjektive Beziehungen verstrickten Akteure berücksichtigt. Vor diesem Hintergrund wurde anhand von qualitativen betrieblichen Fallstudien in wissensintensive Unternehmen unterschiedlicher Größen und Branchen systematisch eine Analyse verschiedener betrieblicher Produktivitätskulturen im Hinblick auf das Ansteigen von industrieller Dienstleistungen vorgenommen. Hierbei wurde die Produktivität von Dienstleistungen in den Kontexten Markt und Kunden, Innovation und Entwicklung, Qualifikation und Gesundheit in allen Facetten beleuchtet.

Die Ergebnisse zeigen, wie entscheidend eine kooperative Produktivitätskultur für die qualitativ anspruchsvollen Arbeitsleistungen der in wissensintensiven Dienstleistungen tätigen Arbeitnehmerinnen und Arbeitnehmer ist. Eine solche Subjektivierung von Arbeit als Kern moderner hochqualifizierter industrieller Dienstleistungen bewirkt Veränderungen der Grundstrukturen von Unternehmenskulturen bzw. betrieblicher Sozialordnungen und verändert damit auch die Grundlagen der Produktivitätskultur, die für die Produktivität gerade von Dienstleistungen maßgeblich ist.

Die Ergebnisse der Fallstudien zeigen aber auch, dass zu den veränderten Grundstrukturen formale Methoden und Verfahren bzw. „formelle Institutionen" gehören, die die so notwendigen Kommunikationsprozesse, die Vertrauen und Anerkennung stützen, systematisieren und ein Stück weit formalisieren. Sie müssen offen bleiben für informelle betriebliche Prozesse, d. h. gleichzeitig formal und systematisch sowie andererseits informell und sensibel sein für individuelle Ansprüche, intuitives Wissen, für praktische Erfahrungen und soziale Aspekte des Handelns. Wenn dies gelingt, dann entstehen reflexiv institutionalisierte Produktivitätskulturen, die lernfähig und innovativ sind und als wesentlicher Garant für Dienstleistungsproduktivität Mitarbeiterinnen und Mitarbeiter motivieren und in den betrieblichen Gesamtzusammenhang integrieren.

Die Spannung zwischen Flexibilität und Routine kann und muss sich in den Institutionen und Verfahren selbst niederschlagen. Das auf der Grundlage der Ergebnisse entwickelte Softwaremodul zur Evaluierung unternehmensinterner Dienstleistungen unterstützt den Umgang mit dieser Ambivalenz. Hierdurch können Unternehmen die Steuerung und Produktivität ihrer internen Dienstleistungen planen und verbessern. Es gibt Mitarbeiterinnen und Mitarbeitern an verschiedenen Standorten Zugriff auf selektive Informationen, die insofern „reflexiv" sind, als dass sie Inputs nicht auf einer ersten Ebene der Perspektive der Anwender beschränken, sondern deren unterschiedliche Auswirkungen und gegenseitige Abhängigkeiten berücksichtigt.

Der Verbundpartner an der Technischen Universität Chemnitz analysierte gemeinsam mit einem Großunternehmen aus dem Automotive-Bereich die Bewertung von Innovationsfähigkeit. Hierbei wurde der Ist-Stand der Abteilung Controlling und die Schnittstellen zu anderen Abteilungen erhoben, welcher insbesondere die wissensintensiven Tätigkeiten im Servicebereich abbildet. Darauf aufbauend erfolgte eine erneute Beurteilung der recherchierten Ansätze hinsichtlich ihrer praktischen Relevanz, Handhabbarkeit und Integrierbarkeit sowie möglicher Schwächen. Die daraus resultierenden Erkenntnisse wurden im weiteren Verlauf in ein Good-Practice-Konzept für die abteilungsinterne Arbeit (Abteilung Controlling) und den Austausch mit anderen Abteilungen überführt.

Das durch Experteninterviews evaluierte Good-Practice-Konzept wurde in einem zweiten Schritt und unter wissenschaftlicher Begleitung pilothaft in der Controlling-Abteilung des Unternehmens eingeführt. Die methodische Grundlage für die Pilotierung des Konzepts bildeten strukturierte Interviews und die Ableitung von Einführungs- sowie Anwendungsbarrieren.

Die Konsolidierung der Ergebnisse richtete sich an die Untersuchung innovativer Dienstleistungsarbeit im Hinblick auf geeignete Bewertungskriterien für innovative Leistungen. Dabei stand die Identifikation ergonomischer Potenziale unter Berücksichtigung psychischer Belastungen im Fokus. Die Untersuchung komplexer Tätigkeiten anhand entwickelter Verfahren, mit welchen sich insbesondere die für wissensintensive Dienstleistung typische Projektarbeit angemessen untersuchen lässt, zeigt empirisch begründet, dass gerade in professionellen Tätigkeiten jene strukturellen Barrieren, die eine effiziente, flüssige und qualitativ hochwertige Arbeitsdurchführung unmöglich machen, von den Arbeitenden als größte psychische Belastungen empfunden werden.

Im Teilvorhaben „Methodik der Dienstleistung" an der Friedrich-Schiller-Universität Jena wird ein messtheoretischer Zugang gewählt. Mit der Data Envelopment Analysis (DEA) kommt ein nicht-parametrisches Verfahren der Messung effektiver Produktivität zum Einsatz, das flexibel und in den zu erfassenden Dimensionen problemgerecht ausgestaltet werden kann und das darauf aufbauend einer effektiven Produktivität, welches die Praxispartner in die Lage versetzt, die Dienstleistungserstellung sach- und kostengerecht zu steuern. Dieses Verfahren wird entsprechend der Spezifika von Dienstleistungen, (a) nämlich deren Immaterialität, (b) deren Allfälligkeit Gleichzeitigkeit von Produktion und Konsumption und (c), (b) deren notwendige intensive Kundeneinbindung bei der Erstellung und (c) deren subsequente wissensintensive Bereitstellung angepasst. Dabei werden in das Verfahren (a) die „weichen" Faktoren der Dienstleistungsproduktivität, d. h. die intensive Kundenbindung und wissensintensive Bereitstellung z. B. Qualität der Input- und Outputfaktoren oder KundenzufriedenheitAbnehmerzufriedenheit und (b) über diese Faktoren die ansonsten nicht zugängliche handlungsnotwendige Dimension zur effektiven Steuerung von Dienstleistungen eingebracht. Die „weichen" Faktoren, welche regelmäßig nicht in einer Produktionsfunktionen abgebildet werden können, aber nachhaltig die Produktivität beeinflussen bzw. in ihrer Berücksichtigung tatsächlich notwendige Handlungsmaßnahmen aufzeigen, finden diese Berücksichtigung über die Gewichtung der Aufwendungen. Wenn diese invers verbunden sind mit der Ausbringung, d. h. eigentlich nachhaltig wirken, aber in der traditionellen Darstellung als nicht nachhaltig wahrgenommen werden, finden diese als „Positivum" Eingang. Umgekehrt werden eigentlich nicht nachhaltig wirkende, aber als nachhaltig wahrgenommene Faktoren als „Malus" in der effektiven Messung berücksichtigt. Um diese Messung noch effektiver zu gestalten, wird diese als „Window-Analysis" durchgeführt. D. h. es werden mehrere Messungen für die Bestimmung der Effizienz einer Beobachtung herangezogen. Ein wichtiger Aspekt bei der Entwicklung des Verfahrens ist die gleichzeitige Entwicklung eines umfangreichen Schulungskonzepts zu dessen Vermittlung.

Begleitend zu der Entwicklung des Verfahrens ist es erforderlich, dass sich die Beteiligten in den Unternehmen mit den theoretischen Konzepten und der Methodik auseinandersetzen. Der Aufwand für die Implementierung eines Verfahrens im Unternehmen ist zunächst meist immens und der Nutzen i.S. von Wettbewerbsvorteilen aus ihrem Einsatz zugleich nicht evident. Hier werden Materialien bereitgestellt, die sich mit dieser Notwendigkeit auseinandersetzen und (a) die Problemstellung der Unternehmung klar identifizieren, (b) die Spezifika im Hinblick auf dieses erläutern und (c) die Vorteile und Anwendbarkeit des Verfahrens im Hinblick auf (a) klar umreißen.

1.3 Ergebnisse und Beiträge zum Dienstleistungsverständnis

Die Ergebnisse des Verbundvorhabens bestätigen die Aussage, dass industrielle Dienstleistungen in den Unternehmen quantitativ wie qualitativ rasant anwachsen und sie eine hohe Bedeutung für die Flexibilisierung der Märkte, einer innovativen Unternehmenspolitik, der internen betrieblichen Organisation und der Arbeitsprozesse aufweisen. Die wissensintensiven industriellen Dienstleistungen lassen sich durch eine Individualisierung bzw. Subjektivierung der Arbeitsprozesse charakterisieren. Dies bedeutet, dass subjektive Kompetenzen und Motivationen sowie offene und transparente Kooperation in den Mittelpunkt der Produktivitätssicherung rücken, die sich auch in den formalen Verfahren bis hin zur Datenverarbeitung niederschlagen müssen. Erst dadurch können sich Unternehmen zu „lernenden Organisationen" entwickeln. Nicht zuletzt deshalb erhalten auch Themenfelder der Personalabteilungen, die sich um Ergonomie, die Qualifizierung und Gesundheit von Mitarbeitern drehen, erhöhte Relevanz.

In den einzelnen Ergebnissen der Verbundpartner ist zu erkennen, dass sowohl für die Organisation und Bewertung der industriellen Dienstleistungen als auch für ihre Produktivitätssteigerung auf der Grundlage von individuellem Lernen und Organisationsentwicklung formale Methoden und Verfahren sowie systematisch umgesetzte Maßnahmen notwendig sind. Allerdings müssen sie schon in ihrer Grundstruktur flexibel und beteiligungsorientiert aufgebaut sein, so dass sie ihre spezifischen technischen Eigenschaften durch die Interaktion mit dem Nutzer erhalten (value co-creation). Deshalb bezieht eine reflexive Produktivitätsanalyse zusätzliche Nutzereigenschaften und verschiedene Akteure in die Analyse und Auswertung ein.

Die Ergebnisse zeigen auch, dass die formalen Methoden und Verfahren, die zur Bewältigung von Problemen mit industriellen Dienstleistungen eingesetzt werden, nur dann effektiv sind, wenn sie keine Eigendynamik über die Köpfe der betroffenen Mitarbeiter hinweg entfalten, sondern an die jeweiligen Kontextbedingungen angepasst werden. D. h., dass sie beteiligungsorientiert und reflexiv ansetzen. Reflexiv heißt, statt auf die Etablierung starrer Routinen, zielen sie auf der Basis von Diskurs und Begründung auf Veränderung, Innovation und Lernen.

Die Darstellung der einzelnen Ergebnisse gliedert sich in diesem Buch in drei Teile.

Im ersten Teil „Produktivitätskultur und Dienstleistungsbewertung", der vom *iso*-Institut bearbeitet wurde, bildet ein längerer Text von Heiko Breit mit dem Titel „Industrielle Dienstleistung und die neue Produktivitätskultur" den Schwerpunkt. Im Zentrum stehen die im Teilprojekt durchgeführten Fallstudien. Einleitend werden Problematik, Ausgangslage und Forschungsansatz beschrieben. Kern der Fallstudien bildet ein typisches mittelständiges Unternehmen im Bereich der Wissensarbeit. In diesem Unternehmen wurden über den gesamten Projektzeitraum hinweg 15 leitfadengestützte Gespräche in verschiedensten Unternehmensbereichen geführt und qualitativ ausgewertet. Im Anschluss an die detailliert dargestellten Ergebnisse werden einzelne Themen für analytische wie theoretische Rückschlüsse durch Querverbindungen, Vergleiche und Kontrastierungen im Zusammenhang mit den qualitativen Daten aus den anderen Fallstudien aufgegriffen und diskutiert. Ebenso werden neue Themen, weitere Inhalte und Perspektiven behandelt, immer mit dem Ziel, die Produktivität von Dienstleistungen und ihre Wahrnehmung und Behandlung in Unternehmen transparenter machen. Abschließend werden die Ergebnisse theoretisch reflektiert. Der Beitrag von Christian Traubinger ‚DISQRS' – intelligentes Tool zur kumulativen Bewertung von Entscheidungen bei betrieblichen Veränderungen" zeigt, wie formale Instrumente die informelle betriebliche Kommunikation reflexiver macht und dadurch wichtige Kriterien anstehender Entscheidungen anerkannt, aber auch gleichzeitig priorisiert werden können.

Im zweiten Teil des Buches präsentiert der Lehrstuhl „Arbeitswissenschaft und Innovationsmanagement" der Technischen Universität Chemnitz, geleitet von Angelika Bullinger-Hoffmann, in vier Einzelbeiträgen die Ergebnisse des Teilvorhabens „Dienstleistungsperformanz und Innovation". Innovations- und Kompetenzerwerb sind dabei Kernpunkt der Untersuchungen. Die Autoren Michael Spitzhirn und Alexander Aust untersuchen die Potentiale digitaler Menschmodelle zum Anlernen von Arbeitskräften im industriellen Kontext. Der Beitrag gibt erste Antworten, wie arbeitswissenschaftliche und pädagogische Menschmodelle miteinander verschmolzen werden können. Perspektivisch wird eine Evolution arbeitswissenschaftlicher digitaler Menschmodelle zu Anlernsystemen angestrebt, die effizientes und nutzerorientiertes Anlernen ermöglichen und auf neuartige und bessere Weise zu guter und gesunder Arbeit befähigen.

Anschließend befasst sich Annegret Petzoldt mit dem Lernen und dem Kompetenzerwerb am wissensintensiven Arbeitsplatz und geht insbesondere auf organisationale und technische Entwicklungen ein. Dabei liegt der Fokus auf der Integration von Lernprozessen in die Wissensarbeit über Prozesse kooperativen und kollaborativen Arbeitens und Lernens. Mit Ansätzen wie dem Game-Based-Learning sowie anderen technologiebasierten, innovativen Lernsituationen, die Lernen zu einem für den Lerner aktiv zu erlebenden Prozess werden lassen, wird dem Rechnung getragen.

Die Autoren Danny Rüffert und Joseph Heß analysieren in ihrem Beitrag die Ergonomie am wissensintensiven Arbeitsplatz und evaluieren dabei diverse präventive und kostengünstige Maßnahmen zur Förderung der physischen Gesundheit. Diese adressieren vor allem kleine und mittelständige Unternehmen, welche oftmals über ein unzureichendes Gesundheitsmanagement verfügen.

Abschließend untersuchen die Autoren Stefanie Rockstroh, Claudia Roscher und Tobias Sanders die Potentiale von Innovationswettbewerben. Die vorgestellte Untersuchung zeigt die Herausforderungen der Wissensteilung auf und betrachtet, inwieweit Innovationswettbewerbe als Instrument von Open Innovation zu einer produktiven und effektiven Wissensteilung in F&E-Organisationen beitragen können. Hierzu werden erzielte Ergebnisse eines Innovationswettbewerbes in einer F&E-Organisation vorgestellt, dessen Ziel es ist, eine verbesserte Anpassung der organisatorischen Prozesse und Strukturen an die Bedürfnisse sowie Wünsche der Organisationsmitglieder zu ermöglichen.

Abschließend, im dritten Teil des Buches, geht der Lehrstuhl für Volkswirtschaftslehre/Mikroökonomik an der Friedrich-Schiller-Universität Jena auf methodische Dimension der Produktivitäts- und Effizienzanalyse ein. Zunächst entwerfen Uwe Cantner und Stefanie Picard eine Konzeption zur Durchführung einer Produktivitäts- und Effizienzanalyse bei Dienstleitungen. Als Basis dient ein nicht-parametrisches Verfahren zur Bestimmung von Frontierfunktionen, die Data-Envelopment-Analysis (DEA). Drei zentrale Charakteristika der Dienstleistungserstellung werden in diese Analyse integriert, a) die unu-actu-Eigenschaft, b) die Immaterialität und c) die Mitwirkung des Dienstleistungsabnehmers.

Informationen über die zeitliche Inanspruchnahme von Produktionsfaktoren bei der Dienstleistungserstellung erlauben es, das *uno-actu*-Prinzip abzubilden; aus den Analysen mit und ohne diese Information lässt sich der Optionsgutcharakter der Dienstleistungsinputs bestimmen. Zur Berücksichtigung der Immaterialität einer Dienstleistung und der damit in manchen Fällen verbundenen Skalenerträge können Vergleiche aus unterschiedlich orientierten DEA-Modellen herangezogen werden. Letztendlich lässt sich die Mitwirkung des Abnehmers im Dienstleistungserstellungsprozess mit Hilfe bestimmter Abnehmercharakteristika als Input in den DEA Modellen berücksichtigen.

In einem abschließenden Kapitel befasst sich Sebastian Döll mit der Produktivitätsanalyse als einem Verfahren, das hilft, das Problem der Produktivitätsverbesserung zu lösen. Ist dieses Verfahren als ein Vergleich konzipiert, dann finden sich immer dann entsprechende Lösungen, wenn man einen externen *best-practice* Benchmark bestimmen konnte. Andernfalls, wenn die bereits erreichte Produktivität selbst *best-practice* darstellt, dann muss man sich auf „Neuland" begeben und die Produktivitätsanalyse kann nur noch eingeschränkt Hinweise auf die Art und Richtung der Problemlösung geben.

Die verschiedenen breit gestreuten Ansätze und Praxisbeispiele in diesem Buch zeigen alle, dass zielführende Verfahren zur Messung der Produktivität von industriellen Dienstleistungen keine starren Konzepte bilden dürfen, sondern mit ihrem verschiedenen technischen, organisatorischen und sozialen Umwelten sensibel interagieren müssen. Nutzer müssen dabei die Verfahren selbst immer wieder kritisch und reflexiv hinterfragen, diese ständig situativ anpassen und für innovative neue Prozesse offen halten. Die hierfür notwendige Kreativität und auch gewisse Risikobereitschaft kann nur durch intensiven Wissensaustausch und lebendige Lernprozesse in kommunikativ und diskursiv gestalteten Kontexten gelingen.

Dr. Heiko Breit studierte Soziologie, Psychologie und Philosophie an der Universität des Saarlandes. Nach Erfahrungen als Industriesoziologe am Institut für Sozialforschung und Sozialwirtschaft *(iso)* in Saarbrücken beschäftigte er sich als wissenschaftlicher Mitarbeiter an der Universität des Saarlandes mit der Entwicklung von Moral-, Verantwortungs- und Rechtsbewusstsein in unterschiedlichen gesellschaftlichen Kontexten (Ökonomie, Ökologie, Arbeit und Beruf). Diese auf theoretischen Grundlagen basierende empirische Arbeit hat er am Deutschen Institut für Internationale Pädagogische Forschung (Dipf) in Frankfurt am Main mit Schwerpunkt auf Bildung, Kultur und Entwicklung sowie als Lehrbeauftragter an der Universität Basel fortgesetzt.

Seit über 10 Jahren ist Heiko Breit wieder am Institut für Sozialforschung und Sozialwirtschaft *(iso)* tätig. Sein zentrales Interesse dort richtet sich auf die Rahmenbedingungen technischen, institutionellen und kulturellen Wandels in Unternehmen und Gesellschaft.

Prof. Dr. Bullinger-Hoffmann leitet seit April 2012 die Professur Arbeitswissenschaft und Innovationsmanagement der TU Chemnitz.

Sie absolvierte ihr Studium an der Universität St. Gallen – HSG und der HEC Paris. Im Anschluss war sie drei Jahre Forschungsassistentin an der Technischen Universität

München, wo sie zu „Innovation and Ontologies" summa cum laude promovierte. Ihre Habilitation zum Thema „IT-based Interactive Innovation" erarbeitete Prof. Dr. Bullinger-Hoffmann an der Universität Erlangen-Nürnberg und der University of Pennsylvania.

Sie hat zahlreiche nationale und europäische Projekte eingeworben und geleitet. Ergebnisse der Arbeiten von Prof. Dr. Bullinger-Hoffmann sind unter anderem in referierten Zeitschriften wie Creativity and Innovation Management, R&D Management, Health Policy und WIRTSCHAFTSINFORMATIK publiziert.

Professor Dr. Uwe Cantner ist seit 2000 Universitätsprofessor für Volkswirtschaftslehre, insb. Mikroökonomik an der Friedrich-Schiller-Universität Jena (FSU) und seit 2010 Professor of Economics an der University of Southern Denmark, Odense. Die Funktionen als Vizepräsident der Friedrich-Schiller-Universität Jena und als Direktor der Jenaer Graduierten-Akademie nimmt er seit 2014 wahr. Seit 2015 ist er Mitglied der Expertenkommission Forschung und Innovation bei der deutschen Bundesregierung.

Er studierte von 1980–1985 Betriebswirtschaftslehre in Augsburg und von 1983–1984 Volkswirtschaftslehre in Detroit. 1990 promovierte er an der Ludwig-Maximilians-Universität München und habilitierte sich 1996 in Volkswirtschaftslehre an der Universität Augsburg. Er war Gastprofessor an folgenden Universitäten: Université du Toulon et du Var (1997–1998), Université de Rennes I (1998–2000), Telecom Ecole de Management in Paris (2013–2015), Università di Torino (2014), Université de Nice/Sophia Antipolis (2015) und Griffith University, Brisbane (2016).

Die Funktion des Managing Editor des Journal of Evolutionary Economics übernahm er 2001. Seit 2006 ist er Sprecher des Graduiertenkollegs DFG-GRK 1411 The Economics of Innovative an der FSU und seit 2008 Direktor der Jenaer Graduiertenschule Human Behaviour in Social and Economic Change an der FSU. Er publiziert in international referierten Zeitschriften zu Themen aus der Innovationsökonomik, aus der Evolutorischen Ökonomik sowie aus der Produktivitäts- und Effizienzmessung.

Teil I

Produktivitätskultur und Dienstleistungsbewertung

Industrielle Dienstleistung und die neue Produktivitätskultur

2

Heiko Breit

Inhaltsverzeichnis

H. Breit (✉)
Institut für Sozialforschung und Sozialwirtschaft e. V., Trillerweg 68, D-66117 Saarbrücken
e-mail: breit@iso-institut.de

© Springer Fachmedien Wiesbaden GmbH 2017
H. Breit et al. (Hrsg.), *Produktivität von industriellen Dienstleistungen
in der betrieblichen Praxis*, DOI 10.1007/978-3-658-08632-9_2

2.1   Problematik, Ausgangslage und Forschungsansatz

2.1.1   Die Ausgangslage

Der vorliegende Beitrag stellt die Frage nach der Bedeutung industrieller Dienstleistungen. Unter industriellen Dienstleistungen ist eine ganze Palette an Vorkehrungen zu verstehen, die das Unternehmen benötigt, um seine Produkte erfolgreich herzustellen und zu vermarkten.

Der Anteil von Dienstleistungen an der Wertschöpfung in Form von Tätigkeiten, die nicht unmittelbar der materiellen Güterproduktion zugerechnet werden, wächst zunehmend, so dass man von einer hybriden Wertschöpfung oder einer Tertiarisierung spricht. Sie ist dafür verantwortlich, dass vor allem in wissensintensiven Produktionsunternehmen die Trennlinien zwischen Sach- und Dienstleistungen zunehmend verschwimmen.

Betriebswirtschaftlich betrachtet entstehen dadurch neue Kosten, die sich kaum transparent einzelnen Stellen zuweisen lassen und die sich in einem Anstieg der Gemeinkosten niederschlagen. Um besser differenzieren zu können, entsteht der Bedarf, die eigensinnige Produktivität von Dienstleistungen konkreter abzubilden und zu bewerten. Ziel ist es, Sach- und Personalkosten durch Rationalisierung zu senken. Bei klassischen Dienstleistungen, z. B. im Bereich Finanzen und Versicherungen, lassen sich mittlerweile dank den Möglichkeiten moderner Informations- und Kommunikationstechniken (IuK) Prozesse durch „(Re)-Industrialisierung" spezialisieren und automatisieren [1].

Ausgerechnet in klassischen, tayloristisch durchdrungenen industriellen Produktionsbereichen findet jedoch ein gegenläufiger Prozess statt. Um ihre Wettbewerbsfähigkeit auf dem globalen Markt durch die differenzierte Bedienung immer spezifischer werdenden Kundenwünschen zu festigen, bieten Unternehmen individuell gestaltete Problemlösungssysteme statt standardisierter Massenware an. Die damit verbundene reduzierte Spezialisierung und Automatisierung erfordert beträchtliche Ressourcen für erhöhte Kundeninteraktion, für strategische Innovationen, für Forschung und Entwicklung, für die Arbeitsorganisation zur Bewältigung von Flexibilität und Organisation kleiner Serien, für Change Management bis hin für die Beachtung der Beschäftigungsfähigkeit und Diversity der Belegschaften.

In der Folge verschiebt sich die Wertschöpfung in Richtung industrieller Dienstleistungen, also zu vor- und nachgelagerte Organisationseinheiten. Effektivität und Effizienz entstehen sozusagen mehr zwischen vernetzten Operationen als in der isolierten Durchführung vorgegebener Aufgaben. Als problematisch erscheint es, dass industrielle Dienstleistungen nicht zu den sogenannten „valorisierten Techniken" gehören, die sich durch Vorhersehbarkeit, Wiederholbarkeit und Kanonisierung auszeichnen, sondern „profane Praktiken" bilden, nicht systematisierten Handlungsweisen, die im Augenblick ihres Vollzugs entstehen und vergehen [2]. Transparente, sich in numerischen Kennzahlen niederschlagende Input/Output-Relationen können bei der Bestimmung ihres Wertes deshalb nicht erwartet werden. Zumindest sind sie als geistige Arbeit nicht vergleichbar mit konkret gegenständlicher Arbeit, wo Stückzahlen oder Gewichte entstehen, die sich eindeutig betriebswirtschaftlich kalkulieren, planen und messen lassen. Die mit dem Ansteigen der industriellen Dienstleistungen entstehende „neue Produktivität" ist alles andere als deutlich sichtbar und liegt außerhalb des Zugriffs enger Kostenrechnung und des klassischen Controllings.

Was macht Dienstleistungen im Vergleich zur klassischen produktiven Arbeit so besonders, worin liegt ihre „profane Praktik"? Eine erste Antwort lautet, sie kreieren immaterielle Ressourcen, die sich nicht lagern lassen, sondern direkt konsumiert werden. Ziele und Ergebnisse der Umsetzung werden in der Interaktion mit externen Kunden oder intern als Kunden verstandenen Bereichen definiert. Aus dieser Interaktion resultiert, dass Dienstleistungen in hohem Maße personenbezogene, subjektive Eigenschaften enthalten, also hochgradig durch individuelle Kompetenzen charakterisiert werden. Durch ihre Interaktionsdichte hängen sie aber nicht nur von subjektiven Fähigkeiten, Perspektiven und Bewertungen ab, sondern sogar von der Qualität zwischenmenschlicher Beziehungen und den ihnen zugrunde liegenden intersubjektiven Normen. Zudem lassen sich komplexe Dienstleistungsprozesse und deren Erfolg kaum auf eine präzisen Anfangs- und Zeitpunkt festlegen, sondern variieren je nach Perspektive und Interessen der jeweiligen Betrachter.

Dennoch kann man nicht folgern, Dienstleistungen seien prinzipiell nicht rationalisierungsfähig. Im Falle der einfachen Dienstleistungen (Textverarbeitung, Datenerfassung, Call-Center etc.) bleibt die tayloristische Arbeitsteilung und Arbeitsorganisation der klassische Modus der Produktivitätssteigerung, der durch Informations-und Kommunikationstechnologien neue Möglichkeiten erhält. Bei komplexen Dienstleistungen war zwar lange Zeit die Intensivierung der Arbeit (Ausdehnung der Arbeitszeit, Verdichtung der Arbeit durch Verknappung des Personals etc.) der vorherrschende Ansatz. Produktivitätsfortschritte durch eine Steigerung der Kapitalintensität (Technisierung) und -produktivität, durch eine Erhöhung des Wirkungsgrads der Arbeit oder gar durch die Industrialisierung der Dienstleistungen (Modularisierung, Core Competence, Outsourcing etc.) glaubte man aufgrund der Eigenart der Arbeit nicht realisieren zu können. Heute rückt die Formierung der komplexen Dienstleistungen näher, weil die Industrialisierungsfraktion auch hier durch die IuK-Technologien einen mächtigen Verbündeten gefunden hat. Sie üben einen starken Objektivierungsdruck auf das Arbeitshandeln der „Dienstleister" aus [3], und sie sind grundsätzlich in der Lage, das „uno actu-Prinzip", also das Zusammenfallen von Produktion und Konsumtion auszuhebeln [4]. Ihre Befürworter versprechen sich, auch komplexe Prozesse standardisieren, formalisieren, vereindeutigen und konzise steuern, ihre Effizienz berechnen und die Dienst-Leistungen quantifizieren zu können. Wenn schon Kapital Dienstleistungsarbeit nicht ersetzen kann, dann soll zumindest ein schlanker Workflow („working smarter") neue Produktivitätsreserven erschließen [5].

Dies heißt nichts anderes, als dass auch industrielle Dienstleistungen zwangsläufig den ubiquitären Ökonomisierungstendenzen unterliegen. Allerdings ist nicht dieser Umstand das Problem, sondern das „Wie" der Ökonomisierung. Es stellt keinen Nachteil für die immateriellen Produzenten dar, wenn die Black Box „Wertanteile der Dienstleistungen am Produkt" etwas geöffnet wird. Viele Dienstleister leiden bis heute an der in der Fabrikkultur verankerten Dichotomie von „produktiver" und „unproduktiver Arbeit", an ihrer

Rubrizierung als „Gemeinköstner", die in der „Umlage" verschwinden. Die Schwierigkeit, Dienst-Leistungen zu bewerten und zu messen, liegt daher nicht in der Sache als solcher, sondern in den Bewertungs- und Messmaßstäben, die in den Unternehmen verbreitet sind. Sie haben einen Produktionsbias und sie folgen vor allem einer Ökonomie der Zeit. Nach ihr ist eine Steigerung der Arbeitsproduktivität immer dann gegeben, wenn eine gegebene Menge in kürzerer Zeit oder wenn eine größere Menge in gegebener Zeit hergestellt wird. Ob dieser Produktivitätszuwachs durch arbeitssparenden technischen Fortschritt, durch effektivere Arbeitsmethoden oder durch Verdichtung der Arbeit zustande kommt, ist zweitrangig. Entscheidend ist das Delta zwischen Input (Leistung) und Output (Produktionsmenge). Die Größen sind leicht messbar: der Input durch die aufgewendete Zeit bzw. die dadurch verursachten Personalkosten, der Output durch die Stückzahl bzw. das Produktionsvolumen (Produktionspreis). Beide Größen sind auch bewertbar: der Input durch den Abgleich der betrieblich aufgewendeten mit der gesellschaftlich notwendigen Arbeitszeit („Normalleistung"), der Output durch den Vergleich zwischen dem erzielten Marktpreis und dem Marktpreis der Konkurrenz. Dieses Modell, das zielgerichtete menschliche Aktivität in bloße Quantitäten auflöst (Abstraktifizierung), lässt sich allerdings schwerlich auf qualifizierte Dienstleistungen übertragen, eben weil es einen Gegenüber (interner oder externer Kunde) gibt, für und mit dem die Leistung erbracht wird oder weil sich „Wissensarbeit" eben kaum numerisch erfassen oder bestimmen lässt.

Dennoch gibt es immer wieder diesbezügliche Versuche, etwa wenn die Produktivität von Vertriebsmitarbeitern an der Anzahl von Firmenbesuchen, Beratungsstunden und Geschäftsabschlüssen gemessen wird oder wenn für Zeiteinsparungen in Innovationsprozessen Boni in Aussicht gestellt werden.

Doch selbst den Betreibern solcher Programme ist klar, dass sie damit die Komplexität von Vertriebs- und Innovationshandeln weit unterbieten und bestenfalls eine Krücke konstruiert haben, um überhaupt etwas abschätzen zu können. Will man der Produktivität von Dienstleistungen auf die Spur kommen, bedarf es anderer, gegenstandsangemessenerer Rationalitätsmaßstäbe, die neben quantitativen Größen ebenso qualitative umfassen (Produktqualität, Kundenzufriedenheit, Kundenbindung etc.). Es gilt beim Messen und Bewerten grundsätzlich zwischen objektivistisch/zweckrationalen Ansätzen, die die Leistung objektiv abbilden wollen, um sie durch ökonomische Anreize zu managen, und zwischen kulturtheoretischen, diskursiven und reflexiven Ansätzen zu unterscheiden, die „*mittels Bewertung die Aufmerksamkeit der Akteure auf Phänomene (hier Leistung) richten, die zuvor außerhalb der systematischen Beobachtung, Anerkennung und Förderung standen*" [6]. Dienstleistungen sind demnach ein Feld par excellence für eine kulturtheoretisch-diskursive Methode, bei der es weniger um die Genauigkeit der Messung, sondern vor allem um die kritische Bewertung der vorherrschenden und um die Entwicklung neuer „gerechterer'" Kriterien geht. Hier setzen Versuche an, die notwendigen Vorgänge formell zu strukturieren. Das bekannteste und am meisten verbreitete Instrument, durch das dieses Ziel erreicht werden soll, ist die Balanced Score Card (BSC), die nicht nur Finanzen, sondern auch organisationale Sachverhalte – Kunden,

Prozesse, Lernen – einbezieht und sichtbar macht. Sie soll die Schwächen traditioneller Kennzahlensysteme überwinden und eine mehrdimensionale Leistungsmessung ermöglichen. Zudem zielt sie darauf, das strategische Denken und Handeln im Unternehmen zu fördern [7].

Die Ergebnisse sind jedoch nicht wirklich überzeugend. Aus Sicht betrieblicher Praktiker stellen sich eine Reihe Fragen: Wie definiert und wie valide werden Daten erhoben und interpretiert? Bilden sie das ab, was sie abbilden sollen? Werden die Daten systematisch gesammelt, damit sie vergleichbar sind? Stehen die Daten dann zur Verfügung, wenn sie gebraucht werden oder ist der Auswertungsprozesse fertig, wenn die Entscheidung schon gefällt werden musste? Und die wichtigste Frage überhaupt lautet: Steht der Aufwand im richtigen Verhältnis zum Nutzen? Dieser stellt sich nach der Analyse, wenn überhaupt erst zeitverschoben dar und oft fehlen den mit der Datensammlung betrauten Personen die detaillierten und kontextangemessenen Kenntnisse, die kritischen Punkte überhaupt zu erfassen.

Die Problematik des Messens und der Kalkulation der Dienstleistungsproduktivität, vor allem der von wissensintensiven Industrieunternehmen, wird zusätzlich dadurch verschärft, dass wir es mit einem tiefgreifenden Wandel der Arbeitswelt zu tun haben, die mit den Begriffen „Globalisierung" und „Industrie 4.0" umrissen werden. Der steigende Anteil industrieller Dienstleistungen ist nicht der einzige Grund dafür, dass sich Prozesse immer weniger auf der Grundlage klarer Daten kalkulieren lassen. Auch in der Volkswirtschaft setzt sich auf der Grundlage neuer Erkenntnisse der experimentellen Ökonomie und Spieltheorie die Einsicht durch, dass Unternehmen wie Wirtschaftsprozesse, ja Ökonomie überhaupt, sich wesentlich weniger rational und planbar sowie modellhaft und kontextfrei darstellen als gedacht und dogmatisch behauptet wird (z. B. in der Neoklassischen Ökonomie) [8]. Planbarkeit wird mit der zunehmenden auch von politischen Prozessen abhängenden Globalisierung, mit den dazugehörenden konjunkturellen Schwankungen und finanziellen Risiken, mit der Flexibilisierung turbulenter Märkte und einer ständigen weltweiten Vernetzung von Kunden, Lieferanten und der Wissenschaft immer komplexer und dadurch schwieriger.

Der Versuch, durch moderne Informationstechnologie die erhöhte Fluktuation und Transparenz von Information, Wissen und Interaktion zu kanalisieren, erweist sich als Sisyphusarbeit. Paradoxerweise impliziert dieser Zuwachs, dass unternehmerische Entscheidungen immer stärker dem Verdikt der Unsicherheit und des Nicht-Wissens und Nicht-Wissenkönnens unterliegen. Der Anstieg an Dynamik und Komplexität macht bewusst, wie sehr ständig mit völlig unerwarteten Ereignissen zu rechnen ist. „*Die Bedingungen, unter denen die Unternehmen Werte schaffen müssen, haben sich in jüngster Zeit dramatisch gewandelt. Die Wertschöpfung ist immer weniger durch einen integrierten und sequenziellen Prozess beschreibbar, der mit der Beschaffung von Rohstoffen beginnt und mit der Bereitstellung des fertigen Produkts endet. Sie gleicht heute einem Flickenteppich.*" [9]

Diese Veränderungen zeigen Folgen für das angemessene Verständnis von Produktivität als solches, *dem* Kriterium für die Leistungsfähigkeit eines Unternehmens. Sie wird traditionell durch das Verhältnis von Input und Output der für die Produktion produzierten Güter und verwendeten Produktionsfaktoren gemessen. Die Gegenüberstellung von Mitteleinsatz und Zielerreichung ist nun durch die umfangreichen Rahmenbedingungen des Herstellungs- und Vermarktungsprozesses unübersichtlich geworden. Die stark gewachsene Komplexität der Prozesse macht eine genaueres konzeptionelles und analytisches Verständnis des Produktivitätsbegriffs notwendig, der die Wertschöpfungsanteile der Kundenintegration bzw. die Dienstleistungsanteile an den Produkten oder die Generierung von Produktmodellen ebenso berücksichtigen muss wie die Beschäftigungsfähigkeit der Mitarbeiter. Die Messung der Produktivität hatte stets das Ziel, Schwachstellen zu identifizieren und Produktivitätssteigerungen oder -verluste zu identifizieren. Dies stellt kein Problem dar, solange das Verhältnis der für die Produktion produzierten Güter und verwendeten Produktionsfaktoren z. B. beim Arbeitseinsatz im Produktionsbereich deutlich feststellbar und definierbar ist.

Wie aber bestimmen Unternehmen die Produktivität indirekter Bereiche, die Produktivität der genannten industriellen Dienstleistungen, die eine moderne Produktion auf dem Weltmarkt benötigt, um den Input und Output an Produktionsfaktoren zu organisieren? Wo liegen kalkulierbare Grenzen, wenn sich Produktion und Dienstleistung immer stärker durchdringen, vor- und nachgelagerte Prozesse immer mehr ineinander übergehen? Ist eine Grenzziehung zwischen Produktion und Dienstleistung, in direkte und indirekte Tätigkeiten, in vor- und nachgelagerte Prozesse im Produktionsprozess überhaupt noch sinnvoll, wenn sie von wechselnden Kundenbedürfnissen, volatilen Märkten, Innovationsaufwand, der Sicherung von Beschäftigungsfähigkeit sowie den nationalen und internationalen politischen Rahmenbedingungen bestimmt wird? Dazu kommt, dass der jeweilige Zeithorizont festgelegt werden muss, der für strategische Ziele und Aktionspläne veranschlagt wird und aufgrund von Feedback ständig anzupassen ist. Die Schaffung interner Dienstleistungseinheiten, Kunden- und Lieferantennetzwerke, Verbünde und Outsourcing machen die Wertschöpfung zu einem intransparenten Prozess mit gestiegenem Koordinationsaufwand, der Routinen von Führungs- und Entscheidungsstrukturen durcheinander wirbelt. Hinzu kommen Zufall und Glück, aber auch Kompetenzen und Absichten, soziale Beziehungen, Gewohnheiten, Lernblockaden und partikulare Interessen von sozialen Akteuren, Organisationen, Verbände bis hin von Nationen.

Zauberworte der Theorie sind nunmehr seit Jahrzehnten „Lean Production" und „Lean Management", Dezentralisierung und Hierarchieabbau mit ihren zentralen Begriffen Kunden- und Qualitätsorientierung, Optimierung, Verantwortung und Teamarbeit. Auch Führung und Kultur werden in diesem Zusammenhang als entscheidende Einflussgrößen genannt. Aber in der praktischen Verwirklichung tun sich für die Unternehmensführung eine Reihe von Lücken auf, z. B. bezüglich Leadership, Planung, Umsetzung und ihren Ergebnissen [10]. Welche Lücken sich konkret öffnen, wo und wie die Produktivität industrieller Dienstleistungen in den Unternehmen Thema wird und welche Strategien die Unternehmen einschlagen, um ihren Gebrauch optimal zu nutzen, ist Gegenstand des folgenden Textes.

2.1.2 Forschungsdesign, Methode und theoretisches Konzept

Um nachzuzeichnen, wie wissensintensive Unternehmen exemplarisch auf die aufgeworfenen Fragestellungen im Kontext ihrer Dienstleistungsproduktivität reagieren und wie sie damit umgehen, haben wir in Fallstudien angewandte Konzepte der Dienstleistungsproduktivität empirisch identifiziert und problematisiert.[1] In 51 leitfadengestützten Gesprächen mit insgesamt 41 Interviewpartnern in 11 Unternehmen sowie zusätzlichen sechs Experteninterviews fokussierten wir hierbei auf industrielle Dienstleistungen, die von den Unternehmen selbst erbracht und nicht von spezialisierten unternehmensbezogenen Dienstleistern eingekauft werden. Die genaue unternehmensspezifische Thematik wurde gemeinsam mit den interviewten Personen je nach betrieblichen Fragestellungen definiert. Sie drehte sich um

- Customer Relationship Management,
- AT-Entlohnungssysteme,
- F & E Steuerung,
- Gesundheits- und Integrationsmanagement,
- Innovations- und Produktivitätskultur,
- Innovationsmanagement,
- Change Management,
- Employability,
- Optimierung von Rüstzeiten zwecks optimierter Auftragsdisposition und Produktionssteuerung,
- Kundenservice und um
- die generelle Rolle des Controllings im Unternehmen.

Nachgegangen sind wir diesen Thematiken in Unternehmen, die qualitativ hochstehende Produkte anbieten und hierfür hauptsächlich kundenfreundliche kleine Serien fahren und hybride Produkte mit hohem Ingenieur- und Konstruktionsanteil sowie den geforderten einheitlichen Service auf hohem Niveau offerieren.

Bei den Projektbetrieben handelte es sich um

- zwei Unternehmen mit ca. 500 Beschäftigten aus dem Bereich Elektroindustrie/Maschinenbau (PCB, Kardag),[2]
- einem mittleren Unternehmen (Sensotec) mit weltweit 2.750 und

---

[1]Dank gilt Josef Reindl, dem Spiritus Rektor des Projektes. Er unterstützte tatkräftig Fallstudien und ihre Auswertung, brachte wertvolle Ideen ein und diskutierte die Ergebnisse kritisch. Ebenfalls Dank gebührt Matthias Wörlen. Auch er wirkte bei Fallstudien mit und half theoretische Hintergründe für die Ergebnisinterpretation zu entwickeln.

[2]Um die Anonymität der Unternehmen zu wahren, sind ihre Namen fiktiv.

- drei mittleren Unternehmen mit weltweit 7.500 Beschäftigten aus dem Bereich Maschinenbau (Interlock, Klemp, Aeromat)
- zwei Großunternehmen mit 35.000 und 300.000 Mitarbeitern weltweit (Chemtrail, Autotron). Sie stammen aus der Chemie- und der Automobilzuliefererindustrie.

Des Weiteren gehörten zum Sample

- ein mittelständisches Software-Unternehmen mit 130 Mitarbeitern (Logware)
- ein kleines Industriedienstleistungs-Unternehmen aus der Wasser- und Abfalltechnik mit Industriedienstleistungen, das 30 Arbeitnehmer[3] beschäftigt (Aquasan) sowie
- ein weiteres kleines Unternehmen aus dem Bereich der Medizintechnik mit 20 Beschäftigten (Cardioplast).

Die auf der Grundlage von halbstandardisierten Leitfäden durchgeführten Interviews nahmen mehrere Stunden in Anspruch. Je nach Thema und betrieblichem Kontext musste für jedes Gespräch ein eigener individueller Fragebogen entworfen werden. Empirische und theoretische Phasen, die durch einschlägige Literatur vertieft wurde, wechselten sich im Laufe des Forschungsprozesses ständig ab. Die Fallstudien selbst wurden mit verschiedener Intensität geführt. In manchen Unternehmen gab es einige wenige Gespräche, in anderen wurden über die gesamte Projektspanne hinweg bis zu 15 Interviews geführt. Die vergleichbare Grundstruktur der Leitfäden wurde im Projektverlauf inhaltlich wie theoretisch laufend überarbeitet, so dass die Erhebung in Form eines lernenden Prozesses stattfand. In sechs ergänzenden Expertengesprächen ging es um allgemeine Fragen der Produktivität von Dienstleistungen oder spezifische Fragestellungen, z. B. zur allgemeinen Situation in kleinen und mittleren Unternehmen, zur Produktivitätsmessung im Gesundheitsmanagement, zum betriebswirtschaftlichen Vorgehen bei der Bewertung von Gemeinkosten etc.

Schon nach den ersten Gesprächen wurde deutlich, dass sich das Forschungskonzept zum Umgang mit internen Dienstleistungsfunktionen weniger auf Messkonzepte und Methoden als Schwerpunkt richten sollte, sondern auf Leitbilder und Verständnisse, Kulturen und Praktiken. Weil die Befragten wussten, wie sperrig es ist, komplexe nachhaltige betriebliche Handlungen kurzfristig im Hinblick auf ihren Nutzen zu beurteilen, ging es ihnen von vornherein weniger ums Messen als ums Handeln. Ihre Gedanken kreisten um das Erreichen von Zielen unabhängig von Kontrollzeitpunkten und um eine generelle Optimierung von Dienstleistungen, denn – wie sich einer der Gesprächsteilnehmer ausdrückte – *„vom Wiegen wird die Sau nicht fetter"*. Messen enthält keine Handlungsimplikation. Die Unternehmen setzen stattdessen lieber auf Produktivitätssteigerung, und zwar durch Vertrauen in die Leistungsfähigkeit von Mitarbeitern und Abteilungen sowie auf

---

[3]Aus Gründen der Lesbarkeit wird die männliche Form verwendet. Es sind jedoch immer beide Geschlechter gemeint.

Planung und Steuerung aufgrund erfahrungsbasierter Werte und Entscheidungen. Leitbild und Verständnis im Großteil der Betriebe lauten: *„Jeder gibt sein Bestes und wir sorgen für die Rahmenbedingungen, damit jeder sein Bestes geben kann".* Misstrauen in Motivation und Leistungsbereitschaft gelten als nicht angebracht. Im Zweifelsfall reichen die informellen Kontrollmechanismen und die bestehende Führungskultur aus, der notwendigen Effizienz den Boden zu bereiten.

Dennoch entsteht im Alltag Unbehagen über die vorhandene Intransparenz bei der Planung und Kalkulation und es ist das Bedürfnis vorhanden, in bestimmte Bereiche zu intervenieren. Alle Unternehmen verfügen über Unmengen von Kennzahlen, die aber lediglich eine Alarmfunktion haben. Treten Abweichungen auf, entsteht Gesprächs- und Klärungsbedarf. Darüber hinaus wird der Nutzen von Kennzahlen durch die oben genannten Probleme bei der Erhebung und Vergleichbarkeit pragmatisch gedeutet. Entscheidend ist, dass die meisten Kennzahlen einer kompetenten Interpretation aus dem betrieblichen Kontext heraus bedürfen, aus dem sie entstanden sind. Nicht selten müssen sie angesichts der sich ändernden Rahmenbedingungen angepasst und eventuell sogar verworfen werden. Das macht Begründungsdiskurse notwendig, in denen auf die Kompetenz, die Motivation und die Loyalität von Mitarbeitern vertraut wird.

Innerhalb dieses Kontextes wurden während des Projektverlaufs spezifische Fragestellungen vertieft und genauer geklärt, welche Verfahren zur Produktivitätssicherung die Fallunternehmen anwenden, wie sie mit ihrer oftmals nicht aktualisierten oder lückenhaften Datenbasis umgehen, welche Daten sie überhaupt erheben, welchen sie vertrauen, welche Konsequenzen sie aus dem Anwachsen ihrer Dienstleistungen ziehen und was sie tun, um deren Effektivität und Effizienz zu erhöhen. Entscheidend erschien uns dabei, welcher Stil, welche Kultur sich im Umgang mit solchen Instrumenten zur Produktivitätssteigerung etabliert und wie die diesbezügliche betriebliche Praxis die innerbetriebliche Kommunikation und den wechselseitigen Umgang miteinander beeinflusst. Aus unserer Sicht sind deshalb das Verständnis der Dienstleistungsproduktivität und die Art ihrer Optimierung von einer betriebsindividuellen *Produktivitätskultur* abhängig, die es im Folgenden näher auszudifferenzieren gilt.

Dies deckt sich mit anderen Forschungsergebnissen, insbesondere mit denen aus der jüngeren Controlling- und Accounting-Forschung. Danach werden Planung, Hierarchie und Programmierung immer häufiger durch die Notwendigkeit und Bedeutung von Koordination und Kommunikation verdrängt [11]. Dieser Sachverhalt verleitet zu dem Schluss, dass Controlling als Set von Interpretationsschemata, als Komplex von Normen und als Set von (allokativen und autoritativen) Machtmitteln zu verstehen ist. Es geht um Verpflichtungen, Erwartungen, Rechte, Ressourcen, um erfahrungsgebundenes explizites und implizites Wissen, was sich alles kaum oder eher gar nicht numerisch abbilden und messen lassen [12]. Mit Bezug auf Giddens [13] halten Ortmann und Sydow daher fest, dass Unternehmen bei ihrer Strategieentwicklung sowohl die Dimension der Sinnkonstitution (Interpretation, Kognition, Deutungsmuster), die der Legitimation (Rechtfertigung, Sanktionierung, Normen), die der Politik im weitesten Sinne (Machtausübung, autoritative Ressourcen) als auch die der Ökonomie im weitesten

Sinne (Herrschaft über Natur und Materie, allokative Ressourcen inkl. Technik) beachten müssen [14].

Letztlich bedeutet dies nichts anderes, als dass der Rahmen, in dem Daten, Kennzahlen und komplexere Instrumente interpretiert und kontextualisiert werden, das zu erklärende Phänomen darstellt. Als Lösung von identifizierten Leadership-, Planung-, Umsetzungs- und Ergebnislücken muss daher eine gemeinsame Logik des Handelns herangezogen werden [15].

Eine solche gemeinsame Logik des Handelns kann nach unserer Einschätzung nur in der genannten Produktivitätskultur verankert sein, weil diese das Grundgerüst für die Vertrauens- und Anerkennungsprozesse liefert, die für Dienstleistungen eine notwendige Bedingung für ihre effektive und effiziente Verwirklichung darstellen. D. h. die Erklärung der Interpretationsschemata, des Zusammenspiels von intersubjektiven Normen, von sozialen Beziehungen und individuellen Denkhaltungen, vor deren Hintergrund sich erst eine gemeinsame Logik des Handelns konstruieren lässt, benötigt methodisch und theoretisch einen sozialwissenschaftlich fundierten kulturtheoretischen Ansatz. Begriffe wie betriebliche Sozialordnung und Lebenswelt, Betriebsverfassung, Sozialkapital, Qualität der Arbeitsbeziehungen etc. verfolgen hierbei ähnliche Ziele.

Trotz der Aufmerksamkeit, die die unter Unternehmenskultur beschriebenen Phänomene in den letzten Jahren gewonnen haben, werfen Skeptiker jedoch immer wieder die Frage auf, was im ökonomischen Zusammenhang der Kulturbegriff zu suchen habe. Gerade die Entwicklung in Richtung des Anstiegs industrieller Dienstleistungen scheint jedoch aufgrund von deren Immaterialität einen solchen Ansatz für das Verstehen der Produktivität dieser Dienstleistungen umso dringlicher zu machen. Kultur meint nach Max Weber Sinn und Bedeutung in der *„sinnlosen Unendlichkeit des Weltgeschehens"*, mit anderen Worten, sie bezeichnet die Art und Weise, wie Menschen Wirklichkeit für sich bedeutsam machen [16]. Die Beachtung dieses Aspekts menschlichen Handelns ist für unsere Diskussion deshalb nützlich, weil Handeln durch Rekurs auf rationale Entscheidungsmotive und funktionale Rahmenbedingungen allein nicht beschrieben werden kann. Dies gilt auch für das Handeln in wirtschaftlichen und unternehmerischen Kontexten, denn nur „abstrakte *Arbeit lässt sich unmittelbar in die technische Produktionsplanung einprogrammieren.*" [17] Lebendige Arbeit ist keine reine abstrakte Arbeit, keine Ware wie jede andere, sondern ist seit jeher mehr oder minder subjektverhaftet. Das gilt aufgrund ihrer beschriebenen Eigenschaften umso mehr für qualitative Dienstleistungen.

Eine noch so straffe tayloristische bzw. fordistische Arbeitsorganisation kann und konnte daher noch nie die subjektiven und kulturellen Motive der mit Arbeitsvorgängen beschäftigten Individuen restlos eliminieren. Dem rationalistischen Konzept des Homo oeconomicus wurde daher immer wieder entgegengehalten – z. B. aufgrund der empirischen Ergebnisse der berühmt gewordenen Hawthorne-Untersuchungen –, dass subjektive und kulturelle Bestimmungsgründe alles andere als Störvariablen betrieblichen Handelns bilden. Sie sind im Gegenteil auch betriebswirtschaftlich interessant, weil sie die Produktivität eines Unternehmens beeinflussen. Auch spätere Studien nach Hawthorne konnten eindrucksvoll die herausragende Rolle zwischenmenschlicher Beziehungen und individueller Sinngebung im Unternehmen belegen [18].

Der Vorteil einer kulturtheoretischen Sichtweise liegt darin, dass sie die Verwirklichung der Unternehmensziele nicht auf die Frage der instrumentell-funktionalen Steuerung subjektunabhängiger Systeme reduziert, sondern Unternehmen und Organisation *gleichzeitig* als technisch-funktionales und soziales System mit den dazugehörenden intersubjektiven normorientierten Erwartungshaltungen und Handlungsregulationen betrachtet. Wir werden anhand unseres empirischen Datenmaterials sehen, wie wichtig ein solcher Ansatz für das Verständnis für die Produktivität von Dienstleistungen ist, weil die Organisation informellen Alltagshandelns im Kontext intersubjektiver Beziehungen wesentliche Faktoren für ihre Effizienz und Effektivität bereitstellt.

Ein Problem besteht jedoch darin, dass der Begriff der Unternehmenskultur, genauso wie die Konzepte Vertrauen und Anerkennung, derzeit inflationär und ohne wirkliche Substanz benutzt wird. Für uns ist daher entscheidend, zu beschreiben, wie viel mehr Unternehmenskultur bedeutet als die häufig darunter verstandenen bewusst wahrgenommenen und kommunizierten Werte und Philosophien. Diese lassen sich auf Hochglanzpapier niederschreiben, brauchen aber nicht umgesetzt zu werden. Unternehmenskultur steckt dagegen tief in den Fundamenten jedes Unternehmens und bildet als betriebliche Sozialordnung den Raum für die Beschäftigungs-, Personal-, und Sozialpolitik, für Führungspraxis und den Umgangsstil, der zwischen Geschäftsführung, Belegschaft und ihrer institutionalisierten Interessenvertretung in der betrieblichen Alltagspraxis herrscht. Sie wird charakterisiert durch die Betriebsgeschichte, das betriebliche Umfeld, durch Erfahrungen und Routinen und die sozialen Beziehungen zwischen Management und Belegschaft sowie den Beschäftigten auf allen Ebenen. Für den einzelnen erwächst hieraus nicht zuletzt der Wert, den er oder sie mit seiner oder ihrer Arbeit verbindet, ob sie rein instrumentell dem Gelderwerb dient oder darüber hinaus auch subjektiven Sinn liefert [19].

Es geht nach unserer Einschätzung darum, Kultur als Gesamtheit von Hintergrundwissen, Handlungsnormen und -regeln sowie biografisch verankerter Erfahrungen als Handlungskontext für intersubjektive Kooperation zu verstehen. Im Zentrum stehen Alltagspraktiken und Alltagsheuristiken, die in komplexen Umwelten formaler Regeln und Institutionen bedürfen, aber keineswegs darauf verkürzt werden dürfen. Der richtig verstandene Kulturbegriff, der soziale Praxis beschreibt, öffnet erst den Blick für das verborgene informelle soziale Handeln, das in komplexen Organisationen in seiner Beziehung zu formell-funktionalen Strukturen zu begreifen ist.

In dieser Beziehung sind die Lernfähigkeit und die Innovationsfähigkeit eines Unternehmens anzusiedeln, die neben Effizienz und Qualität die entscheidenden Wettbewerbskriterien wissensintensiver Betriebe bilden. Unternehmen müssen hierbei sozial innovativ vorgehen, d. h. sie müssen sich intern wappnen, um sich ändernden Voraussetzungen für die Inanspruchnahme und Organisation kreativer und qualitativ hochstehender Arbeit zu stellen. Nur so lassen sich moderne industrielle Dienstleistungen verrichten, die neben vielen Chancen auch beträchtliche Risiken sowohl für die Unternehmen als auch für die Beschäftigten enthalten.

Damit sie ein hochqualitatives Produkt anbieten und vermarkten können, benötigen die Unternehmen ein Set an Dienstleistungen, deren Produktivitätsmerkmal individuelle fachliche Kompetenz und Motivation sowie kooperative intersubjektive Beziehungen darstellen. Letztere basieren auf Vertrauen, Anerkennung und Egalität im gegenseitigen Umgang über funktionale Bereiche und Hierarchien hinweg. Um beides als Ressource nutzen zu können, braucht die Unternehmenskultur qualitative Merkmale. Sie muss diskursiv und reflexiv angelegt sein, d. h. die Akteure ernst nehmen, sie beteiligen und dabei sich selbst zum Gegenstand machen, sich selbst beobachten und dadurch in einem gewissen Maße sich selbst steuern lernen. Dies impliziert als Methode die Aufgabe, Wissen und Informationen aktiv zu sammeln, Planungen und Daten kritisch zu überprüfen, Fehler aufzudecken und anzusprechen, Folgen, darunter auch nicht-intendierte, einzukalkulieren, Unplanbarkeit und die Grenzen des eigenen Wissens zu akzeptieren und Veränderungsbereitschaft aufzubringen. Bei alledem darf Entscheidungsfähigkeit nicht auf der Strecke bleiben.

Dieser anspruchsvolle Prozess kann nicht vom Zufall abhängig gemacht werden, sondern muss selbst organisiert, systematisiert und institutionalisiert werden. Eine solche institutionalisierte Lernfähigkeit hängt weitgehend ab von in der Unternehmenskultur verankerten Praktiken, Normen und Selbstverständnissen, die in einem Kreisprozess selbst der kritischen Revision unterliegen. Um diese zu beschreiben, ziehen wir als analytische Konzeption „institutionelle Reflexivität" heran, die Managementkonzepte und Organisationsmethoden danach beurteilt, inwieweit sie der Möglichkeit nach die Aufnahmebereitschaft für Erkenntnisse fördern, die zur Revision bzw. Innovation bisheriger Sichtweisen und Praktiken beitragen [20]. Dieser Institutionalisierungsvorgang kann nicht als rein formeller vollzogen werden, sondern muss in einer diskursiv-kooperativen Unternehmenskultur verankert werden, da nur diese geeignet ist, das Spannungsfeld von Stabilität und Flexibilität konstruktiv zu überbrücken. Denn „natürlich ist die Institutionalisierung von Reflexivität ein Widerspruch. Institutionen als Regeln oder Regelsysteme entlasten von der Notwendigkeit der (Dauer)Reflexion, indem sie bestimmte Entscheidungswege und Praktiken verselbständigen und selbstverständlichen. Institutionalisierung als eine Form der Normalisierung schafft ‚Sicherheit'. Aber es bleibt paradox, Regeln gegen das Einrasten von Regelungen etablieren zu wollen, und Denkweisen gegen die Blindheit von Denkweisen" [21].

Die empirischen Ergebnisse aus unseren Fallstudien bieten Belege dafür, wie die Dienstleistungsproduktivität mit dem Verhältnis von Unternehmenskultur und betrieblicher Sozialordnung einerseits und institutioneller Reflexivität andererseits zusammenhängt. Zentral hierbei ist das Zusammenspiel von formellen und informellen Verfahren bzw. Praktiken oder anders ausgedrückt, zwischen formellen und informellen Institutionen, wodurch ein stärkeres Verständnis der Bedeutung von immateriellen Ressourcen für die Dienstleistungsproduktivität möglich wird. Der Verzicht auf eine rigide Kennzahlenorientierung und ein pragmatischer Umgang mit formellen Verfahren stellt kein Versäumnis dar, sondern entspricht einer vorhandenen institutionellen Reflexivität, die eine

Unternehmenspolitik präferiert, die bei Entscheidungen nicht auf Zahlen, sondern auf gut begründete Erfahrungen und Erwartungen zurückgeht und dabei auf Vertrauen zu Mitarbeitern und Kunden und auf intersubjektiver Anerkennung fußenden sozialen Beziehungen setzt.

Wir werden im Folgenden anhand verschiedener Fallstudien zeigen, dass dies zu Gestaltungsspielräumen für einen kritisch-reflexiven und diskursiven Gebrauch moderner Accountingmethoden führt, mit dem Ergebnis, das die unterschiedlichsten betrieblichen Perspektiven und Disziplinen in einer Produktivitätskultur integriert werden können, die den Herausforderungen, vor denen moderne, wissensintensive Unternehmen heute stehen, gewachsen ist. Die Auswertung der qualitativ erhobenen Daten zeigt, dass nicht nur die genannten Ansätze fruchtbar in Beziehung gesetzt werden können und dadurch neue Erkenntnisse möglich werden, sondern dass sie auch anschlussfähig sind bezüglich weiterer theoretischer Konzepte, die das Verhältnis von Subjekt, Regel, Prozess und Struktur thematisieren. Nach der Diskussion von Empirie und Theorie werden wir uns schließlich der Frage nähern, was eigentlich unter „Produktivitätskultur" zu verstehen ist, die den Treiber der Dienstleistungsproduktivität bildet, und zeigen, dass sie im Wesentlichen sozial konstituiert ist.

2.2   Die Konstituierung der Produktivität: Das Beispiel der Fa. Sensotec

Die bei Sensotec intensiv geführte Fallstudie dient als Basisfolie, vor der unsere zentralen Argumente entwickelt werden. Die jüngste Geschichte des Unternehmens kann als Paradefall dafür gelten, Chancen und Risiken moderner industrieller Dienstleistungen zu verdeutlichen. In diesem Unternehmen wurden insgesamt 15 qualitative leitfadengestützte Interviews sowohl in verschiedenen Bereichen als auch über die Laufzeit des Projekts hinweg mit unterschiedlichen wie mit denselben Interviewpartnern geführt. Durch letztere lassen sich Veränderungsprozesse abbilden und sie führen zu Bewusstsein, wie schnelllebig Themen und Prozesse in Industrieunternehmen gehandhabt und gewechselt werden, abhängig von äußeren Faktoren wie der Konjunktur, aber auch von internen wie durch Führungs- und Personalwechsel sowie schlicht und einfach durch „Moden".

Einzelne Themen der Fallstudie werden in den nachfolgenden Kapiteln für analytische wie theoretische Rückschlüsse durch Querverbindungen, Vergleiche und Kontrastierungen im Zusammenhang mit den qualitativen Daten aus anderen Fallstudien aufgegriffen und diskutiert, aber auch durch neue Themen, weitere Inhalte und Perspektiven ergänzt, immer mit dem Ziel, die Produktivität von Dienstleistungen und ihre Wahrnehmung und Behandlung in Unternehmen transparenter machen und zu verstehen.

Schauen wir uns nun das Unternehmen Sensotec näher an: Das weltweit tätige Unternehmen wurde 1921 als Reparaturwerkstatt für Fahrräder, Motorräder und Nähmaschinen gegründet. Mit mittlerweile weltweit 2750 Mitarbeitern entwickelt und produziert es auf hohem qualitativem Niveau 30.000 unterschiedliche Produkte mit entsprechendem Zubehör aus dem Bereich der industriellen Sensortechnik. Das Portfolio wurde hierbei im Zeitverlauf wesentlich erweitert und reicht von elektronischen und mechanischen Sensoren, rotativen und linearen Wegaufnehmern, Identifikations-Systemen bis hin zu Programmen von Netzwerk- und Verbindungstechnik für die industrielle Kommunikation. Es enthält ebenso Katalogprodukte in Form von standardisierten einzelnen Steckverbindungen wie anspruchsvolle Systemlösungen, die in der Interaktion mit Kunden entwickelt werden.

Das Stammwerk am Rand eines durch groß- und mittelständische Industrie geprägten städtischen Ballungsraums beschäftigt derzeit 600 Mitarbeiter. In den letzten Jahren wurde die industrielle Fertigung massiv auf 70 Mitarbeiter verkleinert und an ausländische Betriebsstätten ausgelagert, hauptsächlich an das 1989 eröffnete mit 500 Mitarbeitern größte Tochterunternehmen in Ungarn. Darüber hinaus wurden seit 1971 durch das mittlerweile als GmbH firmierende, aber immer noch im Besitz der Eigentümerfamilie befindliche, Unternehmen Tochtergesellschaften in Österreich, Japan, den USA, Brasilien, Singapur, Italien, Großbritannien, Polen, Kanada, Australien, Frankreich Südkorea, Schweiz, Mexico, den Niederlanden, Schweden, China, Belgien und Spanien gegründet. Hinzu kommen Servicebüros an weiteren Standorten. Auch ihre deutsche Zentrale erweitert die Sensotec GmbH durch verschiedene Neubauten sowie durch Zukauf zweier kleiner Zulieferer in der Region.

Die Entscheidung, das Stammwerk nur noch zur Anlauf- und Vorserienproduktion zu nutzen, wird jedoch in jüngster Zeit teilweise wieder rückgängig gemacht. Es ist vorgesehen, die Produktion im Stammwerk auszuweiten und nach dem Make-to-Order-Prinzip weniger standardisierte und lagerfähige Produkte innerhalb von zwei Tagen nach Bestellung auszuliefern, um so kurzfristig auf individuelle Kundenbestellungen zu reagieren. Das ändert aber nichts grundsätzlich an der Unternehmensphilosophie, in Zukunft den Mutterstandort im Wesentlichen für Forschung und Entwicklung zu nutzen.

Die Entwicklung des Unternehmens verlief vor allem in den letzten fünf Jahren alles andere als reibungslos. Sensotec hat bedingt durch die Wirtschaftskrise und den Generationswechsel vom Eigner auf dessen beiden Kinder turbulente Zeiten durchlebt. Eine wesentliche Strategie zur Krisenbewältigen bildete massive Kurzarbeit (Kurzarbeit null). Im Nachherein erwies sich diese Phase jedoch als Chance für einen strukturellen Wandel, der aufgrund der äußeren Prämissen eher auf Akzeptanz stieß.

Kern des Change-Prozesses bildet SORG (Sensotec-Organisation) mit einer Neuordnung der unterschiedlichen Entwicklungsabteilungen, sogenannter Business Units (früher Product Center). Sie werden nicht mehr nach physikalischen und technischen Kriterien differenziert, sondern nach Marketing bzw. Kundengesichtspunkten, also nach der Logik von kundenorientierten Problemlösungssystemen. „Wegmessung" heißt heute ein Bereich, nicht mehr „Induktion". Das Unternehmen versucht auf diese Weise, Probleme einer funktionsbezogenen Arbeitsteilung, wie sie an Schnittstellen und aufgrund fehlender Gesamtverantwortung entstehen, in Richtung einer weniger spezialisierten und differenzierten Prozessorientierung zu lenken.

Das Bedürfnis für einen solchen Wandel in der Betriebsorganisation entstand schon vor der Krise aus dem sowohl quantitativen als auch qualitativen Wachstum des Unternehmens. Nicht nur steigt seit Jahren der Umsatz linear, sondern das Eingehen auf differenzierte globale Kundenwünsche wirbelt ständig das Angebotsspektrum durcheinander, wodurch in allen Bereichen Flexibilitätsanforderungen und der Bedarf an strategischen Entscheidungen in die Höhe schnellen. Um zielgerecht reagieren zu können, wird der weltweite Markt bezüglich Lieferzeit, Qualität, Präferenzen genau beobachtet und analysiert. Entsprechend werden aufgrund landesspezifischer Besonderheiten Schwerpunkte unterschiedlich gesetzt, z. B. achtet man in Europa auf Qualität und Schnelligkeit bei der Lieferung, in China hingegen auf den Preis.

Der Preis spielt aber nur dort eine wesentliche Rolle, wo die Produktpalette von Sensotec zu einem Großteil aus standardisierten Katalogprodukten besteht. Diese haben – unternehmenspolitisch betrachtet – den entscheidenden Nachteil, dass auf diesem Gebiet viele Wettbewerber existieren, von denen man sich durch Alleinstellungsmerkmale absetzen will und muss.

Eine Strategie, Wettbewerbsvorteile zu gewinnen, besteht seit jeher darin, hervorragende Produktqualität zu liefern. Sie lässt sich nur durch intensive Beratung von fest angestellten Vertriebsmitarbeitern leisten. Der intensive Kontakt mit den Abnehmern und die Verlässlichkeit der Lieferungen binden Kunden langfristig an das Unternehmen. Eine, hypothetisch in Erwägung gezogene, weniger beratungsintensive Alternative wie die Abwicklung des Außendienstes über das Internet bildet dazu keine Alternative. Man weiß aus Erfahrung, dass der angebotene Service gerne in Anspruch genommen wird und sich Kunden genau deshalb für die Produkte von Sensotec entscheiden. Die Kunden nehmen sich nämlich in ihrem Betriebsalltag für eine einfache Suche im Internet keine Zeit, sondern verlassen sich auf die Beratungskompetenz der Außendienstmitarbeiter von Sensotec. Dafür zahlen sie gerne. *„Der Traditionskunde schlägt erst gar nicht den Katalog auf, sondern ruft an und sagt: Komm mal vorbei. Und wenn er sucht, dann macht er dies eine halbe Stunde und dann ist er sich doch nicht sicher, dann kann er auch gleich anrufen"* (Außendienstmitarbeiter).

Zu hoher Produktqualität und gutem Service kommt traditionell eine kurzfristige Lieferzeit. Die Standardprodukte, die in Großserie hergestellt und auf Lager produziert werden, werden jüngst durch Produkte ergänzt, die kundenindividuell erst nach Bestellung, gefertigt werden (Make-To-Order-Prinzip). Dieses Feld soll in Zukunft ebenso ausgebaut werden, wie die Steigerung der Produktinnovativität. Innovative Sensoren besitzen im Wettbewerb stärkere Alleinstellungsmerkmale und können mit einer höheren Marge vermarktet werden.

Dank SORG sollen die unterschiedlichen Strategien aufeinander bezogen werden. Ziele bilden

1. Die Optimierung der Schnittstelle Kunde/Produktmanagement,
2. die Erhaltung und Verbesserung des Innovationsprozesses und
3. die Verringerung von Time to Market

2.2.1   Die Konstruktion der Produktivität

2.2.1.1   Produktivität und Kunde

Langfristig betrachtet hängt der nachhaltige Erfolg des Unternehmens von der Fähigkeit ab, sich von Wettbewerbern, die Standardprodukte anbieten, spürbar zu unterscheiden. Das gelingt nur, wenn das Unternehmen sich in der Lage zeigt, flexible und sich ändernde Kundenbedürfnisse aufzunehmen und umzusetzen. So lassen sich mehr Impulse vom Markt auf die Entwicklung übertragen. Für die Unternehmensorganisation bedeutet eine solche Aufwertung und Verinnerlichung der Kundenperspektive, also Abschied zu nehmen von einer seit Jahrzehnten gelebten Dominanz technischen Denkens. Ziel ist es, zusammenhängende Problemlösungssysteme statt einzelner Produkte zu verkaufen „*Es ist deutlich greifbar, dass die Kunden nicht nur einen Sensor, sondern eine Lösung benötigen*" (Personalleiter).

Dieses Ziel greift tief in gewohnte Selbstverständlichkeiten und Denkheuristiken ein. Auch wenn es letztlich nie geklärt werden wird, welches Produkt das Merkmal innovativ verdient, reichen Qualität, Service und Schnelligkeit auf Dauer nicht aus, um den Unternehmenserfolg zu garantieren. Leider geht von den Kunden zu wenig Inspiration für Neuerungen aus, was zu einem großen Teil darauf zurückzuführen ist, dass die meisten Sensoren nicht sehr kostenintensiv sind. Die Kunden, Maschinen- und Anlagenbauer, konzentrieren sich, wenn sie nach Kostenersparnissen suchen, auf wichtigere Innovationselemente ihrer Produkte. Das bremst den externen Innovationsdruck bei Sensotec. In zentralen Bereichen wurde deshalb seit Jahren lediglich Produktpflege betrieben. Veränderungen bestanden in kleineren Modifikationen. Wirkliche Innovationen sind daher Mangelware, was betriebsintern den Nachteil hat, dass innovativ ausgerichtete Mitarbeiter sich oft nicht halten lassen, weil sie sich bei Sensotec unterfordert fühlen. Vor allem aber werden Innovationen dringend benötigt, damit sich das Unternehmen langfristig auf dem Weltmarkt halten kann. Es kann sich nicht darauf beschränken, „*eingeführte 08/15-Produkte anzubieten*", selbst dann nicht, wenn diese durch Qualität und guten Service „vergoldet" werden.

Auf der anderen Seite will man aber auch zukünftig nicht auf das Standardgeschäft verzichten. Dieses reicht von einfachen und eingeführten Katalogprodukten bis hin zu solchen, die sich durch kleinere Anpassungen an Kundenwünsche befriedigen lassen. Weiterhin soll ein Sockel bestehen bleiben, „*der einfach mitgenommen wird*". Auf Dauer aber hängt der Unternehmenserfolg an innovativen Produkten und Dienstleistungen, die sich nur durch eine verstärkte wechselseitige Interaktion mit den Kunden entwickeln lassen, wie z. B. energie- und wartungsarme Sensoren. An der ersten Front, an der solche Innovationen praktisch werden, steht der Außendienst. Er muss die flexibler werdenden Kundenwünsche aufnehmen und die Bedürfnisse des Kunden ins Unternehmen und von dort aus in die Entwicklung tragen und umgekehrt bei den Kunden für neue Produkte und Ideen werben.

Der Außendienst wird auf diese Weise aufgewertet. Es ist eine Strategie von SORG, bereits am Beginn der Wertschöpfungskette die „Denke" des Kunden in die Organisationslogik zu implementieren. Statt isolierter technischer Lösungen sollen komplexere

Problemlösungssysteme vom Kunden zum Unternehmen, in die Produktentwicklung und wieder zurück fließen. Um die Passivität des Kunden auszuhebeln, muss allerdings auch dieser zum problemorientierten Denken „erzogen" werden. Er soll nicht mehr, wie jahrelang üblich, bei Bestellungen außerhalb der üblichen Katalogware eigenständig die technischen Details für sein Problem vorgeben, etwa durch Benennung des physikalischen Prinzips eines benötigten Sensors. Um die technologische Kompetenz von Sensotec stärker zur Geltung zu bringen, wird eine neutrale Beschreibung des Problems und der gewünschten Funktion gewünscht, denn erst bei der fachmännischen Auseinandersetzung mit dem Bedarf des Kunden können innovative Wege beschritten werden.

Dafür muss sich der gewohnte Umgangsstil mit dem Kunden ändern. Es wird vom dem in Veranstaltungen informierten und geschulten Außendienstmitarbeiter erwartet, ein ganzes Set an Maßnahmen inklusive Kabel vorzuschlagen *„Ich bin kein Komponentenverkäufer mehr. Ich kann mich nicht mit einem Datenblatt beim Kunden einbringen. Dazu braucht er mich nicht mehr, dass kann er im Internet nachsehen. Ich muss sein Problem lösen. Und da versuchen wir in Systemen zu denken"* (Außendienstmitarbeiter). Der neue problembezogene Dialogstil, der die bisherige eher informell gehaltene Kundenkommunikation systematisch erweitert, dient dazu, kreative Ideen zu entwickeln. Die Berater werden auf diese Weise immer mehr selbst zu Produktmanagern, die den Input in „Business Development" und „Produktmanagement" erhöhen.

Die gestiegene Beratungsintensität und die gewachsene Komplexität technischer Lösungen erfordern von den Außendienstmitarbeitern neben kaufmännischem Geschick hohes technisches Wissen. Die geforderte Kombination von Technik und Verkauf stellt so hohe Ansprüche an den Außendienst, dass immer wieder die Frage auftaucht, ob es nicht sinnvoll wäre, Spezialisten für einzelne Produktgruppen auszubilden. In der Folge hätte der Kunde es allerdings, abhängig von seiner Nachfrage, mit unterschiedlichen Außendienstmitarbeitern zu tun. Dies würde dem Prinzip „one face to the customer" widersprechen, also keinen festen Ansprechpartner für eine breite Angebotspalette mehr beinhalten. Ein solcher fester Ansprechpartner liegt aber sowohl im Interesse des Kunden als auch dem der Firma, denn er repräsentiert Vertrauen und Firmenidentität und symbolisiert bestimmte Qualitätsaspekte des Produkts. Gerade bei der Vielfalt und Unübersichtlichkeit möglicher Lösungen bleibt personenbasierte Kundenbindung wichtig und wird angesichts der komplexitätsbedingten Unsicherheit noch wichtiger als bisher. Die langjährige vertraute Beziehung ist Trumpf. Deshalb bleibt es bei Sensotec bei einem festen Kundenberater, der allerdings bei Bedarf eventuell einen weiteren Spezialisten hinzubittet.

Das enge, zumeist seit vielen Jahren bestehende persönliche Verhältnis zwischen Kunde und Unternehmen bewirkt als „Kundentreue" eine wirtschaftliche Ressource, die über rein marktförmige und auf wirtschaftlichen Interessen basierte Interaktionen hinausreicht. *„Die (Kunden) feilschen nicht, die rufen allenfalls an und sagen, es war ein Wettbewerber da, der ist billiger, überprüfen Sie mal den Preis"* (Außendienstmitarbeiter). Solche wichtigen Hinweise erhält man nur, *„wenn die Beziehungskiste stimmt."* Wenn möglich, wird dann entsprechend reagiert und der Preis wird angepasst, denn langfristig die Bedürfnisse des Kunden zu befriedigen und seine Zufriedenheit zu erhalten wird mittlerweile als

bedeutender Wettbewerbsvorteil erkannt und gegenüber kurzfristigen Preisvorteilen vorrangig behandelt. „*Das hat sich auch geändert: es wird nicht mehr das Produkt betrachtet
vom Preis her, sondern der Deckungsbeitrag vom Kunden*" (Außendienstmitarbeiter).

2.2.1.2 Produktivität und Marketing

Auch wenn Interpretation, Kommunikation und Übertragung technischer Handlungsmöglichkeiten seit Jahren einen zentralen Bestandteil der gelungenen Beziehung zwischen
Kunden und Außendienstmitarbeiter sowie dem gesamten Unternehmen bilden, wird
angesichts des breiteren Angebots und der Absicht, Systemlösungen zu verkaufen, die
problemorientierte Interaktion mit dem Kunden komplexer.

Dabei bleibt die Nähe zum Kunden und seinen Bedürfnissen einerseits und der Standar-
disierungsdruck, kostengünstige Serien auf den Markt zu werfen, ein ewiges Spannungsfeld, an dem bei jeder Umstrukturierung gefeilt und experimentiert wird. Die Balance von
Kunde, Vertrieb, Marketing, Entwicklung und Produktion ist seit jeher verbesserungswür-
dig und wird stets aufs Neue unter veränderten Prämissen ausgelotet.

Sucht ein Kunde eine technische Lösung, diskutiert er sein Problem mit dem Außendienstmitarbeiter. Die Grundstruktur der erarbeiteten Lösung leitet dieser dann an die drei
bis vier Produktmanager weiter, die jede Business Unit beschäftigt. Deren Aufgabe besteht
nun darin, die wichtige Entscheidung zu fällen, welcher Kundenwunsch in eine Neuent-
wicklung münden soll und welcher nicht. Während nämlich für den Kunden jede Lösung
ihres Problems interessant ist, gilt es für die Produktmanager, kostspielige Einzellösungen
herauszufiltern, die sich nicht profitabel vermarkten lassen und nicht ins Portfolio eines
weltweit agierenden Unternehmens passen. Idealerweise besteht eine Problematik mit der
entsprechenden Lösung nicht nur bei einem, sondern deckt sich mit denen einer breiten
Vielzahl von Kunden. „*So haben wir möglicherweise ein neues Produkt.*" Im anderen Fall
lohnt es sich betriebswirtschaftlich womöglich nicht, das Kundenbedürfnis zu befriedigen.

Die entsprechende Entscheidung erfordert eine spezifische Qualifikation sowohl technischer als auch kaufmännischer Art, die über die Kompetenzen der Außendienstmitarbeiter
hinausgehen. Sie ist in dieser komplexen Form neu, da die Position des Produktmanagers
in den Zeiten vor SORG in einen Techniker, der die technische Problemlösung bearbeitete, und einen Kaufmann aufgeteilt war, der die Verkaufbarkeit des Produkts auf dem
Weltmarkt überprüfte. Weil es aber bei der Integration dieser unterschiedlichen Funktionen Reibungsverluste gab, wurden beide Aufgaben mittlerweile vereint. Dies stellt eine
beachtliche Herausforderung an die Position des Produktmanagers dar, wodurch sie in
den Augen von Vertriebsmitarbeitern auch stellenweise überfordert werden. „*Man merkt
manchmal, dass die Leute ziemlich unter Wasser sind. Sie tun mir manchmal leid, weil sie
viel an der Backe haben. Der eine ist im Urlaub, der andere auf Dienstreise, wie soll der
Dritte die Anforderungen dann meistern?*"

Die Entscheidung Kundenspezifität versus Standardisierung mündet zudem in unterschiedliche Interessenorientierungen der Akteursgruppen Vertrieb einerseits und Marketing bzw. Produktmanagement andererseits. Außendienstmitarbeitern liegt aufgrund der
sozialen Beziehungen und des persönlichen Vertrauensverhältnisses zu Kunden deren

Anliegen am Herzen. Ihr Ziel ist es, die Beziehung mit ihren Kunden dadurch zu festigen, dass sie ohne große Barrieren spezifische Problemlösungen bieten. Das Produktmanagement hingegen sieht sich gezwungen, „realistische" Vorgaben von Seiten der Kunden auszuwählen, also solche, mit denen das Unternehmen Geld verdient. Diese Anforderung nimmt der Vertrieb zwar einerseits ernst und kann sie nachvollziehen, denn *„der Kunde verlangt gleichzeitig, dass er seine Produkte ab Lager bekommt, dass die Qualität stimmt, dass er es weltweit bestellen kann. Wenn man sich zu weit verzettelt, kann man das nicht mehr gewährleisten"* (Außendienstmitarbeiter). Andererseits wird kritisiert, die Produktmanager berücksichtigten konkrete Kundenwünsche zu wenig und gingen beim Wunsch, kundenspezifische Weiterentwicklungen durchzuführen, zu selektiv vor. *„Beide Seiten arbeiten gegeneinander: Der eine verspricht, der andere bremst."* Umgekehrt wird von der Entwicklung auch mal etwas angedacht, dann fehlt es aber am Commitment seitens des Vertriebs, das neue Produkt anzubieten und zu verkaufen.

Um diese Konfliktlinie zu entschärfen, hat das Unternehmen als Zwischenebene eine neue Business Unit, die Abteilung „Customizing" geschaffen. Konkrete Kundenwünsche bezüglich der Software oder kleinere Anpassungen am Gehäuse, an den Kabeln und Steckern, an der Schaltfrequenz, Gewinden etc. werden durch eine kleine, aber ständig wachsende Abteilung bearbeitet. *„Hauptsache, man kann Kundenwünsche befriedigen, ohne etwas an der Platine zu verändern"* (Entwickler).

Der genauere Umfang und auch die Kosten dieser Modifikationen werden mit dem Kunden verhandelt. Falls keine Exklusivität vereinbart wurde, werden die Entwicklungskosten auf den Stückpreis umgelegt. Ist es Ziel, einen Kunden als Leitkunden zu gewinnen, werden auch mal betriebswirtschaftliche Rechnungen vernachlässigt. Bisweilen kommt es sogar zu einer schwer kalkulierbaren Prototypenentwicklung gemeinsam mit Kunden. Persönlich ist eine solche Aufgabe für Entwickler eine willkommene Abwechslung, denn sie genießen es, die praktische Bedeutung ihrer Arbeit – und damit deren „Sinn" – zu erleben. Hierbei entwickeln sie sogar Verständnis für die Arbeit der „Leute vom Marketing", die ansonsten bei ihnen oft in massiver Kritik stehen. Nun erfahren sie jedoch, wie schwierig sich die Zusammenarbeit am konkreten Projekt mit den Kunden gestaltet. *„Die Kunden haben von der technischen Umsetzung zumeist keine Ahnung, und ändern andauernd ihre Wünsche!"*

Auch wenn in der Beziehung zu den Kunden einiges in Bewegung geraten ist, können dadurch nicht alle internen Konflikte beseitigt werden. Bis es nämlich zu einer Entscheidung über die Berücksichtigung der Kundenwünsche kommt, verfließt in den Augen des Vertriebs zu viel Zeit. Das stört die Beziehung zum Kunden, den man daran gewöhnt hat, schnellen Service zu erhalten, ganz im Sinne des professionellen Selbstverständnisses der Außendienstmitarbeiter. *„Wenn der mir etwas mitgibt, dann kriegt der auch am nächsten Tag etwas. Wenn er aber dann drei Wochen warten muss, dann befriedigt mich das nicht."*

Ursache für die Verzögerung des Entscheidungsprozesses ist aus Sicht des Vertriebes die bereits beschriebene Kapazitätsüberlastung der Produktmanager. In solchen Situationen haben die Außendienstmitarbeiter einen Vorteil, die in der Nähe des Mutterhauses arbeiten und Produktmanager persönlich kennen. *„Ich warte, bis der da ist und dann* *greife ich ihn mir dann"*, heißt es. Mit anderen Worten: Trotz Digitalisierung von Wissen und Formalisierung von Kommunikation bleiben auch betriebsintern nach wie vor soziale Beziehungen wichtig, wenn es mal schnell und flexibel zugehen soll.

Wer allerdings über solche informellen Wege nicht verfügt, muss seine Kunden vertrösten, was enttäuschungsanfällig und dadurch riskant ist. Langfristig mindert dies die Motivation der Außendienstmitarbeiter, Kundenwünsche ins Unternehmen zu tragen. *„Dann fahren sie beim Kunden die Antennen nicht mehr aus, weil sie sagen, ich muss dann ewig warten und dann enttäusche ich meinen Kunden nur"* (Außendienstmitarbeiter). Die Reaktion sieht dann so aus, dass die Kunden das nächste Mal so beraten werden, dass sie mit dem vorhandenen Portfolio/Katalogprodukten zufrieden gestellt werden können. Innovative Ideen werden erst gar nicht angesprochen. *„Da werden Chancen vertan"* (Außendienstmitarbeiter).

2.2.1.3 Produktivität und Innovation

Ist die Entwicklungsentscheidung gefallen, bildet die Beschleunigung des Time-to-Market–Prozesses den nächsten strategischen Schritt, einen kaum zu bändigenden Unruheherd im Unternehmen. Die „ewige Baustelle" beschreibt einer der Interviewpartner plastisch wie folgt: *„Das Marketing meckert, es würde zu wenig Neues entwickelt und es würde zu lange dauern. Und die Entwicklung sagt, die wissen nicht, was sie wollen und morgen muss alles fertig sein und die eierlegende Wollmilchsau muss alles können. Für die Geschäftsführung dauert es immer zu lang, das ist ja klar. Und dann versucht man die verschiedensten Instrumente zu erfinden, um das Ganze zu beschleunigen und um dann festzustellen, dass es immer gleichlang braucht (lacht)"* (Betriebsratsvorsitzender).

Es verwundert daher nicht, dass mit der SORG-Strategie auch diesmal der Time-to-Market-Prozess verdichtet werden soll. Der neue Ansatz trifft aber nicht nur auf Befürworter. Die Entwicklungsabteilungen sind nicht glücklich mit der neuen kundennahen Strukturierung der Business Units. Die Ausrichtung auf die Problemlösungslogik der Kunden lasse sich aus der Perspektive des Marketings nachvollziehen, aber nicht deren Übertragung auf die technisch ausgerichteten Entwicklungsabteilungen. Eine technikfremde Organisationsphilosophie erschwere den Arbeitsalltag, schon allein deshalb, weil sie nach technischer Logik organisierte Kooperationspartner räumlich voneinander trenne. So die Ansicht der Entwickler.

Wie funktioniert der Entwicklungsprozess generell? Werfen wir einen Blick in die größte Entwicklungsabteilung, die in der ältesten und marktgängigsten Sensotec-Produktsparte tätig ist und die über den höchsten Anteil am Umsatz verfügt.

Die Gruppe, der ein Entwicklungsauftrag übertragen wird, besteht in der Regel aus einem Konstrukteur, einem Elektroniker, dem Teilprojektleiter, der früher Systemingenieur hieß und der heute in einer Zwischenposition als technischer Projektleiter fungiert. Hinzukommen Projektleiter und Fertigungsingenieur. Dieses Team wird bei Bedarf durch Qualitätssicherung und Kollegen aus dem Einkauf ergänzt.

Die Aufgabe der Abteilung besteht nicht aus Entwicklung allein, sondern ein hoher Arbeitsaufwand fließt in die Pflege der insgesamt 3500 Alt-Produkte mitsamt der dazugehörenden Fertigungstechnik und der an unterschiedliche Standorte angepassten Fertigungssteuerung. Aufgrund ihrer Größe benötigt die Abteilung einen höheren Organisationsgrad als vergleichsweise kleinere Abteilungen. Solche sind in der Regel nur langsam gewachsen und waren in den Zeiten vor SORG sehr „unkonventionell" organisiert, d. h. nicht von einer strengen organisationalen Logik durchdrungen. Das Wachstum der Firma im Ganzen und ihre weltweite Vernetzung fordert aber auch diesen „Inseln" eine stärkere Anpassung an die Gesamtorganisation des Unternehmens ab. Hinzu kommt, dass alle Abteilungen mittlerweile auf einen einzigen Fertigungsbereich und einen einzigen Supply Chain zurückgreifen, was einen eigenen Abstimmungsprozess erfordert. Parallel dazu werden die Fertigungsingenieure, die sich um die Prototypen kümmern, näher an die Produktion gerückt, wodurch sie dort stärker beansprucht werden und die Entwicklung genau planen muss, wann sie einen Fertigungsingenieur benötigt. Das muss systematisch organisiert werden, kein Wunder also, dass mit dieser Veränderung Unmut über Formalisierung, Bürokratisierung und Anonymisierung laut wird.

Mit der neuen Organisationsstruktur wurden auch die Leitungsfunktionen neu zugeordnet. Das bedeutet nicht allein eine funktionale Veränderungen, sondern bisweilen auch eine Wandlung des Führungsstils. Der neue BU-Leiter „ticke" komplett anders als sein Vorgänger, berichten Entwickler, ohne auf Anhieb den einen Stil als besser oder schlechter zu bewerten. Beide Stile zeigten jeweils ihre Vor- und Nachteile. *„Hr. P. ist jemand, der sehr klar und deutlich seine Ziele 'rübergibt und rechts und links nicht viel zulässt. Man weiß genau, wo man dran ist, man weiß, wo es hingehen soll. Der Herr F. dagegen hält das alles ziemlich locker, vermutlich aus seinen Erfahrungen aus der Vergangenheit"* (er war Leiter einer kleinen flexiblen BU) (Entwickler). Nach dieser zunächst neutralen Beschreibung der unterschiedlichen Stile zeichnen sich im Laufe des Gesprächs mehr und mehr qualitative Vergleichskriterien ab. Während der alte Leiter dazu neigte, Projekte frühzeitig auf den Prüfstand zu stellen, nach „ZDF" – Zahlen, Daten, Fakten – aufzudröseln und strikt zu kontrollieren, geht der Neue ein höheres Risiko ein. *„Wir können mehr probieren, es wird auch mehr zugelassen."* Zeigten sich früher Probleme, dann *„war das Thema durch"*, was dann auch immer wieder zum Leidwesen der Entwickler zu Projektabbrüchen führte. Das Leid entstand, weil die Entwickler dann ihre Tätigkeit als verlorene Mühe empfanden und frustriert waren. Auch für Innovation und neue Technologien generell schaffte dieser Stil kein günstiges Klima, sondern stellte dafür im Gegenteil *„ein ziemliches KO-Kriterium"* dar. Der neue BU-Leiter dagegen lässt verlauten, *„wir ziehen das jetzt durch, auch wenn das ein Tal der Tränen ist, sonst kommen wir nie zu was."*

Die Entwickler, vor allem die Jüngeren, bewerten diese Gangart positiv, weil sie den Eindruck gewinnen, höheres Vertrauen bezüglich ihrer Fähigkeiten zu genießen und ihre Kompetenzen aufgewertet sehen. Dennoch hatte die anfängliche Neutralität den unterschiedlichen Führungsstilen gegenüber ihren Grund. Es mangelt nämlich durch die prinzipielle Öffnung für unvorhergesehene Prozesse an früher gekannten Sicherheiten und Eindeutigkeiten, die die Entwickler von ihrer individuellen Verantwortung entlasteten. Auch weil flexibler als früher reagiert und häufiger umgesteuert wird, werden Entscheidungen als weniger konsequent und konsistent erfahren. Der neue BU-Leiter *„hat nicht so die* *gleiche Linie und es kann sein, dass man nach 2-3 Wochen andere Dinge zu hören kriegt als vorher.* " In solchen Momenten vermisst man die klaren Vorgaben seines Vorgängers.

Eine Hierarchieebene unterhalb des BU-Leiters befindet sich der Entwicklungsleiter, den es aufgrund der unterschiedlichen Größe und Produktvielfalt in anderen Business Units nicht gibt. Er hat die Aufgabe, Entwicklungsaufträge umzusetzen und die jeweilige Abwicklung zu steuern. Seine Qualitäten müssen hierfür denen eines „Allrounders" entsprechen. Auch diese Stelle wurde im Rahmen der Umstrukturierung neu besetzt. Hr. M., wird als „umgänglicher Typ" bewertet. Er stammt ursprünglich aus der Automobilbranche und war dort für Software-Technik zuständig, für einen inhaltlich völlig anderen Bereich also. Dies ist aber alles andere als schädlich, denn aufgrund dieser Distanz zu den eigentlich technischen Prozessen des Produkts profitiert in den Augen der Entwickler die eigentliche Entwicklungsarbeit. Während sich sein Vorgänger stets „besserwisserisch" in alle technischen Vorgänge einmischte, konzentriert sich der neue Leiter auf seine Steuerungsaufgaben. Er lässt dadurch den mit der Entwicklungsarbeit beschäftigten Mitarbeitern einen eigenen kreativen Freiraum, den diese selbstbewusst für sich einklagen. Es sei unbestritten, dass der alte Entwicklungsleiter über viel Wissen und Erfahrung verfügt habe, dennoch sei er keineswegs umfassend auf dem letzten Stand der Technik gewesen. Diesen beanspruchen dagegen die jüngeren Entwickler aufgrund ihrer aktuellen Ausbildungssituation und wollen dies auch anerkannt wissen. Verlierer war unter diesen Bedingungen das Unternehmen, denn einen „Wissenstransfer" mit den jüngeren Entwicklern habe es nie gegeben, stets seien die alten Wege ausgetreten worden, was „wirklich" innovatives Denken verhindert habe.

Der dominante Führungsstil des alten Entwicklungsleiters schlug sich generell negativ in der Arbeitsatmosphäre nieder, denn die Weigerung, sich auf neue Denkweisen und Erkenntnisse einzulassen und auf Augenhöhe mit den jüngeren Entwicklern zu kooperieren, wurde von diesen als Misstrauen in die eigenen Fähigkeiten und dadurch als fehlende Anerkennung verstanden. Zu diesem wenig kooperativen Führungsstil gehörte eine mangelhafte Kommunikations- und Informationspolitik, so dass der Eindruck entstand, der alte Entwicklungsleiter schotte sich nach unten ab und kungele aufgrund seiner langen Betriebszugehörigkeit und seiner persönlichen Bekanntschaften mit den oberen Hierarchieebenen. Dazu passte es, dass Projekte von heute auf morgen durch intransparente Entscheidungen und ohne nachvollziehbare Gründe abgebrochen wurden. Daraus resultierte das Gefühl, zu sinnlosen und ineffizienten Tätigkeiten eingesetzt zu werden.

Der Stil des neuen Entwicklungsleiters wird dagegen als völlig anders wahrgenommen. Er hält sich inhaltlich zurück, gibt wenig konkrete Vorgaben und kümmert sich lediglich darum, *„die Rahmenbedingungen für die Entwickler so positiv wie möglich zu gestalten. Definitiv im Sinne des Unternehmens, aber auch im Sinne der Entwickler"* (Entwickler). Umgesetzt wird dies, indem sich der Entwicklungsleiter fern vom eigentlichen Entwicklungsprozess bewegt und als kommunikative Schnittstelle zwischen den einzelnen Bereichen fungiert. Er sammelt und bündelt Wissen, filtert Probleme und puffert sie dadurch ab. Er reagiert bei Störungen im Ablauf nicht hektisch, sondern nimmt sich Zeit, erörtert notwendige Schritte im Team und überträgt dann die Aufgabe, gemeinsam Lösungen zu erarbeiten. Auf diese Weise wird der Abteilung Handlungskompetenz gegeben. *„Nicht wie der alte Leiter, um sie dann entweder im Alleingang zu lösen oder veröden zu lassen. Er ist nicht so erhaben, dass er alles weiß, sondern er holt sich die notwendigen Informationen ein, indem er mit den Leuten spricht"* (Entwickler). Die Bereitschaft, geduldig Krisenphasen zu überwinden und durch Team- und Kooperationsprozesse größere Risiken von Verzögerungen bei der Problemlösung einzugehen, was im Einklang mit der Philosophie des neuen, einer Hierarchiestufe höher angesiedelten BU-Leiters steht, wirkt sich als Wertschätzung gegenüber den Mitarbeitern aus. Sie erhalten das Signal: Ich verlasse mich auf meine Führungskräfte und Mitarbeiter. Der Effekt ist deutlich feststellbar: Lernfähigkeit der Organisation und Problemlösefähigkeit verbessern sich in jüngster Zeit deutlich.

Die Distanz des Entwicklungsleiters zur operativen Ebene des Entwicklungsprozesses bedeutet allerdings nicht, er stehe auftauchenden Hindernissen und den sie bearbeitenden Mitarbeitern gleichgültig und unpersönlich gegenüber. Im Gegenteil, es wird berichtet, dass er sich bei einzelnen Mitarbeitern um Arbeitsfortschritte kümmert und empathisch auf einzelne Entwickler zugeht, beruhigend auf sie einwirkt und konstruktive Lösungsvorschläge anbietet.

Neben BU- und Entwicklungsleitung bilden Gruppen-, Projekt- sowie Teilprojektleitung weitere Hierarchieebenen. Der Gruppenleiter hat im Entwicklungsprozess eines konkreten Projekts jedoch keine Funktion. Er ist die Führungskraft einer Gruppe von 12 Personen und klärt den Arbeitseinsatz, verteilt die Ressourcen zwischen unterschiedlichen Projekten. Die konkrete Steuerung eines Projekts erfolgt hingegen durch den Projektleiter, von denen jeweils zwei für eine Gruppe zuständig sind. Sie fungieren hauptsächlich als Terminjäger, bewältigen Koordinationsprobleme und tragen so zur Entlastung des Entwicklungsprozesses bei. Ihr Hauptaugenmerk gilt „QCT", Qualität, Kosten und Zeit, wozu die Aufgabe gehört, Preise in Richtung Einkauf zu aktualisieren und eventuell auftretende Abweichungen in der Kostenplanung mit der BU- oder Entwicklungs-Leitung zu klären. Für diese Arbeit erhalten sie eine Erfolgszulage. Die Teilprojektleiter sind tiefer im operativen Geschäft verankert und stehen in direktem Kontakt mit den Entwicklern. Sie berichten den Projektleitern.

Wird durch Produktmanager und Marketing eine Entwicklung in Auftrag gegeben, wird gleichzeitig mehr oder weniger präzise der Innovationsgrad des Entwicklungsprojektes festgelegt. Sechs unterschiedliche Projekttypen werden dabei unterschieden. Setzt ein Projekt innerhalb eines bekannten Wirkkreises an und wird keine Vorentwicklung benötigt, sondern etwa lediglich ein neues Gehäuse, dann handelt es sich um Projekttyp drei. Wird eine Vorentwicklung notwendig, z. B. in Form eines neu integrierten Elektronik-Bausteins oder eines passenden Moduls innerhalb eines Gesamtkonzepts, dann hat man es mit Projekttyp zwei zu tun. Muss dagegen ein völlig neues Wirkprinzip entwickelt werden, ohne dass Vorerfahrung vorhanden ist, erfolgt die Einstufung in Projekttyp eins.

„Innovativität pur" ist dagegen Aufgabe der Zentralabteilung CIM (Central Innovation Management), die das „Innovationsgehirn" des Unternehmens darstellt. Die Abteilung beschäftigt sich mit Grundlagenforschung in Form einer Art Vorentwicklung und hat u. a. die Aufgabe, Patente zu sichern. Dabei ist es alles andere als leicht, abzugrenzen, welcher

Entwicklungsprozess wirklich als innovativ gelten darf. Einigkeit herrscht aber darüber, dass CIM neue Grundlagen für alle Bereiche liefern, neue Geschäftsfelder entwickeln und neue Technologie ins Haus bringen soll. Allerdings scheint die kleine Gruppe mit 5-6 Leuten mit dieser Aufgabe schon rein quantitativ überfordert zu sein. In den letzten drei Jahren hat sie sich mit einem technischen Ansatz (Mikrowellentechnologie) beschäftigt und war damit vollständig ausgelastet. Es werden deshalb Alternativen diskutiert, z. B. ob es nicht besser wäre, in den Abteilungen einzelne Leute speziell für Innovationsaufgaben abzustellen und sich um Vorentwicklungen zu kümmern.

Handelt es sich um keinen Auftrag für CIM, sondern um einen „normalen Entwicklungsprozess", dann wird dieser durch den Product Creation Process (PCP) kontrolliert und gesteuert. Für den Zeitablauf werden verschiedene "Gates" oder „Meilensteine" formuliert. Das Verfahren ist Ergebnis einer externen Beratung und wurde schon vor längerer Zeit konzipiert. Es stand bislang jedoch nur auf Papier und wurde bestenfalls ansatzweise oder individuell umgesetzt. „*Jeder Projektleiter hat gemacht, wozu er Bock hatte.*" Dieser Zustand konnte durch die Krise, die die Bereitschaft zur flächendeckenden und systematischen Umsetzung erhöhte, zwar verbessert werden, allgemeine Zufriedenheit stellte sich aber nicht ein. Hilfreich ist es jedoch gewesen, dass eine Feinjustierung und Optimierung des Prozesses durch eine schnittstellenübergreifende Projektgruppe eigener Entwickler, Projektleiter und Produktmanager erfolgte, durch Erkenntnisse also, „*die aus dem eigenen Saft sind.*" Es hieß: „*Verbessert das Vorhandene, arbeitet substantiell an den Punkten, die bei Sensotec aufgetaucht sind.*" Diese Verantwortungszuschreibung erfolgte aus der Überzeugung, „*dass Berater tolle Konzepte hinstellen können, aber nur die Mannschaft, die man an Bord hat, den eigentlichen Sensotec-Blick auf die Themen hat*" (Personalleiter). Zu den betrieblichen Rahmenbedingungen, die immer eigens beachtet werden müssen, gehört es auch, speziell mit der Kultur der internationalen Partner umgehen zu können und diesbezügliche interkulturelle Kompetenzen auszubilden. Durch das auf den Betriebskontext zugeschnittene Erfahrungswissen und die Implementierung durch anerkannte betriebliche Akteure findet der Prozess zusehends Akzeptanz, so dass die Hoffnung entsteht, alle entwicklungsrelevanten Schnittstellen bis in die Fertigungssteuerung, Disposition und Einkauf dem gleichen Controllingprozess unterwerfen zu können. „*Dann sind echte Effekte zu erwarten.*" Die Effekte bestehen aus einer deutlichen Reduzierung des Time to Market, was mehr ist als nur eine betriebswirtschaftliche Betrachtungsweise, da für die Entwickler die eigene Arbeit effektiver, effizienter und sinnvoller wird. „*Es kann dann vermieden werden, dass irgendwann Projekte eingestampft (werden), wo man dann als Entwickler das Gefühl hat, die Zeit geopfert zu haben*" (Entwickler). Erste Ansätze zu diesem Prozess waren in der oben dargestellten Abteilung bereits zu spüren, anderswo hinkt der Change-Prozess noch hinterher.

Zielführend für die Umsetzung und ihre Akzeptanz in der Abteilung, wo die Optimierung langsam greift, erwies sich, der beschriebene partizipative Führungsstil des neuen Entwicklungsleiters. „*Angemessen*" und „*reflektiert*" sei er vorgegangen und habe vor allem nicht den Fehler begangen, bei der Implementierung des neuen Systems „*jemanden nicht mitzunehmen und es mehr oder weniger überzustülpen*" (Personalleiter). Um

Überzeugungsarbeit für den PCP zu schaffen, wurden betroffene Mitarbeiter aufwändig geschult und selbst diejenigen, die vom neuen System gar nicht betroffen sind, zumindest über dessen Sinn und Funktionsweise informiert. Ausnahmen und Schlendrian bei der Umsetzung werden im Gegenzug nicht geduldet, sondern es wird durch Reviews ständig kontrolliert, ob das Verfahren tatsächlich von allen eingehalten wird.

Beteiligung ist ein grundsätzliches Prinzip der neuen Strategie. Ein wesentliches Kriterium des PCP besteht aus „early teaming". Bereits zum Zeitpunkt der Projektspezifikation finden Besprechungen des gesamten Teams statt. Auf diese Weise werden unterschiedliche Aufgaben, Verantwortlichkeiten und Perspektiven frühzeitig thematisiert und können in Form einer ganzheitlichen Sichtweise auf das Projekt berücksichtigt werden. Dagegen haben sich früher einige Akteure, z. B. der Einkauf, *„auch schon mal überfahren gefühlt"*. Durch den moderierten Diskursprozess erfolgt die Projektplanung systematischer und vor allem realitätsangemessener. Die Auswirkungen betreffen nicht nur die einzelnen Projekte, sondern es erfolgen nachhaltige Lernprozesse bezüglich Verständnis und Respekt für andere Perspektiven. *„Jeder kriegt im Entwicklungsprozess frühzeitig mit, dass er nicht nur in seiner Richtung, in seiner Abteilung denken darf, sondern auch die Themen der anderen mitnehmen und an die Schnittstellen denken muss"* (Entwickler).

Die frühzeitige personale Festlegung von Verantwortung und die Kenntnis der mit Aufgaben betrauten Personen ermöglicht es zudem, fehlende Informationen während des Entwicklungsprozesses ohne zeitraubende Rückfragen einzuholen sowie durch die persönlichen Absprachen und Abmachungen das individuelle Verpflichtungsgefühl – und damit die Effektivität der Vorgänge – zu stärken.

Das neue Controllingsystem beinhaltet zwar immer eine externe Beobachtungs- und Überwachungsperspektive, aber es fördert zudem kreatives individuelles Denken bei gleichzeitiger Intensivierung der Teamarbeit. Die Entwickler werden nicht an die kurze Leine gelegt und in ihren individuellen Fähigkeiten und Entscheidungsmöglichkeiten beschnitten, denn sie erhalten lediglich grobe Richtlinien. Andererseits fordert PCP jedoch von den Projektleitern, erfahrungsbasiert alle Arbeitsschritte detailliert aufzulisten und mit einem Zeitfaktor zu versehen.

Allerdings steckt man bei der genauen Gestaltung noch im Lernprozess bzw. es deuten sich im Versuchsstadium bereits Grenzen des Systems an. Der vom Entwicklungsleiter vorgetragene Wunsch, Arbeitspakete noch präziser herunter zu brechen erweist sich als kaum umsetzbar, da die wenig standardisierbaren Prozesse Spielräume verlangen und sich nicht durch pedantische Vorgaben einschnüren lassen. Was die Planung betrifft, so heißt es, unterschiedliche Planungsphasen zu unterscheiden. Neue Projekte beginnen in der Regel mit Planungsunsicherheiten, aufgrund deren großer Variabilität der Rekurs auf Erfahrungswerte kaum zu leisten ist. Erst zu einem späteren Zeitpunkt des Projektverlaufs kann dann dank eines höheren Anteils von Routinevorgängen (Platinenbestellung, -bestückung, Messung) eine genauere Arbeitsplanung vorgenommen werden.

Eine grundsätzliche Unsicherheit bleibt aufgrund der ungewissen Anfangsphase aber auch dann bestehen. Selbst in der nachfolgenden strukturierten Phase wirbeln *„die Tücken des Entwickleralltags"* das Planungskonzept ständig durcheinander, etwa wenn sich Fehler nicht aufdecken lassen, wenn Zeitverzögerungen auftreten, weil es zu Betriebsstörungen kommt oder wenn externe Service-Leistungen wie Mess- und Prüfverfahren hinzu gekauft werden müssen. Dennoch sind entsprechend der PCP-Philosophie im Arbeitsplan solche Rückschläge nicht vorgesehen. Treten sie auf, ist es Teil der Strategie, sie an anderer Stelle zu kompensieren und aufzuholen. Dadurch muss der Kapazitätsplan ständig angepasst werden, ohne den ursprünglichen Zeitplan anzutasten.

Trotz der erfolgten Systematisierung des Entwicklungsprozesses ist eine Leistungsverdichtung (noch) nicht feststellbar. Es verhält sich sogar so, dass die Entwickler von der Einführung des PCPs insofern profitieren, als sie den mit einer Entwicklung verbundenen Aufwand deutlich machen und so auf knappe Ressourcen hinweisen können. Außerdem lassen sich Prozesse identifizieren, die beim besten Willen nicht beschleunigt werden können. Die Transparenz und die Kommunikation im Team machen aber eine flexiblere Steuerung des Prozesses möglich, u. U. kann Unterstützung aus anderen Projekten angefordert werden. Zwar werden immer wieder Beschwerden über den Zeitaufwand laut, den das Ausfüllen der Standardsoftware MS Project benötigt, *„aber es ist einfach positiv, wenn man verdeutlichen kann, dass für die Termineinhaltung Leute fehlen. Früher wurde hier immer nur aus dem Bauch heraus argumentiert"* (Entwickler).

Von der obersten Führungsebene aus besteht uneingeschränktes Vertrauen in diese Form der Selbstkontrolle und in die Leistungsbereitschaft des Teams; ein äußeres Controlling findet nicht statt, es wird lediglich der Projektstatus regelmäßig an die jeweilige höhere Hierarchieebene berichtet. Und wenn Zeitvorgaben am Ende trotz aller akribischen Planung nicht eingehalten werden, *„dann rollen auch keine Köpfe."* Wenn etwas länger als vorgesehen dauert, *„dann ist das eben so. Da ist es ein Vorteil, dass es eine Familienunternehmensphilosophie gibt. Es ist eben nicht so wie bei Automotive, wo dann vier Wochen Nachtschicht angesagt sind. Das gibt es Gott sei Dank bei uns nicht. Was Leistungsdruck angeht, geht es bei Sensotec ‚relativ easy‘ zu. Das Thema wurde in den letzten Jahren nicht besonders intensiv verfolgt"* (Gruppenleiter).

Wirken sich das relative „Easy Going" und die Selbstkontrolle der Teams negativ auf die Leistungskultur aus? Das Gegenteil ist der Fall. Immer wieder gibt es Projekte oder zumindest Projektphasen, in denen massiver Zeitdruck entsteht, weil Fehler und Fehleinschätzungen aufgetreten sind, der Termin näher rückt und das Arbeitsprogramm zeitlich hinterher hinkt. In solchen Fällen gibt man das gewährte Vertrauen in Form eines Motivationsschubs zurück. Alle ziehen an einem Strang, wobei jedoch nicht allein der Gesamtrahmen der Unternehmensphilosophie, sondern auch Kultur und Stil des konkreten Arbeitsumfeldes wesentlich sind. Solche angespannten Zeiten erträgt man nicht zuletzt deshalb, weil der Gruppenleiter *„ein Superchef"* ist und man nicht möchte, *„dass er dann blöd da steht"* (Entwickler).

Aber dennoch signalisiert das implementierte PCP, dass es ein Interesse an Produktivität gibt. *„Es ist neu, dass ein Produktmanager kommt und sagt: Ich brauche Mitte nächsten Jahres dies Produkt."* Als Reaktion *„schreien erst einmal alle: Das schaffen wir ja nie!"* Aber der neue Führungsstil setzt auch neue Standards auf Seiten der Untergebenen *„Der neue Entwicklungsleiter erwartet jetzt, dass wir nicht schreien, sondern, dass wir*

Lösungen anbieten" (Gruppenleiter). Offenbar ist die diesbezügliche Akzeptanz relativ hoch, weil die Sinnhaftigkeit des PCP durch eine bessere Organisation des gesamten Entwicklungsprozesses und Zusammenarbeit der Teammitglieder spürbar ist, die auch dem eigenen Anspruchsniveau an die subjektive Kompetenz der Entwickler entgegenkommt. Es tritt auch keine Unruhe unter den Angestellten ein, und es ist wenig Angst vorhanden, dass nach einem zaghaften Anfang in Zukunft das Netz enger gezogen, bei der Kapazitätsplanung andere Abteilungen einbezogen, die Autonomie geringer und der Leistungsdruck merklich gesteigert wird. Solche Gedanken drängen sich nicht auf, weil grundsätzliches Vertrauen in eine vernünftige Organisation des Unternehmens besteht, die die Reziprozität der Interessen nicht antastet. *„Das Unternehmen ist gesund, ist auf keine Bank angewiesen, die Krise wurde ohne Kredite überlebt und man hat sich auch den Arbeitnehmern aus der Produktion gegenüber fair verhalten"* (Gruppenleiter).

Trotz eines fehlenden expliziten Leistungsregimes sind aber Kapazitätsprobleme unübersehbar, die insbesondere die Führungskräfte betreffen. Es scheint eine gewisse Unübersichtlichkeit über die Funktionen Entwicklungsleiter, Projektleiter, Teilprojektleiter, Gruppenleiter etc. zu herrschen. Die Aufgaben überschneiden sich, *„es ist locker geregelt"*, was den Nachteil hat, dass es ständig zu Verschiebungen bezüglich der Aufgaben und Funktionen kommt. Aus weiteren Gesprächen wird deutlich, dass die Umsetzung von PCP in der Mehrzahl der anderen Bereiche eher holprig und unsystematisch verläuft. Das hat nicht zuletzt strukturelle Gründe. Ein Ziel des PCP, bereichsübergreifend Perspektiven zu erweitern und frühere „Dienstleister" wie Einkauf, Lieferkette und Fertigung von Anfang an in den Prozess einzubeziehen, bleibt bislang weitgehend nur Theorie. Für das hierzu notwendige „Teamgefühl" verlaufe die Produktentwicklung, so Kritiker der Systemumsetzung, nach wie vor viel zu sehr zersplittert. Projektleiter und Entwickler betreuen jeweils mehrere Projekte, was das Heraufkommen eines gemeinsamen Identitätsgefühls für ein Projekt mit allen dazu gehörenden Verantwortlichkeiten und Verbindlichkeiten blockiert. *„Die werden von den verschiedenen Projekten zerrissen."* Abhilfe soll ein weiteres Verfahren mit dem Namen „lean product developement" leisten, das das Ziel hat, die Arbeitszeit einzelner Führungskräfte auf weniger Projekte zu fokussieren. Dadurch erhofft man sich nicht nur eine Entlastung Einzelner, sondern gleichzeitig mehr Effektivität und Produktivität, die sich in einer Reduzierung der Produktentwicklungszeit auswirken, weil das ständige Multi-Tasking vermieden wird. Allerdings herrscht Skepsis darüber, inwieweit die angestrebte Vollauslastung in den vielen kleineren Projekten überhaupt möglich ist und eine Aufteilung der Arbeit über verschiedene Projekte hinweg ein Sachzwang bleiben wird.

2.2.1.4 Produktivität und Qualifikation

Nachdem man den zwischenzeitlich gehegten Gedanken aufgegeben hat, die Produktion vollständig abzuschaffen, wurde im Stammwerk zunächst nur noch eine Anlauf- bzw. Vorserienproduktion durch 70 meist gering qualifizierte Mitarbeiterinnen am Laufen gehalten. Gründe hierfür waren, dass eine Vorserie benötigt wurde, die Entwicklung auf die Mikroelektronik nicht verzichten konnte und Disposition und Logistik sich nicht ohne weiteres verlagern ließen. Mittlerweile erfolgt jedoch ein Umdenken und es entsteht wieder ein strategisches Interesse an einer Produktion am Mutterstandort. In Zukunft sollen nämlich Kunden vom Stammsitz aus nach dem Make-to-Order-Prinzip in kürzester Zeit beliefert werden können.

Während die Messung oder Objektivierung der Produktivität der industriellen Dienstleistungen wie der F & E nicht wirklich ein Thema ist, sieht es in der Produktion anders aus. Man steht im Vergleich zu anderen Produktionsstandorten, auch wenn der Sonderstatus besteht, weil nicht typische Standardprodukte produziert werden. Dennoch, *„weht heute ein anderer Wind"* (Produktionsleiter) und man drängt darauf, die Produktivität zu erhöhen. Hierbei rächt es sich allerdings, dass viele Jahre lang keine neuen Mitarbeiter eingestellt wurden. Weitgehend fehlt es an angemessen qualifiziertem Personal, denn die einfacheren Arbeiten, wie sie an Standardprodukten entstehen, sind ausgelagert und die angestrebte kundennahe Make-to-Order-Produktion stellt andere Ansprüche. Der Produktionsleiter sagt klar: *„Die Leute, die wir heute haben, würden wir nicht mehr einstellen. Wir haben sie aus historischen Gründen."* Obwohl es sich nach wie vor größtenteils um einfache Tätigkeiten handelt, kann nicht jeder Beschäftigte jeden Arbeitsplatz besetzen. Die gestiegene Komplexität der Produkte macht eine fachliche technische Ausbildung zur Voraussetzung, die bei der aktuellen Belegschaft nicht gegeben ist. Es wird deshalb versucht, einfache Arbeitsgänge zu definieren, um aus Flexibilitätsgründen auf Leiharbeit zurückgreifen zu können. Dies scheitert jedoch weitgehend an der Umsetzbarkeit. Auch Alter und Gesundheit fordern ihren Tribut, der Altersdurchschnitt in der Produktion liegt bei 45 Jahren, der Krankheitsstand ist weit überdurchschnittlich.

Das im Ausbau begriffene Make-to-Order-Prinzip bildet eine starke Herausforderung für die Produktionsflexibilität. Bei Bedarf beträgt die Auslastung heute 50 % und morgen 120 %. Der Versuch durch Ausbildung, Weiterbildung und Schulung das Niveau der Belegschaft an solche Herausforderungen anzupassen, stößt an deutliche Grenzen der Machbarkeit. *„Ich kann eine allein erziehende Mutter, die keine Spätschicht arbeiten kann, nicht gebrauchen"*, klagt der Produktionsleiter. Er will eine solche Aussage nicht als „soziale Kälte" verstanden wissen, fordert aber vom Unternehmen kreative Lösungen, *„möglicherweise muss man dann eine Kinderbetreuung einführen."* Generell sind kreative Lösungen gefragt, z. B. der Aufbau eines „Flexipools" von angelernten Studierenden etwa, die kurzfristig durch moderne Medien informiert regelmäßig ein paar Stunden aushelfen können.

Aber nicht nur in der Produktion, sondern auch bei den hochqualifizierten Fachkräften ist Qualifikation ein ständiges Thema, nicht zuletzt bei der Besetzung von Führungsstellen.

Die Bedeutung von Führung für den Erfolg von Unternehmen braucht nicht eigens betont zu werden. Führung enthält vier zentrale Schwerpunkte: einen technisch-fachlichen, einen betriebswirtschaftlich-unternehmerischen, einen organisatorisch-betrieblichen und einen sozial-interaktionistischen, von dem die Beziehungsqualität (das soziale Kapital) des Führungshandelns abhängt. Die Veränderungen der Arbeitswelt in wissensintensiven Unternehmen werten vor allem die sozial-kulturellen Dimensionen von Führung im alltäglichen Führungshandeln signifikant auf. Wissenschaftler sprechen vom *„Wandel der Führung vom mit Kontroll- und Entscheidungsbefugnis ausgestatteten Vorgesetzten zum*

Coach, Moderator, Motivator, Konfliktmanager und Mentor" [22]. Auch die Beschäftigten stellen diesbezüglich Erwartungen an ihre Vorgesetzten. Studien zeigen, dass hochqualifizierte Mitarbeiter mehr als an der eigenen Karriere am Gewinn von Sinn und Anerkennung interessiert sind und dass hierbei das Verhältnis zur Führungskraft den entscheidenden Faktor bildet [23]. Diese These haben wir in den Fallstudien öfters bestätigt gefunden. So betonte einer unserer Gesprächspartner auf der dritten Managementebene von Sensotec, wie wichtig ihm das Verhältnis zu seiner direkten Führungskraft sei und dass von einer offenen, vertrauensvollen Beziehung, die auch Kritik auf Augenhöhe aushält, sein weiterer Verbleib in der Firma abhänge. Schließlich drücke die Beziehung zur nächsthöheren Hierarchieebene aus, ob und wie man wahrgenommen und respektiert werde.

Führungskräfte repräsentieren zudem die Visionen und Normen eines Unternehmens gegenüber ihren Untergebenen, weshalb von ihnen gefordert wird, dass sie der Führungswerte des Unternehmens und Erreichen der vereinbarten Ziele leben und vorleben [24]. Führungsstile gewinnen vor allem im Rahmen der sensiblen Anerkennungsverhältnissen bei Wissensarbeitern ein besonderes Gewicht. Sie garantieren oder gefährden nicht allein Mitarbeitermotivation, Mitarbeiterzufriedenheit und Mitarbeiterbindung, sondern ebenso die Kreativität der Mitarbeiter und damit die Innovationsfähigkeit des gesamten Unternehmens. *„Das Spannungsfeld zwischen Anerkennungsbedürfnissen und der Schwierigkeit der Messbarkeit der Leistung macht die Betrachtung von Anerkennungsbedürfnissen und -erfahrungen von Hochqualifizierten besonders interessant* [25]."

Die Besetzung einer Führungsposition wird vor diesem Hintergrund zu einer zentralen Schaltstelle nicht nur für die technische und organisatorische Kompetenz eines Unternehmens, sondern ebenso für die Produktivität der industriellen Dienstleistungen. Verantwortlich für Stellenbesetzungen ist in der Regel die Personalabteilung. Zur passgenauen Stellenbesetzung gehört zudem die Aufgabe, die entsprechenden Personen angemessen und gerecht zu entlohnen. Dies dient nicht nur der Zufriedenheit der Führungskräfte selbst, sondern ebenso der Etablierung attraktiver Arbeitsplätze, durch die die Unternehmen in der Lage sind, „High Potentials", die sensiblen und anspruchsvollen Wissensarbeiter, insbesondere in Zeiten von drohendem Fachkräftemangel zu gewinnen und zu halten.

Um dies zu verwirklichen, müssen die Personalabteilungen im Profilvergleich sowohl die Leistungsanforderungen an den einzelnen Funktionsstellen als auch die Leistungsfähigkeit für Bewerber definieren und bewerten. Allerdings lassen sich die für anspruchsvolle Führungspositionen im Bereich der Wissensarbeit notwendigen Kriterien eines solchen Profilvergleichs schwer definieren, messen und bewerten. Dies erhöht die Gefahr, Stellen suboptimal zu besetzen und/oder die von den Wissensarbeitern erwartete materielle wie immaterielle Anerkennung zu verfehlen, mit Folgen für den innerbetrieblichen Leistungsprozess. Als besonders kompliziert erweist sich die Integration technisch-fachlicher, organisatorisch-betrieblicher und sozial-interaktionistischer Kompetenzen.

Bei Sensotec wird in diesem Zusammenhang immer wieder die leidige Erfahrung gemacht, dass durch die Besetzung von Führungskräftestellen große Reibungsverluste auf den unterschiedlichsten Hierarchieebenen entstehen. *„Fünf Fehlbesetzungen sind gleich hohe Summen, da ist man schnell bei einer halben Million"* (Personalleiter). Um diese

Risiken zu minimieren, wurde entschieden, ein Verfahren zur Stellenbesetzung zu implementieren, das Transparenz hinsichtlich der Besetzungskriterien schafft und u. a. Vergleiche hinsichtlich der Entlohnungskriterien zwischen einzelnen Abteilungen zulässt. Die Geschäftsleitung hofft dadurch, eine Systematik der Stellenbesetzungsverhandlungen zu ermöglichen, die die bisherige Bewertung „nach Bauchgefühl" durch den jeweiligen Vorgesetzten durch objektivere Grundlagen ersetzt. Das Verfahren soll zudem eine Anpassung der außertariflichen Entlohnung an das ERA System schaffen und als Guideline zu einer leistungsgerechten Entgeltfindung fungieren. Hierbei ist klar, dass im außertariflichen Bereich ERA lediglich eine Ausgangsbasis bilden kann und durch weitere Stufen erweitert werden muss, an deren Ende individuelle Zielvereinbarungen stehen. Kriterien bilden hierfür u. a. fachliche Tiefe und fachliche Breite in Form von fach- und bereichsübergreifenden Kenntnissen, Verantwortungsübernahmebereitschaft sowie die soziale Kompetenz von Bewerbern. Sie werden neben Kriterien wie „Exzellenz-, Management- und Prozessfähigkeit" auf eine Punkteskala übertragen und mit den Anforderungen an den jeweiligen Arbeitsplätzen in Beziehung gesetzt.

Dem Personalreferent, dem der Auftrag zur Entwicklung dieses Instruments übertragen wurde, ist bewusst, wie wichtig und wie schwierig komplexere Bewertungskriterien für eine wirkliche Optimierung der Stellenbesetzung im Führungsbereich sind. Diese betreffen vor allem die sogenannten Softskills bis hin zu individuellen Charaktereigenschaften von Stellenbewerbern. Das System soll seiner Meinung nach Fragen beantworten können wie: *„Übernehmen Bewerber unternehmerische Themen oder versuchen sie sich das Leben einfach zu machen?"* *„Wollen Führungskräfte Gerechtigkeit zwischen den Abteilungen herstellen oder nur, dass die eigene so reibungslos wie möglich läuft?"* *„Wer hat nur seine Abteilung im Fokus und wer denkt unternehmerisch?"* *„Wer kann mit dem Betriebsrat?"* Das dafür zu entwickelnde Instrument muss sensibel genug für die individuellen Unterschiede der verschiedenen Führungskräfte sein und feststellen, wo jeweils deren Stärken und Schwächen liegen. *„Der eine macht seinen Job, der andere netzwerkt international, ein anderer verbessert das SAP, treibt das Thema voran. Wieder ein anderer ist auch noch Führungskraft, ‚echtes Vorbild', lobt und kritisiert, gibt ehrliche Rückmeldung, schafft Klarheit in seinem Bereich. … Einer kann großartig beraten, hat Ideen, kann konzipieren, hat großartige Pläne, ist aber miserabel im Umsetzen. Man muss sich dann überlegen, braucht die Arbeit einen Berater und Konzipierer oder einen Umsetzer oder gar beides?"* Auch der jeweilige Umgang mit Macht und Autorität gehört zu den wesentlichen Charakteristika von Führungskräften und muss sich in dem angestrebten Bewertungsverfahren niederschlagen. Es geht nicht allein darum, die Variabilität des Führungshandelns zu erkennen und zu beurteilen, sondern es gilt, die jeweilige Differenz zu nutzen und an der geeigneten Stelle einzusetzen. *„Manche setzen ihre Ideen mit Macht um, das ist nicht immer falsch, aber bei bestimmten Themen muss man die Mitarbeiter mitnehmen, es geht also darum zu entscheiden, brauche ich einen, der durchpeitscht oder einen, der die Leute mitnimmt."* Auch grundsätzliche Führungskompetenzen sollen im Instrument dokumentiert werden. *„Es werden Führungskräfte benötigt, die Klarheit und Exaktheit vermitteln, die den gewünschten Umsatz nicht mit ‚viel' betiteln, sondern mit einer genauen Zahl."*

Der zuständige Personalreferent hat, um die komplexe Aufgabe zu meistern, eine lange Liste von Kategorien persönlicher Eigenschaften zusammengefasst (70–80 Items). Hierbei orientiert er sich an existierenden Führungspersonen und entwickelt kreative Kategorien, z.B. durch die Aufnahme von Merkmalen wie „Humorfähigkeit".

Am Ende soll die im Entstehen begriffene Excel-Liste in ein Software Tool fließen, das von der unternehmensinternen EDV-Abteilung „gebastelt" wird. Voraussetzung für die Anwendung ist eine flexible Gestaltung, so dass einzelne Kennziffern je nach Anforderungen des jeweiligen Arbeitsplatzes gewichtet werden können und ein individuelles Anforderungsprofil entsteht, das auf das Fähigkeitsprofil des Bewerbers passt.

Die Umsetzung dieser Aufgabe erweist sich indes alles andere als leicht. Schon allein der Versuch, Arbeitskriterien so zu definieren, dass sie in ein formales System passen, gestaltet sich äußerst schwierig, aber als noch beherrschbar im Vergleich zur Verwirklichung einer Systematik für „weiche" und individuelle Aspekte der Stellenbesetzung. Da der Personalreferent nicht der Illusion aufsitzt, das Instrument könne die Stellenbesetzung automatisieren, will er den Einfluss des Tools von vorneherein eingrenzen und es in erster Linie als Entscheidungshilfe für die Stellenbesetzung verstanden wissen. Stellenbesetzungskriterien sollen transparenter und kommunizierfähiger werden, um den Entscheidungsprozess kontrollierter zu gestalten. *„Ich will die (einstellende) Führungskraft dazu zwingen, sich darüber auseinanderzusetzen, welche persönlichen Eigenschaften ein passender Kandidat haben muss."* Auf dieser Grundlage können dann im Diskurs mit der Personalabteilung sowohl die Auswahl des Kandidaten und seine Einordnung in die Entgeltgruppe erfolgen. Das Instrument soll zudem das Ziel verwirklichen, diejenigen gerecht zu entlohnen, *„die einen guten Job machen und nicht die, die sich gut verkaufen können."*

Die Umsetzung des ambitionierten Projekts nimmt viel Zeit in Anspruch und gerät immer wieder ins Stocken. Monatelang hatte das Unternehmen regelrecht „Wachstumsstress" und die Personalabteilung war durch Rekrutierungs- und Einstellungsaufgaben absorbiert. Immer wieder wurden zudem andere Prioritäten gesetzt, nicht zuletzt, weil sich angesichts erster Erfahrungen Zweifel einstellten, ob das Instrument die anstehenden Fragen wirklich griffig löst oder ob das alte Verfahren der diskursiven Bewertung am Ende nicht doch leistungsfähiger ist.

Was die Rekrutierung von neuen Mitarbeitern betrifft, so setzt das Unternehmen neben der Beobachtung des Arbeitsmarkts für Akademiker traditionell auf Ausbildung, ein Prinzip, das auch durch die neue Geschäftsführung beibehalten wurde. Selbst während der Krise wurde an Ausbildung nicht gespart. Zur qualitativ hoch stehenden Ausbildung gehört es, junge Mitarbeiter frühzeitig weltweit agieren zu lassen. In der Regel werden alle Azubis nach Ausbildungsabschluss eingestellt. Die Erfahrungen mit Stipendien für eine duale Hochschulausbildung sind gut. Alteingesessenen Mitarbeitern wird Gelegenheit zu Fort- und Weiterbildung gegeben, im Rahmen des Tarifvertrags „Quali" in Zusammenarbeit mit der Uni Bremen auch Geringqualifizierten. *„Aber klar, es wird mehr Geld in die investiert, die schon ein Diplom mitbringen und nicht in die unqualifizierte Fertigungsfrau"* (Betriebsratsvorsitzender). Ebenso werden projektbezogene Ausbildungsgänge eher und schneller bewilligt als die in den Mitarbeitergesprächen zu Tage geförderte langfristige Personalentwicklung.

Qualifizierung und Rekrutierung werden in den letzten Jahren immer mehr durch den demografischen Wandel beeinflusst, der immer deutlicher seine Spuren hinterlässt. Durch den Abgang älterer Kollegen entstehen Lücken an Erfahrungswissen, die durch die neu eingestellten jungen Leute nicht gefüllt werden können. Objektiviertes Wissen in Form von Katalogen und Handbüchern, auf die unerfahrene Kollegen bei Bedarf zurückgreifen könnten, sind kaum vorhanden. Dabei sind praktische Kenntnisse gerade dort, wo es an Routine-Strukturen mangelt, ein unschätzbares Gut. Das Know-how-Defizit im operativen Bereich wird durch die Belastung der Führungskräfte mit mehr organisatorischen und sozialen Aufgaben verschärft. Es mangelt an technisch-fachlicher Expertise, die früher durch die Führungskräfte geleistet wurde. Wenn es noch ältere Experten gibt, so sind diese vollständig überlastet, was deren Stressgefühl spürbar steigert und sie psychisch gefährdet.

Als mögliche Lösung wird ein geregelter Wissenstransfer in Form der Einarbeitung neuer durch erfahrene Kollegen eventuell gekoppelt an ein Übergangsmodell in die Rente in Form einer langsamen Reduzierung der Arbeitszeit. Dies würde sowohl den älteren Beschäftigten, dem Unternehmen und den neuen Mitarbeitern entgegenkommen.

Der Weggang erfahrener Arbeitskräfte stellt aber nicht allein eine Hürde für den Erhalt und die Erweiterung von Wissen dar, sondern bedeutet immer einen Verlust im Rahmen von sozialen Beziehungen. Das ist nirgendwo so deutlich wie im Vertrieb. *„Da entsteht schon ein Loch, wenn jemand in Rente geht"* (Außendienstmitarbeiter).

2.2.1.5 Produktivität und Vertrieb

Werfen wir nicht nur deshalb als nächstes einen tieferen Blick auf den Vertrieb, dessen Bedeutung für Kundenbeziehung, Marketing und Produktentwicklung schon gewürdigt wurde. Der Außendienst verdient jedoch eine genauere Analyse. Er stellt das Herzstück für den Erfolg jedes Unternehmens dar.

Im Vertrieb von Sensotec ist der Wissenstransfer weiter fortgeschritten als in anderen Bereichen und wurde mittlerweile breitflächig auf EDV umgestellt. Die Umstellung dauerte allerdings länger als vorgesehen und musste ständig modifiziert werden, weil sich die Anwendung des neuen EDV-Systems als unzulänglich erwies. Das verringerte die Akzeptanz für die neue Technologie, so dass am Ende das neue System autoritär von oben durchgesetzt werden musste.

Mittlerweile gilt das eingeführte Customer-Relationship-Management (CRM), das die Kundenbeziehungen systematisch verwaltet und dokumentiert, allgemein als Hilfe. D. h. aber nicht, es würde vollständig seinen Möglichkeiten nach genutzt. Selbst eines seiner zentralen Ziele, die Kundenbetreuung unabhängiger von einzelnen Personen zu machen, wird nur ansatzweise erreicht. *„Letzten Endes ist es wie die alte Kundenmappe. Die hängt jetzt nicht mehr im Schrank, sondern jeder kann drauf zurückgreifen."* Allerdings besteht diese Möglichkeit nur theoretisch, denn der bessere Weg sei es immer noch, *„einen Kollegen zu fragen."* Das sei weder ein Problem der Software, noch das der Kollegen, aber in den Datenbank stünden zig Ansprechpartner, und es wäre zu aufwändig, im konkreten Fall den richtigen durch Blick auf die vorhandenen aufgelisteten Aktivitäten auszuwählen. Eine weitere Möglichkeit von CRM, Auswertungen bezüglich aktueller Entwicklungen vorzunehmen, wird ebenfalls nur in Ansätzen umgesetzt.

Was den Vertrieb bei Sensotec auszeichnet, und was im Vergleich zu anderen Unternehmen überrascht, ist die enge Betriebsbindung der Vertriebsmitarbeiter und deren geringe Fluktuation, ein ungewöhnlicher Sachverhalt für „Außendienstler", die mit ihren Homeoffices eigentlich Einzelkämpfer sind. Bei Sensotec empfinden sie sich demgegenüber über das Betriebsgelände hinaus als Angehörige des Unternehmens.

Dies ist auch heute noch so, obwohl der Wandel im Vertrieb nicht allein auf die Einführung von CRM beschränkt geblieben ist. Wie anderswo im Unternehmen wurden angesichts der Krise Chancen zur Anpassung genutzt und strukturelle Veränderungen durchgesetzt, vor denen sich die alte Geschäftsführung aufgrund der gewachsenen Strukturen scheute. Die Auswirkungen der Veränderung sind regional unterschiedlich. Betroffen sind vor allem fernere Bezirke, weit weg vom Stammwerk, wo es in Regie der dortigen Außendienstmitarbeiter regelrechte Vertriebsbüros mit Angestellten gab. Solche mehr oder weniger autonomen Zentren haben sich aufgrund der modernen IT-Techniken überlebt; durch CRM werden Informationen zentral im Mutterstandort zusammengefasst. Regionale Differenzierungen wurden aber nicht vollständig aufgehoben, es gibt regionale branchentypische Strukturen: dort dominiert die Textilindustrie, dort die Windkraft etc. Dadurch stellen sich jeweils spezielle Anforderungen und werden unterschiedliche Beratungskompetenzen benötigt.

Der Wandel lässt den Außendienst auch personell näher zusammenrücken. Zweimal im Jahr werden überregionale Tagungen organisiert, auf denen man Informationen über neue Produkte, Applikationen und Techniken erhält. Früher hatte jede Region mit ihren eigenen Gebietsverkaufsleitern eigene Treffen, wodurch die Verkaufsgebiete voneinander abgeschnitten waren. Räumliche Nähe zum Unternehmen bedeutete zu dieser Zeit einen Vorteil, weil man im Kontakt mit Marketing, Business-Development, Entwicklung etc. leichter Informationen austauschen konnte. Heute hat sich dagegen der Kontakt und Austausch zwischen den Kollegen überregional intensiviert, was nicht bedeutet, es bestünde im Außendienst nicht die Gefahr, dass sich Einzelkämpfer-Mentalität und Gebietsdenken ausbilden. Die Unternehmensleitung steuert einem solchen möglichen Trend aber bewusst durch eine gezielte Provisionsstrategie entgegen. Zwar halten sich die Provisionen quantitativ in Grenzen, machen sich aber dennoch beim Entgelt bemerkbar.

Ausgangspunkt ist die Erwartung der Geschäftsleitung bezüglich des zu leistenden Umsatzes, die auf die einzelnen Hierarchieebenen herunter gebrochen wird. Bestand früher die Entlohnung aus einem Fixgehalt und einer Provision, so wird diese heute durch die Zielvereinbarung als Incentive ergänzt. Zielvereinbarungen, die mit dem persönlichen Vorgesetzten ausgehandelt werden, sind Teil des Corporate Success Planning (CSP), das bei Sensotec in allen Bereichen verbreitet ist. Neu ist auch, dass die Provision deutschlandweit aus einem Topf verteilt wird und demzufolge der einzelne Verkäufer nur noch einen prozentualen Anteil des eigenen Erfolgs erhält. Obwohl es sich um ein Prinzip handelt, *„wo man anecken könnte"*, wird es allgemein akzeptiert, weil auf diese Weise auch in schlechten Zeiten ein konstantes Einkommen gesichert ist. *„Da ist man froh, wenn man in besser gehenden Bereichen Kollegen hat und die sind dann in zwei Jahren froh, wenn es anders herum läuft"* (Außendienstmitarbeiter). Damit diese Logik funktioniert, benötigt man Vertrauen in die Arbeit der Kollegen. Daran mangelt es offenbar nicht dank der beschriebenen Betriebsbindung der Außendienstmitarbeiter. Sie schafft ein Klima der Solidarität, ein unvergleichbares Plus der Sensotec-Unternehmenskultur. Zwar tauche, so Außendienstmitarbeiter, hin und wieder schon mal das Gefühl auf, man arbeite für andere mit, denn *„nicht alle sind gleich engagiert bei der Arbeit."* Solche Unterschiede werden aber durch den Vorgesetzten ausgeglichen, der die exakten persönlichen Anteile an der Provision anhand einer Bewertungsschraube regeln kann. Dazu kommt eine Abstufung im Grundgehalt nach dem Status Neuling, Experte oder Seniorexperte. Aber das Misstrauen in die Leistungsbereitschaft gegenüber den Kollegen ist gering. Viele Kollegen kennt man seit langem und eine Fluktuation findet kaum statt.

Bezüglich der Organisation kennt auch der Außendienst „ewige Baustellen", die bei jeder Umstrukturierung angegangen werden. Die zentrale Frage im Vertrieb lautet, sollen vereinbarte Ziele und Provision sich am Umsatz orientieren oder an der Qualität der verkauften Produkte? Die bestehende Spannung versucht man zu verringern, indem die Orientierung am Umsatz durch strategische Vorgaben ergänzt wird, die ins CSP einfließen, z. B. das Steigern von Crosselling-Beträgen, die Einführung innovativerer Produkte mit einer höheren Marge oder Kundengewinnung in anderen Bereichen wie etwa in der Health-Care-Branche. Zu den Zielvereinbarungen gehört deshalb, dass in anvisierten Akquisitionsbereichen beispielsweise zehn Kundenbesuche durchgeführt werden, auch wenn dort kein Umsatz getätigt wird. Das Ziel lautet: bekannt machen und reinkommen, um einerseits zu informieren, aber andererseits an Informationen zu gelangen, die dem Produktmanagement weitergegeben werden können.

Neu geschaffen wurde in zwei Geschäftsfeldern die Figur des Key Accounters, der vor allem die Aufgabe übernimmt, Schlüsselkunden vorrangig zu bedienen und schnelle, gute Lösungen zu erarbeiten. Er ist regional erster Ansprechpartner der Unternehmen (z. B. im Bereich Werkzeugmaschinen) und koordiniert die gesamte Gruppe überregional. Daneben gibt es noch einen Kollegen, der die Werkzeugmaschinen weltweit vertritt. Diesem kommt die Aufgabe zu, die neuen Problemlösungen weltweit zu vermarkten.

Betreut werden die Kunden nach wie vor von ihrem Gebietsvertreter, sie werden aber schneller an die Zentrale weitergeleitet. Das schafft Entfremdungserscheinungen, weil Kunden nicht nur der vertraute Vertreter fehlt, sondern auch das vertraute Umfeld und sie eventuell *„nicht mehr in ihrem Dialekt"* betreut werden. Dafür können sie aber rund um die Uhr Unterstützung erfahren, wobei man sich bemüht, eine persönliche Ebene dadurch aufzubauen, dass der Kunde einen eigenen Ansprechpartner im Innendienst erhält. Es handelt sich um einen festen Partner des Außendienstlers, der für Standardbestellungen zuständig ist. Es setzt sich aber der Trend durch, dass Standard-Katalog-Produkte vermehrt elektronisch bestellt werden, so dass die Tätigkeit der Außendienstmitarbeiter immer stärker die großen Projekte fokussiert, aus denen intensiver Kommunikationsbedarf resultiert.

Wichtiges Merkmal des Außendienstes ist es, dass durch die zentrale Betreuungstätigkeit, die dieser bei den Kunden vornimmt, die Interaktion zum Kunden heute tiefer angelegt ist als je zuvor und detailliertes Wissen über den Kunden benötigt wird, das sich trotz des Ausbaus der IT nicht ohne weiteres in Datenbänken ablegen lässt. *„Früher ging es raus zum Kunden und wurden 5–10 Neuheiten vorgestellt. Heute ist dazu das Portfolio zu groß geworden, weshalb man die Kundenbedürfnisse antizipieren muss."* Dazu sind nicht allein gute Kenntnisse der technischen Feinheiten der Sensoren notwendig, sondern auch eine profunde Kenntnis des Kunden und seiner langfristigen Unternehmensphilosophien und −ziele. *„Der Vertriebler steckt daher mental im Entwicklungsprozess des Kunden mit drin"* (Außendienstmitarbeiter).

2.2.2   Zwischen Kontinuität und Moderne: Die Sozialordnung von Sensotec

Das betriebliche Geschehen, die Arbeits- und Organisationspraxis und die Art und Weise, wie bei Sensotec die Produktivität der verschiedenen Dienstleistungsbereiche z. B. Forschung und Entwicklung oder Außendienst gesichert wird, ist deutliches Abbild der seit vielen Jahren bestehenden betrieblichen Sozialordnung. Sie charakterisiert die über den formalen Arbeitsvertrag hinausgehenden technischen, strategischen und sozio-moralischen Ressourcen und Regeln sowie die in sozialen Beziehungen verankerten Erwartungen und Verpflichtungen betrieblichen Handelns. Eines ihrer zentralen Merkmale bildet bei Sensotec eine intensive Betriebsbindung, die – alles andere als selbstverständlich – bis in den Vertrieb reicht. Diese wiederum stützt sich auf eine tief verankerte Vertrauenskultur, die aus den persönlichen betrieblichen Interaktionsprozessen – nicht zuletzt bis hin zur Eigentümerfamilie – sowie aus einer regionalen Verankerung einschließlich einer spezifischen Firmenidentität rührt. In der Krise, die Sensotec durch richtige Weichenstellungen gut überstanden hat, wurden diese basalen Elemente sogar maßgeblich gestärkt. *„Man geht fair miteinander um"*, lautet die zentrale Aussage und Erkenntnis des Außendienstmitarbeiters K.

An der Krisenpolitik des Unternehmens, die darauf ausgerichtet war, mittels ausgedehnter Kurzarbeit Entlassungen zu vermeiden, hatte auch der Betriebsrat einen wesentlichen Anteil. Die Existenz eines Betriebsrates für ein Unternehmen wie Sensotec ist in der regionalen Unternehmenskultur eine Selbstverständlichkeit. Daraus ist nicht zu folgern, Betriebsräte würden keine unterschiedlichen Bedeutungen und Rollen in Unternehmen einnehmen und sich ihre Position nicht über die Jahre hinweg wandeln. Letzteres ist bei Sensotec geschehen. Die Stellung des Betriebsrates hat sich durch die Strukturveränderung des Unternehmens verändert und wurde sogar gestärkt.

Traditionell findet der Sensotec-Betriebsrat, wie Betriebsräte generell, seine eigentliche Verankerung in der mittlerweile klein gewordenen Produktionsbelegschaft. Dadurch fällt mit unter 30 % der Grad der gewerkschaftlichen Organisation in der Belegschaft entsprechend niedrig aus. Weil die Zahl der Betriebsräte aber von der Anzahl der

Gesamtbeschäftigten abhängt, ist das Gremium mit 13 Betriebsräten, davon zwei freigestellt, gut besetzt. Aber auch viele der hochqualifizierten AT-Angestellten vertreten,
obwohl sie formal nicht durch den Betriebsrat vertreten werden, die Auffassung es sei
von Vorteil, einen Betriebsrat zu haben, *„damit die Belegschaft Mitbestimmungsrechte
wahrnimmt"* (Gruppenleiter). Trotz des bestehenden Vertrauens zur Geschäftsführung
fühlt man sich durch einen Betriebsrat und seiner rechtlichen Verankerung im Betriebsverfassungsgesetz sicherer: *„Die Geschäftsführung kann nicht machen, was sie will. Und
wenn es nur um Information geht."* Diese Grundhaltung schlägt sich in der Beteiligung an
Betriebsrats-Wahlen nieder, die immerhin bei etwa 60 % liegt.

Auch aus der Perspektive des Betriebsrates ist Sensotec ein *„ordentlich geführter
Betrieb"*. Man hält sich an die Regeln, bezahlt anständig und ist bemüht, überall die gleichen Standards umzusetzen, selbst in den ausländischen Unternehmen, in denen es kein
Betriebsverfassungsgesetz gibt. Von daher verläuft das Alltagsgeschäft des Betriebsrates
verhältnismäßig ruhig, denn es gibt nicht viel an Beschwerden. Der Betriebsrat gewinnt
dadurch Zeit, sich neuen Aufgaben zu widmen, z. B. Betriebsvereinbarungen zu verhandeln zur Arbeitszeitregelung, zu Softwarelösungen, zu Datenschutz, zum Umweltmanage-
ment, zu Fragen des Gesundheits- und Arbeitsschutzes etc. Durch die Behandlung solcher
alle Mitarbeiter betreffenden Themen stößt der Betriebsrat auch bei den Angestellten auf
Resonanz.

Die Anerkennung des Betriebsrats stieg jedoch vor allem durch die großen Themen der
jüngsten Vergangenheit. Nicht nur die Krise und die damit verbundene Kurzarbeit stellte
in den letzten Jahren eine Herausforderung dar, sondern ebenso die Einführung des neuen
Tarifvertrags über das Entgelt-Rahmenabkommen (ERA) in der Metall- und Elektroindus-
trie. Aus Sicht der Personalabteilung ist durch ERA eine systematischere Bewertung der
Beschäftigten möglich geworden. Früher bestand sie aus einem *„Bauchgefühl des Vorgesetzten, butterweich und warm"* (Personalleiter). Die Einführung von ERA verlief bei
Sensotec *„einigermaßen glimpflich, allerdings mit eindeutigen Nachteilen für die Mitarbeiter"* (Betriebsratsvorsitzender). Das gilt jedoch für alle vergleichbaren Unternehmen
in der Region, deren Mitarbeiter jahrelang von überdurchschnittlich hohen Löhnen profi-
tierten. Man besitzt aufgrund der vor der Einführung vorhandenen Eingruppierung ca. 50
% sogenannter „Überschreiter", also Mitarbeiter, die eine bessere Bezahlung als nach der
neuen Eingruppierung erhalten. Die höheren Bezüge werden zwar nicht angetastet, sollen
aber im Laufe der Zeit abgebaut werden, indem diese Gruppe keine Tariferhöhungen mehr
erhält. Bislang ist es dem Betriebsrat jedoch zumeist gelungen, dieses Prinzip abzuweh-
ren. Bei Neueinstellungen kommt dagegen ERA voll zum Zuge. Ebenso gibt es bei der
Altersabsicherung Einbußen, weil der Überschreitungsanteil nicht übertragen wird.

Etwa ein Drittel der Mitarbeiter am Stammsitz fällt ohnehin nicht unter die ERA-Re-
gelung, weil sie außertariflich entlohnt werden, was der Betriebsrat dadurch problematisiert, indcm cr darauf hinweist, dass die Kriterien für außertarifliche Bezahlung nicht
definiert sind und er gerne mehr Einfluss auf die außertariflich Beschäftigten hätte, für
diese Gruppe Mitarbeiter aber nicht zuständig ist.

Wesentlich für die neue gefestigte Position des Betriebsrats, die dieser heute hat, ist allerdings sein Engagement um die erfolgreiche Bewältigung der Wirtschaftskrise gewesen. Respekt dafür gewann er nicht nur bei der Belegschaft, sondern ebenso bei der Geschäftsleitung. Es entstand damals zwischen den Sozialpartnern ein bislang nicht gekannter kooperativer Interaktionsstil auf der Grundlage gegenseitigen Vertrauens. Da sich nicht jede Regelung *„formal eins zu eins schriftlich dokumentieren"* (Betriebsratsvorsitzender) ließ, wurde ein unbürokratischer und informeller Umgang bei Abmachungen geradezu notwendig. Vor allem der *„Alte"* (Geschäftsführer und Eigner) rechnete nicht mit einer solchen Kooperationsbereitschaft von Betriebsrat, Belegschaft und IG-Metall.

Der Erfolg des kooperativen Umgangs ließ sich sehen: Indem sie zu 100 % in Kurzarbeit gingen, wurden 160 Beschäftigte vor einer geplanten Entlassung verschont. Letztlich musste sich das Unternehmen lediglich von 30 Mitarbeitern trennen. Nach Beendigung der Kurzarbeitsphase gelang es deshalb, beim Anziehen der Konjunktur zügig die eingehenden Aufträge zu bearbeiten, was einen eindeutigen Wettbewerbsvorteil darstellte. Sensotec zeigte sich aber auch als kreativ und risikoreich, weil bei den Wiederbeschäftigten eine rigorose Umbesetzung bei den Arbeitsplätzen durchgeführt wurde, und zwar mit ausgesprochen positiven Ergebnissen. Davon profitierte das gesamte Unternehmen.

Begeisterung löste das Handeln des Betriebsrats von Seiten der Belegschaften dennoch nicht immer aus. So bezog er „Prügel" wegen seiner Zustimmung, auf einen Anteil am Urlaubs- und Weihnachtsgeld zu verzichten. Letztlich konnten aber auch hier vertrauensbildende Lösungen gefunden werden. Die eingesparte Summe wurde in einen gemeinsamen Topf einbezahlt, aus dem die Kurzarbeit finanziert wurde. Positiv bewertet wurde dann, dass das am Ende übrig gebliebene Geld, vom Unternehmen zurückgegeben wurde. *„Die (Geschäftsleitung) hätten es ja auch einsacken können"* (Betriebsratsvorsitzender).

Jedenfalls waren am Ende alle, vor allem aber der alte Eigner persönlich froh über den Verlauf der Krisenbewältigung. Letzterem wurde erspart *„so (mit 160 Entlassungen) in die Geschichtsbücher der Stadt"* einzugehen (Betriebsratsvorsitzender). Dies hätte seinem Ruf als verantwortungsbewusster Unternehmen geschädigt, an dem ihm einiges liegt.

Eine solche Haltung entspricht einer im modernen Jargon genannten „Corporate Social Responsibility" (CSR). Sie ist traditionell tief in den Strukturen der betrieblichen Sozialordnung von Sensotec verankert. Das Unternehmen wird, typisch für viele mittelständische Unternehmen, durch die regional verwurzelte Eignerfamilie geprägt, die sich ihren Mitarbeitern gegenüber verantwortlich zeigt, was die Grundlage für die Krisenpolitik bildete. Dies hat sich auch nach dem während der Krise vollzogenen Generationswechsel vom Vater auf Sohn und Tochter nicht verändert. Die Belegschaft weiß die Verantwortungsübernahme durch die nächste Generation zu schätzen, denn es sei durchaus anerkennenswert, dass die Kinder des Eigners das Unternehmen weiterführen und nicht *„an die Chinesen verhökern, die Familie nicht nur Profit aus dem Unternehmen abzieht, sondern sie sich einsetzt"* (Betriebsratsvorsitzender). Auf der anderen Seite jedoch bringt der Wechsel Ungewissheit und man wünscht sich Kontinuität, die die Belegschaft dadurch erhofft, weil der alte technische Leiter in der Geschäftsführung verblieben ist. Man vermutet oder wünscht es sich zumindest, dass er *„immer noch sagt, wo es lang geht und die*

Jungen zurückpfeift, wenn sie zu forsch vorgehen" (Gruppenleiter). Auch der alte Chef hat sich nicht vollständig zurückgezogen, sondern *„hockt auch mal in T-Shirt und Jeans dabei und lässt sich zumindest informieren"* (Betriebsratsvorsitzender). Erschien es zunächst als besonders problematisch, dass der Generationswechsel ausgerechnet zu Zeiten der Krise erfolgte, so erwies sich dieser Zeitpunkt im Nachherein sogar als besonderer Glücksfall, denn die neue Geschäftsführung konnte erfolgreich ihre Nagelprobe durchstehen. Auch wenn einige wenige Mitarbeiter entlassen werden mussten und Sensotec die Krise zur Umstrukturierung genutzt hat, ist es allgemeiner Konsens, dass demonstrativ Rücksicht auf die Beschäftigten genommen wurde. So wie das Unternehmen nun nach der Krise aufgestellt ist, entsteht der Eindruck, dass Sensotec *„alles richtig gemacht hat"* (Personalleiter).

Der weitgehende Verzicht auf Entlassungen vertiefte die bereits bestehende Vertrauenskultur. Durch die positiven – auch durch den Rückhalt einer regionalen Zusammenarbeit von Gewerkschaft und Arbeitgeberverband getragenen – Krisenbewältigungsstrategien, aber ebenso durch eine grundsätzlich offenere und formellere Haltung gegenüber einer betrieblichen Interessenvertretung durch die jüngere Geschäftsführung, die sich z. B. an einer systematischeren Informationspraxis zeigt, sieht sich der Betriebsrat heute stärker anerkannt als in den Jahren zuvor. Er betrachtet nicht zuletzt deshalb die vollzogene Modernisierung des Unternehmens als gelungen. Umgekehrt hat auch die Geschäftsführung erkannt, dass es dem Betriebsrat um das Wohlergehen des Unternehmens geht und er dazu einen konstruktiven kooperativen Beitrag zu leisten vermag.

Die konstruktive Beziehung zwischen Geschäftsführung und Betriebsrat während der Krise schlägt sich im Betriebsklima nieder, bis hin zur Ebene der Fertigung. Als der Betriebsrat gemeinsam mit der Geschäftsleitung eine Zufriedenheitsanalyse bezüglich der Sensotec-Unternehmenskultur durchführte, stellte sich heraus, dass dort keineswegs Angst vor Arbeitsplatzverlust herrscht und die Arbeitszufriedenheit hoch ist. Grund hierfür dürfte das Verhältnis zum dortigen Leitungspersonal sein, aber auch ein tief fundiertes Vertrauen, das die Beschäftigten zum Unternehmen und der Geschäftsführung haben. *„Vielleicht wegen der Art und Weise, wie man durch die Krise gegangen ist* (Betriebsratsvorsitzender). "

Die Veränderung im Umgang zwischen Betriebsrat und Geschäftsführung bildet einen Indikator für den Wandel der Sozialordnung bei Sensotec, der sowohl neue Chancen als auch Risiken für das betriebliche Handeln enthält. Während die Veränderungsprozesse von Befragten einerseits als *„wenig spürbar"* und als *„glimpflich"* und *„harmonisch"* verlaufen beschrieben werden, entstehen andererseits schleichende negative Erfahrungen, die die Veränderungsprozesse als Verlust an vertrauter Sicherheit und an sozialen Beziehungen zugunsten formalerer Strukturen empfinden lassen. Das kontinuierliche weltweite Wachstum des Unternehmens, das durch die Krise nur unterbrochen wurde, bringt *„viele neue Gesichter"* in den betrieblichen Alltag und führt zu einer deutlich präsenten Internationalisierung mit neuen Regelungen und Unternehmenszielen. Dies wird insbesondere durch ältere Kollegen als Anonymisierung und Verlust des Vertrauten begriffen. Routinen und gewohnte Sicherheiten werden aufgeweicht, selbst die Sprache wird durch die Raum greifenden Anglizismen eine andere.

Vor allem für Mitarbeiter mit langjähriger Betriebszugehörigkeit wiegt besonders schwer, dass im Vergleich zu früher Interaktionen auf der Basis langjähriger persönlicher Bekanntschaften keinen vergleichbaren Stellenwert mehr haben. Dies ist nicht allein der ungewohnten Größe des Betriebs zuzuschreiben, sondern resultiert ebenso aus der Veränderung kultureller Muster sozialer und regionaler Integration durch eine historisch begründbare Individualisierung der Lebensentwürfe und -stile. Hinzu kommt eine schon bei Einstellung vorhandene höhere formelle Qualifikation der neuen Beschäftigten, die die Bedeutung der betrieblichen Sozialisation in den Hintergrund treten lässt. Dennoch wird der Wandel aber generell in seinen Ergebnissen summa summarum positiv bewertet.

Einige der Befragten bewerten die Veränderungen grundsätzlich als notwendige „Modernisierung", als unumgänglichen Anpassungsprozess. „*Die Zeiten ändern sich ja auch! Man kann nicht den alten Zöpfen hinterher weinen. Es war anders, es war aber auch eine andere Zeit!*" (Außendienstmitarbeiter). Andere, zumeist Jüngere, begreifen den Wandel weniger nostalgisch nicht als aufgezwungenen Sachzwang für den Unternehmenserfolg, sondern als kulturellen Fortschritt im Umgang untereinander. Sie kommen zu einer skeptischeren Bewertung der langjährig eingelebten betrieblichen Sozialordnung, denn die alten Umgangsformen hatten gerade aufgrund der in der Betriebsgeschichte verankerten sozialen Beziehungsnetze ihre Schattenseiten „*Ein Vorteil von Sensotec ist gleichzeitig ein Riesennachteil: Lange Betriebszugehörigkeit, geringe Fluktuation. Wir braten im eigenen Saft. Wenn etwas Neues kommen soll, ist es immer recht schwierig. Man macht es so, wie man es früher gemacht hat*" (Gruppenleiter).

So wohltuend die persönlichen Bekanntschaften und das Verpflichtungsgefühl auf kollegialer Ebene und quer zu allen Hierarchieebenen auf den ersten Blick sind, so sehr die Älteren den Verlust dieser persönlichen Beziehungsebene als Anonymisierung beklagen, traditionelle Strukturen und Beziehungen erweisen sich auch als hemmend für die Entwicklung des Unternehmens und damit für die professionellen Ansprüche jüngerer hochqualifizierter Mitarbeiter. Aus deren Sicht provozieren die bestehenden sozialen Beziehungen mit ihrer falschen Rücksichtnahme und Scheu vor Kritik eine Blockade individueller Kreativität und intransparente Entscheidungen. Die Folge ist ungleiche Behandlung mit innerem Rückzug von motivierten Mitarbeitern, also ein Verlust unternehmerischer Potentiale von Sensotec.

Die jüngeren Hochqualifizierten wollen einen solchen Zustand keineswegs fraglos hinnehmen und fordern vor dem Hintergrund gesellschaftlich gewandelter Norm- und Moralvorstellungen, die Autoritätsverhältnisse relativieren, veränderte Muster betrieblicher Führung. Es geht ihnen um mehr Egalität auf der Grundlage von Anerkennung, Vertrauen und Kommunikation. Ein in dieser Weise veränderter Umgang soll vor allem eines ermöglichen: die Entfaltung und das Zusammenwirken individueller Kompetenzen und Motivationen, die ein modernes Unternehmen dringend benötigt, um auf dem Weltmarkt Bestand zu haben.

Auch jenseits der beschriebenen Herausforderung, Führungsstellen optimal zu besetzen, ist Führung deshalb – wie wir schon am Beispiel der Entwicklungsabteilung sehen konnten – ein zentrales Thema im Unternehmen. Vor allem zwischen zweiter und dritter

Managementebene läuft es alles andere als rund bei Sensotec. Dynamische, innovative und ehrgeizige Führungskräfte scheinen aufgrund der herrschenden Führungskultur auf der nächsten Hierarchieebene auf Barrieren zu stoßen.

Diese Reibungen werden vor allem auf betriebshistorische Gründe zurückgeführt. Viele höhere Führungskräfte verdanken ihre Karriere zum großen Teil ihrer langjährigen Betriebszugehörigkeit und weniger ihrer fachlichen Kompetenz. Das unterbindet eine fachliche Kommunikation. *„Die haben dann Angst um die Position, je höher man kommt, desto angreifbarer ist man und desto eher betrachtet man andere als Gefahr"* (Entwicklerin). Generell überwiegt unter diesen Umständen bei operativen Prozessen Sicherheitsdenken gegenüber Risikobereitschaft, und als Risiko gilt schon, Verantwortung zu delegieren und der Kompetenz von Kollegen und Mitarbeitern zu vertrauen. Daraus resultiert bei den qualifizierten Mitarbeitern Unterforderung mit der Gefahr, dass gerade gute Leute dazu tendieren, das Unternehmen bei nächster Gelegenheit zu verlassen.

Seit Verjüngung der Geschäftsführung zeichnen sich aber hinsichtlich dieser traditionellen Führungskultur zaghafte Spuren eines Wandels ab. Senioritätsprinzip, langjährige Betriebszugehörigkeit sowie emotionale Bindung zum Unternehmen und zu Führungspersonen bilden kein schlagendes Kriterium mehr für betrieblichen Aufstieg. Es wird zunehmend stärker auf Fähigkeiten und Passung geachtet. *„Die Leute müssen schon gucken, dass sie ihren Job vernünftig machen. Wer sich vorher mit dem alten Herrn F. (Seniorchef) gut gestellt hat, der konnte sich aufführen wie die Axt im Walde"* (Entwicklerin). Die erdrückende Macht qua Senioritätsprinzip werde nun durch den Wechsel an der Spitze geschwächt und es könne nicht mehr so leicht geschehen, dass *„jemand, der in einer Führungsposition eine Katastrophe ist, einfach auf eine andere Führungsposition versetzt wird"*. Auf diese Art wurden nämlich über viele Jahre hinweg Führungsprobleme gelöst. *„Das ist keine gute Message für die Leute! Die erhalten vermittelt, egal wie ich mich aufführe, ich kriege schon wieder einen neuen Posten, ist mir doch egal"* (Entwicklerin).

Führungskultur verliert also langsam ihre patriarchalich-autoritäre Färbung. Damit stellen sich durchaus gewisse Nachteile ein, denn Autorität und eindeutige Anordnungen von oben entlasten *auch* vor eigener Verantwortung. Dieser positive Effekt der traditionellen Führungskultur gerät nun in Konflikt mit dem Profil und Selbstverständnis moderner hochqualifizierter Wissensarbeiter, die einerseits Verantwortung und Entscheidungsmöglichkeiten fordern, andererseits aber durchaus „Führung" als Entlastung schätzen, eine widersprüchliche Haltung. Hinzu kommt, dass nicht grundsätzlich neue Führungsstile bessere Arbeitsbedingungen schaffen. Eine Führungskraft auf der dritten Managementebene mit einer angelsächsischen Berufssozialisation beklagt die ewigen Meetings und Gesprächsrunden. Sie seien Ausdruck von fehlenden Mut zur Entscheidung, ein typisches Kennzeichen der „deutschen Konsenskultur", die keinen wirklichen Fortschritt gegenüber der traditionellen Führung darstelle. Die Mentalität, jede Frage zu Ende zu diskutieren, bis alle durch Überredung einer Lösung in Form des kleinstmöglichen Nenners zustimmten, bedeute eine Lähmung der Organisation. Ein ernsthafter Gegenpol zur bisherigen eher autoritären Führung, ein offener Kommunikationsstil, der Kritik und offenes Feedback kennt und erträgt, sei nach wie vor in weiter Ferne.

Es seien aber nicht nur kulturelle, sondern auch strukturelle Ursachen für bestehende Entscheidungsmängel verantwortlich, lautet ein Einwand gegen diese Kritik. Durch die übliche Matrixorganisation des Unternehmens werde Hierarchie nicht eindeutig definiert. *„Da weiß niemand, wer wem zu bestimmen hat"* (Personalleiter). Einig sind sich die Befragten jedoch, dass sich die Unfähigkeit zu führen, nicht ausschließlich am Alter – und damit auch nicht nur an der Betriebsgeschichte – festmachen lässt. *„Es gibt immer welche, die meinen, sie wüssten alles und könnten alles diktieren."* Unter solchen Bedingungen trauen sich die Mitarbeiter nicht, *„rechts und links etwas zu machen."* Immens wichtig sei dagegen ein genereller Kulturwandel, durch den Mitarbeitern auch bei Fehlern vermittelt wird, dass die Führungskraft hinter ihnen steht. Dazu gehört eine neue Form der Entscheidungsfindung. Nur durch einen beteiligungsorientierten, Anerkennung gewährenden, kollegialen Umgang könne man die Mitarbeiter zum selbständigen Handeln motivieren, so jüngere Führungskräfte.

Führungsdefizite zeigen sich auch durch alltägliche Kleinigkeiten und falschem Umgangsstil. So wurde ein junger Kollege zum Junior Product Manager ausgebildet, ohne eine entsprechende Stelle zu erhalten. Bei Bewerbungen erhielt er noch nicht einmal eine Absage, sah am schwarzen Brett *„das Gesicht von der von extern kommenden Person auf der Stelle, auf die er sich beworben hatte. Eine miesere Wertschätzung für Mitarbeiter kann man nicht geben!"* (Gruppenleiter).

Um eine wirkliche Anerkennungskultur zu leben und wechselseitige Vertrauensverhältnisse zu etablieren, benötigen bei Sensotec viele Führungskräfte deshalb mehr soziale und kommunikative Kompetenzen. Ein veränderter Führungsstil wird hingegen zur direkten funktionalen Notwendigkeit der Arbeitsorganisation, weil auf fehlendes Selbstbewusstsein zurückgehende Status- und Hierarchiedenken die Motivation der qualifizierten Mitarbeiter und damit die Produktivität von wissensintensiven Dienstleistungen behindern. Führung muss schon allein deshalb mehr Handlungsfreiraum zulassen, weil Führungskräfte aufgrund ihres komplexen Aufgabenzuschnitts gar nicht mehr die Zeit finden, sich stärker fachlich um den Entwicklungsprozess zu kümmern. Es bleibt ihnen gar nichts anderes übrig, als auf die Fähigkeiten ihrer Mitarbeiter zu setzen und Verantwortung an untere Ebenen zu delegieren.

Genau dies kommt den Ansprüchen der jungen hochqualifizierten Mitarbeiter entgegen. Sie wollen nicht nur technische und organisatorische, sondern ebenso soziale Innovationen, die den Umgang mit ihnen auf Anerkennung und Vertrauen umstellen. Diese dürfen freilich den grundsätzlichen Charakter der Unternehmenskultur nicht zerstören. Denn obwohl sie den kritischen Umgang mit Führungskräften fordern, die ihrer Auffassung nach nicht aufgrund ihrer Leistung, sondern aufgrund der Betriebsbiografie nach oben gespült wurden, legen die Mitarbeiter Wert darauf, dass die Grundelemente der integrativen, vertrauensorientierten Sozialordnung nicht angetastet werden. Sie empfinden diese als identitätsstiftendes Merkmal. *„Auch heute noch besteht ein tolles Klima. Egal, wen man trifft, man findet immer ein offenes Wort. Man kann sich ganz normal verhalten"* (Außendienstmitarbeiter).

Die Modernisierung der Sozialordnung steht vor der Aufgabe, gleichzeitig bestimmte Grundelemente des traditionellen Umgangs mit einer gewohnten eher patriarcharlichen

Fürsorge beizubehalten und diese den neuen Ansprüchen hochqualifizierter Beschäftigter anzupassen. Gelingt dieses, steht am Ende des Entwicklungsprozesses sogar eine Stärkung der Fundamente einer integrativen Sozialordnung. Diese gründet allerdings nicht mehr auf soziale Nähe und Organisationszugehörigkeit, sondern auf Anerkennung und Vertrauen. Abgeschlossen ist dieser Prozess bei Sensotec noch lange nicht. Die Richtung steht aber fest: Der tendenzielle Verlust lebensweltlicher Sicherheiten auf der Grundlage Loyalität verbürgender sozialen Beziehungen kann allein durch eine Institutionalisierung von Strukturen, die Wertschätzung und gegenseitige Anerkennung über die Hierarchieebenen hinweg garantieren, ausgeglichen werden.

Die bestehende betriebliche Sozialordnung von Sensotec bietet hierfür gute Voraussetzungen. Aber die „gemeinschaftlichen" und unreflektierten Sozialbeziehungen der traditionell verankerten Sozialordnung zeigen ihre Ambivalenz gerade jüngeren Mitarbeitern mit ihren hohen Qualifikationen und stärker an Autonomie orientierten Ich-Identitäten. Sie folgen Normen nicht unkritisch und orientieren sich weniger an Autoritäten geschuldetem Regelgehorsam, sondern an Werten der Fairness und Gerechtigkeit und Achtung vor der Würde der Person [26]. Infolgedessen fühlen sie sich durch die traditionellen Beziehungsmuster mit der unhinterfragbaren Auszeichnung des Senioritätsprinzips und einem patriarcharlichen Führungsstil bezüglich ihrer Kreativität und Handlungskompetenzen unter Wert behandelt. Bemerkenswert hierbei ist, dass es sich hierbei nicht allein um eine individuell erfahrene Geringschätzung handelt, sondern um die Wahrnehmung von blockierten Lern- und Handlungsmöglichkeiten auf einer gesamtbetrieblichen Ebene mit negativen Folgen für die Produktivität. Es betrifft die Leistungsfähigkeit des Unternehmens. Erst der Abbau althergebrachter „Pfadabhängigkeiten" ermöglicht ein höheres Maß an Selbsttätigkeit und Kooperation, durch die innovative Ressourcen freigesetzt werden können, die der Wettbewerbsfähigkeit des Unternehmens nutzen.

In den Bereichen, wo dies funktioniert, fühlen sich die Beschäftigten in ihrer Kompetenz und ihren Ansprüchen ernster genommen und aufgewertet. Das gilt auch für den Betriebsrat, der nun systematisch informiert wird und endlich als kooperative Gestaltungsmacht wirken kann. Statt durch willkürliche und intransparente Entscheidungen von einer Beteiligung an Lösungen abgehalten zu werden, können die unterschiedlichen Akteure aktiv an Entwicklungsprozessen und damit an den Unternehmenszielen selbst teilnehmen. Dies wird durch eine verfahrensbasierte sachliche Informationspolitik und angemessene Verfahren institutionalisiert, wodurch Handlungsbedingungen offen gelegt und beispielsweise die Terminplanung realistischer gestaltet wird. Hierbei ist es von fundamentaler Bedeutung, dass die eingesetzten Werkzeuge Übersicht und Transparenz schaffen, ohne über die Köpfe der Mitarbeiter hinweg rigide und bürokratisch in bestehende Handlungs- und Kooperationsräume einzudringen. Dann dienen die formellen Instrumente und Methoden als *gemeinsamer* Maßstab kooperativen Arbeitshandelns, der dazu führt, Abweichungen und Missverständnisse im Diskurs *erklären* und *begründen* zu können, um anschließend gemeinsam Korrekturen und Optimierungen zu erarbeiten.

Dadurch werden nicht allein Handlungsprozesse optimiert und anspruchsvolle Mitarbeiter zufrieden gestellt, sondern das partizipative und diskursive Vorgehen steigert die

Anerkennung der Verfahren selbst. Dies ist weit mehr als die bloße Akzeptanz von Vorgaben, die aufgrund äußerer Macht- und Herrschaftsstrukturen durchgesetzt werden. Eine Beteiligungsorientierung verändert nicht nur das Selbstwertgefühl und die Motivation von Mitarbeitern und Führungskräften, sondern ermöglicht zugleich eine gemeinsame Situations- und Zieldefinition zugunsten der Organisation eines effektiven und effizienten Handlungsfeldes. Dadurch lassen sich nicht zuletzt Zugehörigkeitsgefühle wecken, die zu einem „schlagkräftigen" sich gegenseitig vertrauenden und auf Selbstverpflichtung basierenden Team führen.

Idealtypisch betrachtet, entwickelt sich auf diese Weise eine Ordnung, die zwar formelle Systematiken und Routinen enthält, die aber nach Bedarf von den Akteuren selbst wechselnden Situationen angepasst werden kann. Sie wird deswegen nicht als einschränkend erfahren, sondern als konstruktiv und strukturierend. Den Akteuren in unterschiedlichen Funktionen und auf unterschiedlichen Hierarchieebenen wird auf diese Weise das notwendige Vertrauen entgegengebracht, um sie verantwortungsvoll und selbstbewusst ihre Fähigkeiten und Kompetenzen agieren zu lassen, und zwar aus Eigeninteresse und aufgrund professionellem Selbstverständnisses, nicht auf Anordnung und aufgrund vertraglich festgelegter Funktion hin.

Bei Sensotec trifft dieser Weg nicht nur auf Zustimmung, sondern ruft auch Widerstand und Skepsis hervor, nicht zuletzt deshalb, weil für systematisches Vorgehen aus Routinen ausgebrochen und ungewohnter Aufwand betrieben werden muss. Gravierender jedoch ist, dass die neuen Konzepte nicht flächendeckend umgesetzt werden. Sie bilden erst betriebliche Inseln, auf denen sich die neuen Umgangsformen und Selbstverständnisse langsam etablieren. Dabei besteht stets die Gefahr, dass sie bald wieder versanden, weil das Umfeld nicht nachzieht und sie nicht zu einer festen Dimension der betrieblichen Sozialordnung werden. Zu stark wirken im Unternehmen immer noch individuelle und abteilungsspezifische Interessen, die das anvisierte Ziel, im Sinne eines Gesamtbetriebs zu denken, in weite Ferne rücken lassen. Handeln und Denken sind noch zu „technisch" und zu wenig sozial-kooperativ ausgerichtet. „Entwicklung" gilt immer noch als Fokus und die Kooperationsbereiche werden zu „Dienstleistern" abgewertet, obwohl dies der PCP-Philosophie widerspricht, die schließlich Fertigung, Einkauf und Materiallieferkette als „Teammitglieder" versteht, damit „*keine erfolgreiche Entwicklung am Ende steht, sondern ein erfolgreiches Produkt* (Produktionsleiter)."

Die Veränderungen müssen flächendeckend implementiert werden und nicht nur hier und da zufällig im Rahmen informeller sozialer Beziehungen. Dann nämlich setzt der geschilderte doppelläufige Prozess ein, der neue Anerkennungsverhältnisse ermöglicht, die einerseits den veränderten Ansprüchen der Beschäftigten entsprechen und die andererseits funktional für die globalen Herausforderungen ausgesetzten betrieblichen Prozesse sind. Das Medium, in dem sich die geforderte Integration der Perspektiven verwirklichen lässt, sind Führungsstil und Unternehmenskultur, die betriebliche Sozialordnung. Zur Wertschätzung und dem Vertrauen in die individuellen Fachkompetenzen und Motivationen gehört ein soziales Umfeld, in dem man sich auf Augenhöhe begegnet, in dem Fehlertoleranz herrscht mitsamt der Bereitschaft, Fehler zu diagnostizieren und einzugestehen, aber ohne individuelle Schuldzuweisungen oder gar Abwertung individueller Kompetenz vorzunehmen. *„Wenn man Fehler machen darf, riskiert man einfach mehr und gewinnt mehr"* (Gruppenleiter). In ähnlicher Weise will der zitierte Produktionsleiter offen ausgetragene Kritik verstanden wissen. Sie schwächt nicht bestehende soziale Beziehungen durch die Infragestellung von Kompetenzen und Rangordnungen und verletzt niemand. Besteht von vornherein ein Klima gegenseitiger Achtung und Anerkennung, zielt Kritik allein auf die Sache. *„Ein vertrautes Team muss Kritik ertragen, ohne Formalitäten und Entschuldigungen. Alle wissen, du bist nicht besser als ich und ich nicht besser als du"* (Produktionsleiter). Das schließt auch Kritik innerhalb von Hierarchieverhältnissen ein. *„Er ist nur zufällig mein Vorgesetzter. Wir begegnen uns auf Augenhöhe"* (Produktionsleiter). Die „Konsenskultur", in der keiner dem anderen weh tun will, die Denkverbote kennt und in der Probleme nicht offen angesprochen werden, weil die Angst besteht, soziale Beziehungen zu belasten, steht einer zielgerichteten Verbesserung von Prozessen im Wege.

Auch in komplexen formal geregelten Interaktionsstrukturen und bei Vorhandensein formaler Accounting- und Performance-Measurement-Verfahren bleibt die Qualität persönlicher Beziehungen entscheidend. Es reichen jedoch nicht mehr Bekanntschaft und Schulterklopfen allein, Beziehungen sollen an gegenseitiger Achtung und Anerkennung ausgerichtet sein, was nicht heißt, Sachautorität und funktionale Hierarchien büßten an Stellenwert ein. Sie müssen aber transparent und begründet sowie Ausdruck der Kompetenzen der jeweiligen Autoritätsperson sein und nicht Resultat undurchschaubarer Beziehungsmuster und Privilegien. Wichtig sind nachvollziehbare und kritisierbare Entscheidungen.

Bei aller Formalisierung macht die durch Verfahren wie regelmäßige Meetings und Arbeitsplanung gewonnene Handlungssicherheit die Prozesse daher nicht unabhängiger von handelnden Personen und intersubjektiven Normen, sondern wertet rationale intersubjektive Kommunikation auf. Rationale Kommunikation heißt, ein *begründeter, verbindlicher* und *kooperativer Umgang* untereinander. Hierzu bedarf es des entsprechenden Inputs von Personen mit komplexen Dialog-, Kritik- und Reflexionsfähigkeiten, die die Prozesse erst lebendig machen. Dadurch steigen die Chancen, die Schwachstelle einer harmonisierenden „Konsenskultur" zu vermeiden, die dazu führt, dass Konflikte latent bleiben und notwendige Entscheidungen aufgeschoben oder vermieden werden, weil Einigungsprozesse zu lange dauern und/oder der Mut oder die Kraft fehlt, sich durchzusetzen. Im Zweifelsfall müssen auch Entscheidungen von oben nach unten angeordnet werden können. Die angeordnete Entscheidung darf aber nicht die Regel werden, sondern die Gründe müssen einsichtig sein und die entsprechenden Vorgesetzen Achtung und Respekt verdienen, was bei den autonomie-orientierten Erwartungshaltungen nur dann der Fall sein dürfte, wenn die Führungskräfte selbst in der Lage sind, Achtung, Anerkennung und Respekt zu zeigen. Es geht also um die entsprechende Balance von begründeter Autorität, Entscheidungsfähigkeit, Anerkennung und Konsens.

Wie wichtig hierbei Unternehmenswerte sind, ist auch der Geschäftsleitung von Sensotec bewusst. Dem neuen Kommunikationsstil entspricht, dass die in der Sozialordnung verankerten Werte reflexiv, offen und transparent gemacht und die Akteure dadurch quasi auf gemeinsame Grundlagen und Anerkennungsverhältnisse „eingeschworen" werden.

Zu diesem Zweck hat man die Unternehmenswerte aufwändig in dem Konzept „Corporate Vision, Mission and Values" verankert. Die Inhalte enthalten Aussagen zu gemeinsamen Zielen wie Leistung und Qualität, der Unterstützung der Ziele von Kunden und den eigenen Mitarbeitern. Sie gelten als „wertvollstes Gut", das weltweit mit der gleichen Wertschätzung behandelt wird. Das Unternehmen verpflichtet sich auf gesunde und faire Arbeitsplätze und fordert gegenseitige Fairness und Verantwortungsbereitschaft, auch von den Mitarbeitern. Führungskräfte sollen – so steht es geschrieben – „dienen statt herrschen" und Entscheidungen im Konsens treffen, aber dennoch dort, wo dies nicht möglich ist, verbindlich entscheiden. Explizit werden Werte genannt: Integrität durch Ehrlichkeit und Respekt, durch Engagement für die eigene Arbeit und das Schaffen von Vertrauen. Verlässlichkeit, Nachhaltigkeit, Kundenorientierung sowie Offenheit für Veränderung. Entscheidend für die Befragten ist nicht die Existenz eines solchen Katalogs, sondern seine symbolisch besetzte Präsentation. Es hat besonderen Eindruck hinterlassen, dass das Konzept von den Geschäftsführern persönlich vorgestellt wurde, und zwar den gesamten Belegschaften in den verschiedensten Unternehmen weltweit. „Früher gab es auch schon Werte, aber die wurden im stillen Kämmerlein verfasst, dann im Ordner abgelegt. Dieses Mal haben sie es in Englisch und in den jeweiligen Sprachen weltweit für alle Mitarbeiter, auch für die Fertigungsfrauen durch die Geschäftsführer vorgestellt. Das ist schon etwas anderes" (BRV).

Durch diese Präsentation werden die Unternehmenswerte nicht einfach nur als Etikett kommuniziert, sondern als Bemühen um eine Unternehmenskultur, deren Ziel es ist, weltweit gleiche Standards bewusst zu machen und einzuhalten. Dadurch bemüht man sich, die Sensotec-Identität auch in den neuen Strukturen gleichzeitig zu bewahren und neu zu verankern. Offensiv wird die Leitlinie vertreten, dass Mitarbeiter das wertvollste Gut des Unternehmens darstellen. Auch wenn kein schriftlich niedergelegter Wertekanon die reale Praxis der Sozialordnung mit all ihren „basic assumptions", versteckten Prozessen und ihrem intuitiven Wissen abbilden kann, machen die „Corporate Vision, Mission and Values" deutlich, dass im mehrdimensionalen Wandlungsprozess das Grundgerüst der Sensotec-Kernwerte beibehalten werden. Sie werden so zum Fundament einer *reflexiven* Sensotec-Identität, die, wie ein Außendienstmitarbeiter berichtet, aufgrund offen ausgesprochener Kundenprinzipien wie „*Aufrichtigkeit und Ehrlichkeit*" und „*anständig miteinander umgehen*" in einem immer weniger durch Routinen und traditionelle Orientierungen beherrschbaren Umfeld die Gewissheit verleiht, nach eigenen Verbindlichkeiten gegenüber den Partnern vorgehen zu dürfen. „*Das sind dann so Dinge, wo man sich zu Hause fühlt, auch wenn sich viel geändert hat*" (Außendienstmitarbeiter).

Dennoch bedeutet die Umstrukturierung zweifellos auch einen Bruch in der Sozialordnung von Sensotec. Die neue Geschäftsführung konnte nicht einfach im gewohnten Stil weiter machen, schon allein deshalb nicht, weil der Generationswechsel zu Zeiten einer massiven Wirtschaftskrise stattfand. Ebenfalls machten das starke Wachstum, die Internationalisierung des Unternehmens und das verständliche Bemühen der neuen Generation, dem Unternehmen einen eigenen Stempel aufzudrücken, einen Wandel der gewohnten Ordnung notwendig.

Dieser wird jedoch auf Seiten der Beschäftigten, nachdem es anfänglich diesbezügliche Befürchtungen gab, weder als Willkür noch als Kündigung des Fundaments der langjährigen Sozialordnung wahrgenommen, sondern als notwendige „Modernisierung" angesichts veränderter Rahmenbedingungen. Sie gibt den Beschäftigten die Chance auf mehr Anerkennung bezüglich der eigenen Aufgaben und Kompetenzen, worauf der Subjektivierungsprozess, dem die hochqualifizierte Arbeit bei Sensotec – wie anderswo auch – unterliegt, drängt. Im Idealfall enthält dieser einen egalitären, auf Respekt basierenden Umgang der Mitarbeiter, die sich in ihrer Leistungs-, Verantwortungs- und Entscheidungsfähigkeit wahrgenommen sehen. Handlungs- und Entscheidungsräume nutzt den Beschäftigten wie dem Unternehmen, zumal der familiäre Charakter und das traditionelle Gemeinschaftsgefühl, die all die Jahre lang die betriebliche Sozialordnung prägten, angesichts der äußeren Veränderungen wie angesichts der neuen sozio-moralischen Ansprüche unscharf wurde.

Wie sich dieser neue Stil auf die Unternehmenskultur auswirkt, zeigt sich in einer äußerst interessanten Bemerkung einer befragten Entwicklerin. Auf die Frage, ob sie sich der Führungswechsel positiv auf ihre Motivation auswirke, antwortet sie: „*Nein! Ich bin immer gleich motiviert. Ich hätte das (beim alten Entwicklungsleiter) aber nicht mehr lange durchgestanden.*" Führungsstile setzen sich keineswegs eins zu eins in Mitarbeitermotivation um, diese Interpretation greift zu kurz. Hochqualifizierte „subjektivierte" Arbeitskräfte sehen sich aufgrund ihres eigenen Professionsverständnisses von allein zu höchster Leistung verpflichtet. Aber durch einen egalitäreren und auf Anerkennung angelegten Führungsstil lassen sich mehr und länger persönliche Ressourcen mobilisieren, um die immer wieder im Arbeitsalltag auftauchenden Stresssituationen zu überwinden und psychische Belastungen zu vermeiden oder zumindest zu reduzieren.

Der befragten Entwicklerin gelingt es, in Situationen extremer Anspannung letzte Kräfte zu mobilisieren, nicht weil sie – wie in vielen anderen Fällen bei Präsentismus – bei Krankheit um individuelle Nachteile fürchtet, sondern weil sie als Teammitglied erlebt, wie alle solidarisch an einem Strang ziehen, angefangen beim Gruppenleiter als „Superchef". „*Es hat sich aber wirklich jeder, der Projektleiter, sogar der Entwicklungsleiter, eingebracht und versucht noch eine Lösung zu finden. Das war echt super. Das war halt Teamarbeit, nicht wie früher, ich bin der Tollste und ihr alle seid nix.*" Es kommt nicht das Gefühl auf, „*dafür interessiert sich eh kein Mensch.*" Früher, so ist die Entwicklerin überzeugt, haben Kollegen innerlich gekündigt, weil sie sich nicht angemessen wertgeschätzt sahen und sich kein Teamgedanke breit machte, durch den auch kritische Momente hätten aufgefangen werden können.

Wertschätzung lässt sich nicht durch organisatorische Strukturen herstellen, sondern wie sich Außendienstmitarbeiter K. ausdrückt, der regional viel in gleichgearteten Firmen unterwegs ist: „*Das Menschliche ist ganz wichtig!*" Dieses „Menschliche" bildet keine Betriebskosmetik, sondern wird als Kriterium für einen attraktiven Arbeitsplatz funktional. Es handelt sich um kein Relikt vergangener Betriebsgemeinschaften. Unternehmen müssen sich um ihren Leumund kümmern, denn in der wirtschaftlich prosperierenden

Region werden hochqualifizierte Arbeitskräfte knapp, so dass es in der Personalabteilung heißt: *„Wir bewerben uns bei unseren Bewerbern. "* Will eine Firma im Bereich hochquali-fizierter Wissensarbeit Erfolg haben, dann ist *„das Menschliche"* Grundvoraussetzung. Das gilt selbst für die größer werdenden Mittelständler, die sich von den ursprünglich durch enge soziale Beziehungen geprägten Sozialordnungen zwar entfernen, die aber immer noch wichtige Positionen und Funktionen durch persönliche Beziehungsmuster prägen.

Wie bei Sensotec zu sehen ist, unterliegt das *„Menschliche"* aber selbst einem gene-rationellen Wandel. Es basiert heute weniger auf einem Gemeinschaftsgefühl mit den patriarchalischen Zügen der Vergangenheit, ist auch nicht stur instrumentell-strategisch ausgerichtet, sondern verständigungsorientiert, benötigt also Diskurs- und Kommunika-tionsprozesse. Die Veränderung erfolgt aber nicht einfach evolutionär, sie steht im Zusam-menhang mit dem organisatorischen Change-Prozess, der bei Sensotec erst im Rahmen der sich vollziehenden Krise Schwung erhielt. Zuvor hat sich das Unternehmen hinsicht-lich auftretender Probleme und Modernisierungsversuche eher „durchgewurstelt". Ideen wurden nicht systematisch umgesetzt, Neuerungen leicht blockiert. Deshalb urteilt der Personalleiter: *„Erst die Krise hat den Handlungsdruck erzeugt. Die Krise hat uns sehr gut getan, weil wir viele Sachen durchdacht hatten und dann auch den anderen Schwung in die Umsetzung rein gebracht haben. Und die Akzeptanz der Mitarbeiter war gegeben, weil die Krise greifbar war und für alle zu spüren, und jeder war bereit seinen Teil beizutragen. Die Veränderungsbereitschaft war dadurch deutlich größer. Das hat uns gut getan."*

2.3 Wettbewerb, Kunden und Innovation, zentrale Aspekte industrieller Dienstleistungen

Das Unternehmen Sensotec kann als typisches mittelständiges Unternehmen im Bereich der Wissensarbeit gelten. Im Folgenden soll die vorgenommene Analyse mit weiteren Ergebnissen aus den Gesprächen in weiteren Unternehmen verglichen, kontrastiert und ergänzt werden.

2.3.1 Wettbewerb und Markt

Wenden wir uns dazu zunächst noch einmal dem Thema Wettbewerb und Markt zu. Nicht nur Sensotec, sondern alle Unternehmen des Samples orientieren sich als wissensintensive Unternehmen in Richtung einer Kombination von Produkt- und Marktkompetenz. Dabei beschreiten sie den Weg weg von der Serie durch bewusste Erhöhung der Flexibilität und Technologievielfalt. Ihr Ziel ist eine höhere Kundenindividualität, wodurch sie sich Wett-bewerbsvorteile erhoffen, weil die zur angestrebten qualitativen Nische passenden Märkte bei höheren Margen und niedrigerem Preisdruck überschaubarer sind.

Auf der anderen Seite steigt auf solchen Märkten die ökonomische Unsicherheit, weil man wenig über die anderen Mitbewerber und deren Strategien weiß. Außerdem wächst als

Folge von Entstandardisierung und angestrebter Flexibilisierung der Anteil der kaum kal-kulierbaren industriellen Dienstleistungen in Form von Kundenmanagement, Forschung und Entwicklung, Logistik, Service etc. Die sich dadurch einstellende betriebswirtschaft-liche Intransparenz durch erhöhte Gemeinkosten, die sich nicht mehr einem Kostenträger zurechnen lassen, nehmen die Unternehmen allerdings bewusst in Kauf. Auch wenn sich auf diese Weise die in Produktivitätsberechnungen einfließende genaue Kostenkalkulation erschwert, stellt dies in den Augen der Geschäftsführungen insofern (noch) kein Problem dar, weil dies Folge ihrer bewussten Unternehmenspolitik ist. Durch mehr Dienstleistung kann die Marge pro verkauftem Produkt merklich gesteigert werden und man sichert sich durch ein identifizierbares Produkt Einzigartigkeit im Wettbewerb. Erhöhte Gemeinkosten und weniger Transparenz bei der Analyse von Produktivität gelten als Preis strategischen Vorgehens und langfristigen Denkens, von denen man sich langfristig Erfolg verspricht.

Es ist aber ungewiss, ob die angestrebten Ziele auch tatsächlich erreicht werden und welcher Input in Form von Kosten und Kapazitäten geleistet werden muss. Ein weite-rer Unsicherheitsfaktor stellt bei strategischen Zielen und langfristigem Denken die Zeit-spanne dar, die einzukalkulieren ist, bis sich die Investitionen rechnen. Unter Umständen muss ein Zeitpunkt bestimmt werden, ab wann es ratsamer ist, eingeleitete Prozesse abzu-brechen oder weitere Ressourcen z. B. in Form von mehr Personal zu aktivieren. Bei aller Wünschbarkeit gibt es aber bei diesen strategischen Projekten keine verlässlichen Kennzahlen, sondern die Entscheidungen erfordern Erfahrung und Geschäftssinn, die sich durch kein numerisches Verfahren bändigen lassen. Erst die Zukunft wird zeigen, ob die eingeleiteten Strategien erfolgreich und die eingegangenen Risiken wert waren.

Schauen wir uns als weiteres konkretes Beispiel die Fa. Kardag an. Es handelt sich um ein Unternehmen, das mit ca. 400 Mitarbeitern in der Provinz Gelenkwellen verschie-denster Art fertigt, genauer gesagt, wälzgelagerte Gelenkwellen und Gelenkwellenbau-gruppen. Das Unternehmen wird eigentümergeführt; derzeit wird ein Generationswechsel vorbereitet.

Seit Jahren setzt man auf Qualität und kurze Lieferzeiten mit dem Ziel, der schnellste Lieferant zu sein. Hierzu ist es notwendig, ohne große Umwege, Auftragsannahme und Auslieferung auf Kundenbedürfnisse abzustimmen und diese in kürzester Zeit bei hoher Produktqualität umzusetzen. Diese bislang erfolgreich verfolgte Strategie eines Unterneh-mens, das sich selbst als „bodenständig" versteht und das nicht um jeden Preis wachsen will, wird angesichts der globalen Wettbewerbssituation nicht mehr ohne weiteres als zukunftsträchtig angesehen. Im Unterschied zu Sensotec stehen bei Kardag bislang For-schung und Entwicklung bzw. Konstruktion mit hochqualifizierten Wissensarbeitern weniger im Mittelpunkt, sondern die industrielle Fertigung mit qualifizierter Facharbeit. Man strebt jedoch als neues unternehmenspolitisches Ziel an, den Bereich der Serienfer-tigung z. B. die für die Automobilindustrie zu verkleinern und dafür den von Kleinserien und Unikaten für die Investitionsgüterindustrie, für den Anlagenbau, für den Schiffsbau oder für sonstige Märkte für Spezialgelenkwellen auszubauen. Durch die so mögliche Realisierung von mehr Kundenindividualität verschiebt sich das Verhältnis von Produk-tion und Dienstleistung hin zu mehr Dienstleistung, so dass sich nicht nur ein Produkt, sondern zusätzlich die Dienstleistung Ingenieurwissen verkaufen lässt. In diesem Segment werden dank Aufschlag der Entwicklungskosten auf das Produkt wesentlich höhere Margen erreicht als in der Serie, in der sich aufgrund des Wettbewerbdrucks *„kein oder kaum mehr Geld verdienen"* lässt.

Allerdings wurde das neue Prinzip jüngst wieder etwas relativiert. Die Serie hat wieder an Ansehen gewonnen und es wurden wieder Aufträge von der Automobilindustrie angenommen. Der Charme der finanziell weniger lukrativen Massenfertigung liegt in der mit ihr verbundenen finanziellen Sicherheit, denn *„diese Kunden bezahlen einfach pünktlich!"* Und sie lässt sich wesentlich genauer planen. Mittlerweile liegt man wieder bei dem Verhältnis von 50:50. Dennoch zielen aus den genannten Gründen die stetig vorgenommenen Erweiterungsinvestitionen weiterhin langfristig auf den Investitionsgüterbereich, was die Unternehmensstruktur nachhaltig verändert.

Die neue Marktstrategie bewirkt, dass ein immer größerer Bereich von Wertschöpfung abseits der Produktion stattfindet. Nicht allein die Ingenieurstätigkeit in der Konstruktion und damit Personal- und Zeitaufwand dort haben quantitativ und qualitativ zugenommen, sondern die Organisation der Fertigung muss mit den ständig wechselnden Serien und dem Durchlaufen von Einzel- und Sonderteilen kämpfen. In der Folge vermehren sich Rüstvorgänge, die die reinen Produktionszeiten aufgrund der längeren Vorbereitungszeit reduzieren und zu Lasten der Produktivität gehen. Die ausgeprägte Kundenorientierung und das Versprechen, der schnellste Lieferant zu sein, verhindern es zudem, Aufträge entsprechend einer optimalen Produktionslogik abzuarbeiten. Die Priorisierung von schneller Lieferung verändert den Rüstaufwand zusätzlich. Da Mehrmaschinenbedienung den Normalfall in der Produktion bildet, bedeutet Rüsten an einer Maschine zudem ständige Standzeiten an anderen Maschinen. Das Verhältnis von „produktiver" und „unproduktiver" Arbeit gerät dadurch spürbar in Schieflage. Um zu optimieren, versucht das Unternehmen deshalb seit längerem, die Rüstzeiten zu systematisieren, denn bislang ist das Rüsten weder eindeutig definiert noch irgendwo in Handbüchern fixiert. Die Organisation des jeweiligen Handelns obliegt der jeweiligen Kompetenz des Maschinenbedieners, wobei jeder einzelne seinen eigenen Stil entwickelt. Der Versuch, Vergleichbarkeit und Systematik einzuführen und das Rüsten wenigstens ein Stück weit zu standardisieren, scheitert an der enormen Komplexität der Vorgänge, da man berücksichtigen muss, welcher Ausgangszustand aufgrund welchen zuvor gefertigten Werkstücks an der Maschine vorliegt. Selbst die akribische und detaillierte Erhebung der Rüstzeiten durch ein aufwendiges Verfahren über einen Zeitraum von 1 -1,5 Jahren blieb bislang ohne brauchbares Ergebnis. Die Datenvielfalt und die breite Streuung der Zeitspanne zwischen Aufnahme und Ende des Rüstvorgangs lassen zu wenige vergleichbare Informationen zu. Das Einschalten eines externen Mathematikers, der die eigenen EDV-Mitarbeiter unterstützen soll, da diese *„die Nuss nicht knacken"* können, erweist sich als wenig hilfreich. *„Ich vermute bis es brauchbar wird, bin ich schon in Rente",* stöhnt der Personalleiter. Das Verhältnis von Aufwand und bislang nicht erkennbarem Nutzen führt zunehmend zum Sinken der Akzeptanz der Beschäftigten, die viel Arbeit in das Dokumentieren stecken müssen. *„Ich mache alles, aber es kommt nichts"* (Maschinenführer).

Nicht nur die Arbeitsorganisation wird durch die angestrebte Individualisierung und Flexibilisierung der Produkte aufwändiger und komplexer, es werden zusätzlich auf der Ebene des Verkaufs neue kostspielige Vermarktungsstrategien notwendig. Waren früher die Aufträge durch direkte Verkaufsmethoden fast Selbstläufer, da der Markt aus Stammkunden bestand oder sich neue Kunden mit Aufträgen von alleine an Kardag wandten, muss man sich mit dem Auge auf den Investitionsgütermarkt und den kleinen Serien aktiver auf dem globalen Markt bewegen. Der Aufwand für Marketing und für die erforderliche intensivere Interaktion und Kommunikation mit Kunden, die konkrete Wünsche umgesetzt haben möchten, wächst zwangsläufig. Ein neuer Außendienst soll nun das alles regeln, was man aus Angst mit dem verbundenen Kostenrisiko fast verschlafen hätte. Aus der auf technisches Denken fokussierten Herstellerperspektive nahm kaufmännisches Denken bislang einen zweitrangigen Platz ein, so dass man gerade im letzten Moment erkannte, wie sehr die individuelle Ansprache von potentiellen Kunden in deren Muttersprache und mit den passenden interkulturellen Kompetenzen unvermeidbar ist.

Die neuen Verkaufsstrategien basieren auf strategischen Planungen bezüglich der erwartbaren Marktchancen, aber ohne belastbare Gewissheiten und „vollständige Information". Es wird „Geschäftsnase", ein Gefühl für mögliche Entwicklungen und der Glauben in die Durchsetzungsfähigkeit des eigenen Produkts benötigt. Hierzu sind viel Geduld und die Kraft, Rückschläge zu verkraften, notwendig. „*Z. B. haben wir in Nordamerika einiges an Muster gebaut und es hat Jahre gedauert, bis wir die Aufträge hatten. Für manche Ausführungen, die wir speziell für den Kunden entwickelt haben, warten wir bis heute auf die Aufträge*" (Personalleiter). Dennoch lässt man sich nicht entmutigen, „*Irgendwann mal kommen die (Aufträge)!*"

Bezüglich der neuen Unternehmensphilosophie besteht ein gewisser Ehrgeiz. Es geht nicht nur um reines Kostendenken und Gewinnstreben, sondern nicht zuletzt auch um Spaß an der unternehmerischen Tätigkeit, die nicht ohne das Spiel mit Unsicherheit funktioniert und einen intelligenten, situationsgerechten und kreativen Umgang mit möglichen Chancen impliziert.

Allerdings minimiert man, indem man der alten Serienproduktion verhaftet bleibt, ein Stück weit das Risiko, mit einer fehlgeleiteten Erwartungshaltung den Unternehmenserfolg zu gefährden. Zwar garantiert die Serie nur eine geringe Marge, aber dafür erhält man finanzielle Sicherheit und Berechenbarkeit, so dass ein zweigleisiger Betrieb möglich ist: das Entdecken von Chancen und das Eingehen von Risiken mit Netz. Letzteres erfolgt nicht zuletzt auch aus Verantwortungsgefühl der Betriebsgeschichte und der Belegschaft gegenüber.

Nicht viel anders geht es bei dem Leiterplattenhersteller PCB zu. Er hält sich mit 670 Beschäftigten auf einem umkämpften Markt, indem er eine Marktnische besetzt, weil er in kürzester Frist differenzierte Kundenwünsche beliefert, die durch Standardprodukte nicht befriedigt werden können. Dies ist nur durch Kundennähe und Beratungsintensität möglich, die bei PCB schon seit langem zum Geschäft gehören.

Die intensive Beziehung auf der Grundlage einer vertrauensvollen und fachlich anspruchsvollen Kommunikation zu den Kunden bildet das zentrale Element des Marktzugangs. Die Produkte werden nicht in erster Linie über den Preis angeboten, sondern als qualitativ hochstehende Dienstleistung. Man investiert bewusst viel Zeit in Beratung und Analyse, um dem Kunden pragmatische, also passgenaue und qualitativ hochstehende Konzepte anzubieten. Ein erfahrener Beraterstamm legt in dichter Interaktion Funktionen und einzusetzende Materialien des Produkts ebenso fest wie das Leiterplattenlayout. Dabei kann sich der Kunde darauf verlassen, dass die Ergebnisse *„in seinem Sinne"* sind, dass PCB in der Lage ist, seine Bedarfe zu erkennen und zu interpretieren, damit er *„das erhält, was er wirklich braucht"* (kaufmännische Geschäftsführerin). Diese Form des Kundenkontakts, so die kaufmännische Geschäftsführerin, unterscheide sich signifikant von Wettbewerbern, *„die Leiterplatten so liefern, wie vom Kunden bestellt, ob sie gehen oder nicht."* PCB dagegen prüft die Vorgaben des Kunden auf Plausibilität, *„unbezahlt, dafür gibt es keinen Posten, keinen Arbeitsgang"*. Das Fundament hierfür bildet vor allem eine über Jahre entstandene *„intensive menschliche Beziehung"*. Berater und Kunde kennen sich persönlich, telefonieren vertrauensvoll und treffen sich am jährlich organisierten Kundentag. *„Da findet auch mal eine Beratung ohne Rechnung statt. Da haben wir unsere Meinung dazu, ohne dass wir das auf dem Papier berechnen können. Das wollen wir nicht, dazu sind wir zu hemdsärmelig. Das lohnt sich aber langfristig."* Die enge durch Ehrlichkeit und Vertrauen charakterisierte Kundenbeziehung ermöglicht nicht zuletzt vernünftige Preisverhandlungen. Kunden akzeptieren Veränderungen der Kostenstruktur. Sie müssen nur plausibel durch Gründe erklärt werden.

Obwohl die Produkte und Märkte unterschiedlich sind, gibt es demnach deutliche Parallelen bei Sensotec, Kardag und PCB. Dank Spezialisierung und Systemlösung geht der Trend bei allen drei Unternehmen in Richtung enger Zusammenarbeit mit den Kunden mit intensiven Abstimmungen und regelmäßiger Kommunikation. Dies ermöglicht individuelle und flexible Systemlösungen, die die Unternehmen in ihrer Einzigartigkeit und damit in der Auseinandersetzung mit anderen Wettbewerbern stärken.

Die ähnliche integrierende Unternehmenskultur der Betriebe bildet hierbei kein vernachlässigbares Anhängsel einer technisch-funktional aufgestellten Organisation, sondern eine erfolgsverbürgende Ressource für den eingeschlagenen Trend. Nirgendwo wird von den Eigentümern blind auf Kostenrationalisierung gesetzt, sondern im Sinne der Familientradition auf Innovation und Qualität. Man verpflichtet sich hierbei nicht zuletzt aus unternehmerischem Selbstverständnis sowohl auf ständige Verbesserungsprozesse wie auf Umweltschutz und vor allem auf Fürsorge gegenüber der Belegschaft.

Die erwünschte Marktnähe und die ständige kundengetriebene Veränderung der Produktion schafft auf der einen Seite einen Wettbewerbsvorteil, hat aber auch Nachteile. Man liefert sich den Kunden regelrecht aus, weil man von deren Innovationsimpulsen abhängt. Manchmal kommt an dieser Stelle zu wenig, manchmal zu viel auf einmal und laufend muss die Kosten- und Preisstruktur neu kalkuliert und angepasst werden.

Unter diesen Umständen wünscht sich PCB bisweilen solche Kunden, die über Jahre hinweg dasselbe Produkt kaufen und die durch größere Systematik und Einheitlichkeit beim Umgang bedient werden können. Dies bleibt allerdings Wunschdenken und würde dem Alleinstellungsmerkmal nicht gerecht. Daher muss immer mehr Energie in die Analyse und in den Zugang zum Markt investiert werden. Man ist daher im Begriff, ein Customer Relationship Management (CRM) aufzubauen, das die Kundenspezifik untersucht und interne Instrumente schafft, um diese zu dokumentieren und auszuwerten. Daraus erhofft man gezielte Verkaufsstrategien ableiten zu können, um den Kunden keine standardisierten Billiglösungen, sondern komplexe Systemlösungen nahezulegen. Die Modernisierung der Vermarktungsstrategien stößt jedoch betriebsintern auf Hürden, denn der alte Vertriebsleiter versteht den Systematisierungsversuch als Kritik an seinem bisherigen Vorgehen, das er selbst als erfolgreich bewertet. Beleidigt polemisiert er: *„Ach, jetzt muss der Vertriebler sich auch noch überlegen, welcher Kunde braucht was, um sich zu freuen.“* Dahinter steckt Angst vor Veränderung schlechthin, aber auch die vor mehr Arbeit, die durch die angestrebte Differenzierung entsteht. *„Differenzierung ist mehr Verantwortung als vorher. Wenn sie nämlich alles gleich machen, ist immer alles ganz einfach und sie können sich immer dahinter verstecken.“* Die neue Differenzierungsstrategie verändert zentrale Bestandteile der bisherigen Verkaufsphilosophie. Sie sprengt beispielsweise das jahrelang aufrechterhaltene Credo, es sei geradezu falsch, Kunden unterschiedlich zu behandeln. Man glaubte durch die undifferenzierte Gleichbehandlung sogar einen Wettbewerbsvorteil zu haben, weil man mit der Unzufriedenheit von Kunden rechnete, sollten diese unterschiedliche Konditionen entdecken. Nun hat man sich doch anders entschieden und will in Zukunft doch die Kunden *„herausfiltern“*, die eine gründliche und kostenintensive Beratung *„wirklich“* benötigen und wertschätzen. Aber auch hier prallen die verschiedenen Überzeugungen im Unternehmen aufeinander.

Wie bei Sensotec restrukturiert das intensivere Eingehen auf Kundenbedürfnisse, ihre detaillierte Aufnahme und Abbildung und ihre in der Auftragsabwicklung und Arbeitsorganisation schnellere Abwicklung die innere Organisation des Unternehmens und wirbelt Gewohntes durcheinander. Aber Sensotec, Kardag und PCB stellen sich differenziert auf und fahren zweigleisig, visieren unterschiedliche Kundentypen an, die sie mit unterschiedlichem Aufwand bedienen wollen. Sie bieten ein dienstleistungsintensives Spezialprodukt an, verfügen darüber hinaus über ein zweites Standbein in Form eines guten Standardprodukts, mit dem sie zwar weniger Gewinn, aber dafür kalkulierbaren Umsatz machen. Und sie investieren in ihre industriellen Dienstleistungen, vor allem in Ingenieurwissen und in Marketingstrategien. Es ist ihr unternehmerisches Gespür, dass dies richtig ist. Aber auch wenn sie wissen, dass sie keine genaue Antwort erhalten, bleibt bei unseren Gesprächspartnern immer eine Frage im Hinterkopf: Lohnt sich der Aufwand wirklich? Die Antwort muss und will man abwarten. Das Ergebnis gehört zum unternehmerischen Risiko.

Es gibt aber auch Gegenbeispiele. Viel zu wenig Gedanken um Kunden und Produkt macht sich ein weiteres Unternehmen in unserem Sample. Cardioplast[4] ist mit ca. 30 Mitarbeitern auf dem Markt für medizintechnische Produkte tätig und befasst sich mit Entwicklung und Vertrieb dieser Produkte. Die Herstellung wurde nach außen vergeben. Das Unternehmen sieht sich durch wachsende Anforderungen bei den Regularien, dem Preisdruck in der Diagnostik über die Krankenkassen und einer zunehmenden Zahl an

---

[4]Diese Fallstudie wurde durchgeführt und ausgewertet von Matthias Wörlen und Christian Traubinger.

Billiganbietern aus Fernost wirtschaftlich starkem Druck ausgesetzt. Allen Gefährdungen zum Trotz erweist sich das Unternehmen jedoch durch Beibehalten langjähriger Routinen als wandlungsresistent. Der marktwirtschaftlichen Herausforderung wird keine klare Zukunftsvision gegenüber gestellt, Entscheidungen werden aufgeschoben oder intransparent gefällt. Maßnahmen erfolgen planlos, aktionistisch und undurchsichtig. Ein effektives Marketing fehlt vollständig, was auch von den Mitarbeitern so wahrgenommen wird, wenn sie Sätze äußern wie: *„Wir könnten noch so viele tolle Produkte realisieren und verkaufen"* oder *„der Vertrieb verramscht unsere genialen Produkte."* Informationen über Märkte, Kunden, Preisstrukturen und Konkurrenzprodukte werden weder erhoben noch intern diskutiert, da diesbezüglich die entsprechenden Ressourcen fehlen und nicht freigesetzt werden. Versuche vonseiten der Geschäftsführung, Ordnung ins Chaos zu bringen, scheitern, weil sie auf keine Akzeptanz stoßen und es zur paradoxen Situation kommt, dass Mitarbeiter sich zwar mehr Mitspracherecht wünschen, aber gleichzeitig nicht bereit sind, für getroffene Entscheidungen Verantwortung zu übernehmen. Es fehlt schlicht und einfach an wechselseitigem Vertrauen in eine kollektive engagierte Handlungsstrategie mit gegenseitiger Verbindlichkeit, die unerlässlich wäre, um Verantwortung, Kreativität und Innovativität zu wecken, die das Unternehmen bitter nötig hat.

Da die Produkte auf dem Markt nachgefragt werden, Kompetenzen und Know-how vorhanden sind, die Mitarbeiter immer noch ein, wenn auch angekratztes Interesse am Erhalt des Unternehmens haben, scheint Cardioplast ein Potential für eine Verbesserung der Lage zu besitzen. Die verschiedenen Chancen werden aber nicht in einen zielführenden Zusammenhang gebracht, weil es an einer systematischen Führungsstrategie mangelt, zu der es gehört, eine systematische Marktstrategie zu entwickeln und den im Unternehmen vorhandenen Kompetenzen und Motivationen der Belegschaft Vertrauen entgegen zu bringen. Wäre dies der Fall, könnte ein innerbetrieblicher Diskurs über Chancen und Risiken des Unternehmens in Gang gesetzt werden.

Strategisches Vorgehen im Bereich Markt und Wettbewerb betrifft aber nicht allein den Umgang mit Kunden und Mitarbeitern. Ein weiteres Beispiel aus unseren Fallstudien zeigt, dass vor allem Großunternehmen ein Handlungsfeld bearbeiten, das für ihre Marketingstrategie erweitert: die globale Suche nach potentiellen industriellen, aber auch wissenschaftlichen Forschungs- und Kooperationspartnern, und zwar solche, mit denen die Zusammenarbeit einen langfristigen Nutzen bringt.

Ein im Sample vertretenes großes Unternehmen für Spezialchemie mit weltweit über 30.000 Mitarbeitern ist stärker noch als die beschriebenen mittelständischen Unternehmen mit der Frage beschäftigt, wie es sich weltweit aufstellen und vernetzen muss, um wettbewerbsfähig zu bleiben. Ausgangspunkt ist die Überzeugung, dass wirtschaftliches Wachstum derzeit im Wesentlichen in Fernost, Südostasien, Indien und zunehmend in Nord- und Südamerika stattfindet. Da man den Unternehmenserfolg nicht dem Zufall überlassen will, sondern stärker noch als unsere kleineren Unternehmen aktiv auf globale Märkte reagieren will, kann man nicht darauf warten, bis bei entsprechenden Impulsen intern die notwendige Kompetenzen für die volatilen Märkte aufbaut sind. Bei den mittlerweile stark verkürzten Produktzyklen würde das zu lange dauern. Deshalb setzt man auf „externes Wachstum" und sucht aktiv weltweit nach Partnern mit den entsprechenden Fähigkeiten, betreibt also den Zukauf von weiteren Unternehmen und Produktionseinheiten. Dieser Prozess birgt jedoch Risiken hinsichtlich des Schutzes firmeneigenen Know-hows. Außerdem wird der Erfolg durch nicht kompatible Unternehmenskulturen von Kooperationspartnern oder hinzugekauften Unternehmen gefährdet. Das kann schon allein darauf zurückzuführen sein, dass ein Chemieunternehmen in *Tonnen und Tankschiffen denkt und das zugekaufte Pharmaunternehmen in My"* (Manager Chemtrail). Das Aufeinanderprallen verschiedener Unternehmenskulturen erweist sich als so schwer kontrollier- und steuerbar, dass im Vorfeld eines möglichen Hinzukaufs von einer neu geschaffenen internen Dienstleistungsabteilung Bewertungen bezüglich der „Passung" unterschiedlicher Unternehmen angefordert werden, z. B. hinsichtlich der vorhandenen Sicherheitskultur. Grundlage dieser Bewertung bilden vor Ort geführte leitfadengestützte Interviews mit Führungskräften, die man mittlerweile durch die Einführung einheitlicher Bewertungskriterien etwas mehr standardisieren möchte. Allerdings zeigen sich die Grenzen der Standards, weil das Gespür für die Passung von unterschiedlichen Kulturen nicht „*objektiv gemessen*" werden kann, sondern auf von den individuellen Bewertungen von den mit dieser Aufgabe betrauten Mitarbeitern abhängig ist und notwendigerweise bleiben wird.

Wird auf Grund von solchen Voten schließlich der Beschluss gefasst, ein Unternehmen zu übernehmen, beginnen Maßnahmen für den kulturellen Anpassungsprozess. Es wird ein intensives Schulungsprogramm entwickelt, um den neu erworbenen Bereich an die eigenen Regeln, Verfahren und Heuristiken anzupassen. Aber nicht bei jedem Kompetenzbedarf werden neue Unternehmen hinzugekauft, bisweilen werden Aufgaben auch zeitweise an interne und externe Dienstleister ausgelagert und häufig nach Strategiewechsel wieder in den eigenen Aufgabenbereich (zurück)integriert. Solche Vorgänge verlaufen meistens konflikthaft und werden durch unterschiedliche Interessen charakterisiert. „*An dieser Front existiert immer Bewegung, ständig tauchen neue und alte Argumente für oder gegen Outsourcing auf. Solche Diskussionen sind enorm zeitaufwendig. Da gibt es immer ein großes Gehacke, bis dann der Vorstand für Ruhe sorgt"* (Manager Chemtrail).

Die Außengrenzen und Umwelten des Unternehmens sind ohnehin manchmal schwer definierbar. Oft verschwimmen gerade bei Großunternehmen mit ihrem riesigen Portfolio die Kategorien Partner, Dienstleister, Kunde, Lieferant und Wettbewerber. So gibt es beispielsweise Kunden, die man einerseits beliefert und von denen man andererseits auch wieder kauft. Solche Kunden sind dazu nicht selten noch Wettbewerber und man kommt sich „*ins Gehege*", weil beide das gleiche Geschäft machen möchten. Problemlösungen in solchen Fällen bestehen in der Regel aus intensiven Verhandlungen.

Die Beispiele weisen alle in eine bestimmte Richtung. Wettbewerb und Marktstrategie bei unseren wissensintensiven Fallbetrieben deuten auf Flexibilisierung im Umgang mit Produkt, Kunden, Lieferanten, Partnern und Mitarbeitern. Ausgangspunkt hierfür ist eine möglichst große Marktnähe, bei der der Kunde im Mittelpunkt steht, den man nicht auch diesmal nicht über den Preis bindet, sondern neben hoher Qualität von Produkt oder Dienstleistung vor allem durch intensive Interaktion und Kommunikation. Hierbei ist wie bei den Mittelständlern Vertrauen auf der Ebene von persönlichen Beziehungen und Erfahrungen wichtig, die allerdings angesichts der schnell zu bewältigenden Informationen und Datenfülle im Kommunikationsprozess durch moderne Verfahren wie Customer Relationship Management begleitet werden, nicht zuletzt auch, um nicht zu stark in persönliche Abhängigkeiten von den jeweiligen Mitarbeitern zu geraten. Diese Verfahren haben aber lediglich den Status einer Hilfsfunktion, die größere Transparenz und schnelleren Wissensaustausch ermöglicht. Effektivität und Effizienz bleiben letztlich auf interpersonelle Beziehungsqualitäten angewiesen. Es ist dieses Wechselspiel zwischen informellen und formellen Verfahren, zwischen Struktur und Person, aber auch zwischen Standardprodukt und im Extremfall Unikat, das den Unternehmen Stabilität und Erfolg auf dem globalen Markt sichert.

2.3.2 Service

Vertiefen wir zunächst noch einmal zwecks Verdeutlichung des Gesagten den Zusammenhang von Produkt, Mitarbeiter und Kunde an einem besonderen Beispiel: dem Service. Er stellt eine schwer zu kalkulierende Dienstleistung dar, dessen Umsatz fast nirgendwo eigens berechnet wird, der aber inzwischen in vielen Fällen eine höhere Rendite als der Verkauf der Produkte erbringt, wird er doch als produktbegleitende Dienstleistung für eine ganzheitliche Bewertung der Produktqualität und dadurch für die Kaufentscheidung des Kunden immer wichtiger. Der Service bietet hochwertige Dienstleistungen wie Wartungen, Inspektionen, Reparaturen, Instandhaltungen, Beratung und Ersatzteile im Zusammenhang mit dem eigentlichen Kernprodukt. Hinzu kommen Inbetriebnahme, After-Sales-Service, Softwareanpassungen und Schulungen, Reklamation und Gewährleistung. Der Service ist somit ein nennenswerter Bestandteil der von Unternehmen angestrebten Systemlösungen und seine Leistung vermischt sich immer stärker mit den anderen industriellen Dienstleistungen.

So auch in einer der Fallstudien bei der mit über 6000 Mitarbeitern Hydraulik-Systeme anbietende weltweit agierenden Unternehmensgruppe Klemp. Ihr Imperium umfasst 50 Niederlassungen und 500 Handels- und Servicepartner. Angesichts des Bedeutungszuwachses wurde der Service in eine GmbH mit 175 Mitarbeitern ausgegliedert. Hinzu kommen Service-Mitarbeiter im Ausland, die den dortigen Gesellschaften zugeordnet werden. Die Ausgliederung belegt, wie ernst der Service genommen wird, auch wenn er im Fallunternehmen zum Großteil „nur" aus klassischem Kundendienst besteht: Der Kunde hat eine oder mehrere Komponente beim Mutterunternehmen gekauft, die von kleinsten Ventilen über Subsysteme bis zu ganzen Anlagen reichen. Taucht während der Garantie- oder Gewährleistungszeit ein Problem auf, übernimmt die Problemlösung der Service. Er leistet auch das übliche Reparaturgeschäft. Für die mobilen Teile gibt es eine große Werkstatt. Die Haupttätigkeit des Services bilden jedoch über längere Zeiträume laufende Großprojekte, Umbauten, Modernisierungen, ein Bereich, der sich teilweise mit dem Anlagenbau überschneidet.

Im Unterschied zu den bisher beschriebenen Fallunternehmen entstehen bei Klemp keine langfristigen Kundenbindungen, da die Großprojekte irgendwann abgeschlossen sind. „*Dann heißt es 'auf Wiedersehen' und der nächste Kunde wartet.*" Die routinemäßige Pflege der Anlagen übernehmen andere, zumeist kleinere Unternehmen vor Ort, weil diese Service-Leistung durch Klemp-Service für die Kunden zu teuer wäre.

Die Auftragslage ist gut, es hat auch in der Vergangenheit nie einen Überhang an Personal gegeben. Die Auftragssteuerung erfolgt als „Einsatzplanung" der Personal- und Zeitressourcen über MS Project, was sich nicht als leicht durchführbar erweist. „*Das hinzukriegen ist immer wieder eine interessante Übung (lacht)*" (Geschäftsführer Klemp-Service). Viel wichtiger ist daher die Feinsteuerung durch regelmäßiges „Briefing" jeden Freitagmorgen mit Bauleitern, Einsatzplanern, Disponenten, Kaufleuten usw. Es wird der Stand aktueller Aufträge besprochen und überprüft, beispielsweise die Belieferung mit Material und der Einsatz von einzelnen Monteuren. Es werden auch „Kleinigkeiten" organisiert, die mit den Kunden vorbereitet werden müssen, etwa beim Auslandseinsatz Visa vorbereiten, Flug buchen usw. Diese Besprechungen legen einen wesentlichen Grundstein für den Projekterfolg und damit für die Produktivität, die sich zwar in verschiedenen Kennzahlen niederschlägt, die aber – wie der Geschäftsführer des Service sagt – nirgendwo systematisch gemessen wird. Weder besteht hierfür ein besonderes Interesse, noch glaubt man, dass dieses komplexe Unterfangen überhaupt gelingen könnte.

Das liegt nicht an fehlenden Voraussetzungen. In dem SAP-getriebenen Unternehmen findet der Controlling-Alltag ohne Papier statt. Die Monteure schauen sich ihre Aufträge „*in der Kiste*" an, sie sehen dort, was zu tun ist und können im System bis hin zu Mikroskop-Aufnahmen alles überprüfen und durch ihre Befunde kommentieren. Ihr Handeln lässt sich so dokumentieren und absichern. Die Vernetzung des Services mit anderen Geschäftsbereichen ist abgestimmt und der Zugriff auf alle Bereiche ist gesichert, sei er kaufmännischer Natur, sei er technischer Natur. Das funktioniert bis hin zu Stücklistenzeichnungen. „*Ich kann überall reingucken, aber für mich ist das weniger interessant, aber alle die Techniker und Kaufleute können das auch*" (Geschäftsführer Klemp-Service).

Trotz dieser routinemäßigen Implementierung von IT im Service-Alltag bemängelt die Controllingabteilung immer wieder, es würden längst nicht alle Möglichkeiten des Systems ausgeschöpft. Die breite Vielfalt des Systems sei aber allein ein theoretischer Nutzen, so der Geschäftsführer. Längst nicht alles ließe sich real umsetzen, sei im betrieblichen Alltag sinnvoll und deshalb den Aufwand nicht wert. Das eigentliche Controlling erfolge dezentral durch die Führungskompetenz verantwortlicher Personen und nicht durch Kennzahlen. Es sind die Montageprojektleiter, „*eierlegende Wollmilchsäue*", die sowohl Kundenakquise machen, Projekte technisch wie kaufmännisch ausarbeiten, die die Projekte begleiten und am Ende dem Kunden den Schlüssel übergeben. Das entscheidende Controllingmedium heißt deshalb intensive Kommunikation. Die Mitarbeiter auf den verschiedenen Ebenen stehen in ständigem Telefonkontakt, Monteure melden sich, wenn sie am Bestimmungsort angekommen sind, geben monatlich Leistungsnachweise ab, schreiben Einsatzberichte usw. Bei längeren Einsätzen wird ein Baustellentagebuch geführt und in SAP eingetragen, was weniger das Ziel von Kontrolle hat als das von Information und Transparenz. Die Eintragungen können nicht formal „ausgewertet" werden, sondern müssen gelesen, verstanden und interpretiert werden.

In der Hierarchie folgt auf den Projektleiter der Baustellenleiter, der permanent vor Ort ist und dort das Sagen hat. Eine weitere Stufe tiefer kommen, je nach Ausrichtung der Baustelle, verschiedene Monteure bzw. Hydrauliker, dann die Subunternehmen, die die Rohre verlegen, vielleicht noch ein Elektrik-Unternehmen, das die Strippen zieht usw. Auch diese Kooperation der verschiedenen Akteure wird durch intensive Beziehungen und täglichen kommunikativen Austausch organisiert. Da alle Beteiligten dem Baustellenleiter berichten, der die Informationen an den Projektleiter weitergibt, weiß dieser genau, was in seinem Projekt abläuft. Wenn es notwendig ist, taucht er persönlich auf und ist auf der Baustelle präsent. Wer beim wöchentlichen Briefing fehlt, stellt den Kontakt über moderne Kommunikationsmedien her. Mit anderen Worten, das Controlling läuft nicht über Kennzahlen, die zwar reichlich erhoben werden, aber kaum zu Steuerung benutzt werden, schon allein deshalb nicht, weil sie wenig aussagekräftig sind. Entscheidend sind Kommunikation und Vertrauen in die Kompetenzen und praktische Arbeit der Mitarbeiter.

Ebenso vertrauensvoll ist das Verhältnis zum Kunden. Das bezieht sich nicht nur auf die Durchführung der Dienstleistung, sondern auch auf die Abrechnung der Kosten. Preise werden entweder auf Stundenbasis kalkuliert, auf deren Grundlage der Kunde Leistungsnachweise der Tagessätze eines Schlossers, Elektronikers etc. abzeichnet oder als Festpreisangebot in Form eines klassischen Werkvertrags, z. B. für den Umbau einer Pressenstraße. Ergeben sich unvorhergesehene Schwierigkeiten, kann nachverhandelt werden. Information und Argumentation sind zentral; Kosten werden wie bei PCB transparent gemacht und dem Kunden erklärt, der in der Regel Verständnis zeigt und zahlt. Der Preisdruck hält sich aufgrund der Alleinstellungsmerkmale des Unternehmens in Grenzen, man ist mit der Kalkulation zufrieden, investiert aber auch strategische Projekte, bei denen man auf einen gewissen Anteil der Marge verzichtet, „um drin zu sein" und langfristig Geschäftsbeziehungen aufzubauen.

Langfristige Geschäftsbeziehungen bilden, wie bereits erwähnt, nicht den Normalfall bei Klemp, weil die Kundenbeziehung in der Regel mit Beendigung des Auftrags erledigt ist. Das heißt aber nicht, man wünsche sich für die kalkulierbare Entwicklung des Unternehmens keine stabileren Kundenbeziehungen. Um für diesen Zweck neue Geschäftsmodelle aufzubauen, greift man auf innovative Ideen zurück, durch die dank vertraglich gesicherten fortlaufenden industriellen Dienstleistungen in Form von Condition Monitoring Kunden langfristig gebunden werden sollen. Condition Monitoring ermöglicht es, die Zustände einer Anlage fortwährend digital durch Sensoren zu kontrollieren. Auf diese Weise lassen sich Frühwarnsysteme installieren, die anzeigen, wo Limits überschritten werden oder ein Bedarf an Rekalibrierungen entsteht, ohne dafür eine reaktive oder präventive Instandhaltung durchzuführen. Klemp-Service hat für diese Wartungsfunktion eigens Computersysteme mit entsprechender Software entwickelt, die den Betriebszustand von Sensoren online kontrollieren und überprüfen. Für komplexere Aufgaben gibt es darüber hinaus das Angebot, einen Mitarbeiter vor Ort beim Kunden abzustellen.

Was die genauere Gestaltung dieses Angebots betrifft, befindet sich Klemp-Service noch in einer Versuchsphase, wobei unsicher ist, wie viel Energie das Unternehmen in diesen Bereich tatsächlich investieren will. *„Das sind wir noch am Prüfen. Aber das ist noch ein langer Weg."* Es bestehen noch viele Fragezeichen, vor allem auch bezüglich der Planung und Kalkulation eines geeigneten Mitarbeiterstamms.

Wie bei den anderen Fallunternehmen wachsen u. a. durch die genannten Aktivitäten bei Klemp-Service die Gemeinkosten. Das stellt aber auch diesmal per se kein Problem dar. Dennoch stellt sich der Geschäftsführer die Frage, *„sind N % Gemeinkosten gut oder schlecht?"* Und *„welche Auswirkungen hat dies für die Produktivität der Dienstleistungen, z. B. die der Verwaltung?"* *„Brauche ich mehr Personal im administrativen Bereich oder muss ich denen einfach nur in den Hintern treten, damit sie schneller arbeiten, damit sie schneller Briefe schreiben, mit dem Kunden kommunizieren oder sonst irgendetwas machen? … Würde ich mit 18 ein besseres Ergebnis erreichen oder das Gleiche mit 12? Oder brauche ich 11 Techniker, setze ich dafür besser Ingenieure ein?"* Die Beantwortung solcher Fragen fällt alles andere als leicht, gerade was die Produktivität der Arbeit mit den Kunden betrifft und wo weiteres Verbesserungspotential bestehen könnte. Die Kunden sind zu unterschiedlich, als dass man die Interaktion mit ihnen einem vergleichbaren Maßstab unterwerfen könnte, insbesondere wenn man das Auslandsgeschäft mitberücksichtigt. Dabei geht es noch nicht mal um Sprachbarrieren, sondern um Verzerrungen durch die jeweiligen kulturellen Besonderheiten. *„Das Geschäft mit Frankreich macht eine Frau, die französisch spricht. Einfach weil der Franzose selbst – (seufzt, denkt nach) – schwieriger ist. Es dauert an der Stelle einfach länger."* Auch wenn der Geschäftsführer – als „Controllfreak", wie er sich selbst bezeichnet – durchaus Interesse an einer Systematik und einer Kalkulationsbasis hat, ist er sich im Klaren darüber, wie schwer diese zu erstellen sind und letztlich allein unternehmerische Erfahrung und Gespür die Grundlagen für Entscheidungen bilden müssen, mit allen damit verbundenen Risiken. *„Das sind Fragen, die kann man nur mit einer Geschäftsnase (!) realisieren. Da gibt es keine Zahlen dafür."* Er weiß, wovon er spricht, denn das vorhandene kennzahlenbasierte Bewertungssystem bewährt sich in der Praxis nicht. Mitarbeiter erhalten Punkte für ihre Leistungen, ohne dass sich daraus verlässlichen Bewertungen ableiten lassen. *„Die eine Dame, die auf dem vorletzten Platz steht, die absolut prima ist, ist vielleicht aufgrund der vielen neuen Aufträge durchgesackt."* Die Bewertung kommt an einer Interpretation nicht vorbei, die als Rahmen Alltagserfahrung und Kommunikationspraxis vor dem Hintergrund der Unternehmenskultur benötigt. *„Das klingt zwar immer so komisch, wenn man von einer großen Familie spricht. Bei uns ist es aber so. Hier haben wir schon ein absolut tolles Betriebsklima."* Das Betriebsklima drückt auf der Gefühlsebene aus, ob Mitarbeiter motiviert sind, die entscheidende Voraussetzung für Produktivität. *„Produktivität ist daher nichts, was man über Zahlen vermittelt erhält, sondern man kriegt das nur über ein Gespür mit."*

2.3.3 Innovation, Forschung und Entwicklung

2.3.3.1 Die Welt im Großunternehmen

So groß die Bedeutung der Unternehmenskultur auch ist, das wirtschaftliche Ziel der Fallunternehmen, sich von Wettbewerbern durch das flexible und schnelle Bedienen individueller Kundenbedürfnisse zu unterscheiden, lässt sich nicht ohne kreative Ideen sowohl hinsichtlich des Angebots an neuen Produkten und Dienstleistungen, des Marketings als auch der Entwicklungs- und Herstellungsprozesse verwirklichen. Die Unternehmen stehen unter ständigem Erfolgsdruck und müssen Innovation als einen ihrer zentralen Geschäftsbereiche systematisch in ihren Alltag verankern. Dabei ist es alles andere als leicht, leitende Innovationsgesichtspunkte zu identifizieren und eine Entscheidung darüber zu treffen, ob eher eine Potential- oder Kostenbetrachtung vorzunehmen ist und wie aufwendig die generelle Innovationspolitik gestaltet werden soll. Die Lösung dieser Frage betrifft das Spannungsfeld von Innovation und Erfahrung bzw. Flexibilität und Stabilität. Erfahrung und Stabilität sind zwar enorm wichtig für Firmenerfolg und Produktivität, können aber auch Veränderungen blockieren. Dabei gilt es zu bedenken, dass begründete Skepsis bisweilen durchaus im Unternehmenssinne sein dürfte, denn nicht jede Neuerung ist profitabel und blinder Innovationsdrang kein Wegweiser zum Erfolg.

In diesem Kontext übernehmen die Kunden als Treiber für Innovation eine wichtige Funktion, wenn sie variantenreiche Produkte oder Dienstleistungen nachfragen oder wenn sie sogar aktiv die Verbesserung organisatorischer und technischer Verfahren erzwingen. Aber ab wann ist eine Innovation tatsächlich eine Innovation? Kann ein Unternehmen dann schon als innovativ bezeichnet werden, wenn es sich an verändernde Umweltbedingungen anpasst und lernt? Soll es sich inkrementell in bekannten Bahnen bewegen oder bewusst das ganze System ins Ungleichgewicht bringen? Zudem drängen bei der Umsetzung von Innovationen Zeit und Kosten, so dass sich immer die Frage stellt, ob der abzusehende Aufwand bei bestimmten Innovationen die Risiken wert ist.

Charakteristisch für solche Entscheidungen ist, dass bei der Kalkulation der benötigten Flexibilität und Schnelligkeit sowie bei der Bestimmung der heute und in Zukunft aufzuwendenden Ressourcen die herkömmliche betriebswirtschaftliche Kostenrechnung weitgehend versagt. Unternehmen bewegen sich bei ihren Innovationsaktivitäten zumeist im Versuchsstatus, müssen durch Trial and Error-Methoden erfahren, was sie können, feststellen, wo ihre Stärken liegen und entscheiden, wie sie ein gutes Produkt auf dem Markt platzieren. Notwendig für den Erfolg sind hierbei nicht nur Zeit und Geld, sondern auch Kompetenzen und Motivationen von Mitarbeitern und Partnern entlang der Wertschöpfungskette, die sich ebenfalls gegen eine genaue Kalkulation sperren und auf deren konstruktive Kooperation man einfach vertrauen muss.

Hierbei sind die getroffenen Entscheidungen folgenreich. Größere Innovationen bleiben nur in seltenen Fällen auf einzelne Bereiche und Abteilungen beschränkt, sondern durchdringen das gesamte Unternehmen. Die Zusammenarbeit von Vertrieb, Marketing, F&E und Fertigung ist entscheidend, damit – wie sich der Produktionsleiter von Sensotec ausdrückt – „*keine Entwicklung am Ende steht, sondern ein erfolgreiches Produkt.*" Die Kooperation, Kommunikation und die Verständigung auf eine gemeinsame Perspektive über mehrere interne und externe Bereichsgrenzen hinweg stellt jedoch einen besonders harten Test für die Unternehmen dar und wird diese in Zukunft noch mehr fordern, wenn beispielsweise der Anteil an der sogenannten „open innovation" wächst.

Die Erfahrungen zeigen, dass Innovativität weniger mit Kalkulation zu tun hat, sondern mit kreativem „Unternehmertum", also mit dem Umgang mit Risiko und Unsicherheit und der Unvorhersehbarkeit von Zukunft. Sie unterliegt nicht nur technischen und administrativen, sondern auch menschlichen und organisatorischen Einflüssen, wodurch sie zu einem Gegenstand der Interaktion zwischen Menschen, Organisation und Technik wird, die der Planung und Steuerung klare Grenzen setzt [27]. Dabei sind nicht allein Kommunikationsprobleme zu überwinden. Viele Unternehmen neigen angesichts der mit dem Innovationsprozess zusammenhängenden Unbestimmtheiten dazu, kurzfristig zu denken und nach dem Prinzip „lieber der Spatz in der Hand als die Taube auf dem Dach" zu handeln. Dies tun sie aus guten Gründen, denn sie unterliegen Kosten-, Erfolgs-, Zeit-und Flexibilisierungsdruck. Immer suchen sie nach Antworten darauf, wie viel zeitraubende und kostspielige Planung notwendig ist und müssen darauf achten, ob die Balance zwischen Stabilität und Flexibilität, Standardproduktion und Belieferung individueller Kundenbedürfnisse gelingt. Der Blick auf Sensotec konnte hinsichtlich möglicher Bewältigungsstrategien, aber auch deren Barrieren, einiges aufzeigen. Die Erfahrungen dort, aber auch in den anderen Fallunternehmen, lassen sich in großen Teilen generalisieren und auf weitere Unternehmen übertragen. Sie zeigen vor allem deutlich, wie wichtig Ressourcen, Regeln, Verfahren und Fähigkeiten, aber vor allem Interaktion und Kommunikation sind, um dem anstehenden Handlungsdruck zu genügen.

Auch weitere Projektergebnisse liefern dazu Einsichten. Kommen wir deshalb noch einmal auf das Großunternehmen für Spezialchemie zurück. Das Management des Global Players Chemtrail beschäftigt sich explizit und reflexiv mit seiner Innovationspolitik und hat dafür eigens eine Abteilung für Innovationsmanagement gebildet, mit dessen Leiter wir gesprochen haben.

Es handelt sich um eines der weltweit größten Unternehmen in der Produktion von Additiven. Die Produktlebenszyklen sind niedrig, die Produkte werden in kleinen Serien und kundennah hergestellt. Forschung & Entwicklung und Innovation sind entsprechend aufwändig, ähnlich wie bei den anderen bisher beschriebenen Fallbetrieben. Das Innovationsmanagement hat die klassischen Bereiche wie Forschung und Entwicklung zum Gegenstand, aber auch neue Geschäftsmodelle, wie die Kooperation mit externen Partnern, den Umgang mit Themen wie crowd sourcing, open source, open innovation oder procurement von Innovation und dem Einkauf von Dienstleistungen. Hierfür müssen nennenswerte Ressourcen bereitgestellt und schwer kalkulierbare Risiken eingegangen werden.

Die Bewertung der Effizienz von F&E und von Return of Investment (ROI) bildet ein ständiges Thema im Gesamtunternehmen und wird anhand einer streng beobachteten Kennzahl formalisiert betrachtet. Diese Kennzahl dient dazu, Forschungsaktivitäten auf ihre Eignung dahingehend zu überprüfen, ob sie in ein profitables Geschäft münden. Man will wissen, welche Margen vorgesehen sind, in welchem Verhältnis diese zu den durchschnittlichen Margen stehen und ob das Unternehmen durch entstehende Produkte und Dienstleistungen wachsen kann. Auf diese Weise soll vorausschauend eine Entscheidungsgrundlage für die Etablierung eines „Business Case" geliefert werden, anhand dessen Absatz, Umsatz, Profit, Margen usw. für die nächsten 10 Jahre prognostiziert und die Überwachung der Prozesse durch Daten, Meilensteine und gate-meetings geleistet wird. Die Idee dahinter zielt darauf, anhand begründeter Zweifel an der Profitabilität eines Projektes, die während des Projektverlaufs auftauchen, eingeleitete Prozesse zu beenden und die freiwerdenden Forschungsaufwendungen, Ressourcen, Gelder und Mitarbeiter auf andere Forschungsprojekte zu verteilen.

Obwohl die Definition des Controllings recht eindeutig erfolgt, stellt sich die zu einer solchen Steuerung notwendige Beobachtung und Bewertung von Fakten, Anforderungen und sich verändernden Rahmenbedingungen jedoch als extrem diffizil und alles andere als eindeutig heraus. Weder sind Daten konstant noch transparent und sie bergen immer neue Überraschungen. Verlangt beispielsweise heute ein Kunde ein biologisch basiertes grünes Polymer für die Herstellung von Kraftstoff- oder Bremsleitung im Kfz- oder Nutzfahrzeugbereich, dann sind aktuelle technische, ökonomische und rechtliche Vorgaben gegeben. Ändert sich nun etwa der Beitrag für den CO_2-Footprint des Fahrzeugs, hat dies Auswirkungen auf die Anforderungen und muss in der Entwicklung und für die Rahmenbedingungen des Business Cases berücksichtigt werden. D. h. die Bewertung des Risikos für den Abbruch eines Projekts ist eine Daueraufgabe und unterliegt ständig wechselnden Voraussetzungen. Zudem müssen die vom Markt oder vom Kunden induzierten Projekte differenziert betrachtet werden. Handelt es sich hierbei um sogenannte Plattform- oder strategische Projekte, die aufgrund des Wissens über potentielle Märkte gestartet werden und die längerfristige, über den Drei-Jahres-Zyklus hinaus angelegte exploratorische Forschungsaufgaben enthalten, steht der Business Case weniger oder gar nicht im Vordergrund und die Risiken werden völlig unabhängig von Kennzahlen kalkuliert und eingegangen. Das Urteil unseres Interviewpartners fällt entsprechend hart aus: *„Diese Bewertung, die häufig an der Schnittstelle von Grundlagen- und Anwendungsforschung erfolgen muss, ist alles andere als einfach und erweist sich retrospektiv zumeist als nutzlos."*

Controller versuchen durch Benchmarking mit ähnlich gelagerten Unternehmen des Konzerns eine höhere Transparenz für die Steuerung von Projekten zu schaffen. Die „number cruncher", wie sie der befragte Manager despektierlich nennt, tragen dann alle möglichen Zahlen zusammen und fertigen ein Reporting für den Konzern an. Bei aller Korrektheit der Datenbasis können diese aber als Finanzkennzahlen, als betriebswirtschaftliche Kennzahlen bestenfalls grobe Rahmendaten liefern. Zur konkreten Entscheidung über Projektaufnahme und Projektfortführung tragen sie wenig bei, zumal unter Umständen hinter einem vom Abbruch bedrohten Projekt ein wichtiger Kunde stehen könnte, den man auf keinen Fall verlieren möchte. In diesen Fällen werden die vorgelegten Zahlen nicht zur Kenntnis genommen, so dass Controller bisweilen beleidigt die Frage äußern: *„Weshalb habe ich denn das ganze Zeug erhoben?"*

Strategische Projekte sind besonders deshalb schwer zu kalkulieren, weil Steuerungs-
größen wie *„langfristiges Potential für die Company"* politische und normative Größen
darstellen, die dezisionistisch ohne Netz einer betriebswirtschaftlichen Kalkulation entschieden werden müssen. Dies bedeutet nicht, sie würden unkritisch um jeden Preis
durchgeführt, aber es gibt in den strategischen Forschungsbereichen mehr freie Hand als
im operativen Geschäft und Entscheidungen lassen sich gegen das Diktat von Kennzahlen
durchsetzen. Im Entscheidungsprozess geht es um diskursive Überzeugungskraft durch
plausible Gründe und es heißt: *„Liebe Kollegen, das ist reell, ich selber weiß aufgrund von
23jähriger Erfahrung, dass das funktionieren könnte und auch Wert generieren könnte,
wenn ihr denn auch offen dafür seid."* Anvisiert werden mögliche Einstiege in Zukunfts-
märkte, wie sie über corporated forsight oder sonstige Methoden identifiziert werden,
etwa weil man einen Megatrend wie alternde Bevölkerung etc. vermutet, aus dem ein
potentieller Wachstumstrend abgeleitet wird. Ohne Bezug zu Ökonomie und Markt kann
die Argumentation nicht bleiben, aber jede Businessline soll einen bestimmten Teil ihrer
Forschungsressourcen unabhängig von einem engen Zahlenkorsett in Forschung und Entwicklung für potentiell neue Märkte stecken. Welche Projekte dann letztlich umgesetzt
werden, hängt von bestehenden Ressourcen ab und wird durch das Management der Businessline vor Ort und nicht an der Konzernspitze entschieden.

Das klingt alles sehr vertraut und ähnelt letzten Endes der Lage der mittelständigen
Sensotec und der noch kleineren Kardag und PCB. Bei einem managementgeführten
Großunternehmen wie Chemtrail umgibt die Kennzahlen aber dennoch eine magische
Aura. Selbst auf der obersten Entscheidungsebene besteht das Bedürfnis seitens des
Managements, Entscheidungssicherheit durch „harte Daten" herzustellen. Bauchent-
scheidungen im Stile eines mittelständigen Unternehmens sollen vermieden werden.
Man strebt indessen danach, die Effizienz von Innovationsentscheidungen wenigstens
für Legitimationszwecke zu objektivieren. Deshalb sucht man beharrlich und gewissen-
haft nach Kennzahlen, die den exakt notwendigen Innovationsanteil ausweisen, den man
glaubt, für das Unternehmen definieren zu müssen, um die bestmögliche Rendite einzu-
fahren. Hierfür soll die Innovationsleistung des Gesamtkonzerns gemessen werden, um
auf dieser Grundlage die Wachstumsziele für die nächsten Jahre als rationale Entscheidungen unter bestem Wissen darzustellen. Allerdings gibt es auch hier die klaren Daten
nicht, aus denen abgeleitet werden könnte, wie hoch der Anteil des Gesamtergebnisses
sein sollte. *„Sind es 2,7 oder 2,8 % von Sales, die in F & E und Innovation investiert
werden müssen? Ist das angemessen? Oder ist das zu viel? Oder ist es zu wenig? Was
machen andere? Sind sie damit innovativer, generieren sie eine höhere Neuproduktrate
bei gleichen F & E-Aufwendungen?"* Solche numerischen Unzulänglichkeiten führen auf
höchster Ebene in unendliche Diskussionen, wie Investitionsentscheidungen auf objektivere Fundamente gesetzt werden könnten. *„Welche Neuproduktrate wird benötigt? Wie
hoch muss der Anteil an F & E-Aufwendungen in Übersee sein? In welche Richtung
müssen wir das treiben?"*

Angesichts der vorhandenen Defizite stößt das Bedürfnis, verlässliche Kennzahlen für
relevante Entscheidungen zu generieren, gleichzeitig auf breite Skepsis hinsichtlich seiner

Realisierung. Auch die neuerdings in Geschäftsberichten zu findende Angabe der Neuproduktrate des Gesamtportfolios vermag nicht zu überzeugen, dient sie doch wahrscheinlich
nur dem Ziel, *„Investoren, den share holders, zu zeigen, dass das Unternehmen richtig
aufgestellt ist, was Innovation anbelangt."* Ein angemessenes und belastbares Abbild vom
Innovationsgrad eines Unternehmens enthält man – so der befragte Innovationsmanager –
mit Sicherheit nicht. Schon die Definition „Neuprodukt" sei vage. *„Es muss eine spürbare
vom Markt wahrnehmbare Veränderung in der Eigenschaft, in der Performance des Pro-
duktes, des Prozesses, der Technologie sein. Das ist ein neues Produkt, und nicht nur, weil
ihr die Verpackung oder das Branding geändert habt. Ein Verarbeitungsmittel, was der
Kunde eventuell gar nicht wahrnimmt."* So wichtig verlässliche Zahlen wären, so schwer
sind sie zu erstellen und so leicht ist es auf diesem aggregierten Level, *„Zahlen zu beeinflussen und Makulatur zu betreiben."*

Letztlich, so die Conclusio des Gesprächs, lässt sich der Innovationsgrad nicht an
aggregierten Daten, sondern allein an konkreten Projekten festmachen. Und dort sind es
die jeweiligen „Macher", die über einzugehende Risiken und notwendige Ressourcen entscheiden. Der Erfolg hängt letztlich davon ab, ob durch individuelles Engagement und
gute Teamarbeit bestimmte Innovationen, bestimmte Technologien entwickelt werden, die
sich auf dem Markt durchsetzen. Welche Wege hierfür eingeschlagen werden, stellt immer
eine Entscheidung unter Unsicherheit dar, schon allein deshalb, weil sich die komplexen
globalen Rahmenbedingungen ständig ändern. Eine Versicherung gegen die einzugehen-
den Risiken gibt es nicht, die Möglichkeit im ökonomischen Sinne rational zu handeln, ist
begrenzt. Entscheidend ist, mit welchen Handlungskompetenzen und mit welchen Partnern Risiken und Chancen *kooperativ* bewältigt werden können.

2.3.3.2 Der Gegenpart: Innovation und KMU

Das obige Beispiel zeigt, wie die Innovationsfrage bei wissensintensiven Unternehmen
unabhängig von der Größe und der ausdifferenzierten Bearbeitung in Abteilungen ähnliche Fragestellungen hervorbringt. Auch unser Fallbetrieb Sensotec ist längst aus den Klei-
dern eines kleinen oder mittleren Unternehmen (KMU) herausgewachsen. Das gilt sogar
für die wesentlich kleineren PCB und Kardag, die ebenso nach EU-Definition nicht mehr
den kleinen und mittleren Unternehmen zuzurechnen sind. Die EU lässt als KMU nur
Unternehmen gelten, die weniger als 250 Beschäftigte haben. Diese Definition muss man
sich nicht zu eigen machen, denn bei Kardag und PCB, selbst bei Sensotec, handelt es sich
unserer Auffassung nach um typisch mittelständische Unternehmen. Diese sind bezüglich
ihrer Unternehmenskultur und der Organisation alltäglicher Abläufe trotz ihrer mittlerweile beachtlichen Größe weit von großbetrieblichen Strukturen entfernt. Entscheidungen werden durch Inhaber weitgehend ohne Legitimationszwang gegenüber Shareholdern
gefällt und die Unternehmen sind weniger durch formelle Controlling- und Accounting-
strukturen, sondern vor allem auf der Grundlage informeller, vertrauensbasierter sozialen Beziehungen organisiert. Entscheidungen werden auch stärker im Vertrauen auf die
Kompetenzen und die Leistungsbereitschaft der Mitarbeiter gefällt. Aus guten Gründen,
denn wegen der Bedeutung sozialer Beziehungen ist eine besondere Betriebsbindung und

Motivationsstruktur der Beschäftigten entstanden, eine reiche immaterielle Ressource für Produktivität. *„In gewisser Weise ersetzt die Unternehmenskultur die Stechuhr."* [28]

Obwohl diese Eigenschaften von mittelständischen Betrieben immer wieder positiv hervorgehoben werden, gelten sie andererseits in vielfacher Weise gerade deshalb als „rückständig". Bestimmte Prozesse wurden weder professionalisiert noch formalisiert. Dennoch (oder vielleicht deshalb) gehören KMU und größere mittelständische Unternehmen zu den Pfeilern einer innovativen Wirtschaft. Sie sind als potentielle Wachstumstreiber sogar beständiger als Großunternehmen. Viele unter ihnen sind „Hidden Champions", relativ unbekannte Unternehmen, die in ihrem Feld globale Marktführer sind [29]. Aber auf welchen Kriterien basiert dann überhaupt das Urteil, weniger modern als Großunternehmen zu sein? Wissensintensive Unternehmen wie Sensotec, Kardag und PCB haftet längst nichts Rückständiges mehr an, auch wenn dort die Unternehmenskultur weiterhin stark auf sozialen Beziehungen und betrieblicher Bindung beruht und die Inhaber noch an der Spitze der Entscheidungshierarchie stehen. Die für moderne wissensintensive Arbeiten so wichtigen Charakteristika wie Eigenverantwortung und Teamgeist, die Vertrauen und Anerkennung benötigen, speisen sich gerade aus solchen informellen Grundlagen sozialen Handelns. Betriebswirtschaftlich und arbeitswissenschaftlich ausgeklügelte Anreizsysteme geben sie nicht her, bieten hierfür allenfalls notwendige, aber nicht hinreichende Bedingungen. Nur auf der Grundlage intersubjektiver, rein funktionale Funktions-, Rollen- und Aufgabenzuschreibungen überschreitender, persönlicher Beziehungsmuster können die von modernen Arbeitnehmern erwartete Anerkennung und Wertschätzung ihre kreative und motivierende Kraft entfalten. Dabei ist evident, dass sich die Strukturen solcher intersubjektiven Beziehungsmuster über die Zeit wandeln. Aber wie wir sehen konnten, kennt selbst der in mittelständischen Unternehmen immer wieder monierte Führungsstil zwar stellenweise noch patriarchalische Züge, aber er entwickelt sich weiter und passt sich mehr und mehr den Ansprüchen moderner Arbeitnehmer an.

Die kleine Welt von Aquasan

Wie sieht es nun in den Unternehmen aus, die noch kleiner sind als Kardag und PCB und die bezüglich ihrer Organisationsstruktur zumeist noch weniger formell strukturiert sind? Auch unter ihnen finden wir hochinnovative Betriebe. Wie gelingt es diesen, den genannten Herausforderungen ökonomischer, organisatorischer und sozio-kultureller Art zu genügen? Betrachten wir dies am Beispiel des mit 30 Beschäftigten zweitkleinsten Fallbetriebs unseres Samples. An ihm lassen sich exemplarisch Freuden und Leiden eines „ungeplanten", aber letztlich erfolgreichen Innovationsprozesses veranschaulichen.[5]

Die Unternehmensgeschichte des kleinen Aquasan repräsentiert das Beispiel eines Unternehmens, in dem der Innovationsimpuls noch der zündenden Idee einer Tüftlermentalität

---

[5]Diese Fallstudie basiert weitgehend auf dem unveröffentlichten Manuskript „Die wunderbare Welt der Microbubbles oder das Unternehmen als Wille und Vorstellung" von Josef Reindl, der die Gespräche mitgeführt hat.

entstammt und mit Glück und Geschick zu einem kleinen hoch innovativem Unternehmen führt. Heute ist das Unternehmen hauptsächlich im Bereich der Abwasserreinigung tätig. Dem Kern der Mannschaft aus vier Ingenieuren und Konstrukteuren ist jedoch ein Anlagenbau angegliedert, der auch Lohnaufträge von außerhalb annimmt. Die beiden Bereiche stabilisieren sich gegenseitig je nach Auftragslage und Konjunktur, wobei im Anlagenbau wenig verdient wird. *„Man braucht eine Riesentechnik, du brauchst einen riesen technologischen Vorsprung in diesem hart umkämpften Markt"* (Geschäftsführer Aquasan). Deshalb bildet der Bereich, der auf technische Problemlösungen spezialisiert ist, das eigentliche Standbein, auf dem die Unternehmenspolitik steht. Genauer gesagt handelt es sich um Flotationstechnik, ein physikalisch-chemisches Trennverfahren für feinkörnige Feststoffe. Das Besondere von Aquasan sind „microbubbles", durch die sich u. a. besonders kleine Partikel aus Abwasser filtern lassen. Mit diesem hochqualitativen Angebot werden ganz andere Renditen erzielt als im Anlagenbau, aber der Bereich ist schwerer zu kalkulieren und hat trotz eines optimalen Produkts bisweilen mit Auftragsengpässen zu kämpfen.

Den Geschäftsführer Faber, seine Unternehmensphilosophie, seinen Handlungsantrieb, seine unternehmerische Praxis, seine Professionalisierung, kann man ohne Einbeziehung der Familiengeschichte und dabei insbesondere die der „Karriere" seines Vaters nur unzulänglich verstehen. Das Leben und die Auseinandersetzung mit dem dominanten Vater haben die soziale und die ökonomische Persönlichkeit des Aquasan-Eigners entscheidend geprägt. Er setzte seinen Erfindergeist und sein Faible für das Tüfteln bisweilen auch gegen jede betriebswirtschaftliche Vorsicht und Vernunft durch, manchmal auch zum Leidwesen der Familie.

Die entscheidende Innovation, die heute das zentrale Produkt des Unternehmens bildet, entstand vor vielen Jahren spielerisch, im Übermut und aus reinem Zufall. Durch das ungeschickte Öffnen einer Sektflasche auf einer Geburtstagsfeier kam unter den fachkompetenten Gästen das Thema „Einleiten von Kohlesäure in eine Maibowle" auf, die zu einer technische Diskussion zum Verhalten von Flüssigkeiten und Gas unter Druck überleitete. Sie spornte Vater und Sohn am nächsten Tag zu Versuchen an. *„Wir haben im Technikum gepanscht. Wir haben Düsen genommen, wir haben ein Rohr genommen, haben Druck drauf gemacht, haben da ... PATSCH! Das war eine fürchterliche Sauerei. Wir haben es zunächst noch mit Wasser gemacht. Dann zum Schluss haben wir Luft genommen und wir haben da Wasser produziert, das war schneeweiß."* Als sie, auch wieder zufällig, am Tag darauf entdeckten, dass das Gas sich immer noch in der Flüssigkeit befand, wurde ihnen bewusst, dass sie ein besonderes Verfahren entwickelt hatten. Trotz der damit verbundenen Kosten meldeten sie ein Patent an, ohne genau zu wissen, wozu die entdeckte Technik zu nutzen war. Aber *„das war der magische Start, dessen Ende niemand absehen konnte."* Auf Messen präsentierten sie das Verfahren ohne konkrete Anwendungsvorstellungen, bis ein in Lachszucht tätiger Norweger auf die Idee kam, durch diese Technik das Überleben von Junglachsen zu steigern. Das Verfahren kam zur Anwendung, setze sich durch und führte weltweit zu einer Revolution der Lachszucht mit der nicht-intendierten Folge ökologischer Schäden. Aus dieser Erfahrung und dem daraus resultierenden schlechten

Gewissen entwickelte sich die nächste Geschäftsidee, die Innovation als Wasserreinigungstechnologie zu verwenden. So entstand ein Produkt, das das Unternehmen bis heute erfolgreich vermarktet.

Der Erfolg wurde durch unterschiedliche Konjunkturphasen immer wieder bedroht und das Unternehmen konnte nicht ohne intensive Bindungen zu den Mitarbeitern und ohne Weiterentwicklung der vorhandenen Kompetenzen bestehen. Vor dem Hintergrund einer beziehungsintensiven Unternehmenskultur entwickelte sich aus dem Betriebswirt Faber ein Experte für die Technologie, der sich alles verfügbare Wissen über Flotationsverfahren als Autodidakt aneignete und dabei den intensiven Austausch mit den anderen Belegschaftsmitgliedern suchte. Überhaupt wurden Entscheidungen stets im Team gefällt, wodurch eine hohe Identifikation der Belegschaft mit dem Unternehmen entstand. Beim ersten Großauftrag zeichneten die Konstrukteure unter Zeitdruck sogar an Weihnachten, in Zeiten, in denen es zu Liquiditätsengpässen kam, verzichteten Mitarbeiter phasenweise auf ihren Lohn usw. Das kreative und innovative stets willkommene Denken von Mitarbeitern half bei der Definition und Entwicklung des Produkts. Produktivität, sonst gerne verstanden als enges und verkniffenes Feilen an Zehntelsekunden, die man im Produktionsprozess einsparen will, erhält hier eine ganz andere Bedeutung: Produktivität heißt, gemeinsam herauszufinden, was können wir eigentlich, wo liegen unsere Stärken, was ist unsere Kernidee, unser bestes Produkt und was müssen wir unternehmen, dieses Produkt am Markt erfolgreich zu platzieren.

Bedroht wurde der Bestand des Unternehmens dadurch, dass der Erfolg Wettbewerber auf den Plan rief, die das Unternehmen kaufen wollten oder dass ehemalige Kunden ohne Lizenz billige Nachbauten anboten. Rechtliche Gegenmaßnahmen wären damals viel zu teuer und riskant gewesen, weshalb man sich zu einem intensiven Branding entschied. Marken- und Produktnamen wurden geschützt, Qualität zum entscheidenden Merkmal erklärt. Auch hierbei spielten die Mitarbeiter eine wesentliche Rolle, denn ohne Engagement der Belegschaft hätte sich die Entscheidung, zu den Besten gehören zu wollen, nicht verwirklichen lassen. Der eigentliche Durchbruch erfolgte aber erst in dem Moment, als man trotz anfänglicher Skepsis einen Großunternehmen als Kunden gewinnen konnte und dadurch für alle nachfolgenden Aufträge auf ein beachtliches Referenzprojekt verweisen konnte.

Betrachtet man die Dogmatik der Lehrbücher, hätten die Macher von Aquasan eigentlich nie Erfolg haben dürfen. Sie haben sich auf ein Gebiet begeben, von dem sie nichts verstanden, sie haben einen Chef, der nicht vom Fach ist, sie sind eine kleine Firma, in der keine Systematik, Planung und Organisation erkennbar sind, sie betreiben kein offensives Marketing und sie operieren auf einem Markt, auf dem große Player den Ton angeben. Woraus resultiert dann der Erfolg? Der Unternehmer Faber antwortet auf diese Frage zunächst: *„Glück! Ja, Glück"*, um die Aussage dann zu relativieren: *„Nein, Glück ist zu einfach, Glück erklärt das nicht."* Es zeigt sich, dass die Fabers immer unheimlich wach gewesen sind, die Situation begriffen und die damit verbundenen Chancen gesehen und ergriffen haben. Sie hatten die Chuzpe, Kompetenzen zu beanspruchen und Leistungen in Aussicht zu stellen, die sie bislang nie erbracht hatten. Sie haben sich was getraut und ohne Netz und doppelten Boden agiert. Sie haben schnell entschieden, nicht zugewartet, und sie wollten; sie hatten und haben einen enormen Willen. Waren Kompetenzen nicht vorhanden, wurden sie eben angeeignet. *„Ja, ich will das! Und wenn ich das will, dann mache ich das."* Sie handelten im guten Schumpeterschen Sinne als kreative Unternehmer. Aber es handelte sich nicht um das isolierte Unternehmertum eines Einzelkämpfers. Anders als der Vater war der Sohn in der Lage, die Mitarbeiter aktiv in das unternehmerische Geschehen einzubeziehen, Verantwortung zu delegieren und in die Kompetenzen und Motivation von Mitarbeitern zu vertrauen. Das konnte nur gelingen, weil er in keiner Weise beanspruchte, anders als seine Mitarbeiter zu sein und Privilegien zu erhalten. Was an Gewinnen anfällt, wird in die Firma reinvestiert und ansonsten zahlt man sich einen auskömmlichen Unternehmerlohn.

Auf dieser Grundlage konnte die Firmengeschichte „eine Evolution", einen einzigen Lernprozess bilden. Das Geheimnis liegt darin, den eigenen Fähigkeiten und denen der eigenen Leute zu vertrauen, auf Begeisterungsfähigkeit und auf die von gemeinsamer Verantwortung freigesetzte Energie zu setzen. Die Devise lautet: Die Mitarbeiter motivieren, ihnen ein Projekt und Verantwortung geben, *„wobei Verantwortung für mich heißt: ,Machen Sie das, aber treffen Sie Entscheidungen!' Ist mir völlig wurscht, was aus der Entscheidung wird. ,Treffen Sie eine Entscheidung!' Jede Entscheidung kann hinterher diskutiert werden, trefflich. Ob sie gut war, ob sie schlecht war, ob sie suboptimal war …, aber sie muss getroffen werden. Und wenn Sie sie getroffen haben, zu dem Zeitpunkt wird sie schon OK gewesen sein."* Faber vertraut in ungewöhnlich starkem Maße seinen Mitarbeitern. So wie er agiert, so möchte er auch seine Leute agieren lassen, also frei von engmaschiger Kontrolle, frei von Vorgaben, frei von Vorwürfen. Allerdings gibt es eine Vertrauensgrenze und bei Enttäuschung werden bisweilen auch mal personelle Konsequenzen gezogen, ohne dass dies aber zu einer Einstellungsveränderung hinsichtlich des grundsätzlichen Vertrauens in die Mitarbeiter führen würde. *„Den Fehler würde ich nochmals machen!"*

Die so geprägte Unternehmenskultur hat ein zusammengeschweißtes Team hervorgebracht, die Belegschaft ist 10,12 Jahre und länger zusammen. *„Ich habe neulich einen Schlosser gefragt, warum bist du gerne hier? Ja, sagte er, was ich hier mache, das hat Hand und Fuß, das mache ich gerne. Oder der Herr G., der sagt, wenn ich 40 Jahre einen Job mache, dann muss ich den lieben, sonst drehe ich doch durch."* Es geht familiär zu, zum Klima im Unternehmen gehört auch die Sorge um die Mitarbeiter. *„Wir wollen nicht lügen müssen, die Leute sollen keine Angst haben, den Job zu verlieren. Das will ich in meinem Unternehmen so weit wie möglich vermeiden. Also wichtig ist, dass wir hier ein angenehmes Klima haben, wo man offen und fair miteinander umgeht. Und offen und fair ist nicht das, was ich definiere, sondern wo sich alle wohl fühlen."*

So etwas lässt sich nicht technokratisch entwickeln und erzwingen, auch nicht durch Anreize oder Vergleiche stimulieren. *„Ich würde ja durch jedes Benchmarken, durch jedes Normieren, durch Regeln die Kreativität meiner Mitarbeiter, wenn sie denn endlich mal geweckt ist, wieder bremsen."* Das Geschäftliche und Kennzahlen interessieren Faber bestenfalls am Rande, dann wenn sie auf Handlung drängen. *„Also ich freue mich, wenn* *am Ende des Jahres ein positives Ergebnis da ist. Wobei ein positives Ergebnis für mich heißt, ich ziehe keinen Gewinn aus dem Unternehmen. Was ich habe, reinvestiere ich. ... Ich kümmere mich nicht um die Dinge, das macht mein Buchhalter. Der hält die Zahlen zusammen, der passt auf. Ab und zu gucke ich auf die Kontostände. Wenn es eng wird, sagt er mir Bescheid oder wenn irgendwas ist, suchen wir Lösungen. Also das läuft. Ich kümmere mich nicht darum. Ich will es auch gar nicht. Belastet mich. Schränkt mich ein."*

Dies bedeutet aber keineswegs, Faber würde ohne unternehmerischen Sachverstand handeln. Faber kennt bestens den Markt, beobachtet ihn und bevorzugt präzise eine Strategie, die auf Nischen setzt. Aquasan wird daher auch in Zukunft gezielt und aktiv versuchen, seine Stärken auszuspielen, d. h. anspruchsvolle technische Projekte anzubieten und alles tun, um weiterhin innovativ tätig zu sein. Zu diesem Zweck soll das bestehende Produkt mit anderen technischen Zielsetzungen (etwa Energiegewinnung) verknüpft werden und auf eine breitere Grundlage gestellt werden. In der Unternehmenspolitik wird das Engineering deshalb weiterhin wesentlich wichtiger bleiben als der Anlagenbau. Expansion um jeden Preis ist nicht das Ziel des Unternehmens, man will die Dinge im Griff behalten können, was ab einer bestimmten Größe, davon ist man überzeugt, schwierig wird.

Natürlich gibt es auch Schwachstellen. Gebremst wird die Entwicklung der Firma nicht zuletzt durch eine gewisse Strukturlosigkeit, die man allerdings bewusst gewählt hat. Man ist im Kleinen sehr dezentral aufgestellt und generiert damit fast zwangsläufig Barrieren für den Wissensaustausch. *„Wir haben Kommunikationsprobleme. Aufgrund der multiplen Projekte, die wir bearbeiten, geht uns viel durch die Lappen und ein Großteil unserer in Teilbereichen für den Anlagenbau erwirtschafteten traumhaften Rendite schmilzt wie ein Eisbecher in der Sonne. Das hängt m. E. damit zusammen, dass wir unter einem permanenten E-Mail-Bombardement leiden, das wir sogar intern noch potenzieren, indem wir uns alles in CC schicken, alles weiter verteilen, durch dieses CC aber auch Verantwortung abgeben."* Besprechungen macht man viel zu selten, dazu fehlt im Alltagsgeschäft einfach die Zeit. Die meiste Kommunikation erfolgt als „Management bei Mittagstisch", das zwar einen Pfeiler der integrierenden Unternehmenskultur bildet, aber für die systematische Entwicklung gezielter Strategien nicht ausreicht.

Mehr Strategie und Systematik für KMU?

Es stellt sich daher die Frage, ob bestimmte Risiken, Unwägbarkeiten, Unsicherheiten, die Aquasan eingegangen ist, bzw. die die Betriebsgeschichte des Unternehmens begleitet haben, durch ein anderes strategisches Vorgehen vermieden oder abgemildert hätten werden können. Einiges hat sich Aquasan schon auf die Agenda geschrieben, um sich zu optimieren. Man strebt danach, stärker präventiv zu handeln, denn man will nicht Spielball der Konjunktur sein und keine Berg- und Talfahrten wie in der Vergangenheit mehr erleben. Zudem birgt der Modernisierungsdruck durch aktuelle globale Herausforderungen ein immer höheres Risiko, an dem die vielen pragmatischen Lösungsstrategien der Vergangenheit scheitern könnten.

Aquasan steht hier nicht alleine, das Gleiche gilt grundsätzlich für fast alle kleinen und mittleren Unternehmen. Sie sehen sich von vielen Helfern umringt. Nicht alleine die (teurere) Beratungsindustrie, sondern auch die überregionale wie regionale Politik unterstützt KMU bewusst seit Jahren durch eine Vielfalt an begleitenden Projekten, Maßnahmen und verschiedenen Instrumenten. Ziel ist es, KMU systematischer auf die Globalisierung und neue Märkte und anspruchsvolle Kunden vorzubereiten.

Der Blick auf die genannten Projekte enthüllt eine Vielzahl aktueller Themen, die sich um die Innovationsfähigkeit von KMU drehen, um den Umgang mit Patenten, die Steigerung der Wettbewerbsfähigkeit durch Internationalisierung etc. Zunehmend tritt das Thema Arbeitgeberattraktivität auf den Plan, das sich auf die sich ändernde Arbeitsmarktsituation einstellt, in der aufgrund des demografischen Wandels insbesondere KMU und größere mittelständische Betriebe es schwer haben werden, nachhaltig Fachkräfte zu sichern. Die alternde Arbeitswelt macht auch immer größere präventive Anstrengungen erforderlich, damit ältere Arbeitnehmer den Unternehmen länger zur Verfügung stehen.

Bei allen Forderungen, hier formellere und systematischere Handlungsstrukturen aufzustellen, wurde auf der anderen Seite in den letzten Jahren zunehmend die Bedeutung betriebsindividueller Ressourcen, subjektiver Kompetenzen und informeller Regeln als wichtiges Alleinstellungsmerkmal eines Unternehmens hervorgehoben. Beratung zielt vermehrt darauf, dass Unternehmen sich diese zumeist in der regionalen Betriebsgeschichte verankerten Ressourcen, die in erster Linie immaterielle Ressourcen sind, vergegenwärtigen und bewusst strategisch stärken. Daran zeigt sich eine Abkehr vom Paradigma der fordistischen Massenproduktion.

Die nachhaltige Institutionalisierung derartiger Reflexionen mit dem Effekt, eingelebte Handlungsweisen kritisch zu durchleuchten und Unternehmen als lernende Organisation zu verstehen und sie diesbezüglich zu entwickeln, erweist sich im Arbeitsalltag jedoch gerade bei Akteuren in der technisch geprägten und eher traditional ausgerichteten Welt der KMU als schwierig und widerständig. Das Interview mit dem Projektleiter eines regionalen Projekts zur Erfolgs- und Zukunftsfähigkeit von wissensintensiven, innovativen KMU, also Unternehmen unter 250 Mitarbeitern, bestätigt unseren diesbezüglichen Eindruck aus den Fallstudien. Das Projekt wurde mit 25 Unternehmen durchgeführt, *„die aus der Masse herausragen, sich hervortun, sich die Frage stellen, wie sie ihre Zukunft bewältigen sollen"* (Projektleiter). Es sind ganz unterschiedliche Probleme, die die Unternehmen umtreiben. *„Der eine hat ein Finanzproblem, der andere ein Führungsproblem, der andere ein Produktproblem."*

Selbstverständlich sind die Unternehmen immer für Kosteneinsparungen empfänglich, aber die Frage, wie genau diese zu realisieren sind und welche Systematisierungen vorzunehmen sind, lässt sich nicht ohne weiteres beantworten. Der Aufwand wäre hoch und der Nutzen unter Umständen gering. Diejenigen, die an dieser Stelle versuchen, durch formelle Methoden z. B. durch eine Balanced Scorecard (BSC) oder einen Key Performance Indicator (KPI) zu intervenieren, scheitern häufig bereits an der Schwelle der systematischen Datensammlung. *„Die Frage ist immer, wer macht das, wie viele Leute nehmen sich dafür die Zeit? Wenn es nur am Geschäftsführer hängen bleibt, dann bleibt's irgendwann liegen, weil der sich noch um die Kunden kümmern muss und all die wichtigen Sachen."* Spätestens wenn Entscheidungen getroffen werden müssen, liegen die Grenzen der Verfahren offen. *„Tools schaffen zunächst nur Transparenz. Handeln und entscheiden muss man dann selbst. Die Tools zeigen, wenn etwas schief läuft, obwohl ja die Dinge nicht einfach kausal zusammenhängen. Ich kann sie also wegdiskutieren. Selbst wirkliche Schwächen, die sichtbar werden, die muss man ja nicht wahrnehmen, sondern kann sie beiseiteschieben."*

Es ist daher kein Wunder, dass die KMU keine akribische Kennzahlendokumentation und Auswertung betreiben, zumal es für sie typisch ist, technisch stark, aber bei Geschäftsprozessen und IT schwach zu sein. *„Das ist auch klar, das Geld wird nicht dadurch verdient, dass der Einkauf effizient gestaltet wird, sondern dadurch dass ein Produkt auf dem Markt platziert wird."* Die Unternehmen konzentrieren sich auf das, was sie können: auf Technik und Produktion, Forschung und Entwicklung. Und sie haben – wie Aquasan – (durchaus berechtigte) Angst davor, dass ein Zuviel an Systematisierung einen wesentlichen Pfeiler der Unternehmenskultur wegbricht, – das „Management bei Mittagstisch."

Der Anstieg an industriellen Dienstleistungen, der sich in erhöhten Gemeinkosten niederschlägt, scheint unter diesen Umständen auch für diese Unternehmen kein Problem zu sein. Wie unsere Fallunternehmen erkennen die im Projekt befragten Unternehmen im Anstieg der Gemeinkosten Kosten für Innovativität, für intensivere Kundenbeziehungen, für gute Mitarbeiter etc. Sie nehmen diese Kosten hin, weil sie Teil ihrer bewussten Unternehmensphilosophie sind. Sie können sich nur auf dem Markt halten, wenn sie entweder innovativ sind oder als alternative Strategie Kosten senken. Die Entscheidung für Kostensenkung steht angesichts der weltweiten Konkurrenz und dem Interesse an einem guten, unverwechselbaren Produkt nur bei sehr wenigen oben auf der Agenda.

Aber diese Unternehmen kommen langfristig nicht umhin, Zusatzaktivitäten im Bereich von Marketing, Kundenservice zu betreiben oder diese zu erhöhen. *„Allerdings braucht man das andere auch, wenn man wachsen möchte. Am Ende schlägt sich die Ineffizienz in den Margen nieder und es fehlt an Geld, wenn man das Produkt weiter entwickeln möchte."* Dieser Trend wurde auch bei unseren größeren Fallbetrieben Sensotec, PCB und Kardag deutlich.

Kennzahlen erhöhen die Transparenz und werden als Warnsignal eingesetzt, wenn es zu Abweichungen von eigenen Vorgaben kommt. Wird signalisiert, dass der Durchlauf eines Produkts zu lange dauert, *„forscht man nach, wo es klemmt"* (Personalleiter Kardag) und reagiert entsprechend. Die Interpretation der Zahlen benötigen aber immer *„Bauchgefühl und Erfahrung"*, wozu auch der Erfahrungsaustausch, der Diskurs gehört. Kennzahlen und Dokumentationen müssen am Ende interpretiert werden und die Interpretationen sind noch lange nicht handlungswirksam, denn auch sie führen nicht automatisch zur gewünschten Entscheidungsgrundlage, weshalb kein Interesse besteht, auf komplexerer Ebene Kennzahlen z. B. EDV-gestützt aufwändig miteinander zu vernetzen.

2.4 Die Basics der Produktivität

Bevor wir auf das Thema Kennzahlen und Controlling im Kontext einer auf Vertrauen und Anerkennung gegründeten Produktivitätskultur genauer und detaillierter eingehen, wollen wir uns zuvor noch intensiv einem Bereich industrieller Dienstleistungen widmen, der auf den ersten Blick gar nicht unter dieses Etikett fällt. Zu den Aktivitäten, die die Produktivität der Prozesse und Qualität der Produkte sichern, gehören nämlich auch diejenigen, die der Beschäftigungsfähigkeit und damit auch dem Erhalt und der Steigerung von Arbeitsmotivation dienen. Hierzu sind Maßnahmen und Verfahren zur Weiterbildung, Gesundheitsvorsorge, zum Beschäftigungserhalt, der Employability älterer Arbeitnehmer, zur betrieblichen Eingliederung Langzeiterkrankter, zur Inklusion schwerbehinderter Arbeitnehmer, zu familienfreundlichen Arbeitszeitregelungen, zu Berufsbiografien, die unterschiedlichen Lebenslagen angepasst werden, zur Organisation von Wissenstransfer zwecks Sicherung und Weitergabe betriebsspezifischen Wissens bis hin zur Karriere und Laufbahnplanung zu zählen. Aktivitäten der Unternehmen in diesen Handlungsfeldern werden aufgrund des mit den ständigen Veränderungen von Technik und Organisation zusammenhängenden Anwachsens geistiger und psychischer Anforderungen im Arbeitsprozess zu einem wachsenden Aufgabenfeld betrieblicher Institutionen. Diese haben die Aufgabe, im Sinne der Produktivitätssicherung Flexibilisierung, Digitalisierung sowie Verdichtung der Leistung und Zunahme individueller Verantwortung der Beschäftigten aktuell sowie präventiv zu managen. Die aufgrund der Veränderung auftretende Verschiebung des Belastungspanoramas verstärkt sich zudem maßgeblich durch die wegen des demografischen Wandels stattfindende Alterung der Belegschaften.

2.4.1 Der gesunde Mitarbeiter

Nicht nur der globale Wettbewerb und die damit verbundene Flexibilisierung setzen die Unternehmen unter Druck, hinzu kommt der demografische Wandel, der die Unternehmen vor Nachwuchsprobleme stellt und die Belegschaften altern lässt. Alternde Beschäftigte sind öfter krank, fehlen oder sind aufgrund gesundheitlicher Einschränkungen nicht mehr in der Lage, bestimmte Arbeitsgänge durchzuführen. Dabei fehlen ältere Arbeitnehmer weniger oft als jüngere, aber wenn sie krank sind, fallen sie über längere Zeiträume aus. Die Kosten für solche Arbeitsunfähigkeitszeiten beschränken sich nicht allein auf Lohnkosten, die trotz Abwesenheit des Beschäftigten bezahlt werden müssen, sondern schlagen sich zudem in der fehlenden Auslastung der teuren Anlagen nieder.

Die Folgen des demografischen Wandels werden sowohl durch das Ende der rechtlich verankerten Altersteilzeitregelung verstärkt als auch durch den Wegfall sogenannter Schonarbeitsplätze, die in der Vergangenheit für die damals noch geringere Zahl gesundheitlich eingeschränkter zumeist älterer Mitarbeiter reserviert waren. Der Grund für deren Reduktion findet sich in erhöhten Qualifikationsanforderungen, stärkerem Leistungs-, Termin- und Zeitdruck sowie dem Outsourcing von einfachen produktionsnahen

Dienstleistungen, dem Dienst an der Pforte, in Waschräumen, in Reparaturwerkstätten etc. Im Rahmen von Arbeitsorganisation und Personaleinsatzstrategien müssen die Unternehmen daher präventiv sowohl für den Ausfall und die Wiederkehr von Kranken sorgen als auch entsprechende Maßnahmen für gesundheitlich angeschlagene oder leistungsgewandelte bzw. schwerbehinderte Arbeitnehmer durchführen, damit diese einen leistungsgerechten Arbeitsplatz im bestehenden leistungsverdichteten Arbeitssystem erhalten.

Gesundheit wird derzeit aber nicht nur durch den Alterungsprozess zu einem umfassenden Thema in den Unternehmen. Zwar stehen klassische Gesundheitsbelastungen wie Muskel- und Skeleterkrankungen immer noch auf der Tagesordnung, in den Fokus der öffentlichen Aufmerksamkeit rückt jedoch seit geraumer Zeit der Anstieg psychischer Risiken für alle Altersgruppen. Sie bilden immer häufiger Ursachen für krankheitsbedingte Fehlzeiten und vorzeitigen Renteneintritt [30]. Der Anstieg psychischer Belastungen resultiert vor allem aus wachsendem Leistungs-, Termin- und Zeitdruck, ständigen Unterbrechungen des Arbeitsflusses, Verantwortungszuschreibung bei geringen Handlungsspielräumen, Defiziten im Führungsverhalten und Leistungsverdichtungen durch Digitalisierung von Wissen und Personalabbau im Rahmen von moderner Arbeitsorganisation und Lean Management [31]. Der kontinuierlich ablaufende Belastungsanstieg wird durch ständiges Change Management, Restrukturierungen und Reorganisationen und Angst vor Arbeitsplatzverlust zudem weiter verstärkt.

Wie gehen die Unternehmen mit diesen Zusatzbelastungen um? Sensotec reagiert darauf, indem der Gesundheitsgedanke tief in der Unternehmenskultur verankert wird. Dazu wird im Rahmen der betrieblichen Ausbildung Jugendlichen im Kontext der betrieblichen Zusatzausbildung „Fit for Future" neben den Lehreinheiten „Produktschulung", „SAP", „Factory Unternehmensplanspiel", „Interkulturelles Training", die Einheit „Gesundheit – ein Arbeitsleben lang gesund arbeiten" angeboten. Die Auszubildenden wählen und bearbeiten ein entsprechendes Projekt und präsentieren die Ergebnisse in einer großen Runde. Das Interesse ist hoch, überraschenderweise haben zwei von drei Jugendlichen das Gesundheitsthema gewählt. Sie bewerteten die Aufnahme des Gesundheitsthemas als „gute Idee". Solche positiven Erfahrungen im eigenen Haus haben Sensotec veranlasst, unter dem Titel „Ausbildung meets Gesundheit" das Experiment auf erhöhter Stufenleiter auszubauen und Organisationen der Region wie die Kreissparkasse und die Krankenkassen für eine gemeinsame Gesundheitsinitiative zu gewinnen.

Auch andere Unternehmen verstärken ihr Gesundheitsengagement und beschäftigen sich über die Grenzen des Betriebes hinaus mit den Themen Gesundheit und Alter. Dies geht nicht ohne erhöhten Aufwand und Kosten, so dass immer wieder die Debatte auftaucht, ob sich die Investitionen für die Prävention aus betriebswirtschaftlicher Perspektive lohnen. Unternehmen wie Sensotec oder KSG verzichten jedoch von vornherein auf betriebswirtschaftliche Kalkulation ihrer Präventionsbemühungen. Sie starren nicht auf das Verhältnis Investition in Gesundheitsmanagement und Krankenquote. Es geht im Rahmen ihres Verständnisses von Unternehmenskultur um den *„Wohlfühlfaktor"* für die Mitarbeiter. *„Wir sind davon überzeugt, dass das gut ist. Das kann gar nicht falsch sein.*

Also machen wir das. Immer Wirtschaftlichkeit nachzuweisen, haben wir uns an manchen Stellen verkniffen. Das kostet manchmal sinnlos Kraft. Da kommen dann drei Mitarbeiter, die ausrechnen wollen, ob die Stehmatten in der Bohrerei einen Sinn machen oder nicht (lacht). Das bringt es doch nicht!" (kaufmännische Geschäftsführerin).

Dennoch gibt es anderswo immer wieder das Bedürfnis, den Nutzen von Investitionen in den Arbeitsschutz und der Gesundheit zu überprüfen und nachzuweisen. Nicht nur Controlling-Abteilungen beäugen die Ausgaben kritisch, sondern Personalabteilungen, die mit der Aufgabe des Gesundheitsmanagements betraut sind, entwickeln vermehrt das Interesse nach Kostenkalkulation, um ihren Aufwand begründen und als lohnenswert im Sinne betrieblicher Produktivitätssteigerung ausweisen zu können. Allerdings bleibt die Kosten/Nutzen-Relation in den Augen von Skeptikern ungewiss, auch wenn immer häufiger Zahlen und Belege veröffentlicht werden, die belegen, dass sich Investitionen in die Gesundheit ihrer Mitarbeiter für die Betriebe rechnen [32]. Personalabteilungen suchen in diesem Umfeld nicht zuletzt deshalb nach Argumentationsgrundlagen, um selbst die Effektivität ihres Arbeitsaufwands nachzuweisen und dadurch mehr Ressourcen für die wachsenden Aufgaben fordern zu können.

Die zumeist chronisch unterbesetzten Personalabteilungen stehen mit ihren klassischen Tätigkeiten wie Einstellungen, Lohnabrechnungen etc. ohnehin an ihrer Leistungsgrenze. Dazu müssen sie nun angesichts der anwachsenden Probleme lernen, sich in der gesamten Breite auf das Thema Alter und Gesundheit einzustellen. Erwartet werden systematische Altersstrukturanalysen und Qualifikationsbedarfsanalysen sowie nicht zuletzt die Implementation eines systematischen betrieblichen Gesundheits- und Eingliederungsmanagements. Dabei sollen Ziele anvisiert werden wie die Verminderung körperlicher und psychischer Arbeitsbelastungen, Qualifizierung und Arbeitsplatzwechsel, Kompetenz- und Personalentwicklung, alternsgerechte und lernförderliche Arbeitsgestaltung, Wissensmanagement, belastungsoptimierte Schichtplan- und. Arbeitszeitgestaltung etc. Vor allem müssen die Personalabteilungen dafür Sorge tragen, dass die gesamte Organisation für die anstehenden Belange und für Fragen von Alter und Gesundheit sensibilisiert wird, damit eine „Gesundheitskultur" entsteht, auf deren Boden die Bemühungen akzeptiert, aktiv unterstützt und verstetigt werden. Vor allem müssen hierfür die Führungskräfte gewonnen werden, ohne die sich keine Gesundheitskultur verankern lässt. Dafür benötigen diese Qualifizierungen über ihre technischen und organisatorischen Funktionen hinaus, die sie für soziale Fragen der Arbeitsmotivation und Gesundheitsvorsorge sowie der Eingliederung von gesundheitlich eingeschränkten Mitarbeitern sensibilisieren und mit Fachwissen ausstatten. Effizientes Arbeiten im Bereich und der Ausrichtung der gesamten Organisation auf die anstehenden Aufgaben bedeuten zudem für alle Beteiligten, neue zumeist ungewohnte interdisziplinäre Kooperationen einzugehen: mit Betriebsräten, Arbeitsmedizinern, Arbeitssicherheitsfachkräften und nicht zuletzt mit den Betroffenen selbst. Dies verändert lang eingelebte Selbstverständlichkeiten und Gewohnheiten und bleibt nicht auf individuelle Kompetenzen und Einstellungen beschränkt, sondern benötigt eine lernende Organisation, die in der Lage ist, die geforderte Gesundheitskultur zu entwickeln, mit Ressourcen auszustatten und anzuerkennen.

Der Begriff Gesundheitskultur impliziert, dass nicht nur Experten wie Mitarbeiterinnen und Mitarbeiter von Personalabteilungen bezüglich der Gesundheitsproblematik kompetent und professionell vorgehen müssen, sondern dass Gesundheit ein Querschnittsthema für alle Bereiche wird und eine kooperative Vernetzung verschiedenster betrieblicher Bereiche gelingen muss. Nur so lassen sich unterschiedliche Wissensquellen, Verantwortlichkeiten und Entscheidungsvorgänge miteinander kombinieren.

Wie Unternehmen diesbezüglich konkret vorgehen, und wie die Produktivität von Gesundheitsdienstleistungen im Unternehmen qualitätsorientiert und gesteigert wird, wollen wir anhand zweier Fallstudien genauer demonstrieren. Einmal am Beispiel des betrieblichen Gesundheitsmanagements der Fa. Interlock. Dieses Unternehmen kann bezüglich seiner Gesundheitsaktivitäten als vorbildlich gelten und hat eine eigene Abteilung mit einem Leiter und neun Angestellten. Die Gespräche problematisierten explizit die Produktivität des betrieblichen Gesundheitsmanagements und die innerbetriebliche Diskussion darüber. Der andere Fall beleuchtet die Praxis und die Entwicklung des bereits tief implementierten Gesundheitsmanagements des Großunternehmens Autotron am speziellen Beispiel der Integration von gesundheitlich beeinträchtigten Mitarbeitern.

2.4.1.1 Gesundheitsmanagement bei Interlock

Das Fallbeispiel des betrieblichen Gesundheitsmanagement (BGM) bei Interlock ist für die Performance-Measurement-Problematik äußerst aufschlussreich. Interlock ist in einem ähnlichen Bereich wie Sensotec tätig, hat aber mit ca. 6500 Beschäftigten eine kritische Grenze überschritten und entfernt sich nach und nach von den Fundamenten einer mittelständischen Unternehmenskultur. Je mehr das Unternehmen managementmäßig geführt wird, desto stärker orientiert man sich an einer Steuerung des Unternehmens auf der Grundlage von Kennzahlen.

Davon bleibt auch das Gesundheitsmanagement nicht verschont, das man am liebsten mit einer Kosten-Wirkungsanalyse und einer kennzahlenbasierten Qualitätskontrolle verknüpfen würde. Dadurch könnte einerseits die Notwendigkeit von Intervention und andererseits der Nutzen des Gesundheitsmanagements objektiv dargestellt werden. Allerdings ist die Entwicklung eines entsprechenden Kennzahlensystems über erste Diskussionen nicht hinausgekommen und wird immer wieder verschoben. Bestimmte Grundinformationen wie Krankheitsfälle, Altersstruktur, Fallzahlen zum betrieblichen Eingliederungsmanagement etc. liegen ohnehin vor. Außerdem könnten Daten aus „ganzheitlichen Gefährdungsbeurteilungen" und dem bestehenden „Workability Index" einbezogen werden. Wie die unterschiedlichen Informationen allerdings in ein systematisches Kennzahlensystem des BGM integriert werden könnten, welche weiteren Methoden noch erhoben werden müssten, muss noch definiert werden. „*Ich will um Himmelswillen nicht den Sehtest- oder Blutdruckdurchschnittswert von Interlock im Jahresbericht haben*" (Leiter des Gesundheitsmanagements). Kennzahlen zu den Themen psychische Belastung und Stress gibt es inzwischen zwar aufgrund der Einführung der ganzheitlichen Gefährdungsbeurteilung bei psychischen Belastungen, aber ist es völlig offen, wie diese praktische Handlungsstrategien begründen sollen.

Ebenso wenig wird die Leistung des betrieblichen Gesundheitsmanagements selbst gemessen und bewertet. Die Grundidee, durch Kennzahlen die Leistung des BGM transparent zu machen, stößt bei den Akteuren des BGMs nicht per se auf Ablehnung, sondern hat ihren Charme. Man gibt sich selbstbewusst: Kennzahlen könnten den Legitimationsdiskurs erleichtern und die ewige Ressourcenfrage auf festeren Boden stellen. *„Natürlich habe ich ein Interesse daran, das (die positiven Ergebnisse des BGM) nicht immer nur gefühlt zu haben"* (Leiter BGM). Das könnte vor allem dann sinnvoll werden, wenn in Krisenzeiten der Rotstift an das BGM gelegt werden könnte.

Dennoch weckt die Diskussion andererseits Skepsis. Die Situation des Gesundheitsmanagements bei Interlock ist derzeit komfortabel, da das Thema in der Unternehmensphilosophie und -kultur gesetzt ist. Man investiert als regional verankertes mittelständisches Unternehmen aus normativen Gründen traditionell einiges in die Gesundheit der Mitarbeiter. Normativ heißt, man hält wie Sensotec, PCB und Kardag die Sorge für die Gesundheit der Mitarbeiter für eine Unternehmenspflicht, die man nicht auf den betriebswirtschaftlichen Prüfstand stellen will. Das heißt keineswegs, man verstünde sich bloß als Wohltäter, sondern es wird unterstellt, dass aus dem Engagement ein nicht zu vernachlässigender wirtschaftlicher Nutzen für das Unternehmen entsteht. Auf den akribischen und numerischen Nachweis dieses Nutzens wird jedoch verzichtet. Bei Interlock beruht dieses Stillhalten auf einem Art „Waffenstillstand", nicht mehr auf einer Selbstverständlichkeit wie bei den anderen genannten Unternehmen. *„Wir sind jetzt gerade an einem Punkt, an dem wir nicht mehr in Frage gestellt werden, heute. Wir sind ja ein klassisch controllinggetriebenes Unternehmen, aber die ticken auch so, dass sie sagen, OK, wir wissen wie wir mit euch umgehen, in den Jahren hat sich das so eingetaktet, dass sie etwas mit uns anzufangen wissen und auch weichere Kennzahlen generieren müssen für uns und da ist ein bisschen mehr Spielraum, es ist alles nicht so hart und exakt zu messen wie in den produktiven Bereichen."*

Eine striktere kennzahlbasierte Orientierung würde, so fürchten Mitarbeiter des BGM, zu schwer kalkulierbaren Risiken führen. Sie könnte die Arbeit unnötig eingrenzen und erschweren und ausgerechnet die normativ erworbene Legitimierung wieder untergraben. *„Man holt sich Druck herein, den man selbst erzeugt"*, so dass sich letztes Endes doch die Frage stellt: *„Ist das überhaupt in unserem Interesse, das man die Effektivität unseres Handelns transparenter macht"* (Leiter BGM)?

Langfristig steigt allerdings die Erwartung, dass belastbare Kennzahlen für das BGM generiert werden. Soll es ein sinnvolles System werden, dann – so der Leiter des BGM – wäre eine unbedingte Voraussetzung die Veränderung der „Denke" innerhalb des Controllings, wodurch das Ziel des Messens völlig verändert würde. Im Gegensatz zur bisherigen Controlling-Logik dürften Kennzahlen nicht als Nachweisinstrument zum Führen einer Effizienzdebatte genutzt werden, sondern offen legen, *„was von den Ressourcen, die wir hier verwenden, auch zu einem sinnvollen Output führt."* Mit anderen Worten, das Messsystem müsste nicht aus einer distanzierten Beobachterperspektive Leistung zu Kontrollzwecken dokumentieren, sondern aus einer konstruktiven Teilnehmerperspektive Handlungen steuern helfen und bei Bedarf zusätzlichen Aufwand legitimieren, insbesondere in Zeiten, *„in denen wir alle am Rotieren sind und definitiv eine Überlastung da ist."*

Das Controlling auf solche Funktionen umzustellen, erweist sich allerdings als äußerst kompliziert. Deutlich wurde dies in einem vor Jahren aufgelegten Projekt, das das Ziel hatte, die Dienstleistungen verschiedener Bereiche in Produkte zu übersetzen, damit sich diese in eine vergleichbare Matrix überführen ließen. Wie in so vielen Projekten wurde der Prozess jedoch nicht zu Ende geführt, weil keine belastbaren Ergebnisse zu Tage traten bzw. vorhandene Ergebnisse nicht genutzt wurden, weil am Ende andere Dinge Vorrang erhielten. „*Wir führen viele Projekte durch, da wird immer etwas Schönes erarbeitet, die Hälfte mindestens bleibt in der Schublade liegen und bringen nie den erwünschten Effekt ins Unternehmen rein*" (Mitarbeiterin BGM). Dennoch lassen sich einige Schlüsse aus den gewonnenen Erkenntnissen ziehen. Es zeichnete sich nämlich ab, dass andere Dienstleistungsbereiche leichter ihre aufgewendete Zeit auf Produkte und Nebenprodukte beziehen konnten. „*Man kann besser definieren, wie lange es dauert, ein Zeugnis zu schreiben, als den BEM Prozess (Betriebliches Eingliederungsmanagement) erfassen*" (Mitarbeiterin BGM). Zwar können auch für BGM Fallzahlen und Durchschnittswerte quantitativ definiert werden, die Qualität von Input und Output, Energie und Leistung auf der einen Seite und Veränderung auf der anderen, bleiben aber unterbelichtet und verzerren die aufgewendete Energie und die gewonnenen Erfolge.

Für solche Ressourcen und Effekte sensible Messinstrumente oder Kriterien zu entwickeln, würde das ganze Controlling-System auf andere Grundlagen stellen und in „*die vierte Dimension*" vorstoßen. Bliebe alles unverändert, bestünde durch die numerischen Verfahren die Gefahr, dass das monokausal streng vorgehende Controlling die Oberhand gegenüber qualitativem Denken gewänne, mit der Folge, dass für die immateriellen Effekte der Gesundheitsvorsorge jegliches Sensorium fehlte.

Das Dilemma besteht darin, dass die Akteure des Gesundheitsmanagements von ihrer Leistung und ihren Erfolgen überzeugt sind, diese aber im Kontext numerischen Denkens nicht belegen können und auch nicht darauf vertrauen, es könnte ein entsprechendes Verfahren entwickelt werden. „*Wo ist dieses Delta an Gewinn, das wir nicht abbilden können? In Kennzahlen schlägt sich nix nieder. Wenn dann in zwei Jahren die nächste Befragung kommt, dann gibt es da ein 0,2, das sich verändert. Und dann kann man sagen, das waren jetzt vierzehn Tage intensive Arbeit*" (Leiter BGM).

Aus diesem Dilemma erfolgt Skepsis gegenüber jeglichem Versuch, Kennzahlen in das BGM einzuführen. Grund für dieses Misstrauen ist nicht Angst, die eigene Leistung transparent zu machen und qualitativen Kriterien zu unterstellen, sondern es ist der Zweifel an einem „gerechten", der faktischen Leistung angemessenen Verfahren, das die Erfolge des Gesundheitsmanagements und die dafür notwendigen Ressourcen treffend und unverzerrt wiedergibt. Ursache hierfür ist die Kluft, die zu den klassischen Messmethoden besteht. Mit der industriellen Fertigung kann die Dienstleistung BGM nicht über einen Leisten geschlagen werden. „*Dann vergleicht man das nachher mit den produktiven Bereichen. Das Verständnis im Produktionsbereich über Produktivität ist aber ein anderes, als man im Dienstleistungsbereich jemals erreichen kann*" (Leiter BGM).

Wie könnten aber alternative Kriterien für die Produktivität des Gesundheitsmanagements aussehen? Die Leistung des BGM kann nur anhand qualitativer Daten abgebildet werden, die in Form eines offenen Kommunikationsprozesses unter Beteiligung der Akteure des BGM konstruiert werden. Dazu wird eine „*gemeinsame Sprache*" benötigt, die es ermöglicht, „auf Augenhöhe" – also unter gleichrangigen Partnern – zu verhandeln und die Ergebnisse ans Tageslicht fördern, die unterschiedliche Perspektiven integrieren. *„Wenn wir da jetzt rangehen, dann möchte ich auch Argumente haben, um einen klassischen Controller zu überzeugen, dass wir niemals an den Punkt kommen, dass wir Millimeter und Nanomillimeter messen können, sondern dass wir über ein Feld reden, das so multikausal bedingt ist, dass es einfach nicht vergleichbare Kennzahlen geben kann"* (Leiter BGM).

Die Hoffnung, dass es einen solchen Überzeugungsprozess geben könnte, ist jedoch gering, weil hier völlig unterschiedliche Kulturen und Denkweisen aufeinander prallen. Aus der Sicht der BGM-Akteure bildet das numerische Denken des bestehenden Controlling-Paradigmas eine unüberwindliche Mauer für die Bewertung immaterieller Ressourcen, wie es das BGM darstellt. *„Es ist die Frage, wie kriegen wir die Schnittstelle zu den kulturprägenden Elementen bei uns im Haus, und das sind bei uns die Techniker, mit einem technischen Verständnis, mit einer sehr hart wertschöpfenden Denkweise, einer kaufmännischen Denkweise des Controllings, das dahinter steht"* (Leiter BGM).

Ein klassisches Beispiel für fehlendes Verständnis ist die Bewertung der regelmäßig praktizierten Gesundheitszirkel. Die technisch orientierten operativen Führungskräfte hegen die Erwartung, dass aus den Gesundheitszirkeln *„knallharte Maßnahmen herauskommen"*. Diese bildeten aber nur einen Bruchteil des eigentlichen Erfolgs, von dem vieles auf den ersten Blick unsichtbar bleibt. *„Es wird viel Konfliktbewältigung betrieben, es wird viel gesprochen, man kann es als Laberrunde bezeichnen, aber man merkt, in den Köpfen passiert ganz viel"* (Mitarbeiterin BGM). Der Weg sei eben das Ziel, Veränderungen in den Köpfen würden wesentliche Weichenstellungen für langfristige und nachhaltige Kulturveränderung vornehmen, für die die operativ tätigen Führungskräfte kein oder kaum Verständnis aufbringen könnten. Bei denen heißt es immer: *„Mensch, braucht ihr so viel Zeit."* Antworten auf diesen Vorwurf fallen schwer, weil der anderen Seite die notwendige Sensibilität für langwierigen kulturellen Wandel fehlt. *„Uns fehlen da die Argumente, um zu sagen, stopp, es geht um soziale Prozesse, es ist irgendwo im Bereich der Zwischenmenschlichkeit, und das geht nicht von heute auf morgen. Ihr habt das Verhältnis nicht in zwei Stunden versaut, sondern in 20 Jahren, und jetzt könnt ihr nicht erwarten, dass wir das in zwei Stunden wieder gerade rücken"* (Leiter BGM). *„Natürlich leisten wir da Input, wir leisten Emotionsarbeit, in Form von Moderation, aber wie kann man so etwas messen"* (Mitarbeiterin BGM)?

Auch den Vorschlag, Verfahren wie die Balanced Score Card (BSC) für das Gesundheitsmanagement einzusetzen [33], betrachten die Mitarbeiterinnen und Mitarbeiter des BGM ebenfalls mit Argwohn. Die BSC hat zwar den Vorteil, dass auch weiche, nicht-finanzielle Kennzahlen verwendet werden und das Verfahren für unternehmerische Strategien empfänglich ist. Allerdings, so legen bereits Erfahrungen von Mitarbeitern des BGM mit dem Workability Index nahe, werden damit nicht die Schwierigkeiten überwunden, reliable Daten zu generieren. *„Er hat ein Outputformat, da wird zwar gemessen, niemand weiß aber, warum dieser Wert Gesundheit gut abbilden soll."* Erfasst werden vor allem Dinge, die ohnehin bekannt sind. *„Man misst die Einflussfaktoren, die gut erforscht sind und von denen man weiß, dass sie die Gesundheit maßgeblich gestalten"* (Mitarbeiterin BGM). Der mit Aufwand betriebene Dokumentationsprozess gehe so an den wirklich spannenden Fra-gestellungen und damit letztlich an der betrieblichen Realität vorbei. „*Solche Zusammen-hänge sind vielleicht alle erforscht, aber mehr oder weniger unter Laborbedingungen. Viel spricht dafür, viel spricht dagegen und letztlich ist es eine Glaubenssache. Was wir hier machen, ist in der Realität. Und genauso funktionieren derzeit unsere Kennzahlen alle, die wir im BGM haben. Seit 5 Jahren wird krampfhaft versucht, das in einen Rahmen zu pressen. Nichtsdestotrotz müssen wir immer an den klassischen Kennzahlen ansetzen, weil die anderen nicht auf Akzeptanz stoßen in der Geschäftsleitung*" (Mitarbeiterin BGM).

Unter solchen zweifelhaften Messbedingungen, die offenbar auch mit neueren, „sanf-teren" Verfahren nicht verbessert werden können, ist man mit dem Status quo zufrieden. Viel wichtiger als die Erhebung von Kennzahlen sei die Veränderung der Unternehmens-kultur, die Gesundheit unabhängig vom Zahlendenken als Wert verstehen würde. Wenn das gelinge, dann könne man auch über ein revidiertes System von Kriterien sprechen, um die gewünschten Effekte der Qualitätssicherung und Ressourcenplanung zu erhalten. Bis zu diesem Zeitpunkt erschweren unterschiedliche Denkweisen ein gemeinsames Ver-ständnis von erfolgreichem BGM. „*Wenn ich hier einen knallharten Techniker habe, für den es vielleicht nur Nullen und Einsen gibt, wie bringe ich den dahin, dass er es als Benefit versteht, wenn es seinen Leute gut geht, und er erkennt, dass dann am Ende auch mehr Produktivität dabei raus kommt?*" Nur „*ein Transfer in die Köpfe*" könne etwas verändern, dieser Transfer müsste auf Seiten des Controllingdenkens ein Interesse an der Veränderung bisheriger Messmethoden bewirken.

Voraussetzung hierfür bildet eine Sprache, die beide Seiten verstehen und die sich nicht auf einzelne Begriffe gründet, sondern einen gemeinsamen Bedeutungs-, Interpretations- und Begründungskontext benötigt, einen geteilten Sinnhorizont. Begriffe wie Kranken-stand, Arbeitszufriedenheit usw. verstehe zwar bereichsübergreifend jeder, aber daraus resultierten noch lange nicht übereinstimmende Vorstellungen über Ursache, Bedeutung und Lösungsstrategien

Da unter den gegebenen Umständen nicht davon auszugehen ist, dass es ein Interesse an einer solchen gemeinsamen Sprache bzw. Kultur gibt, stellt sich die Frage, was einen Anreiz dafür bieten könnte, langfristig die unterschiedlichen Perspektiven zu koordinie-ren. Tatsächlichen scheint es einen möglichen Gegenstand zu geben.

Brandaktuell und bereichsübergreifend ist das Bewertungsproblem von Schwerbe-hinderung und Leistungswandlung[6] in indirekten Bereichen, also dort wo verschiedene

---

[6]Unter Leistungswandlung ist zu verstehen, dass „keine weitere Arbeitsunfähigkeit mehr bescheinigt wird, weil die allgemeinen Anforderungen an vergleichbaren Arbeitsplätzen wieder erfüllt werden können, sich dann im betrieblichen Alltag aber doch erhebliche Probleme zeigen; die Einschränkun-gen dauerhaft und so gravierend sind, dass die alte Tätigkeit nicht mehr als Maßstab für die Arbeits-fähigkeit dienen kann und daher eine andere Beschäftigungsmöglichkeit gefunden werden muss" [70]. Im betrieblichen Alltag kommen zur Integration Leistungsgewandelter Mitarbeitern die der sogenannten Schwerbehinderten Arbeitnehmer, die einen im SGBIX definierten rechtlichen Status mit bestimmten Rechten haben.

Dienstleistungen bzw. Angestelltentätigkeiten verrichtet werden. Treten gesundheitlich Beeinträchtigung auf, dann herrscht Ratlosigkeit darüber, wie die Abweichung von der Normalarbeit definiert werden kann, zumal der Schwerpunkt der Leiden in diesem Bereich auf psychischen Belastungen liegt. Leistungs-, Zeit- und Termindruck, Verantwortungsdiffusion, Unterbrechungen hinterlassen auch bei Interlock deutliche Spuren. Anders als bei physischen Leiden gibt es jedoch für psychische Erkrankungen kaum objektive Kriterien, die die etwaige Leistungswandlung erfassen könnten, wie z. B. das Gewicht zu hebender Gegenstände bei Muskel- und Skelett-Erkrankungen. Die Bestimmung zumutbarer Belastung bei Wiedereingliederung von Angestellten und entlastende arbeitsgestalterische Maßnahmen erweisen sich als äußerst schwierig, weil sich kaum bemessen lässt, inwieweit Personen quantitativ oder qualitativ bzgl. einer Aufgabenstellung überfordert sind.

Das Unternehmen benötigt deshalb genau an dieser Stelle eine größere Systematik in Form einer Prozessdefinition, wie in solchen Fällen vorzugehen ist. Dabei wird zwangsläufig die Form bisheriger Definitionen verändert werden müssen. Denn anders als bei physischen Leistungseinschränkungen muss man sich viel stärker auf die Perspektive der Betroffenen einlassen, d. h. wegen des Fehlens bestehender objektiver Expertenanalysen durch Werksärzte gibt es keine „objektive" Alternative zum Dialog mit Betroffenen. Eine hier ansetzende Gesprächspraxis ist jedoch höchst voraussetzungsvoll. Sie setzt ein intensives Vertrauensverhältnis zwischen den Akteuren voraus, eine Problematik, die wir unten noch detaillierter betrachten werden.

Zunächst jedoch ein weiteres Problem. Die genannte Problematik wird dadurch verschärft, dass sich Führungskräfte um die gerechte Verteilung schwerbehinderter und leistungsgewandelter Mitarbeiter auf die unterschiedlichen Abteilungen streiten. *„Die einen führen tausend Gründe an, keine Leistungsgewandelten aufnehmen zu können, die anderen möchten die entsprechenden Personen aus der Berechnung nehmen und wenigstens zu einem Teil und durch einen Fond ersetzt bekommen. Dann stellt sich die Frage, für welchen Personenkreis Geld ausgezahlt wird: Gilt das für Krankheitsfälle oder für Mitarbeiter mit Schwerbehindertenausweis, obwohl diese topfit sind?"* (Leiter BGM). Auch die Frage der Finanzierung dieser Mitarbeiter aus einer Kostenstelle birgt Zündstoff. *„Das ist eine sehr spannende Diskussion, weil wir da in eine immense Effizienzbewertung reinkommen. Wenn sich das Denken durchsetzt, dann heißt es irgendwann, in jedem Lebensjahr soll da ein Zuschuss gewährt werden und es stellen sich Fragen wie, ist der Diabetiker schon weniger leistungsfähig, übermorgen ist es jeder über 45 und dann habe ich irgendwann einen Monitor neben dem Bett stehen, der sagt, du hast heute nur 7,5 Stunden geschlafen, morgen gibt es 10 % Leistungsabzug. Das ist ein Irrsinn, wo wir uns dahin bewegen. Und nichtsdestotrotz ist es der gängigste oder plausibelste Weg aus Sicht unserer Produktion. Die sagen: Nur dann nehme ich jemand zu mir und übernehme die soziale Verantwortung, wenn es mir irgendwie abgegolten wird"* (Leiter BGM).

Systematik an dieser Stelle ist nur zu erreichen, wenn das Unternehmen einen Akteur, einen Dienstleister bestellt, der die Vorgänge initiiert, koordiniert und dokumentiert und der vor allen Dingen die relevante unternehmensinterne Kommunikation organisiert. Nur auf der Grundlage einer formellen Verantwortungs- und Aufgabenzuschreibung können die unterschiedlichen betrieblichen Bereiche und Interessen zusammengeführt werden, wobei die Betroffenen selbstverständlich einzuschließen sind, nicht nur aus normativen Gründen, sondern auch weil deren Sichtweise und Mitarbeit für eine effektive Problemlösung unumgänglich ist. *„Dann hätten wir die Leute dabei, man hätte die Denke aus verschiedenen Richtungen mit am Tisch. Da könnten wir dann auch leichter argumentieren, dass es sinnvoll ist, so ein Projekt mit unserer Perspektive zu begleiten"* (Leiter BGM).

Der Erfolg dieser Strategie setzt spezifische Kompetenzen sowohl bei Experten für Gesundheitsmanagement, aber auch bei Führungskräften und Betroffenen voraus, zu denen neben sachlichem Wissen die Fähigkeit zum Dialog mit Perspektivenwechsel und notwendiger Rollendistanz gehört. Eine solche reflexive Einstellung ist im betrieblichen Alltag alles andere als selbstverständlich und steigert bei Gelingen enorm die Lernfähigkeit der Organisation bzgl. ihres Umgangs mit den drängenden Problemen bezüglich Gesundheit, Alter und Integration von schwerbehinderten und leistungsgewandelten Mitarbeitern. Der Aufbau solcher Kompetenzen geht einher mit einer Relativierung eines objektivistisch ausgelegten Kennzahlensystems und setzt auf reflexive und dialogische Verfahren, die die andauernde Verständigung über Qualitätsziele und Leistungen des betrieblichen Gesundheitsmanagements zum Inhalt haben.

2.4.1.2 Betriebliches Eingliederungsmanagement und die Integration von Schwerbehinderten bei der Autotron AG

Die Fa. Interlock ist im Bereich von Prävention, Gesundheitsvorsorge und gesundem Altern vorbildlich. Noch einen Schritt weiter geht jedoch der globale Automobilzulieferer Autotron AG mit seinen bundesweit auf 80 Standorten verteilten knapp 120.000 Mitarbeitern. Dort wurde seit Jahren ein umfassendes betriebliches Gesundheitsmanagement aufgebaut und institutionalisiert, das bezüglich seiner acht Bausteine als Best Practice gelten darf und überbetriebliche Reputation erhält.

Die einzelnen Bausteine lauten „Medizinische Vorsorge I und II", „Körperliche und geistige Leistungsfähigkeit", „psychische Gesundheit", „Gesunde Ernährung", „Arbeitsgestaltung", „Betriebliches Eingliederungsmanagement" und als jüngster und letzter Baustein „Die Integration von leistungsgewandelten und schwerbehinderten Menschen". Wir wollen im Folgenden die Frage der Integration bei Gesundheitsproblemen, also die Bausteine sieben „Betriebliches Eingliederungsmanagement" und acht „Integration von leistungsgewandelten und schwerbehinderten Menschen" näher in Augenschein nehmen, denn auch Gesundheits- und Integrationsmanagement bilden mittlerweile einen Bestandteil industrieller Dienstleistungen. Der Grund hierfür ist, dass Verschiebungen des Belastungspanoramas der Arbeit bei gleichzeitiger Alterung der Belegschaften tief in die alltägliche Organisation der Arbeit eingreifen.

Gestaltungsmöglichkeiten sind grundsätzlich vorhanden. Das Gesundheitsmanagement bei der Autotron AG liefert den Beleg. Es hat allerdings einen langjährigen Entwicklungsprozess hinter sich, hat zunächst mit Verhaltensprävention begonnen und wurde dank der später durchgesetzten Bausteine mittlerweile auf den Bereich der Verhältnisprävention ausgedehnt, enthält also Arbeitsgestaltungsmaßnahmen, die u. a. schon während des Planungsprozesses in modernsten Fertigungslinien bewusst Arbeitsplätze für Schwerbehinderte einplanen. Durch solche und ähnliche präventive Maßnahmen lassen sich Arbeitsorganisation und Personaleinsatz optimieren und gesundheitlich beeinträchtigte Menschen können leistungsadäquat in den Arbeitsablauf integriert werden, wenn Eingliederungs- und Integrationsmanagement systematisch und professionell durchgeführt werden.

Implementierung und Durchführung von Präventions- und Integrationsverfahren bilden demnach eine wichtige Dienstleistung für den Erhalt und die Steigerung von Produktivität und werden selbst nach Gesichtspunkten von Effektivität und Effizienz bewertet. Wichtige Protagonisten dieser Leistung sind die Personalabteilungen. Vor allem in größeren Unternehmen betritt aber ein weiterer Akteur die Bühne, der als „Dienstleister" zunächst einmal gar nicht vorgesehen und verstanden wird und sich auch selbst nicht als solcher begreift: die betriebliche Interessenvertretung, insbesondere die Schwerbehindertenvertretung.

Zu einem „Dienstleister" wird die Interessenvertretung der Mitarbeiter freilich erst vor dem Hintergrund eines betrieblichen Gesamtverständnisses und aus der Warte eines ganzheitlichen und langfristig angelegten Produktivitätsbegriffs, durch die das Unternehmensergebnis als Ergebnis kooperativen Handelns verschiedener Stakeholder konzipiert wird. Dieses Verständnis bildet die Grundlage für eine reflexive Unternehmensführung, denn aufgrund der sich verändernden Rahmenbedingungen wirtschaftlichen Handelns kommt eine zielführende Unternehmenssteuerung an einem solchen ganzheitlichen Blick, der nicht nur die Perspektiven der verschiedensten internen und externen betrieblichen Akteure erfasst, sondern auch immaterielle Ressourcen und Risiken wie Gesundheit der Mitarbeiter erfasst, nicht vorbei.

Konkret bezogen auf Alterung und Gesundheit impliziert ein solches Unternehmensverständnis die Aufgabe, gesundheitlichen Gefährdungen präventiv zu begegnen und den potentiellen Ausfall von Mitarbeitern und den steigenden Bedarf an altersgerechten Arbeitsplätzen in die Planung einzubeziehen. In besonderer Weise gilt dies für schwerbehinderte und leistungsgewandelte Mitarbeitern, deren Anteil an der Belegschaft sich mit zunehmendem Durchschnittsalter der Beschäftigten zwangsläufig erhöht. Diese dem demografischen Wandel zuzuschreibende Situation wird dadurch verschärft, dass aufgrund steigender technischer, organisatorischer und leistungsbezogener Veränderungen Kompensationsmöglichkeiten zunehmend wegfallen, wie sie in der Vergangenheit praktiziert werden konnten. Die moderne betriebliche Arbeitsorganisation lässt kaum noch Spielraum zu, wie sie einmal durch sogenannte „Schonarbeitsplätze" möglich waren, die für gesundheitlich beeinträchtigte Mitarbeiter vorgehalten wurden. Die Unternehmen müssen daher aktiver werden. Schon vor Jahren hat die Firma Autotron auf der Grundlage der Integrationsvereinbarung §83 im Sozialgesetzbuch IX (SGBIX) systematisch Abhilfe bei Einsatzproblemen leistungsgewandelter Mitarbeiterinnen und Mitarbeiter durch Integrationsmanagement gesucht [34]. Wie mühselig es trotz solcher Anstrengungen ist, hier gestaltend zu wirken, zeigt sich daran, dass der Baustein 8 erst 2012 ins seit Jahren bestehende betriebliche Gesundheitsmanagement aufgenommen werden konnte.

Dennoch ist das Management des Einsatzes von älteren schwerbehinderten und leistungsgewandelten Mitarbeitern im Unternehmen nichts Neues, sondern Tradition im Unternehmen. Es war immer schon Bestandteil des Alltagsgeschäfts von Führungskräften und Schwerbehindertenvertretungen. Die aus den genannten Gründen sich vergrößernde Problematik macht jedoch eine Systematisierung von Gesundheitsprävention sowie der verschiedenen Integrationsverfahren, Eingliederungsmaßnahmen und der alterns- und behindertengerechten Arbeitsgestaltung durch einen „organisierten Suchprozess" für leistungsgerechte Arbeitsplätze notwendig [35].

Ein Merkmal der Vergangenheit war es auch, dass Aktivitäten im Bereich von Gesundheits- und Integrationsmanagement stark an das individuelle Engagement einzelner Akteure gebunden waren. Obwohl nach wie vor kurze informelle Wege und persönliches Engagement der Akteure eine Grundvoraussetzung für erfolgreiche Integrationsarbeit bilden, stellen die quantitative wie qualitative Zunahme der Aufgaben sowie die ständigen Personalwechsel in den Zuständigkeiten Barrieren für eine kontinuierliche Integrationsarbeit dar, die nur durch Systematisierung, größere Professionalität und stärkere Personenunabhängigkeit überwunden werden können. Deshalb zielt der achte Baustein des Gesundheitsmanagements darauf, durch funktionale Arbeitsteilung von Personen, denen auf der Grundlage einer Geschäftsordnung bzw. einer Verfahrensanweisung Verantwortung zugeschrieben wird, Verfahrensroutinen, Kommunikationskanäle und die Dokumentation der abgeschlossenen Prozesse zu institutionalisieren. Auf diese Weise soll Erfahrungswissen bewahrt und eine professionelle Strategie für die Einleitung, die Durchführung und den Abschluss von Maßnahmen sowie für die Überprüfung ihres Erfolgs und ihrer Nachhaltigkeit im betrieblichen Alltag verankert werden.

Die Systematisierung und Professionalisierung der unterschiedlichen Prozesse findet jeweils durch ein „BEM- bzw. Integrationsteam" statt. Deren Mitglieder treffen sich auf der Grundlage einer Geschäftsordnung regelmäßig, diskutieren arbeitsteilig Lösungen, planen Maßnahmen und führen diese zeitnah durch. Die Teams bestehen aus Mitgliedern der Personalabteilung, der Schwerbehindertenvertretung und des Betriebsrates, Arbeitsmedizinern und Vertretern des betrieblichen Sozialdienstes. Führungskräfte, Arbeitsplaner und Arbeitssicherheitskräfte werden nach Bedarf hinzugezogen und spätestens bei der konkreten Maßnahmenplanung involviert. Durch die Übertragung der Aufgabe an ein festes Team mit klaren Aufgabenzuschreibungen, das regelmäßige Kontakte zu anderen betrieblichen Funktionsbereichen und nach außen – z. B. zu den Integrationsämtern – pflegt, wird die Qualität der Arbeit gesichert und es entstehen Routine als auch Flexibilität sowie Effektivität und Effizienz bei der Planung und Durchführung von Maßnahmen. Die bestehenden Strukturen erlauben es zudem, neu hinzu kommenden Personen schnell einen Überblick zu verschaffen, so dass diese leicht Anschluss an die laufenden Verfahren finden. Zentrales Handlungselement der Teamarbeit ist die Gestaltung von gelingenden Interaktions- und Kooperationsstrukturen, die vor allem bei den Betroffenen explizit zur Vertrauensbereitschaft und dadurch zur Beteiligungsbereitschaft beitragen [36].

Der Weg bis zur Institutionalisierung der Teams und ihrer Akzeptanz verläuft jedoch alles andere als reibungslos, sondern ist Ergebnis eines Wechselspiels aus wahrgenommener

Notlage und experimentellen Lösungen. Noch nicht einmal die Erkenntnis, dass die Verfahren der Entlastung der Arbeitsorganisation und dadurch dem Aufgabenbereich von Führungskräften nutzen, ist hierbei selbstverständlich. Zwar steht am Anfang Problemdruck, *„es ist ja nicht so, als hätten die Führungskräfte nur Mitarbeiter, die immer da und niemals krank sind. Das ist nicht die Realität. Ist jemand krank, dann kriegen sie für 3-4 Wochen jemand, der gar nicht eingearbeitet ist"* (Vorsitzende der Schwerbehindertenvertretung, SBV), die Wahrnehmung der entsprechenden Zusammenhänge und vorhandener Lösungsmöglichkeiten muss aber durch dauerhafte Sensibilisierung regelrecht gelernt werden. Das gilt selbst für betroffene Mitarbeiter, die ebenfalls erst lernen müssen, dass sie die in ihren Interessen liegenden Gesundheitsfragen und altersgerechten Arbeitsbedingungen mitgestalten dürfen, dies im Sinne der partizipativ konstruierten Verfahren sogar aktiv tun sollen. Ihr diesbezügliches Zögern, das bis zum Misstrauen reicht, muss jedoch andererseits auch verstanden werden. Es ist auf die Selbstverständlichkeiten und einzementierten Erwartungshaltungen einer eingeübten und praktizierten Industriekultur zurückzuführen, für die die Verbindung von Arbeit und Gesundheit ebenso ungewohnt ist wie die Anerkennung von Beschäftigten als Experten ihres Arbeitsplatzes und damit ihrer Beteiligung an Problemlösungen. Damit sich hier etwas ändert und die Betroffenen dieses Angebot ohne Ängste annehmen, wird ein langwieriger vertrauensbildender kultureller Wandel benötigt. *„Es ist nicht so, dass sich das so ändert, wie wenn man einen Hebel umlegt. Die Mitarbeiter werden aber heute anders informiert, sie erleben die verschiedenen Gesundheitsmaßnahmen, können sich in der Kantine gesund ernähren. Da wird man aufmerksam"* (Vorsitzende SBV). Die sich langsam durchsetzenden Veränderungen traditioneller Denkgewohnheiten und Selbstverständnisse zeichnen sich langsam ab und nach Aussage einer Führungskraft ist sogar die Krankenquote derjenigen *„ohne Bescheinigung"* im Vergleich zu früher drastisch gesunken. Dies sei ein sichtbares Ergebnis davon, dass man über Gesundheit redet. *„Sie wurden auch darüber aufgeklärt, was Krankheit kostet"* (Führungskraft).

Das Gespräch mit einer älteren Führungskraft belegt anschaulich, wie Integration zu einem systematischen Dienstleistungsprozess wird, die verschiedensten betrieblichen Stakeholder „empowert" und wie dabei sowohl die Organisation als auch die Individuen reflexiver mit den betreffenden Fragenstellungen umgehen.

Obermeister S. erzählt vor dem Hintergrund seiner jahrzehntelangen Betriebserfahrung, das Unternehmen sei immer schon auf die Kranken zugegangen, wobei früher das entsprechende Handeln aber weniger kompliziert und anspruchsvoll gewesen sei. Die standardisierten Arbeitsprozesse ließen einfachere Problemlösungen zu, ohne dass es notwendig war, Systematiken zu errichten oder Routinewissen festzuhalten. Es handelte sich jedoch in der Regel um Einzelfallmaßnahmen durch konkrete Akteure in konkreten Kontexten, wobei Führungskräfte bei allem Engagement bisweilen wenig Empathie aufwiesen. *„Willkürlich"* seien sie vorgegangen und dabei grob mit den Betroffenen umgesprungen. *„Da hat es auch Rabauken gegeben, die haben nicht nach den Leuten gefragt, sondern sie einfach an einen Arbeitsplatz gesetzt und sie schaffen lassen."* Heute hingegen gehöre zum professionellen Vorgehen bei Integrationsmaßnahmen, rücksichtsvoll, qualifiziert, sozialkompetent und sensibel vorzugehen. Es herrsche viel mehr Verständnis für die Belange älterer und gesundheitlich angeschlagener Mitarbeiter, und die Suche nach einem leidensgerechten Arbeitsplatz geschehe auf der Grundlage von Anerkennung und Wertschätzung betroffener Mitarbeiter, wodurch die gemeinsamen Ziele von Unternehmen und Beschäftigten, einen leistungsgerechten Arbeitsplatz zu besetzen, schneller und effektiver erreicht würden.

Aber auch über den Stil des Umgangs hinaus tragen die neuen Methoden Früchte und führen leichter zu problemangemessenen Lösungen. Angesichts der Zunahme der Eingliederungsproblematik bei gleichzeitig zurückgehenden klassischen Kompensationsmöglichkeiten erlebt Herr S. die mittlerweile institutionalisierte detaillierte Verfahrensanweisung als spürbare Entlastung seiner organisatorischen Aufgaben. Kommunikation und Interaktion im Rahmen festgelegter Gesprächsrunden und der stattfindende bereichsübergreifende Wissens- und Erfahrungsaustausch sensibilisieren alle Beteiligten für die Problematik und erhöhen die Gesprächsbereitschaft. *„Da erzählt jemand offen, ich habe keinen Arbeitsplatz mehr für diese Frau. Da besteht jetzt ein Rahmen, in dem gemeinsam gesucht wird, wie Einsatzprobleme gelöst werden können."*

Freilich müssen die Führungskräfte für ihre zusätzlichen Aufgaben durch Qualifizierungsmaßnahmen vorbereitet werden. Der geübte Rückgriff auf systematisierte Suchprozesse für leidensgerechte Arbeitsplätze und der routinisierte Umgang mit Methoden und Instrumenten steigern Handlungssicherheit und damit Führungs- und Fachkompetenz. Verfahren schaffen in Dokumenten und Datenbanken objektiviertes Wissen, das im Bedarfsfall abgerufen kann. Die Qualität des Vorgehens wird gesichert, sämtliche Arbeitsplätze sind auf Tauglichkeit für leistungsgewandelte Mitarbeiter geprüft, bezüglich ihrer Anpassungsmöglichkeiten bewertet, und sie werden durch Fähigkeitsprofile der Mitarbeiter komplettiert.

Das Konzept zeigt auch Veränderungen in Wahrnehmung, Denken und Handeln in den Köpfen der Akteure. Das Gespräch mit dem älteren Obermeister offenbart neben der systematischen Verbesserung des Integrationsprozesses durch Prozessdefinition und der Sensibilisierung durch Kulturveränderung eine persönliche Entwicklung. Auf die provokativ gehaltene Frage, ob psychische Erkrankungen ein reales Problem darstellten oder dem Zeitgeist geschuldet seien, bekennt Herr S., auch er sei früher zu denen zu zählen gewesen, die dem Thema psychische Belastung skeptisch oder sogar ablehnend gegenüber standen. Sein erster Reflex gehe auch heute noch in die Richtung, *„Mensch reiß dich zusammen".* Aber die Beschäftigung mit dem Thema habe ihn nachdenklicher gemacht. *„Der ganze Prozess hat auch mir geholfen, zu verstehen, dass es diese Fälle gibt und die Leute sehr, sehr darunter* (unter psychischen Erkrankungen HB) *leiden. In vielen, vielen Diskussion, da habe ich eben gelernt, dass es das Thema auch gibt und viele Leute davon betroffen sind, und zwar in unterschiedlichsten Facetten, die uns erst gar nicht so klar waren."*

Der Besuch bei Autotron zeigt, wie die Implementierung eines professionellen Integrationsmanagements dank eines Wechselspiel zwischen individuellem Denken und Handeln einerseits und der Institutionalisierung formaler Verfahren für Organisationsveränderung andererseits gelingt. Wie stark dies die Entwicklung vorantreibt, zeigt genauer

der Vergleich zweier verschiedener Werksbereiche. Deren beide Leiter unterscheiden sich
zunächst einmal grundlegend hinsichtlich ihres persönlichen Interesses und ihres betrieblichen Commitments für Gesundheits-, Alters- und Integrationsfragen. Während in der Vergangenheit der eine bei allen Besprechungen selbständig und hoch motiviert die entsprechenden Themen aufwarf und sich für eine Institutionalisierung von Verfahren einsetzte,
erschien dem anderen die Thematik als weniger relevant. Das Engagement des ersten
Werksleiters und seine Offenheit gegenüber den – zumeist von der Schwerbehindertenvertretung vorgebrachten Gesundheitsthemen – bewirkte jedoch in dessen Werksbereich eine
breite Sensibilisierung aller Führungskräfte. Das zeigt Folgen für die Organisation des
Alltagsgeschäfts. Während die einen Meister sich trauen, Schwierigkeiten anzusprechen,
sich Zeit nehmen und die Gewissheit haben, bei Bedarf Unterstützung sowohl aus dem
Kollegenkreis als auch von Seiten höherer Führungsebenen zu erhalten, fühlen sich die
Meister im anderen Werksbereich bei den gleichen Problemen alleine gelassen. Es verwundert daher nicht, dass die Problemlösungskapazität im zweiten Werksbereich spürbar
niedriger liegt.

Aufgrund der Realisierung der entsprechenden Bausteine des Gesundheitsmanagements entwickeln sich allerdings langsam vergleichbare Standards und eine Angleichung
des Vorgehens. Die vielen Gespräche in den formal ablaufenden Sitzungen, die in zeit-
lichem Abstand im Beisein aller Führungskräfte bereichsübergreifend regelmäßig stattfinden, legen Probleme offen, schreiben arbeitsteilig Verantwortung zu und dokumentieren
den Prozessverlauf, so dass sich auch der zweite Werksleiter nicht dem Problemdruck
sperren kann und handeln muss. *„Der eine ist von seiner Art her offen und lässt sich auf
die Dinge ein, der andere muss durch Verfahren dazu gebracht werden, sich einzulassen.
Wenn es auf der zwischenmenschlichen Ebene nicht funktioniert, dann braucht man Verfahren"* (Vorsitzende SBV).

Dennoch benötigen auch die Verfahren als Initialzündung personelles Engagement
durch die intensive Interaktion und Kommunikation. Sie erfolgt durch die konstruktive
Diskussion des für Integration offenen Werksleiters und der Vorsitzenden der Schwerbehindertenvertretung. Die so aus informellen Strukturen hervorgehenden formalen Verfahren entwickelten dann einen Handlungsdruck, dem sich der zweite Werkbereich nicht
entziehen kann.

Aber auch der Werksteil, in dem die Thematiken Gesundheit und Integration von
Anfang an stark in informellen Beziehungen und Kommunikationsnetzen verankert sind,
kann von der institutionalisierten Verfahrensstruktur profitieren, weil durch sie Prozesse
routinisiert und Aufgaben systematisch verteilt werden, Erfahrungs- und Informations-
austausch zwischen verschiedenen funktionalen Bereichen regelmäßig stattfinden und der
laufende Stand und die Ergebnisse dokumentiert werden. Alle Beteiligten müssen lernen.
Hierbei stellt der Umgang mit Gesundheit und Alter nicht alleine eine Herausforderung
für Betroffene und Führungskräfte dar, sondern ebenso für die betriebliche Interessenvertretung. Ihnen fehlte in der Vergangenheit oftmals die entsprechende Initiativ- und Inter-
ventionskompetenz, weil sie zu lange in eingeübten Handlungsmustern der distanzierten
Beobachtung und der Aufgabendelegation an das traditionelle betriebliche Arbeits- und

Gesundheitssystem vertrauten. Sie verharrten darauf, Maßnahmen, sofern diese mitbe-
stimmungspflichtig waren, „abzusegnen". Eine Kulturveränderung fordert auch von ihnen,
sich aus einer eingelebten Repräsentationshaltung heraus auf die geforderte Eigenaktivität
der Betroffenen und die neuen bereichs- und rollenübergreifenden Kommunikationsprozesse einzustellen, sie zu fördern und in ihr Handlungskonzept einzuarbeiten.

Betrachten wir nun einen der beiden Protagonisten der Prozesse, die Schwerbehindertenvertretung, etwas genauer. Nicht nur der engagierte Werksleiter hat einiges zur Organisationsentwicklung beigetragen, sondern vor allem die engagierte Schwerbehindertenvertretung fungierte als Treiber.

Repräsentiert und entscheidend geprägt wird diese durch ihre hochkompetente, resolute
und durchsetzungsfähige Vorsitzende, die seit Jahren die Schwerbehindertenvertretung
am Standort sowie die Gesamtschwerbehindertenvertretung des Konzerns in Deutschland
repräsentiert und die sich nicht nur bei ihrer Wählerschaft Anerkennung und Respekt ver-
schafft hat, sondern auch bei den Führungskräften bis in die obersten Chefetagen. Der
Erfolg ihrer Arbeit erweist sich schon alleine daran, dass bei einer vom Gesetzgeber vor-
geschriebenen Quote von 5 % von Schwerbehinderten unter allen Beschäftigten am Standort rund 8 % der Beschäftigten schwerbehindert sind.

Die Schwerbehindertenvertretung spielt eine zentrale Rolle im Gesamtprozess. Über
ihren klassischen Tätigkeitsbereich hinaus übernimmt sie im Gesundheitsmanagement
zentrale Funktionen, u. a. jeweils als Mitglied des BEM und des Integrationsteams, die
die „owner", also die verantwortlichen Organisatoren der Bausteine sieben (Betriebliches Eingliederungsmanagement) und acht (Integration von leistungsgewandelten und
schwerbehinderten Menschen) sind. Stets sitzt sie als „Kümmerer" mit am Tisch, bringt
Themen und Verbesserungsvorschläge ein und moniert, wenn Entschiedenes nicht umgesetzt wird. Die Beziehung zu den anderen Akteuren Werksleitung, Personalabteilung und
operative Führungskräfte, aber auch zu Ergonomie-Abteilung, Arbeitsvorbereitung und
Arbeitsplanung, ist trotz der Kritikfunktion, die die Schwerbehindertenvertretung zweifellos übernimmt, konstruktiv. Die anderen Bereiche arbeiten nach eigener Aussage „Hand
in Hand" mit der Schwerbehindertenvertretung. Dabei ist den Beteiligten die Unter-
schiedlichkeit ihrer Vorgehensweisen und Perspektiven klar, sie finden aber in fast alltäg-
lich gewordenen Interaktions- und Kommunikationsprozessen problemlos gemeinsame
Felder, in denen sich Interessen überschneiden. *„Ein ergonomischer Arbeitsplatz ist auch
ein wirtschaftlicher Arbeitsplatz. Aber wir müssen mit den Mitarbeitern arbeiten, die wie
haben. Also müssen wir die Arbeitsplätze so gestalten, dass die Mitarbeiter dran arbeiten können"* (Arbeitsplaner). Längst ist es Standard, dass auf Sitzungen, in denen neue
Arbeitssysteme entwickelt werden, die Schwerbehindertenvertretung daran erinnert: *„und
wo bleiben meine Behinderten?"* Dann wird entsprechend reagiert und Arbeitsplätze für
Schwerbehinderte in die Systeme eingeplant. Eine entsprechende Norm ist hierfür eigens
institutionalisiert.

Umgekehrt hat auch die Schwerbehindertenvertretung gelernt, betriebswirtschaftliche Argumente zu akzeptieren und argumentiert, dass ein geplanter fähigkeitsadäquater
Arbeitsplatz Kosten reduziert. Betriebsrat und Schwerbehindertenvertretung blockieren

nicht mehr, wenn eine höhere Flexibilität der Mitarbeiter und Mitarbeiterinnen verlangt wird, weil sie erkennen, dass unter bestimmten Umständen wirtschaftliche Argumente und Gesundheitsargumente ineinander greifen. Flexibilität durch Arbeitsplatzwechsel hilft eben auch, einseitige Belastungen zu reduzieren und Über- und Unterforderung der Beschäftigten zu vermeiden.

Die Kooperationsbeziehungen über disziplinäre Grenzen abteilungs- und hierarchieübergreifend hinweg schaffen neue Kommunikations- und Interaktionsformen, aber natürlich auch neue Konfliktlinien. Sie bilden die Chance für eine neue Kultur im Umgang mit dem Einsatz von Krankheitsrückkehrern, schwerbehinderten und leistungsgewandelten Mitarbeitern. Diese Kultur ist notwendigerweise diskursiv gehalten, eine rein formale Bearbeitung der Fälle verbietet sich, weil jeder einzelne Fall interpretationswürdig ist, denn hinter Definitionen wie Schwerbehinderung und Leistungswandlung verbergen sich alles andere als eindeutige Aussagen über die Leistungsfähigkeit der entsprechenden Personen. Selbst die Daten der Profilvergleiche helfen nicht von alleine weiter. *„Man muss sich die Arbeitsplätze ansehen, ob derjenige, der dort arbeitet, sich wohl fühlt. Man muss sich einfach mit den Leuten beschäftigen"* (Vorsitzende SBV).

Der institutionalisierte Diskurs, der offene Kritik und die Austragung von Konflikten enthält, hilft nicht alleine den Betroffenen, sondern steigert für alle spürbar die Effizienz des Handelns. Er verdeutlicht bei allen unterschiedlichen Interessen auch *gemeinsame* Perspektiven und Interessen, so dass Kompromisse möglich werden, die am Ende allen nützen. Ziele werden schneller erreicht, weil man bei Verhandlungen nicht immer wieder von vorne anfangen muss, sondern auf akkumuliertem Erfahrungswissen und bewährten Entscheidungsgrundlagen aufbauen kann. Hierbei kommt man nicht umhin, in lebendiger und oft zäher Kommunikation und Kooperation neue Details auszuhandeln und zwischen den verschiedenen Funktionen und Bereichen immer wieder mühselig die Schnittmenge der Win-Win-Situationen zu suchen und bewusst zu machen.

Die formalen Institutionen (Recht) bzw. die Verfahren und Instrumente bilden hierbei einen notwendigen und konstruktiven Rahmen. Aber sie benötigen eine pragmatische Anwendungskultur. Bei Autotron werden sie auf diese Weise genutzt und erleichtern eigenverantwortliches und engagiertes individuelles Handeln und verstellen nicht bürokratisch kurze Wege. Das Geheimnis dieses Erfolgs liegt darin, dass sie nicht etwa funktionierende soziale Beziehungen ersetzen, sondern diese bewusst integrieren und sogar ausbauen.

Allerdings verändert sich auch diesmal die Qualität solcher Beziehungen. Wie wir bereits bei Sensotec erkennen konnten, müssen die Unternehmen sich auf der Ebene der Unternehmenskultur, der Menschenbilder, der Normen und Regeln, der gegenseitigen Erwartungen, der Selbstverständlichkeiten im gegenseitigen Umgang etc. „modernisieren". D. h. es bleibt ihnen nichts anderes übrig, als sich dem normativen Wandel des gesellschaftlichen Umfelds mit seinen Individualisierungstendenzen anzupassen. Dieser Prozess ist vielfältig und enthält die Chance, die Arbeitsorganisation flexibler auf sich ständig verändernde Kundenwünsche und volatile Märkte anzupassen, den Risiken durch eine alternde Belegschaft zu begegnen sowie den sich veränderten Anspruchshaltungen und Erwartungen in der Arbeit gerecht zu werden. Um diese Gelegenheit zu nutzen, muss das Produktivitätsdenken auf allen Ebenen der Organisation in eine langfristige und nachhaltige Perspektive eingebettet werden und konstruktiv die Bedeutung von immateriellen Ressourcen aufnehmen, was einen einseitigen Blick auf unternehmerisches Handeln aus rein technisch-funktionaler Sicht verbietet. *„Man sagt immer, das seien „weiche Faktoren", für den Einzelnen ist das ein knallharter Faktor. Und solange das nicht aufgenommen wird, dass weiche Faktoren eigentlich zentrale Faktoren sind, auch die sogenannte ‚innere Kündigung'. Es gibt ja immer wieder Wellen, wo es Auswertungen gibt, welche Auswirkungen es hat, wenn ein Mitarbeiter innerlich gekündigt hat. Wie viel Auswirkung das auf die Effektivität hat, ist unermesslich"* (Vorsitzende SBV).

Wer innere Kündigungen vermeiden und stattdessen motivierte und für das Unternehmen engagierte Beschäftigte erhalten will, muss auf Anerkennung und Vertrauen basierende zwischenmenschliche Beziehungen setzen. Aufgrund ihrer zentralen Stellung in diesem Prozess müssen die Führungskräfte hierfür Sensibilität entwickeln, weshalb es mittlerweile zum Alltagsgeschäft bei Autotron gehört, Führungskräfte durch Schulungsmaßnahmen über ihre technischen und organisatorischen Aufgaben hinaus für soziale Fragestellungen vorzubereiten. Eine solche Qualifizierung kann aber nicht als isolierter Akt zur Stärkung individueller Kompetenzen begriffen werden. Letztlich kommt im Kontext von Gesundheitsmanagement und der Integrationsfrage die Unternehmenskultur mitsamt der Führungskultur nur dann in Bewegung, wenn kommunikative Prozesse zwischen Führungskräften, Teammitgliedern, betrieblichen Experten und den Betroffenen nicht allein formal auf funktionale Rollen gründen, sondern informell selbstverständlicher Bestandteil der Unternehmenskultur werden. Die formalen Elemente der Verfahren haben ebenso wie die Wissensvermittlung in Qualifizierungen lediglich begleitende und strukturierende Funktionen. Vertrauen und Anerkennung benötigen dagegen auf Empathie beruhenden Kontakt, wie sie bei Autotron gelebt werden. Um die Beziehung zu vertiefen, verabredet die Vorsitzende der Schwerbehindertenvertretung deshalb ein persönliches Treffen mit dem neuen Ergonomie-Fachmann. Sie will ihn in Face-to-Face-Kontakt kennen lernen, *„damit man sich besser ergänzen kann. Ich will auch mal ein paar Gedanken mit Ihnen besprechen, aber nur mit Ihnen! (Lacht). Nein, das ist für mich auch wichtig, dass ich mich mal mit einem Fachmann auseinander setzen kann. Wo man mir sagt, Frau S., jetzt fliegen sie aber davon. Wo soll ich mich sonst erden?"* Frau S. braucht den persönlichen Kontakt, nach eigener Aussage, um sich zu „erden", also um Argumente zu *„testen und auszuprobieren"*, mit anderen Worten, um ihre Reflexionskraft zu stärken, dies geht nur durch informelle Auseinandersetzung, denn nicht alle Ressourcen gehen in einer formell organisierten Struktur auf. Ihre Pfeiler müssen in informellen Gesprächen im Kontext persönlicher Beziehungen verankert werden.

Informelle und formelle Aspekte des Handelns greifen im Rahmen des Autotron Gesundheitsmanagements ineinander. Durch die formelle Institutionalisierung regelmäßiger und verfahrensförmig organisierter Kontakte entstehen belastbare soziale Beziehungen zum Informations- und Wissensaustausch mit wechselseitigen Erwartungshaltungen. Auf diese Weise werden Kommunikationskanäle mit neuen Regeln und Ressourcen generiert, die die Gewissheit und das Vertrauen entstehen lassen, dass bestimmte Handlungsschritte tatsächlich eingeleitet und durchgeführt werden und sie nicht aus den verschiedensten Gründen versanden. Weil sich deshalb sichtbare und kommunizierbare Handlungserfolge einstellen, wachsen individuelle Motivation und das Verantwortungsgefühl, effektiv in einem Netz von erwartbaren und kontrollierbaren Strukturen zu handeln, und es werden weitere informelle Kommunikationsprozesse in Gang gesetzt, die die Verfahren selbst reflexiv thematisieren, was zu Qualitätsverbesserungen und einer Selbstkontrolle der Handelnden führt. *„Die Akteure schlummern nicht vor sich her, sondern betrachten Grundsätzliches aus den einzelnen Fällen heraus, damit man nicht immer auf das gleiche Problem stößt"* (Vorsitzende SBV). Dieser Gesamtprozess wird auch formal begleitet und eigens durch das Projekt „BEM Effizienzsteigerung" kontrolliert und reflektiert, um Prozesse immer weiter zu verbessern und zu entwickeln.

D. h. Kooperation wird zwar formal organisiert, wird aber erst durch individuelles Engagement, soziale Kompetenzen und vertrauensvolle Beziehungen realisiert. Auf der anderen Seite garantiert die Formalität der Verfahren, dass sich trotz allen Spielraums erkennbare Strukturen ausbilden. Diese verbreiten sich im Unternehmen, weil durch regelmäßige Besprechungen der betreffenden Themen zwischen unterschiedlichen Akteuren sie über den Kreis der jeweiligen Teams hinaus kaskadenartig in andere Gremien getragen werden. Dies verändert Zug um Zug Sensibilität und Aufmerksamkeit der gesamten Organisation. Alter, Gesundheit und Integration werden routinemäßig Bestandteil von formellen Besprechungsrunden wie auch von Alltagsgesprächen. Diese breite Artikulation der Problematik in formelle und informelle Bereiche hinein setzt unterschiedlichste Wissens- und Informationsquellen, von objektiven Datenbanken bis zu implizitem Erfahrungswissen, in Beziehung zu einander und verknüpft unterschiedlichste Entscheidungswege. Mit anderen Worten, die Eingliederungsverfahren liegen nicht nur im Aktionsbereich der Teams, sondern ragen über deren Grenzen hinaus in wichtige Organisationsbereiche und machen vorhandenes breit gestreutes und zum Teil brach liegendes implizites Wissen manifest. *„Es ist alles da, wird jetzt auch aufeinander bezogen. Etwas Neues braucht man nicht. Man muss nachprüfen, was vorhanden, aber vergessen worden ist. Oder dass man einfach mal Wissen und Ideen aufspürt, man mal die Führungskräfte zusammenholt und die 'mal sprudeln lässt. Es ist unglaublich, was dabei herauskommt"* (Vorsitzende SBV).

Dies führt nicht nur zu einem effizienteren Vorgehen, sondern beflügelt eine Gruppendynamik in den Teams. Die Gruppe wird fähig zum interdisziplinären, bereichs- und rollenübergreifenden Perspektivenwechsel, der hilft, den Betrieb als ganzheitlichen Zusammenhang zu verstehen. Dadurch, dass dieses Denken in die verschiedenen Kommunikationskanäle der Organisation weitergetragen wird, verändert sich langfristig die Unternehmenskultur, die einen lernenden Kreisprozess initiiert: Die sich so wandelnde Unternehmenskultur bildet umgekehrt das Fundament für die Verankerung und die Ausbreitung neuen Wissens und neuer Problemlösungsmethoden.[7]

---

[7]Das ist genau das, was in der soziologischen Handlungstheorie von A. Giddens als Strukturation beschrieben wird [71].

Der Erfolg des Vorgehens ist in der betrieblichen Praxis von Autotron deutlich zu spüren. Die Verfahren haben einen Stellenwert erhalten, die in ihrer Bedeutung nicht mehr in Frage gestellt werden, so dass auch bezüglich der benötigten Ressourcen nicht mehr gefeilscht werden muss. *„Und da gibt es dann 6 Sitzungen, und wenn die nicht reichen, dann macht man eben acht"* (Vorsitzende SBV).

Bei der Bestandsaufnahme darf jedoch eine wesentliche Voraussetzung für die Entwicklung des Prozesses nicht übersehen werden. Wie bereits angedeutet wurde, sind die neuen Strukturen mit dem belastbaren institutionellem Rahmen nicht von alleine entstanden. Der Prozess wäre nicht ohne das Handeln und die Interaktion *mächtiger* Protagonisten möglich gewesen. Einer davon war die betriebliche Interessenvertretung in Form von Betriebsrat und Schwerbehindertenvertretung. Für deren Stellung und deren Handlungsmacht war der Hintergrund des Arbeits- und Sozialrecht maßgeblich, genauer gesagt Regeln und Normen wie sie im Betriebsverfassungsgesetz, im Sozialgesetzbuch IX und in ihren Kommentaren festgehalten werden. Das BetrVG schreibt die Zusammenarbeit von Arbeitgeber und der von Arbeitnehmern gewählten Interessenvertretung vor und formuliert Mitbestimmungsrechte. Das SGB IX hat die Rehabilitation und Teilhabe behinderter Menschen zum Thema mitsamt der rechtlichen Voraussetzungen der Realisierung einer Schwerbehindertenvertretung. Außerdem wirken in den betrieblichen Handlungskontext Vorschriften wie die europäischen Rahmenrichtlinien zum Arbeitsschutz und das Arbeitsschutzgesetz hinein, die beispielsweise Gefährdungsbeurteilungen vorschreiben, die den Prozess der systematischen Ermittlung und Bewertung aller relevanten Gefährdungen beschreiben, denen die Beschäftigten im Zuge ihrer beruflichen Tätigkeit ausgesetzt sind.

Verrechtlichungen regeln soziale Beziehungen auf einer formal abstrakten Ebene und legen durch tarif- und arbeitsrechtliche Institutionalisierung Inhalte sozialer Auseinandersetzungen fest. Das Recht hat daher lediglich konstituierende Kraft und übernimmt nur regulative Funktionen, bleibt also bezüglich seiner Durchführung „unbestimmt". Das heißt, geschriebenes Recht muss letztlich von Akteuren definiert und umgesetzt werden, in unserem Fall durch Protagonisten wie Betriebsrat und Schwerbehindertenvertretung bzw. Personalabteilung oder Geschäftsführung. Ihnen obliegt es, die rechtlichen Möglichkeiten zur Gestaltung von Gesundheitsmanagement zu erkennen, einzufordern oder rechtlich begründet zu blockieren, ein Prozess, der bis heute nicht abgeschlossen ist, sondern immer wieder durch neue Herausforderungen angetrieben wird.

Aber auch diesbezüglich wird der betriebliche Rahmen gesprengt. Der interpretative Rahmen, der sich in diesem Diskurs auch in den Strukturen des Rechts z. B. in Form von Novellierungen und exemplarisch geltenden Rechtsprechungen niederschlägt, hängt seinerseits ab von dem inhaltlichen Verständnis von Arbeit, Alter, Gesundheit, Integration, Inklusion und Diversity im öffentlichen Bewusstsein, das sich permanent mit der Gesellschaft und seinen in Bewegung befindlichen Wertvorstellungen wandelt. *„Man darf nicht unterschätzen: Wenn du 15-20 Jahre nur auf Ellenbogen gebürstet worden bist, dann verändert sich das nicht innerhalb 2 oder 3 Jahren. Wie viel Jahre wir gebraucht haben, ein betriebliches Gesundheitsmanagement durchzusetzen! Welche Auseinandersetzungen sich ergeben haben und bei manchen sich gottseidank das Bewusstsein verändert hat, wir* *aber noch lange nicht alle abgeholt haben. Da noch ist noch viel, viel Arbeit notwendig aufgrund der ganzen Bedingungen, die wir letztendlich haben und die z. T. auch aus den Medien und der Öffentlichkeit stammen"* (Vorsitzende SBV).

Bei Autotron wusste die Interessenvertretung der Beschäftigten ihre Möglichkeiten zu nutzen, was aber nicht ohne überbetriebliche Vernetzung und eine lange und gelebte Konfliktkultur möglich gewesen wäre. Die konstruktive Auseinandersetzung zwischen Arbeitgeberseite und Arbeitnehmerseite realisierte schließlich das heute sichtbare Gesundheitsmanagement. Es ist Ergebnis eines auf unterschiedlichen Interessen und Perspektiven gegründeten institutionalisierten Lern- und Entwicklungsprozesses, der in eine – wie sie die Vorsitzende der Schwerbehindertenvertretung gerne nennt – „Win-Win-Situation" für die Arbeitnehmer wie die Arbeitgeberseite mündet: dem Interesse an „guter" und „produktiver" Arbeit.

Trotz aller rechtlichen Rückendeckung, des Engagements und der Konfliktbereitschaft der Interessenvertretung ist dennoch die Unterstützung durch die Geschäfts- bzw. Betriebsleitung ein wesentlicher Baustein für den Erfolg eines Organisationsentwicklungsprozesses. Das wurde am Beispiel der unterschiedlichen Werkbereiche deutlich. Erst eine offene Unterstützung mit einem klaren Bekenntnis der Leitung zur Integration erleichtert nicht allein den Zugang zu wichtigen Ressourcen, er gibt zudem den notwendigen symbolischen Rückhalt und anerkennende Wertschätzung für das Thema, was die Akzeptanz, Engagement, Handlungs- und Entscheidungssicherheit der Akteure, Betroffenen und der übrigen Belegschaft steigert.

Die Aufrechterhaltung dieses „Pakts" zwischen Arbeitgeber- und Arbeitnehmerseite sowie seine im Betriebsalltag operationalisierte Umsetzung vor dem Hintergrund der unterschiedlichen Perspektiven benötigt demnach eine „Dienstleistung" durch Akteure in den entsprechenden Institutionen, in der Personalabteilung, im medizinischen Dienst, im Arbeits- und Gesundheitsschutz und in der betrieblichen Interessenvertretung. Letztere übernimmt bei Autotron sogar eine maßgebliche Kontroll- und Treiberfunktion.

Von diesem Ausgangspunkt aus müssen ständig neue Herausforderungen bewältigt werden, wie der unaufhaltsame Alterungsprozess der Belegschaft oder die neuen normativen Standards zur Inklusion von Behinderten, wie sie seit 2009 von der Behindertenrechtskonvention der UN gefordert werden. Nicht zuletzt geben die zunehmenden psychischen Belastungen aufgrund der technischen und arbeitsorganisatorischen Veränderungen und der damit zusammenhängenden Leistungsverdichtung einen weiteren Schub für aktuelle und zukünftige Lernprozesse. Der Problemdruck wird durch gesellschaftliche Rahmenbedingungen und Anforderungen nach einer vernünftigen Work-Life-Balance verstärkt, die von den Arbeitnehmern und ihren Vertretern aufgrund veränderter Lebenslagen und Wertvorstellungen, aber auch aufgrund höherer Arbeitsbelastung eingeklagt wird und die eine wertvolle Ressource für Arbeitsmotivation darstellen und damit auch im Interesse der Unternehmen liegen sollte.

Angesichts des Kostendrucks, dem das Gesundheitsmanagement trotz seiner tiefen Verankerung in der Unternehmenskultur unterliegt, wird dieser Lernprozess nicht ohne Konflikte erfolgen. Diese können aber, wenn sie konstruktiv gelöst werden, neue Reflexionsebenen und dadurch neue Handlungsmöglichkeiten hervorbringen. „*Klar dass die Arbeitgeber nach dem Nutzen von Gesundheit fragt. Aber sie werden ihre Produktivität nur dann sichern, wenn sie gute Arbeitsplätze und Arbeitsbedingungen schaffen, weil sie nur so langfristig die Beschäftigungsfähigkeit ihrer Arbeitnehmer sichern*" (Vorsitzende SBV).

Was können wir nun abschließend von unserem Blick auf das Gesundheitsmanagement über den Zusammenhang von Dienstleistung und Produktivität lernen? Zunächst einmal haben wir es mit einer besonderen Form einer Dienstleistung zu tun, die sogar Akteure umfasst, die auf den ersten Blick gar keine Dienstleister zu sein scheinen. Das hat auch historische Gründe. Die Aktivität der Interessenvertretung ist erst einmal defensiv und ist zunächst auf die Funktion einer Schutzmacht der Beschäftigten beschränkt. Die wachsende Bedeutung des Gegenstands Gesundheit für betriebliche Abläufe sprengt aber den üblichen Rahmen und erfordert, dass aus der Schutzmacht eine Gestaltungsmacht wird. Der vorhandene rechtliche Rahmen eröffnet hierfür geeignete Handlungsbedingungen, die, wenn sie zu Ergebnissen führen, eine Stärkung der Ressource Mitarbeitergesundheit bewirken. Davon profitieren nicht allein die Mitarbeiter, sondern in gleicher Weise das Unternehmen, und zwar durch eine niedrigere Fehlzeitenquote, eine optimierte Organisation bei Personalausfällen und einen passgenauen Arbeitseinsatz gesundheitlich beeinträchtigter Menschen. Letztere sind dann in der Lage, ihre volle Arbeitsleistung einzubringen, was der Steigerung der Arbeitsmotivation aller Beschäftigten sowie der Verbesserung der Unternehmenskultur mit den ihr inhärenten sozialen Beziehungen dient. Wege und Methoden bilden dialogische Verfahren (Mitarbeitergespräche), Beteiligungsorientierung, Vertrauen und Anerkennung.

Josef Reindl hat dies *"verstehende Prävention"* genannt [37]. Ihr Kennzeichen ist es, dass sie nicht an Spezialisten delegiert und im Stellvertretermodus bearbeitet werden kann, sondern vom Betrieb als Ganzem angenommen werden muss. Die Prävention ist in der Mitte des Betriebs, im Schnittfeld von Leistungs-, Arbeits- und Personalpolitik anzusiedeln, und muss „interpretativ" und verstehend vorgehen, indem ihre Betreiber sich empathisch in die Beschäftigte versetzen und diese aktiv einbeziehen. Ein solches Präventionsmodell kann nicht verordnet werden, sondern setzt den „guten Willen" des Betriebs voraus, also eine wertschätzende Unternehmenskultur mit den zentralen Elementen von Anerkennung und Vertrauen, Kommunikation und Reflexion, aber ebenso engagierte, kompetente, konfliktbereite sowie mit rechtlicher Macht ausgestattete Protagonisten: die betriebliche Interessenvertretung.

2.4.2 Der qualifizierte Mitarbeiter

Am Ende des Gesprächs bei Klemp-Service, das – wie der befragte Geschäftsführer bemerkte – bestimmte Gedankengänge bei ihm erst anregte, nennt dieser das Problem, das seiner Meinung nach ganz oben auf der Prioritätenliste stehen muss, wenn es um den Erhalt der unternehmerischen Produktivität geht: Eine gute Ausbildung inklusive dem entsprechendem Berufsbild, das für sein Unternehmen geeignet ist und das es in seinem

Falle noch nicht gibt. „*Es gibt einfach keine Leute. Wie kommt man an Leute, die etwas können?*" Die Personalabteilung müsse einen enormen Aufwand betreiben, geeignete Mitarbeiter zu rekrutieren und die eigene Ausbildung komme mit Fachkräften nicht hinterher. Deshalb sei eine funktionierende überbetriebliche Ausbildung mit dem entsprechenden Arbeitsmarkt auch für die Steigerung der Dienstleistungsproduktivität insgesamt interessant. Es müsse dann betriebsintern weniger in das Recruiting investiert werden.

Nicht nur Prävention und Gesundheitsmanagement bilden eine der „basics" der Produktivität, also Grundpfeiler für die Sicherung der für Unternehmen so fundamentalen Beschäftigungsfähigkeit der Belegschaft. Eine weitere zentrale Voraussetzung dafür, dass Beschäftigte die gewünschten Handlungen durchführen können, sind neben physischen und psychischen Kompetenzen selbstverständlich nach wie vor fachliche. Die Gespräche zum Thema Dienstleistungsproduktivität kamen daher immer wieder auf das Thema Qualifikation und Weiterbildung und deren effektive und effiziente Qualitätssicherung zu sprechen.

Die hohe technische und organisatorische Komplexität moderner wissensbasierter Dienstleistungen und Produkte, die auf dem Standard einer von Markt und Kunden geforderter hohen Qualität und Flexibilität angeboten werden, lassen sich nicht ohne hohes Qualifikationspotential der Mitarbeiter bewältigen. Um dieses zu erhalten, müssen die Unternehmen wachsende Ressourcen in die Qualifikation und Weiterbildung ihrer Mitarbeiter investieren. Über die Erstausbildung hinaus stehen sie vor der Aufgabe, erworbene Fähigkeiten an sich ändernde betriebliche Erfordernisse anzupassen. Es wird immer unwahrscheinlicher, dass Bewerber nach ihrer Ausbildung bzw. Einstellung aufgrund ihrer Vorkenntnisse auf Anhieb den betriebsspezifischen Anforderungen gerecht werden. Außerdem müssen die Qualifikationen langjährig Beschäftigter immer wieder „aufgefrischt" und weiterentwickelt werden, weil Unternehmen und Beschäftigte gezwungen sind, unter dem Motto des lebenslangen Lernens mit den ständig wandelnden technischen und organisatorischen Standards Schritt zu halten. Es ist nicht mehr so, dass die klassischen Spezialisten im Unternehmen, gleich auf welchem Qualifikationsniveau, endlos „*aus den Erfahrungen, die sie in den letzten 20 Jahren gesammelt haben, aus dem Rhythmus und der Wiederholung der Tätigkeiten*" schöpfen können, sagt ein Produktionsleiter. Der Produktionsprozess erlaube heute selbst auf niederem Niveau immer weniger Routinen über lange Zeiträume hinweg. „*Wenn man da nach ein paar Jahren überprüft, ist das, was die machen und was sie machen sollen, auseinandergedriftet.*"

Um die geforderten Fähigkeiten ständig auf den neuesten Stand zu bringen, reicht es nicht aus, passiv auf aktuelle Bedarfssituationen zu reagieren. Es müssen systematisch Weiterbildungs- und Personalentwicklungspläne ausgearbeitet und eingesetzt werden, wobei es insbesondere bei hochqualifizierten Tätigkeiten nicht selten dazu gehört, betriebliche Grenzen zu überschreiten. Aktive Suchprozesse signalisieren, wo Technologieentwicklung stattfindet und national wie international geeignete Hochschulen bzw. Partner zur Verfügung stehen, um den Wissens- und Qualifikationsstand der Betriebe auf den neuesten Stand zu setzen und zu erhöhen.

Auch aus der Perspektive der Beschäftigten bildet die Planung von Berufsbiografien und Fachkarrieren ein wichtiges Kriterium für einen attraktiven Arbeitsplatz, der sie an ein

Unternehmen bindet. Das liegt daran, dass leistungsbereite hochqualifizierte Mitarbeiter häufig durch Routinetätigkeiten nicht die erwartete Anerkennung erhalten, die sie mit ihrer Ausbildung verbinden. Es gehört zu ihrem beruflichen Selbstverständnis, an der Entwicklung des Unternehmens tatkräftig durch Einbringen ihrer subjektiven Fachkompetenzen einen eigenen Anteil beizutragen und entsprechend gefordert zu werden. Ist dies nicht der Fall, suchen sie anderswo nach neuen Herausforderungen. Durch die zunehmende Internationalisierung suchen Mitarbeiter darüber hinaus nicht selten nach einer Möglichkeit, fundierte Kenntnisse von Sprachen und interkulturellen Kompetenzen erwerben zu können.

Lebenslanges Lernen und Qualifizierung stehen demnach in einem engen Zusammenhang mit beruflichen Ansprüchen bezüglich Anerkennung, Aufstiegschancen, Karriere und Einkommen. Wollen Unternehmen ihre hochqualifizierten Mitarbeiter halten, bleibt ihnen insbesondere unter dem Eindruck des öffentlich diskutierten drohenden Fachkräftemangels nichts anderes übrig, als im „Kampf um die Köpfe" Aufstiegs- und Weiterbildungschancen als Trumpf auszuspielen.

Wie beim Thema Gesundheit, Alter und Integration ist auch diesmal die Personalabteilung der zentrale Akteur, der diese Thematik im Unternehmen umzusetzen hat. Zu ihren klassischen Funktionen wie Personaldatenverwaltung, Entgeltabrechnung, Einstellung tritt also nicht nur der Bereich Alter und Gesundheit, sondern auch Rekrutierung und Neueinstellungen beanspruchen einen vermehrten sachlichen, zeitlichen und personellen Aufwand. Dies alles führt zu einem wachsenden Legitimierungsdruck für die steigenden Kosten, die sich kaum betriebswirtschaftlich kalkulieren lassen, denn über die Vorzüge und Produktivitätsgewinne, die Unternehmen durch Investitionen in die Rekrutierung, Qualifizierung und auch in die Gesundheit verbuchen, lässt sich nur spekulieren [38].

Wie Alter und Gesundheit können Aus- und Weiterbildung weniger Gegenstand eines ausgetüftelten Controllings sein, sondern Ausdruck von Entscheidungen vor dem Hintergrund der jeweiligen Unternehmenskultur. Dies lässt sich exemplarisch auf der operativen Ebene bei der Firma Kardag rekonstruieren.

Da die gute Facharbeiterqualifikation und die weitgehende Selbstbestimmung der Facharbeiter im Vordergrund stehen, erhalten Ausbildung, Qualifikation und Weiterbildung konsequenterweise einen hohen Stellenwert. Verankert ist diese normative Weichenstellung in den Überzeugungen der Geschäftsleitung und des dafür verantwortlichen Personalleiters. Letzterer ist seit über 30 Jahren an der Gestaltung der Geschichte des Unternehmens maßgeblich beteiligt und verfügt über eine hohe fachliche sowie menschliche Autorität, nicht zuletzt, weil er Studienabschlüsse in Pädagogik und als Maschinenbauingenieur besitzt. Diese Kombination verleiht ihm über seinen eigentlich fachlichen Bereich der Personalarbeit hinaus hohe produktionstechnische Kompetenz, die bereichsübergreifend im Betriebsalltag über den eigentlichen Funktionsbereich ständig nachgefragt wird.

Die aktuelle Situation auf dem regionalen Arbeitsmarkt macht es für Kardag schwierig, gut passende Fachkräfte zu rekrutieren. Der Ausweg besteht darin, die Beschäftigte bzw. auf Anhieb weniger geeignete Bewerber durch eigene Aktivität entsprechend der betrieblichen Erfordernisse zu entwickeln. Schon bei der Besetzung eines Ausbildungsplatzes versucht man erst gar nicht, bei der Rekrutierung in Konkurrenz zu den Topunternehmen der Region zu treten. Diese stellen hohe Ansprüche bei der Bewerberauswahl und wählen die Besten. Bei Kardag begnügt man sich mit denen, die durch das Raster der großbetrieblichen Assessments fallen, bildet diese aber intensiv im eigenen betrieblichen Kontext aus und macht gute Erfahrungen damit. Eine weitere Strategie ist es, gezielt nach denjenigen zu suchen, die den Weg zur allgemeinen Hochschulreife unterbrochen haben und die die Gewährung einer zweiten Chance besonders motiviert. Ein für Kardag nicht uninteressanter Nebeneffekt hierbei ist, dass diese Auszubildenden nach erfolgreicher Ausbildung nicht die Absicht haben, doch noch Abitur zu machen und die Firma zu verlassen. Zur Erhaltung des betrieblichen Qualifikationsniveaus gehört auch ein zeitlich passender Wissenstransfer mit einer Perspektive von fünf bis sieben Jahren, was eine systematische Kenntnis und Kontrolle der Altersstruktur des Unternehmens voraussetzt.

Grundlage für den Erfolg dieser integrierenden und persönlichkeitsentwickelnde Ausbildungs- und Weiterbildungsstrategie bildet der kollegiale und wertschätzende Umgang im Unternehmen, in dem nicht nur Wert auf qualitative Facharbeit gelegt wird, sondern in dem eine durch persönliche Nähe und Egalität charakterisierte Produktionsgemeinschaft herrscht. Dies betrifft das Verhältnis in der Werkstatt ebenso wie das zwischen den Hierarchien, bis hin zum Verhältnis zwischen Belegschaft und Geschäftsleitung. *„Die Geschäftsführer, die sind sehr human, geben jedem die Hand, sind gar nicht abgehoben, das habe ich von Anfang an bewundert, das hätte ich nicht gedacht. Der Herr N. und der Herr M., das sind alles eigentlich Kumpeltypen"* (Maschinenführer). Ein nicht zu unterschätzender produktiver Effekt besteht darin, dass auf der funktionalen Ebene daher Ingenieurarbeit und Facharbeit nahtlos und unprätentiös ineinander greifen. Das bildet den Ausgangspunkt dafür, dass Produktivitätssteigerungen aufgrund der Komplexität der Planungs- und Rüstvorgänge nicht über Intensivierung der Arbeit zu bewerkstelligen sind, sondern nur auf dem Wege eines intelligenteren Arbeitseinsatzes und sozialer Kooperation. Die sich verändernden Qualifikationsprofile und Schulungen müssen durch die Personalleitung bedacht, umgesetzt und auch experimentiert werden. Eine dezentralisierte Arbeitsvorbereitung, wie sie anderswo als produktive Dienstleistung ausgelagert wird, gibt es nicht und wird auch nicht benötigt. Der qualifizierte Facharbeiter programmiert, er richtet ein, er bedient, er baut um und er hat zum Teil drei Maschinen mit verschiedenen Logiken, Steuerungen etc. Dabei ist die Produktionsarbeit äußerst komplex. *„Das sind Maschinen mit sechs Achsen für die Bearbeitung und dann noch weitere sechs Achsen für die Werkzeugverwaltung. Man muss sich schon viel vorstellen können, dreidimensionale Aufgaben sind da an der Tagesordnung"* (technischer Leiter). D. h. nicht erst bei hochqualifizierten Mitarbeitern, sondern auch auf der Ebene der produktiven Industriearbeit braucht man zur Bedienung Elemente subjektivierter Arbeit, also das Bedürfnis und die Bereitschaft der Beschäftigten, ihre Fähigkeiten, Kompetenzen und Qualifikationen anzuwenden, zu erproben und weiter zu entwickeln, um eine sinnvolle und inhaltlich anspruchsvolle Tätigkeit auszuüben. *„Das sind alles Leute, die auch vorher schon selbständig programmiert haben, die sich nicht damit zufrieden gegeben haben, Teile ein- und auszuspannen oder Programmieraufgaben anderen überlassen haben. … Wir geben auch unseren Senf dazu, wenn es darum geht, wie soll die und die Vorrichtung aussehen"* (technischer Leiter).

Die Unternehmenskultur bildet eine wesentliche Grundlage, die sich für das Unternehmen auszahlt. Vertrauen und Anerkennung werden wechselseitig bereitwillig gegeben. *„Da wird auch nach Schichtende noch Zeit dran gehängt, um ja die Schicht nicht mit einem stumpfen Werkzeug zu übergeben"* (technischer Leiter).

Aber der Wandel, den das Unternehmen erlebt, bringt auch diesmal Unordnung in die gewohnte betriebliche Sozialordnung. Die kleineren Serien, das Produzieren von Unikaten erhöhen unverhältnismäßig die Rüstzeiten und verschiebt das Verhältnis von produktiver Dienstleistung und Produktion. Das Selbstverständnis von produktiver Facharbeit gerät dadurch aus dem Gleichgewicht und führt zu Unbehagen. *„Wir sehen es ja selber, wir sehen ja selber, dass die andere Maschine den halben Tag steht und wundern uns, wie das gehen soll"* (Maschinenführer).

Solche Veränderungen der Unternehmens- und Produktionsphilosophie durch Anpassungen an einen veränderten Markt benötigen viel betriebsinterne Kommunikation und eine transparente Organisation, die die Firmenstrategie mit Orientierung an mehr Dienstleistung erklärt und verdeutlicht, wodurch sich langjährige professionelle Deutungen des produktiven Arbeitens verändern. Das läuft nicht anders als wie bei der Gesundheitsfrage und steigert den Aufwand und die benötigten Ressourcen seitens der Personalarbeit enorm. Der Input aber lohnt sich, denn letztlich geht es um den Kern der Unternehmenskultur, der Frage, worauf sich der Stolz der Belegschaft bezieht, um die Anerkennung ihres Könnens und worin der Erfolg des Unternehmens besteht. Mit solchen Selbstverständigungsprozessen steht und fällt die Verbundenheit der Belegschaft zur Firma.

Wie wertvoll die Verbundenheit der Belegschaft zum Unternehmen ist, wissen die Geschäftsleitungen. In Zeiten der Krise haben Kardag wie Sensotec auf Kurzarbeit gesetzt und auf Entlassungen verzichtet, denn gerade die qualifizierte, auf die Belange des Betriebs zugeschnittene Arbeit ist stark subjektbezogen und unersetzbar. Der Verlust an erfahrenen Beschäftigten ist am Arbeitsmarkt schwer auszugleichen. Wie der Bereichsleiter von Aeromat, einem weiteren Fallunternehmen, sagt, sind die Unternehmen schon aus rein betriebswirtschaftlichen Gründen dazu verpflichtet, sorgsam mit Beschäftigten umzugehen. *„Man braucht wieder fünf Jahre bis das nachwächst. … Und wenn man Ausbildungskosten, z. B. 60.000€, als Investitionskosten betrachtet, dann lässt niemand eine 60.000€-Maschine auf der Straße stehen, damit die verrostet."*

Aeromat, der Weltmarktführer für Automatisierungstechnik mit über 15.000 Beschäftigten in mehr 176 Ländern, hat aus dieser Erkenntnis sogar vor Jahren einen eigenen Unternehmenszweig „Didactic" ausgegründet. Dieser bietet mittlerweile Aus- und Weiterbildungsmaßnahmen, Training und Beratung über die Aeromat-Kompetenzen hinaus auf hohem Niveau auf dem freien Markt für andere Unternehmen an.

Hintergrund für die Ausgründung war der Wille der Eignerfamilie, sich neben dem Thema Umwelt auch dem der Weiterbildung anzunehmen, *„eine riskante und visionäre Entscheidung"*, die damals *„weggerückt ist von der engen Perspektive eines Mittelständlers"* (Bereichsleiter Aeromat). Bei allem Idealismus zu Anfang ging jedoch kein Weg daran vorbei, dass sich das Risiko irgendwann einmal betriebswirtschaftlich rechnen musste. Bis aber ein renditeträchtiges Unternehmen aus der Ausgründung wurde, verging viel Zeit, die nur deshalb durchgestanden werden konnte, „*weil es das Steckenpferd eines der Eigner*" war. Die Eigentümerstruktur habe, so der Bereichsleiter und „Macher" des Lernzentrums heute, erst ermöglicht, dass die Visionen, die Strategie und der Mut Wirklichkeit geworden sind.

Zu den Aufgaben des Lernzentrums gehört es, nicht nur Weiterbildungsangebote auszuarbeiten und zu verkaufen, sondern aktiv und gezielt den Markt hinsichtlich bestehender und kommender Weiterbildungsbedarfe zu erforschen. Dazu werden abseits des Kerngeschäfts Weiterbildung Ressourcen freigestellt, um akribisch Strukturveränderungen in der Weiterbildungslandschaft zu beobachten. Das Ziel besteht darin, entstehende Qualifizierungslücken früh zu identifizieren und Strategien zu entwickeln, um diese füllen zu können. Die Eckpunkte des demografischen Wandels gehören ebenso hierzu wie die sich ändernden beruflichen Erwartungshaltungen verschiedener Generationen.

Die Verwendung solcher Ressourcen müssen ständig gerechtfertigt werden. Hinzu kommt die leidige Frage des Controllings, des eigenen wie dem des Kunden, wie sich der Nutzen von Weiterbildungsmaßnahmen bestimmen lässt. Dabei wisse jeder, so der Bereichsleiter, dass sich nur sehr einfache Dinge in einem Weiterbildungscontrolling abbilden ließen. „*Alles Soziale wie Führungsverhalten kann man schwer messen, wenn nur über Mitarbeiterbefragung.*" Jeder Versuch des Messens scheitere spätestens dort, wo es um wichtige Nebeneffekte ginge, die nicht direkt mit Weiterbildung in Zusammenhang stünden, z. B. „*dass man mal ein, zwei Tage aus der Tretmühle herauskommt und man abends mal ein Bier miteinander trinkt.*"

2.5   Dimensionen der Produktivitätskultur

2.5.1   Kultur und Subjektivierung

Es ist angesichts der vielen dargestellten Aspekte, die die Breite und Variabilität der unterschiedlichen industriellen Dienstleistungen präsentieren, Zeit, die Erfahrungen der Fallunternehmen im Umgang mit ihrer Dienstleistungsproduktivität Revue passieren zu lassen, sie analytisch aufzuarbeiten und sie in einen theoretischen Rahmen zu setzen. Dabei ist es ein interessantes Ergebnis, dass trotz der unterschiedlichen Branchen und Größen sowie Variation, Tiefe und Breite der untersuchten betrieblichen Realitäten und Gegenstandsbereiche die Ergebnisse unserer Fallstudien in eine ähnliche Richtung weisen. Zumindest wird dies erkennbar, wenn man eine *kulturtheoretische* Betrachtungsweise anlegt.

Ein sozialwissenschaftlich fundierter kulturtheoretischer Ansatz geht ganzheitlich vor und berücksichtigt nicht allein quantitative und funktional-strategische Voraussetzungen betrieblichen Handelns. Er sieht nicht nur Prozesse und Ergebnisse, sondern erkennt ebenso den Beitrag von Sinn der mit Motiven und Absichten versehenen und in intersubjektive Beziehungen verstrickten Akteure. In Unternehmen werden Normen befolgt und Regeln definiert, und zwar keineswegs nur formelle, technische, organisatorische und rechtliche, sondern auch solche, die den zwischenmenschlichen Umgang in Form von Moral und Konvention informell bestimmen. Gemeinsam mit Emotionen wie Ärger, Freude und Sympathie spielen sie eine wesentliche Rolle für das Innenleben der betrieblichen Organisation, weil sie Handlungssicherheit geben oder blockieren und das Grundgerüst für individuelle Verpflichtungsgefühle und Motivationen stellen, ohne die zielgerichtete betriebliche Prozesse nicht auskommen.

Aus diesem Blickwinkel betrachtet, ist unser Paradefall, das Unternehmen Sensotec, für die Optimierung der Schnittstelle Kunde-Produktmanagement, der Entwicklung innovativer Produkte und der Reduktion von Time to Market, gut gerüstet, vorausgesetzt es gelingt ihm, die entstandene Spannung zwischen Kontinuität und Moderne in seiner Unternehmenskultur bzw. betrieblichen Sozialordnung erfolgreich zu bewältigen. Das Potential, das dem Unternehmen hierbei zur Verfügung steht, resultiert vor allem aus einer hochqualifizierten, gut motivierten und integrierten Belegschaft, die eine hohe Kooperationsbereitschaft an den Tag legt. Sie wird dank der bestehenden Unternehmenskultur langfristig ans Unternehmen gebunden, was in Zeiten drohenden Fachkräftemangels hohes Gewicht hat. Auch die Beschäftigen wissen die Vorteile kreativer Arbeitsräume und vertrauensvoller persönlicher Beziehungen in dem eigentümergeführten mittelständischen Unternehmen zu schätzen.

Allerdings bekommen vor allem jüngere hochqualifizierte und ambitionierte Mitarbeiter auf der anderen Seite die Nachteile und Pfadabhängigkeiten traditional eingelebter Beziehungsnetzwerke zu spüren, die die Unternehmenskultur bislang geprägt haben. In ihren Augen ist es problematisch, dass Führungspositionen weniger nach Leistung, Fach- und Sozialkompetenz, sondern allzu häufig aufgrund persönlicher Kontakte und langjähriger Betriebszugehörigkeit besetzt werden. Weil unter diesen Voraussetzungen Diskurs und konstruktive Kritikmöglichkeiten abgeblockt werden, entstehen im betrieblichen Alltagshandeln Reibungen durch mangelnde Transparenz von Entscheidungen und es fehlt an kooperativen Problemlösungsstrategien. Dies erfahren die Mitarbeiter als mangelnde Anerkennung ihrer Fähigkeiten. Da die befragten hochqualifizierten Mitarbeiter des Unternehmens davon überzeugt sind, dass sich die mehr denn je geforderte Kreativität und Innovativität des Unternehmens sowie die notwendigen hohen Arbeits-, Qualitäts- und Produktivitätsstandards nur durch sie selbst, durch qualifizierte und motivierte Arbeitnehmer verwirklichen lassen, sehen sie darin eine Gefährdung des betrieblichen Erfolgs. Ihr Selbstverständnis sagt ihnen, dass sie über die notwendigen Kompetenzen verfügen, das Unternehmen voran zu bringen, vorausgesetzt die Führungsstrukturen kommen diesem Potential entgegen. Dies ist der Fall, wenn Kommunikation, Anerkennung und Vertrauen den Umgang in der betrieblichen Sozialordnung bestimmen.

Bei aller Bedeutung von informellen sozialen Beziehungen für die normative Struktur des betrieblichen Handelns, in deren Zentrum sich die Dimensionen Verantwortung, Vertrauen, Commitment, Anerkennung, Wertschätzung befinden, können solche Führungsstrukturen nur durch eine Systematisierung des Führungshandelns implementiert werden. Gefragt ist eine formelle Institutionalisierung von Verfahren, die auf der Ebene von Kommunikation und Interaktion Transparenz und Verbindlichkeit schafft und die dafür sorgt, dass sich alle Akteure über die Hierarchiegrenzen hinweg an die gleichen Regeln halten.

Erst eine formelle Institutionalisierung verbindlicher Verfahren stellt dem Unternehmen Relevanzstrukturen bereit, die eine schnelle und angemessene Bewältigung bestimmter und sich wiederholender Situationskonstellationen erlauben; eine wesentliche Voraussetzung für die entsprechende Verantwortungs- und Motivationsstruktur sowie das notwendige Selbstvertrauen.

Anderen Fallunternehmen wie Kardag, PCB, Aquasan und Klemp-Service geht es ähnlich. Die Anforderungen an ihre Unternehmenskultur entstammen den Herausforderungen auf dem globalen Markt. Die Marktstrategien richten sich darauf, Produkte individuell im Sinne spezieller und konkreter Kundenbedürfnisse zu gestalten, wobei ein Grundstock an Standardprodukten beibehalten wird, weil dies Umsatz und Liquidität garantiert. Die kundenindividuelleren Bereiche fallen nämlich risikoanfälliger aus, weshalb die Unternehmen mehr Dienstleistungen in sie investieren müssen. In der Folge steigt der Aufwand für Marketing, Innovation und Entwicklung. Selbst in der Produktion verschiebt sich das Verhältnis von Rüstzeiten (produktive Dienstleistung) zu Produktionszeiten zuungunsten der Produktionszeiten, die in der Vergangenheit als entscheidendes Maß für die betriebliche Produktivität galten.

Dieser Anstieg der industriellen Dienstleistungen, der sich aus betriebswirtschaftlicher Sicht im Anstieg der Gemeinkosten niederschlägt, löst in unseren Unternehmen allerdings deshalb keinen Handlungsbedarf aus, weil die Erhöhung der Dienstleistungen quasi eine logische Konsequenz der bewusst vollzogenen Unternehmensentscheidungen darstellt. Kern der unternehmenspolitischen Strategie ist es, sich durch Einzigartigkeit von Mitbewerbern abzusetzen, sich langfristig am Markt einzurichten sowie nicht zuletzt durch kundenindividuellere Produkte abseits des Massenmarktes die Margen zu erhöhen. Dies ist nicht alleine eine passive Reaktion auf den erfahrenen Marktdruck, sondern entspricht dem unternehmerischen Selbstverständnis, denn der Anspruch der Unternehmen ist es, nicht nur technisch perfekte Maschinen und Anlagen zu liefern, sondern diese auch „zum Laufen" zu bringen und zwar auf eine Weise, die dem Anwender Nutzen und Wertschöpfung garantiert. Verkauft werden Problemlösungssysteme für Kunden, also keine singulären Produkte, sondern Produktions- und Rationalisierungskompetenz. Die Achse des unternehmerischen Selbstverständnisses und ihrer Kompetenzen dreht sich um ein Dienstleistungsangebot, das die Produktion in den Dienst der Kundenbedürfnisse stellt [39]. Dafür nehmen die Unternehmen eine weniger optimale Kalkulation von Investitionen und Kosten in Kauf. Es bleibt ihnen weitgehend nichts anderes übrig, als begründet durch ihr Gesamtkonzept an ihren Erfolg und ihr Produkt zu *glauben*.

Realisiert werden kann diese ambitiöse Strategie in den Fallunternehmen nur durch hoch qualifizierte und motivierte Mitarbeiter, die sich in ihrer Mehrzahl im betrieblichen Alltag wohl fühlen und sich mit den unternehmerischen Zielen identifizieren. Hierbei gilt es zu beachten, dass die Identifizierung keine passive im Sinne von unhinterfragter Loyalität darstellt, sondern vielmehr das Interesse an einer „Kooperation" durch das Einbringen eigener Problemlösungskompetenzen in weitgehend egalitärer Zusammenarbeit mit anderen betrieblichen Akteuren in den Mittelpunkt rückt. Dadurch entsteht eine immaterielle Ressource, auf die das Unternehmen setzen kann und die sie für anspruchsvolle und

innovative Produkte und Dienstleistungen auch braucht. Bereichsübergreifenden Kooperationsstrukturen, Kooperation und Vernetzung benötigen nämlich mehr als individuelle
technische, organisatorische und soziale Kompetenzen. Sie sind auf eine wertschätzende
und auf intersubjektiven Beziehungen basierende integrierende Unternehmenskultur
angewiesen, in der Beschäftigte weitgehend freiwillig und auf Augenhöhe auf der Grundlage von Anerkennung und Vertrauen miteinander interagieren.

Bei Chemtrail, dem Großunternehmen für Spezialchemie, wurde deutlich, wie wichtig
solche Beziehungen, als kulturelle Passfähigkeit im Umgang miteinander, selbst im
Kontext der globalen Vernetzung sind. Einleitung und Bewertung von Forschungs- &
Entwicklungsaktivitäten lassen sich nicht formal anhand von Kennzahlen bestimmen,
sondern benötigen Flexibilität und Entscheidungen unter Ungewissheit auf der Grundlage
von Diskursen und Begründungen durch Akteure in dichten normativ integrierten Kom-
munikationsverhältnissen über einzelne Betriebsteile und Standorte hinaus.

Nicht anders sieht es bei dem speziellen Thema Beschäftigungsfähigkeit aus, das
alle Unternehmen umtreibt. Weil sie aufgrund der überholten Buchführung, in der das
Humankapital nur als Kostenfaktor vorkommt, nicht zu den primären Unternehmenszielen
gehören, stehen Aus- und Weiterbildung sowie Gesundheitsmanagement unter besonderen
Legitimationsdruck. Gleichzeitig steigt ihre Bedeutung für den Unternehmenserfolg. Aufgrund der langfristigen Zeiträume und den kaum überschaubaren Zusammenhängen mit
weiteren Faktoren, in denen Wirkungen sich kaum valide messen und objektiv begründen
lassen, gehen sie in erster Linie auf normative und nicht auf kalkulatorisch begründete
Entscheidungen zurück. Nichtsdestoweniger erweisen auch sie sich als funktional „immaterielle Ressourcen" für die Dienstleistungsproduktivität und mit ihr für die strategisch
erwünschte Einzigartigkeit des Unternehmens [40].

Immaterielle Ressourcen erwachsen nicht zuletzt aus der *Subjektivierung der Arbeit*,
vorausgesetzt die Unternehmen besitzen die Fähigkeit, diese zu nutzen und adäquat zu
fördern. Unter Subjektivierung der Arbeit wird das Bedürfnis von Beschäftigten verstanden, ihre Fähigkeiten, Kompetenzen und Qualifikationen anzuwenden, zu erproben
und weiter zu entwickeln [41]. Es ist Bestreben der Beschäftigten, an der Gestaltung der
eigenen Arbeitssituation teilzuhaben, lebensweltlich aufgeladene Ansprüche einzubringen
und nicht zuletzt Spaß an der Arbeit zu haben, also sie nicht nur als rein instrumentelle,
sondern als eine sinnvolle und inhaltlich anspruchsvolle Tätigkeit zu empfinden. Mit der
Subjektivierung entstehen neue Leitbilder der Arbeit: Selbstorganisation und Mitarbeiter-
beteiligung, Enthierarchisierung, Teamarbeit, flexible und selbst bestimmte Arbeitszeiten.

Ist dies wirklich neu? Natürlich gab es vergleichbare Ansprüche immer schon, vor
allem bei Hochqualifizierten; ein Merkmal moderner wissensintensiver Arbeit ist es
jedoch, dass solche Ansprüche quantitativ wie qualitativ wachsen. Sie verbreiten sich
nicht zuletzt im Zusammenhang gesellschaftlicher Modernisierung, die durch ein höheres
Bildungs- und Qualifikationsniveau und durch sogenannte Individualisierungsschübe
gekennzeichnet ist. Zur Beschreibung dieser Individualisierungsschübe werden Begriffe
verwendet wie Autonomie, bewusste Lebensführung, Selbstbestimmung und Selbstverwirklichung. Ursache und Folge zugleich sind die Pluralisierung von Lebensstilen, die

Verschiebung von Interessengegensätzen, durch die neue Koalitionen ermöglicht werden und die Infragestellung bestehender Institutionen, Rollenerwartungen und Werte [42]. Seit den 1970er-Jahren wird dieser Trend international als „Wertewandel" wahrgenommen, als Übergang von materiellen zu postmateriellen Werten. Damit wird beschrieben, dass Vorstellungen über „Sicherheit", „Ordnung", „quantitatives Wirtschaftswachstum", „starker Landesverteidigung" und „mehr wirtschaftlicher Stabilität" ersetzt werden durch Werte, wie „mehr Mitsprache der Bürger", „Schutz der freien Meinungsäußerung", „mehr Mitbestimmung", „Verschönerung der Umwelt" und einer „freundlichen, weniger unpersönlichen Gesellschaft". Ziel soll menschliches Zusammenleben sein, für das Geist und Ideen wichtiger sind als Geld [43].

Ein solcher Wandel geht nicht an der internen Organisation von Unternehmen vorbei, vor allem nicht je durchlässiger deren äußeren Grenzen durch verbesserte Kundennähe und -interaktion, durch Kooperation mit Lieferanten, der Wissenschaft und durch Internationalisierung werden. Die Veränderungen der Märkte und der Arbeitsorganisation, die durch vielfältige produktive Dienstleistungen begleitet werden, lassen es nicht mehr zu, die Auftragserteilung von oben nach unten durch präzise Vorgaben, Kontrolle und Sanktion auf der Grundlage sicherer Informationen und vorhersehbarer Abläufe durchzudeklinieren (in Form eines Kommandosystems). Es werden ständig schnelle und flexible Entscheidungen benötigt, die allein durch aktive, kreative und vor allem motivierte Subjekte gefällt werden können, falls sie die Möglichkeit und den Mut dazu haben.

Die Unternehmen profitieren von diesem Trend zur Subjektivierung der Arbeit. Sie beschränkt sich hierbei keineswegs auf das einzelne Arbeitsverhältnis, sondern strömt in sämtliche Poren des Betriebs, wodurch die Grundkonzepte von Arbeitsorganisation und Technikeinsatz neu definiert, Funktionen variabler gestaltet sowie Kooperation und Vernetzung vorangetrieben werden. Dem Umgang mit Kunden und Lieferanten nutzt die Subjektivierung, da außerhalb eines standardisierten Geschäfts individuelle Verständigungsprozesse über passgenaue Problemlösungen entstehen. Ebenso werden in der Entwicklung und Fertigung ständig wechselnder Produkte innovatives und kreatives Handeln dank individueller Verantwortungsübernahme und intersubjektiven Koordinationsprozessen erleichtert.

Die Subjektivierung der Arbeit kann deshalb nicht nur helfen, den Flexibilisierungsdruck zu bewältigen, sie kommt auch den ständigen Rationalisierungsbemühungen der Unternehmen entgegen, weil sie in die Lage versetzt werden, ehemals höher angesiedelte Managementaufgaben auf tiefere Hierarchieebenen zu verlagern, also als Lean Production etikettierte und in breitem Umfang praktizierte Dezentralisierungsstrategien zu realisieren. Ohne vertikale Hierarchie lösen sich ganze Abteilungs- und sogar Unternehmensgrenzen auf, wodurch die Unternehmen schneller reagieren und Kosten in der Auftragsabwicklung senken können. Die komplexitätssteigernde Vernetzung der Informationsabläufe und der Verantwortungsverlagerung nach unten machen somit informelle Kommunikation und implizites Wissen immer funktionaler für den reibungslosen und flexiblen Arbeitsablauf [44]. Subjektivität, ohne die solche Kommunikations- und Vernetzungsprozesse nicht auskommen, wird zum Produktivitätstreiber.

Das hierfür notwendige Umdenken sprengt klassische betriebswirtschaftliche und arbeitswissenschaftliche Vorstellungen unter der Vorherrschaft des tayloristischen Paradigmas. Die dort noch als Störvariablen interpretierten subjektiven Elemente des Handelns integrieren eine früher aus organisatorischer Sicht angestrebte und allenfalls zufällig überbrückte Entkoppelung von individuellen Erfahrungen, Wissensformen und Überzeugungen mit den funktionalen Standards der betrieblichen Organisation. Sie werden deshalb auch in modernen Managementtheorien nicht mehr als unerwünscht aussortiert, sondern gelten unter dem Vorzeichen moderner Produktion als nennenswerter Garant für den Unternehmenserfolg [45].

Freilich benötigt die Subjektivierung auch technische und organisatorische Grundlagen. Beschleunigt wird die Individualisierung und Flexibilisierung durch eine ständig präsent gehaltene IT-gestützte Konzentration von Daten und Informationen, die Wissen und Entscheidungsgrundlagen transparenter machen sowie Routineprozesse verflüssigen. Moderne Informations- und Datenverarbeitungstechnologien (Industrie 4.0) bilden das technisch-organisatorische Gerüst des dauernden Wissenstransfers, auf dem flexible und kontextangepasste Entscheidungen beruhen. Aber die Technik und das abrufbare Wissen allein reichen nicht aus. Ihre Implementierung ist auf individuelle Fähigkeiten, Absichten und Bereitschaften angewiesen, vorhandene Technik und Wissen im notwendigen Sinn zu gebrauchen und zielgerecht einzusetzen.

Die Subjektivierung der Arbeit zeigt aber auch eine andere Seite. Sie passt sich nicht nur geschmeidig an, sondern übt Druck auf die Unternehmen aus, zumal sich qualifizierte Arbeitskräfte für die anspruchsvollen Tätigkeiten unter den demografischen Rahmenbedingungen und zunehmender Konkurrenz zu verknappen drohen. Die Unternehmen müssen sich auf die Ansprüche und die stärkere Orientierung ihrer Beschäftigten an der Verwirklichung ihrer subjektiven Bedürfnisse und Lebensziele einstellen und Ressourcen unterschiedlichster Art für ihre Nutzung bereithalten. Es genügt nicht, die üblichen Gehälter und Gratifikationen durch bestimmte Zusatzleistungen wie Gesundheitsmanagement, Weiterbildung und eine deutliche Verbesserung der Work-Life-Balance aufzustocken. Die Erwartungen subjektivierter Arbeitnehmer stellen eine nicht gering zu schätzende Herausforderung für die Führungs- und Motivations- sowie Controlling-Strategien und damit für das Zentrum der betrieblichen Sozialordnung dar. An dieser Stelle entscheidet sich, ob die Unternehmen in der Lage sind, die Selbständigkeit und subjektiven Potentiale der einzelnen Beschäftigten zu nutzen oder ob sie diese blockieren.

Der für Innovation, systemische Problemlösung und Kundennähe signifikant angestiegene Bedarf an Kommunikation und Kooperation kann nicht in starren normativ geregelten Szenarien befriedigt werden, sondern muss auf einen ergebnisoffenen Diskurs und Reflexion hin ausgerichtet sein, zumal mit der erweiterten Kooperation auch neue Konfliktlinien entstehen, die besonderer Lösungsmethoden bedürfen. Dafür müssen die anspruchsvollen subjektiven Handlungsvoraussetzungen, die im Vergleich zu traditionellen Arbeitsbeziehungen auf veränderten Erwartungshaltungen gegenüber Kollegen, Führungskräften und Untergebenen beruhen, auf gesamtbetriebliches Entgegenkommen stoßen. Statt auf festen Rollenerwartungen, unkritischer Loyalität, unhinterfragter Akzeptanz von autoritären Führungsstilen sowie der Forderung nach Konformität und Ähnlichkeit basieren die Ansprüche bezüglich inner-betrieblicher Beziehungen stärker auf Anerkennung von Pluralität, also auf gegenseitiger Achtung von Differenz. Jemanden achten, heißt eine Person entsprechend ihrer Besonder-heiten zu behandeln, was nicht nur fruchtbar für die auf Flexibilität setzenden betrieblichen Prozesse ist, sondern ihrerseits Kommunikations- und Reflexionsfähigkeit seitens betrieb-licher Akteure, insbesondere der Führungskräfte voraussetzt.

Dieser Wandel in den Arbeitsbeziehungen ist anspruchsvoll und riskant zugleich. Es entstehen nicht nur Chancen für individuelle Selbstverwirklichung und Befriedigungen durch Anerkennung und Vertrauen, sondern es vergrößert sich der Raum für Missachtung, empfundene Ungerechtigkeit bis hin zu Mobbing, Angst und vor allem Überforderung durch Stress, Flexibilisierung, Beschleunigung und Entgrenzung einer in Freizeit und private Lebensverhältnisse eindringenden Arbeit.

Subjektivierung bzw. Individualisierung beschreibt daher einen hoch ambivalenten Prozess, der durch mehr Vertrauen, Anerkennung und Verantwortung Chancen für mehr Autonomie und subjektive Freiheit einerseits sowie mit der Gefahr von Desorientierung und Selbstausbeutung andererseits charakterisiert werden kann. Das gilt für konkrete betriebliche Arbeitskontexte ebenso wie für die Gesamtgesellschaft, in der sich die Schat-tenseiten des Individualisierungsprozesses als Auflösung sozialer Bindungen durch Ver-einsamung und anomische Effekte bemerkbar machen.

In den Unternehmen sind, weil betriebliche Grenzen durchlässig werden oder gar weg-fallen (Entgrenzung), Hierarchien mit entsprechenden Verantwortlichkeiten und sogar objektive Daten und Vorgaben fehlen, die subjektivierten Arbeitnehmer für ihr Handeln stärker rechenschaftspflichtig denn je. Unter den veränderten Bedingungen wird ihnen nun selbst Verantwortung für die Effizienz und Effektivität der Arbeitsprozesse übertragen.

Im Rahmen ihrer subjektivierten Vorstellungen über Arbeit nehmen sie diese Aufgabe an, häufig ohne sich über deren Risiken im Klaren zu sein. Getrieben durch globalen Wettbewerbsdruck, Digitalisierung und Lean Management machen sich Personalabbau, atypische Arbeitsverträge, Leistungsverdichtung und Verantwortungszuschreibung bei geringem Entscheidungsspielraum breit. Die Folgen manifestieren sich im kontinuierli-chen Anstieg psychischer Erkrankungen, die 2012 bundesweit mit 60 Millionen Arbeits-unfähigkeitstagen zu Buche schlugen [46]. Dabei ist die Dauer psychischer Erkrankungen dreimal so hoch wie bei anderen Erkrankungen und der Anteil von Personen, die auf-grund seelischer Leiden frühzeitig aus dem Erwerbsleben ausschieden, erhöhte sich in den letzten Jahren von 14,5 Prozent auf 41,9 Prozent [47].

Im realen Arbeitskontext bedeutet Subjektivierung demnach oft alles andere als kontrol-lierte individuelle Selbstregulierung und Arbeitsautonomie, sondern kann auch als Ergeb-nis einer „indirekten Steuerung" von „Arbeitskraftunternehmern" verstanden werden, die einer Selbstdisziplinierung und Selbstökonomisierung der Beschäftigten gleichkommt [48]. In der Folge werden Arbeitsrisiken nach innen verlagert und die alten Herrschafts-mechanismen Schuld und Disziplin in die Erwartung von Verantwortung und Initiative verwandelt, wodurch für den Einzelnen die Gefahr resultiert, zu einem „erschöpften Selbst" zu werden [49].

Offenbar benötigen Individuen unter dem Druck der Subjektivierung besondere fachliche, soziale und kommunikative Kompetenzen, durch die sie in die Lage versetzt werden, das Feld zwischen Chancen und Risiken auszubalancieren. Zur subjektivierten Arbeit gehört deshalb unweigerlich die Eignung zur emotionalen Regulation, zu Kooperationsund Beziehungsfähigkeit sowie zur Konfliktbereitschaft, die tief in der Persönlichkeit der Individuen verankert liegt.

Der Verweis auf notwendige Kompetenzentwicklung (Resilienz, Achtsamkeit etc.) übersieht jedoch all zu leicht, dass es objektive Gefährdungen gibt, die sich auch durch gute Ausstattung mit Kompetenzen nicht bewältigen lassen, z. B. durch widersprüchliche Arbeitsanforderungen [50]. Darüber hinaus stellt sich an dieser Stelle die grundsätzliche Frage, inwieweit der Blick auf individuelle Kompetenzen und die permanente Forderung, diese zu erhöhen ohnehin nicht zu kurz greift, weil sie in ihrer Totalität die Problemlösungskapazität der Individuen überfordert und eine Mitursache für die Erschöpfung des Selbst darstellt. Handlungen und Handlungsbereitschaften (Performanz) sind immer an Situationen gebunden. Sie unterliegen externen Zwängen, müssen interpretiert werden und hängen wesentlich von anderen Akteuren ab (doppelte Kontingenz). Gerade unter den modernen Arbeitsbedingungen und der damit verbundenen zunehmenden organisatorischen Differenzierung sind Subjektivierungsprozesse immer auch *Intersubjektivierungsprozesse*, die entscheidend von intersubjektiven Normen und Erwartungen bzw. Erwartungserwartungen bestimmt werden. Dies setzt der Subjektivierung nicht allein objektive, sondern auch soziale Grenzen. Erst ein Netz an soziokulturellen Normen und Praktiken regelt Alltagsinteraktionen, definiert Zugehörigkeiten, erfüllt Erwartungshaltungen bzgl. Kontrollvorstellungen und sorgt für Vertrauen sowie für Anerkennung, Achtung und Respekt, die für die Umwandlung von Kompetenz in Performanz bzw. für den Kompetenzerwerb selbst entscheidend sind. Das gilt sowohl für die vertikale wie für die horizontale Interaktion, die stark von Faktoren wie Teamfähigkeit und Führungsstil abhängt, was einen Wandel „*der Führung vom mit Kontroll- und Entscheidungsbefugnis ausgestatteten Vorgesetzten zum Coach, Moderator, Motivator, Konfliktmanager und Mentor*" notwendig macht [51].

Eine einseitige Kompetenzperspektive unterschätzt die Bedeutung von kulturellen und institutionellen Rahmenbedingungen des Handelns. Erst durch diese lassen sich Kompetenzen in Handlungen entwickeln und langfristig fördern. Sie benötigen eine Plattform für eine *geteilte Aufmerksamkeit für gemeinsame Ziele*, auf der Kooperation aufbauen kann. Erst dann können Information und Wissen, die sich durch die modernen Informations- und Kommunikationstechnologien nicht mehr in erster Linie vertikal, sondern horizontal ausbreiten, als betrieblich nutzbare Ressource gebündelt werden und eventuell sogar widersprüchliche Arbeitsanforderungen konstruktiv thematisiert und bewältigt werden.

Die Diskussion führt uns also zurück zum Begriff der Unternehmenskultur sowie zu einer genaueren Betrachtung der mittlerweile ebenso inflationär gebrauchten intersubjektiven Konzepte Vertrauen und Anerkennung. Sie lassen sich nicht auf vereinzelte individuelle Perspektiven und Beziehungen reduzieren, sondern setzen anspruchsvolle wechselseitige Beziehungsgeflechte vor dem Hintergrund funktional-strategisch ausdifferenzierter

Handlungssysteme voraus, die durch Konventionen und Gewohnheiten, aber auch durch offene Möglichkeitshorizonte geprägt werden. Zu letzterem gehört, dass Enthaltungen und Unterlassungen ebenso wie passives Geschehenlassen in die Betrachtung einbezogen, also auch Handlungsblockaden und Gleichgültigkeit thematisiert werden.

Wir wollen daher sowohl die Unternehmenskultur wie auch den Konzepten Vertrauen und Anerkennung aus einer kulturell verankerten *Handlungsperspektive* betrachten, die ihr Zusammenspiel als betriebliche Sozialordnung in Form eines Gerüsts aus Arbeitsorganisation, Normen, Regeln und Beziehungen analysiert. Innovationsfähigkeit, Arbeitsorganisation, Kundenbeziehungen, die Sicherung der Beschäftigungsfähigkeit: Sie alle werden nicht allein von technischen Möglichkeiten, sondern ebenso von materiellen wie immateriellen Ressourcen, individuellen Dispositionen, intersubjektiven Beziehungen und den im betrieblichen Alltag praktizierten formellen wie informellen Regeln bestimmt.

Vertrauen und Anerkennung bilden hierbei unumstößliche Pfeiler *gelingender* Interaktions- und Kooperationsprozesse und benötigen die Gesamtheit einer integrativen, kooperativen und reflexiven *Unternehmenskultur*. Diese ist entscheidend dafür, ob und wie Handlungschancen und -risiken interpretiert, Verpflichtungen und Verantwortlichkeiten wahrgenommen und durch gemeinsame Aufmerksamkeit Problemlösungen auf der Grundlage einer umfassenden Perspektivenkoordination in innovative Strategien münden oder ob Lernblockaden und Pfadabhängigkeiten oder, besser gesagt, Pfadengpässe dominieren, die es den Unternehmen erschweren, sich verändernden Handlungsbedingungen anzupassen.

Den Erhalt bzw. die Entwicklung einer betrieblichen Sozialordnung oder Unternehmenskultur, die die immateriellen Ressourcen Anerkennung und Vertrauen bereitstellt und die den hochqualifizierten Beschäftigten nicht nur die üblichen Bedingungen eines angemessenen Arbeitsvertrags bietet, sondern sie auch an das Unternehmen bindet und zu kreativen, innovativen und kooperativen Tätigkeiten motiviert, wird zu einer entscheidenden Herausforderung jedes wissensintensiven Unternehmens. Die Bewältigung dieser Zukunftsaufgabe kann jedoch nicht einfach der betrieblichen Tradition und dem Zufall überlassen bleiben. Angesichts der zunehmenden Komplexität der Situationsanalysen und Entscheidungsstrukturen sowie eines generellen gesellschaftlichen Wandels mit veränderten Arbeitnehmeridentitäten braucht eine gelingende betriebliche Kooperationskultur Unterstützung durch eine gezielte Systematisierung durch formelle Verfahren, ohne dass hierbei die Bestandsvoraussetzung der Kooperation, ihre sensible in intersubjektiven Beziehungen verwurzelte normative Basis, zerstört wird.

2.5.2 Produktivitätskultur: Die reflexive Balance von informellen und formellen Institutionen

Trotz der großen Bedeutung der „weichen" Faktoren, die die Produktivität des „Humankapitals" in wissensintensiven Unternehmen in entscheidender Weise prägen, darf die Bedeutung formeller Regelungen in Form von Rechten und Gesetzen, Vereinbarungen und Verfahren nicht unterschätzt werden. Sie sind in unseren Fallbeispielen maßgeblich für die systematische Einleitung, Durchsetzung und Verstetigung betrieblicher Praxen der Produktivitätssicherung und -steigerung. Es ist andererseits aber nicht zu übersehen, dass dieser formelle Rahmen erst durch das Commitment und das konkrete Handeln betrieblicher Akteure inhaltlich umgesetzt und mit Leben gefüllt wird. Die treibende und innovierende Kraft von individuellen Promotoren ist die conditio sine qua non für die Realisierung formeller Möglichkeiten. Die Integration verschiedenster Wissens- und Kompetenzbereiche muss gleichzeitig formell und dadurch personenunabhängig institutionalisiert und in den Strukturen der Unternehmensorganisation durch personenabhängiges sozio-kulturelles Handeln verankert sein.

Der theoretischen Klärung dieses Sachverhalts helfen Konzepte der Neuen Institutionenökonomie, die das Zusammenspiel von formellen und informellen Regeln des Handelns einschließlich der Mechanismen ihrer Durchsetzung analysieren. Informelle Institutionen erhalten in diesen Ansätzen den gleichen Stellenwert wie formelle, da sie durch Verhaltenskodizes, Sitten, Gebräuche, Konventionen, also als ungeschriebene Regeln der sozialen Praxis, formellen Regeln erst das notwendige Rückgrat verleihen [52]. Informelle Institutionen prägen das Fundament von Sprache und Weltbildern und damit den Untergrund von neu konstituiertem, aber auch kulturell überliefertem Sinn [53]. Gemeinsam bilden formelle und informelle Institutionen ein unverzichtbares sichtbares Set aus erwartbaren Regeln und Routinen, woraus im betrieblichen Alltag Schemata zur Bewältigung situationsübergreifender Handlungen entstehen, die Stabilität schaffen, Handlungen kanalisieren und Handlungsanreize liefern. Diese Schemata bewahren Wissen und Heuristiken auf und ermöglichen die Übertragung von bewährten Konzepten auf weitere Kontexte. Die so effektiv koordinierten Handlungen gewährleisten im Zusammenhang mit vorhandenen Ressourcen Produktivität und senken Transaktionskosten, die bei industriellen Dienstleistungen im Wesentlichen durch menschliche Interaktionen auftreten [54].

Die Beachtung der funktionalen Verflechtung informeller und formeller Institutionen, durch die kulturtheoretische Aspekte im ökonomischen Handeln einen festen Platz erhalten, ist die theoretische Reaktion darauf, dass die Erklärung von Handeln auf der Grundlage von „rational choice" und vollständiger Information, der zentralen Grundlagen der neoklassischen Wirtschaftstheorie, scheitert. Angesichts der Komplexität wirtschaftlichen Handelns in einer globalisierten und auf variable Kundenbedürfnisse zugeschnittenen Ökonomie kommt deutlich zutage, dass wirtschaftliches Handeln immer unvollständig und die Rationalität wirtschaftlichen Handelns immer beschränkt ist. Paradoxerweise resultieren gerade hieraus Innovativität und wirtschaftlicher Erfolg durch Unimitierbarkeit und Einzigartigkeit. Ökonomie und Soziologie nähern sich durch diese Sichtweise an.

Wenn sich Vorgänge und Entscheidungen nur unvollständig, nicht messbar und prognostizierbar abbilden lassen, nötigt dies auch zu einem Umdenken bezüglich des klassischen Performance Measurements und Controllings, die sich zunehmend der Dynamik und Komplexität variabler Unternehmensumwelten stellen müssen. Die Konsequenz aus der oben skizzierten Einsicht in die Bedeutung von informellen Institutionen heißt, dass sich entscheidende Aspekte wirtschaftlichen Handelns nicht in numerischen Systemen widerspiegeln. Folglich ist modernes Accounting nur noch als Diskurs möglich. Dieser kann nicht nur ökonomisch rational und instrumentell verstanden werden, sondern hängt weitgehend von kulturell verankerten Interpretationsschemata ab [55].

Für das angemessene Verständnis von Diskurs müssen allerdings bezüglich des Erklärungswerts der Neuen Institutionenökonomik auch Einschränkungen vorgenommen werden. So hilfreich der Ansatz für unsere Diskussion ist, weil er dank der Berücksichtigung informeller Institutionen das wirtschaftliche Handeln um sozio-kulturelle Aspekte in Form von intersubjektiven Normen, Regeln, Sinn, Motiven, Beziehungen usw. erweitert, bleibt er dennoch auf halbem Weg stecken. Die Gefahr des Blicks auf Institutionen besteht darin, Handlungen zu stark unter dem Aspekt der Objektivationen unhinterfragter Handlungsmuster zu betrachten. Institutionen werden in erster Linie als „Constraints" aufgefasst, die Handlungen kanalisieren, weil sie einen verlässlichen stabilen Handlungsrahmen schaffen und Unsicherheit reduzieren. Institutionen können unter Gesichtspunkten von Innovation und Kreativität aber ebenso als einengende Pfadabhängigkeiten und -engpässe erfahren werden, nämlich dann, wenn formell rechtliche oder bürokratische Vorschriften, aber auch informelle traditionell eingelebte Gewohnheiten oder nicht thematisierbare Machtverhältnisse Handlungsflexibilität und strukturelle Veränderungen blockieren.

Um angesichts der aktuellen betrieblichen Herausforderungen Routinen aufzubrechen und in Frage zu stellen, wird innovatives Handeln benötigt. Also muss dort, wo Tradition, Erfahrung, Routine und Gewohnheit neue kreative und besser angepasste Lösungen verhindern, Unsicherheit erzeugt werden. Das kann nur geschehen, wenn sich Institutionen als offen und lernfähig erweisen und sie in ihrem kulturell historischen Werden begriffen werden [56]. Dies zeigt anschaulich das Fallbeispiel Sensotec. Eine traditionell eingebettete Sozialordnung generiert bei allem Erfolg auch Strukturen, die jüngere hochqualifizierte Beschäftigte als Misstrauen in ihre Fähigkeiten und als Blockade von Innovativität interpretieren. Es reicht folglich nicht, die stabilisierende Funktion von Institutionen hervorzuheben, sondern Institutionen werden nicht nur gebraucht, Handlungen zu kanalisieren, sondern darüber hinaus auch, um den Wandel zu steuern. Wenn Regeln und Systematiken für notwendige Veränderungen und Revisionen anfallen, müssen Institutionen gleichzeitig Handlungskomplexität reduzieren sowie neue Handlungskomplexität schaffen. Dies tun sie, indem sie Denken und Handeln für neue Wege öffnen. Wie die Ergebnisse der Fallstudien nahe legen, besteht ihre Aufgabe darin, *beabsichtigte Veränderungen als kooperativen Prozess aktiv und systematisch zu organisieren*. Aber selbst die Institutionalisierung von Flexibilität, Innovativität und Kreativität in einer Organisation ist auf Routinen und Heuristiken angewiesen. Erst durch sie kann personenunabhängig systematisch auf betrieblich vorhandene Erfahrungen und implizites Wissen zugegriffen werden, die Innovationen und beabsichtigte Veränderungen dringend benötigen. Sinnvoll hierfür sind solche formellen Institutionen, die Handlungsdruck für die bereichsübergreifende regelmäßige Problematisierung von Barrieren und Risiken schaffen, also Routinen zur Unterbrechung von Routineprozessen, die blind sind für bessere Lösungen. In diesem Fall wird Reflexivität institutionalisiert, die Managementkonzepte und Organisationsmethoden für

Formen von Erkenntnis öffnet, die zur Revision bzw. Innovation bisheriger Sichtweisen und Praktiken beiträgt [57].

Diese institutionalisierte Reflexivität darf nicht auf bewusste, rationale Entscheidungsprozessen und Verfahren reduziert werden. Reflexivität kann in der Sozialordnung eines Unternehmens latent „eingelagert" sein. Der Begriff soll ebenso wenig subjektunabhängig verwendet werden und lediglich Nebenfolgen und Rückwirkungen von Handlungen beschreiben [58]. Es geht uns um die *potentielle Reflexivität* menschlicher Handlungen, die durch Automatisierungen in Handlungsvollzügen zwar abnimmt, aber durch äußere Störungen oder kommunikative bzw. innere Problematisierungen wieder hervortreten und aktualisiert werden kann [59]. Unter dieser Bedingung benennt und organisiert Reflexivität das *Potential*, bei Bedarf systematisch-regelmäßig Verständigungsprozesse aktualisieren zu können. Solche potentiellen Verständigungsprozesse sind unumgänglich, wenn auf die (selbst)kritische Überprüfung der Problemdefinition sowie auf die Revision eingeschlagener Problemlösungs- und Zielfindungswege Wert gelegt wird. *Institutionalisierte* Reflexivität heißt demnach, *verfahrensförmige* Verständigungsprozesse in Gang zu setzen, was bedeutet, Reflexionsprozesse so weit wie möglich systematisch auf der Grundlage von quantitativen wie qualitativen Daten zu initialisieren, vorzubereiten und praktisch durchzuführen. Zur Institutionalisierung gehört es darüber hinaus, den Reflexionsprozess selbst zu beobachten, mit qualitativen Standards für Ziele, Mittel, und dafür, was erlaubt und was verboten (effektiv/inneffektiv) ist, zu versehen sowie die Ergebnisse zum Zweck nachhaltigen organisationalen Lernens zu dokumentieren. Solche Standards entspringen weitgehend der praktizierten Unternehmenskultur und der damit verbundenen betrieblichen Praxis. Sie liefern ein zentrales inhaltliches qualitatives Kriterium für die Offenheit und Empfänglichkeit des betrieblichen Diskurses über Produktivität – also für die Reflexivität über Produktivität.

Die in den institutionalisierten Verständigungsprozessen enthaltene reflexive Ebene verhindert, dass notwendige Formalisierungen von Handlungen in Bürokratisierung erstarren, sondern sorgt dafür, dass diese sensibel bleiben für immaterielle – sozio-kulturelle – Ressourcen, für intuitives Wissen, für praktische Erfahrungen und soziale Aspekte des Handelns. Sie ermöglicht innovatives und kreatives Denken, das im günstigsten Fall bis zur Infragestellung der verwendeten Verfahren selbst reicht, zumindest aber ihre begrenzte Reichweite kennt und berücksichtigt, also einen *pragmatischen* Umgang mit Verfahren bevorzugt.

Fruchtbar sind angesichts der Herausforderungen nach ständiger Veränderung und Anpassung demnach nur solche Institutionen, die in Form eines für Lernen offenen Handlungsrahmens eine Kooperationsplattform verschiedenster Akteure konstituieren. Sie bieten Handlungsdruck und Orientierung, bleiben aber inhaltlich unterdeterminiert. Ihre Funktion ist es, ein Thema mit „Spielregeln" vorzugeben, das erst durch ein lebendiges Netzwerk kommunizierender intersubjektiv verbundener Individuen mit einem gemeinsamen Ziel vor Augen kontextangemessen gedeutet, verändert und dadurch praktisch umgesetzt wird [60]. Solche Institutionen liefern ein verlässliches System von Normen und Verfahrensregeln, das Rahmenbedingungen festlegt und dadurch zwar einerseits Komplexität reduziert, aber keine starren Handlungsvorgaben macht, sondern Prozesse und Entwicklungen initiiert und damit gleichzeitig Komplexität erweitert. Die eingelagerte Reflexivität beharrt nicht auf eingeschlagenen Wegen, sondern lässt es zu, dass das System zugunsten einfacher oder anderer Lösungen verändert oder aufgegeben wird, sobald sich dies begründen lässt. Unter diesen Prämissen etabliert sich das Zusammenspiel einer institutionellen Vernunft, die sich in funktionalen Regelsystemen manifestiert und einer kommunikativen Vernunft, die in den informellen Institutionen bzw. den sozio-kulturellen Dimensionen des Handelns verankert ist. Kommunikation und Kooperation bilden hierbei die letzte Instanz für die Effizienz funktionaler Differenzierung, nicht die Regeln selbst. Letztere sorgen lediglich für die systematische Kommunikation und Reflexivität über die Chancen und Risiken der funktionalen Differenzierung. Nur so kann der Einbezug verschiedenster Erfahrungen, Wissenskomponenten und Perspektiven garantiert werden, der erst komplexe Situationsanalysen ermöglicht, die zu angemessenen, darunter bisweilen auch riskanten, aber immer notwendigerweise begründeten Entscheidungen führen.

Für kommunikative Vernunft als Richtmaß sind eindeutige Qualitätskriterien notwendig. Eine effiziente Perspektivenkoordination, die als Kern der kommunikativen Vernunft den Zugriff auf Wissen optimiert, über die Angemessenheit von Normen und Entscheidungen befindet sowie die beteiligten Akteure ernst nimmt und anerkennt, benötigt Akteure, die nicht nur fachlich kompetent sind, sondern auch in der Lage sind, sich selbst zu organisieren und zu motivieren sowie auf Augenhöhe miteinander zu interagieren. Hierzu lassen sich eine ganze Reihe individueller Kompetenzen auflisten, die beherrscht werden müssen: Authentizität, Selbstsicherheit, sprachliche Kompetenz, Flexibilität, Stresstoleranz, Empathie, Achtung und Respekt, Rollenübernahme, Rollendistanz usw. Entscheidend für die Performanz jedoch, also für den *Gebrauch* von Fähigkeiten und Ressourcen, ist die Kommunikationsatmosphäre, d. h. die jeweiligen sozio-kulturellen Rahmenbedingungen. Für die entgegenkommende Kommunikationsatmosphäre als Handlungskontext, in dem es möglich ist, Kompetenzen einzusetzen, zu lernen und auszubilden, ist es wichtig, dass sich die beteiligten Individuen über Bereichs- und Hierarchiegrenzen hinweg in intersubjektiven Beziehungsnetzwerken wechselseitig anerkennen und vertrauen. Dazu gehört es, einen egalitären sowie kollegialen Umgang zu pflegen, also auf Statusallüren und einen patriarchalischen Führungsstil zu verzichten, ganz so wie bei Kardag, wo, wie der Personalleiter berichtet, Kollegialität zwischen allen Führungsebenen herrscht und der Grundstein des Erfolgs die Paarung ingenieurtechnischer Leistungen mit den Leistungen der Facharbeiter bildet. Dies ist der Fall, obwohl Aufgabenbereiche nach wie vor funktional und hierarchisch definiert sind und zum Zweck einer Entscheidungsfindung in einem unter ökonomischen Imperativen stehenden Unternehmenskontext auch definiert sein müssen. Dieser Sachverhalt darf aber nicht die Anerkennung der bei der Unternehmensleitung liegenden Berechtigungen und Zuständigkeiten seitens der Beschäftigten einschränken. Nur so können diese die durch ihre arbeitsvertraglich abgesicherte Mitgliedsrolle verknüpften Verpflichtungen in einer Arbeitsorganisation wahrnehmen.

Ohne gegenseitige Anerkennung und wechselseitiges Vertrauen ist mit einer hohen Leistungsbereitschaft nicht zu rechnen. Ob daraus, insbesondere im Fall der subjektivierten

Wissensarbeit, eine unkritische und indifferente Gehorsamsbereitschaft abzuleiten ist, wie Luhmann unterstellt, darf bezweifelt werden [61]. Es müssen zeitlich bedingte Veränderungen des Vertrauensbegriffs berücksichtigt werden, da er in modernen Gesellschaften keine ausschließlich interpersonale Angelegenheit *direkt interagierender* Personen mehr darstellt. Zwar handelt es sich bei Vertrauen und Anerkennung zunächst um intersubjektive Konzepte und Ausdruck direkter persönlicher Beziehungen. Unter den Bedingungen der ausdifferenzierten funktionalen Handlungssysteme moderner Gesellschaften werden jedoch vor allem die normativ-moralischen Erwartungshaltungen relevant, die sich von engen intimen Beziehungen lösen und sich stärker an Funktionen, Kompetenzen und objektivierbare Leistungen knüpfen [62]. Soziologen wie Luhmann und Giddens betonen deshalb, dass Vertrauen in der von Personen zusehends abstrahierenden Moderne auf eine zunehmend vertrauensbasierte Interaktion mit Fremden ausgeweitet wird und als *generalisierte* Vertrauenserwartung zu einem zentralen Element komplexer Gesellschaften wird [63]. Vertrauen erfahren ab diesem Zeitpunkt folglich auch abstrakte Systeme und formelle Institutionen, z. B. Technik, Wissenschaft und Politik.

Dennoch erfüllt ein solches „Systemvertrauen" ohne intersubjektive Komponenten wechselseitiger Anerkennung die sozialen, moralischen und emotionalen Voraussetzungen von Vertrauen nicht. Wenn von Vertrauen im Kontext von Unternehmen und Dienstleistungsproduktivität die Rede ist, ist der Verweis auf Systemvertrauen nicht ausreichend. Vertrauen lässt sich nicht auf eine „Rational Choice"-Logik reduzieren. Dagegen spricht dreierlei: *„die starke normativ-moralische Aufladung des Begriffs, seine Konnotation von Wohlgefühl und Aufgehobensein und die stets mitschwingende Erwartungssicherheit, die nur durch eine emotional grundierte Haltung oder Einstellung übersprungen werden kann"* [64]. Vertrauen bleibt eine *„Gefühlshaltung, als affektive Einstel*lung" [65].

Mit anderen Worten, wenn Vertrauen so wichtig für wissensintensive Arbeitsprozesse mit ihrer Verdichtung menschlicher Interaktion und Kommunikation ist, wie allgemein konstatiert wird, dann lässt sich ein Unternehmen bzw. die Produktivität eines Unternehmens nicht auf der Grundlage von Kapital, Arbeit, Technik, Wissen und formellen Institutionen allein organisieren, sondern ist maßgeblich auf ein sensibles intersubjektives Netz angewiesen, das Vertrauen und Anerkennung in Alltagskommunikationen dauerhaft und nachhaltig ermöglicht und bereit stellt. Kontrolle ist gut, aber Vertrauen ist besser. Dazu wird der von uns schon oft bemühte und in den Fallstudien deutlich zum Tragen kommende Rahmen einer integrierenden Kultur benötigt, der erst eine Vertrauens*atmosphäre* schafft, innerhalb der man sich auf die Kooperationspartner verlassen kann und die die Grundlage langfristiger Handlungen und Entscheidungen bildet.

Eine Vertrauensatmosphäre lässt sich jedoch nicht lagern, eine vorhandene kann verloren gehen. Das macht sie anfällig für Störungen der vielfältigsten Art. Dieser Anspruch unterscheidet Vertrauen von Vertrautheit und Loyalität, wie sie traditionelle integrative Sozialordnungen charakterisieren. Die Ressourcen des Vertrauens und damit seine Qualität unterliegen kulturellen Veränderungen und werden unter den Bedingungen von gesellschaftlicher Individualisierung und subjektivierter Arbeit abhängig von einer fundierten Partizipations- und Diskursorientierung innerhalb einer betrieblicher Sozialordnung, die gegenseitige Achtung und Anerkennung auf der Grundlage von Reziprozität, Egalität und Gegenseitigkeit signalisiert. Dies gelingt allein auf dem Fundament der oben erwähnten Kriterien der kommunikativen Vernunft. Daran ändert nichts, dass es sich immer nur um eine kontrafaktische Unterstellung von Reziprozität, Egalität und Gegenseitigkeit handeln kann, weil nach wie vor eine ausdifferenzierte funktionelle Hierarchie mit Entscheidungsverantwortung sowie ein Machtgefälle zwischen Management und Belegschaft den Normalfall darstellen. Dennoch erfordern die notwendigen subjektiven Potentiale und die Integration unterschiedlichster Perspektiven für die Steuerung moderner industrieller Dienstleistungen ein sozio-kulturelles Handlungsfeld, das die Freiheit und die Motivation entstehen lässt, die Initiative zu ergreifen. Dies darf nicht schweigend und latent institutionalisiert werden, sondern muss offen anerkannt und vertreten werden, insbesondere bei der Formulierung von Kritik und beim Auftreten von Fehlern (Fehlertoleranz).

Es besteht kein Zweifel, dass die traditionelle Unternehmenskultur zu einer hohen Leistungsfähigkeit, Arbeitszufriedenheit und Mitarbeiterbindung führen kann. Selbst bei Sensotec schätzen die jüngeren „subjektivierten" Arbeitnehmer die betriebliche Fürsorge und Gemeinschaft, fühlen sich den Unternehmenszielen und der Führung verbunden und vermissen bisweilen sogar den Schutz, den die von ihnen kritisierten und auf dem Rückzug befindlichen traditionalen Beziehungsstrukturen durch Verantwortungsentlastung bieten. Das hat einen nachvollziehbaren Hintergrund. Die Übertragung von Verantwortung im Rahmen der heute üblichen Projektarbeit gestaltet sich oft so, dass sie von den Arbeitenden nicht angemessen reguliert werden kann und aufgrund von Überforderung und widersprüchlichen Anforderungen zu den erwähnten hohen psychischen Belastungen und Erschöpfungszuständen führt.

Aber trotz des Anwachsens solcher Risiken ziehen es die meisten hochqualifizierten Beschäftigten vor, ihren eigenen Beitrag auf der Grundlage subjektiver Kompetenzen zur Verwirklichung der Unternehmensziele zu leisten. Sie wollen in dieser Funktion auch gefordert und anerkannt werden, und zwar nicht zuletzt deshalb, weil sie selbstbewusst genug sind, die Überzeugung zu vertreten, dass durch ihren Beitrag das Unternehmen in seiner Innovativität und Leistungsfähigkeit gestärkt wird.

Damit die Unternehmen dieses unschätzbare Potential auch entfalten können, müssen sie bestimmte Bedingungen erfüllen. Das Geheimnis für die gelungene Modernisierung integrativer Sozialordnungen ist ihre bewusste Öffnung für subjektivierte Arbeit, die in wesentlichen Zügen, wie wir bereits angemerkt haben, eine *Intersubjektivierung* der Arbeit bedeutet. Sie bringt den Unternehmen Vorteile, die jedoch nicht „umsonst" zu haben sind, sondern sich nur einstellen, wenn sie den veränderten Ansprüchen der Arbeitenden entgegenkommen. Dann entsteht anstelle einer wenig erfolgversprechenden instrumentellen Arbeitsorientierung eine *kooperative Produktivitätskultur* auf der Grundlage von wechselseitigem Vertrauen und wechselseitiger Anerkennung. Sie etabliert sich, wenn sensible kommunikative Handlungsvoraussetzungen auf der Grundlage von sozialen Erwartungen und Normen respektiert werden, die in Richtung *autonomer Ich-Identitäten* weisen. Um Missverständnisse zu vermeiden: Der Begriff „autonomes Ich" beschreibt kein egoistisches von sozialer Rücksichtnahme und sozialen Beziehungen befreites isoliertes Individuum, das nur gelernt hat, die eigenen Absichten durchzusetzen. Im Gegenteil, Subjekte mit einer *autonomen Ich-Orientierung* sind kognitiv in der Lage, einen distanzierten Blick auf die eigene Rolle einzunehmen und verschiedene Perspektiven zu koordinieren. Dadurch entsteht Interesse an und Raum für die Urteile, Entscheidungen und Handlungen anderer. Aus der damit zusammenhängenden Erfahrung, dass sich eine Situation aus unterschiedlichen Blickwinkeln beleuchten lässt, resultiert die Erkenntnis, dass die Integration unterschiedlicher Sichtweisen effektivere Problemlösungen erzeugt.

Damit dieses Wissen auch praktisch relevant wird, müssen zudem emotionale Voraussetzungen gegeben sein, wie sie in einer Atmosphäre herrschen, in der Vertrauen und Anerkennung an der Tagesordnung sind. Sie schaffen ein Gefühl der Sicherheit, das erst das Fundament dafür bildet, Fehler zu tolerieren und gegenseitige Kritik als Basis für Innovativität zuzulassen. Eine Vertrauens- und Anerkennungskultur ermöglicht erst den Grad an Gelassenheit, der dazu führt, Dinge auch mal gewähren zu lassen, sich in die interessierte Zuschauerrolle zurückzuziehen und nicht darauf zu beharren, die eigenen Pläne mit Gewalt im Detail zu verwirklichen. Unter diesen Umständen werden unerwartete Konstellationen nicht von vornherein als Störfaktoren behandelt, weil sie nicht ins Raster passen, sondern ihr Auftreten wird als Möglichkeit hingenommen und sogar eingeplant.

Erst auf einer solchen Basis bildet sich eine offene und gemeinsame Produktion von den Handlungen, die kreative Lösungen und echte Kooperationen erlauben, weil sie den Anderen – das Teammitglied, den Vorgesetzten, den Untergebenen etc. – nicht nur als strategischen Partner zur Durchsetzung der eigenen Intentionen konzipieren. Die Fähigkeit, kreativ mit neuen Situationen umgehen zu können, ist der Garant für einen vorurteilsfreien Umgang mit dem Unbekannten und Differenten, weil sie sich nicht ausschließlich an dem Bekannten und Ähnlichen sowie an vermeintlichen unüberbrückbaren Zwängen orientiert, sondern in der Lage ist, Sein und Sollen zu trennen und dadurch Ziele nicht von vornherein auf bloße Machbarkeit einschränkt [66]. Unter diesen Voraussetzungen ist auch der Anspruch im Rahmen subjektivierter Arbeit „Spaß" zu haben, qualitativ zu verstehen. *„Unter ‚Spaß' verstehen (...) heute sehr viele Menschen das Erlebnis aktiven und erfolgreichen persönlichen Wirkens und Helfens in Verbindung mit Selbsterweiterungserfahrungen, nicht etwa nur Zerstreuungen und Vergnügungen, wie sie Freizeitparks und Medienangebote bereithalten"* [67].

Dies alles schließt jedoch nicht aus, dass im Kontext ökonomischer Zwänge und organisatorischer Macht Diskursprozesse abgebrochen werden und Entscheidungen dezisionistisch gefällt werden. Aber selbst die Akzeptanz solcher Momente als hinzunehmende Ausnahme hängt von einer grundsätzlich beteiligungsorientierten und auf Vertrauen und Anerkennung basierenden betrieblichen Sozialordnung ab, die keinen Luxus darstellt, sondern funktional für die Produktivitätskultur wissensintensiver Unternehmen und den dazu gehörenden Dienstleistungen ist. Konflikte und Konfliktfähigkeit gehören zu diesem Konzept. Neben Vertrauen werden Risiko- und Enttäuschungsbereitschaft sowie die Freiheit, die Kraft und die Macht, selbstbewusst „nein" sagen und sich durchsetzen zu können, für die Beschäftigten existentiell wichtig. Andernfalls nehmen die oben genannten Risiken einer „indirekten Steuerung", die eigene Kontroll- und Schutzmöglichkeiten außer Kraft

setzen, überhand. Inwieweit Unternehmen unter dem Zwang der ökonomischen Verhält-
nisse de facto den voraussetzungsvollen Bedingungen für eine kooperative Produktivitätskultur genügen können, ist eine andere Frage. Es sind hier durchaus Zweifel angebracht
und es ist auf den wirtschaftlichen und politischen Kontext zu achten. Aber wie unsere
Fallbeispiele belegen, gibt es trotz aller zum „Durchregieren" einladenden ökonomischen
Zwänge, Handlungsspielräume, die genutzt werden können.

Die Subjektivierung der Arbeit führt zu Konsequenzen für die Konstruktion des Pro-
duktivitätsbegriffes, dem Verständnis von Produktivität und damit zusammenhängend für
Accounting-Strategien und Performance Measurement. Diese Konzepte müssen danach
beurteilt werden, ob der Versuch im Mittelpunkt steht, Prozesse nur abzubilden, vor dem
Hintergrund einer engen betriebswirtschaftlichen Auslegung zu rationalisieren und zu
sanktionieren oder ob sie das Ziel haben, Mitarbeiter und ihre Team- und Kooperationsfä-
higkeit, Diskursbereitschaft, Intelligenz, Kreativität und Lernbereitschaft zu fördern. Die
Fallunternehmen haben sich für die Strategie entschieden, statt auf Produktivitätsmessung, durch das „*die Sau nicht fetter wird*", darauf zu setzen, dass Mitarbeiter weitgehend
freiwillig ihr Bestes geben. Es geht um das Vertrauen in die Motivation der Mitarbeiter. um
Maßnahmen, die Motivation erhalten oder steigern, aber auch um Möglichkeiten, Leis-
tungsgrenzen im Rahmen von gesundheitlichen Belastungen zu thematisieren. Hierbei
können objektivierende Instrumente, die Transparenz über die zu bewältigenden Arbeitspakete und ihre Kontextbedingungen schaffen, durchaus im Sinne der Beschäftigten selbst
sein. Voraussetzung hierfür ist allerdings der zurückhaltende und reflexive Umgang mit
solchen Instrumenten und Verfahren. Dieser setzt auf Beteiligungsorientierung und konzipiert die Instrumente und Verfahren mitsamt (schein-)objektiver Kennzahlen als pragmatische Zielvorgabe, die bei Abweichung Kommunikationsbedarf (nicht Rechtfertigungs-
bedarf!) erzeugen. Dies ist etwas anderes als „Management by Numbers" und kalkulative
Praktiken, die als Kontroll- und Sanktionsinstrument eingesetzt werden und dadurch die
Vertrauens- und Anerkennungskultur in Frage stellen.

Wie die Daten aus den Fallbetrieben zeigen, geht es bei Sicherung der Produktivität
industrieller Dienstleistungen weniger um deren Standardisierung, Objektivierung und
numerische Erfassung, sondern um Flexibilität durch Anpassung auf der Basis subjektiver
und kooperativer Handlungen. Hierfür muss sich im Management, bei den Führungskräften, den Mitarbeitern und ihren Vertretungen Verständnis für mikrosoziale Prozesse breit
machen, Verständnis für konkretes Handeln auf der Grundlage soziokultureller Regelsysteme. „Management by Numbers" geht einen anderen Weg und zielt auf abstrakte Ablei-
tungen des Handelns, die auch vor den weichen Faktoren und immateriellen Ressourcen
nicht Halt machen und will deren Bewertung mit Gewalt in ihr herrschendes Paradigma
einverleiben. „*In Organisationen aller Formen und Zwecke werden heute vermehrt Methoden der quantifizierenden Darstellung, Kalkulation und Bewertung eingesetzt. Produkte
und Leistungen werden hinsichtlich ihrer Kosten kalkuliert; Ziele werden durch Quantifizierung operationalisiert; die Qualität der Kundenbeziehungen wird in Zahlen ausgedrückt; Investitionen werden danach beurteilt, welche Rendite sie versprechen; und
nicht zuletzt wird menschliche Arbeit durch Stundensätze, Gemeinkostenzuschläge o. ä.*

messbar gemacht" [68]. *... Der höchste Grad an Abstraktion scheint dann erreicht, wenn die Repräsentation der Welt die Form von Zahlen annimmt. Quantifizierung tilgt letztlich das qualitative Moment der Dinge, indem es das, was sich nicht in Zahlen ausdrücken lässt, als ,unwesentlich' zurücklässt"* [69].

Die Alltagspraxis in unseren Fallunternehmen verzichtet für ihre wichtigsten Entscheidungen weitgehend auf diese Methoden. Das müssen auch die „Number Cruncher" von Chemtrail erfahren, wenn Entscheidungen über ihre Köpfe hinweg gegen ihre ausgefeilten Kalkulationen getroffen werden. In mittelständischen Unternehmen relativieren die befragten Verantwortlichen aufgrund ihrer Erfahrungen von vorneherein den Anspruch, überhaupt objektive Daten zur Steuerung des Unternehmens zu gewinnen und zu nutzen. Das heißt nicht, sie würden keine Unmengen von Kennzahlen erheben. Deren Sammlung und Auswertung wird aber alles andere als akribisch verfolgt; das wäre im Vergleich zum erwarteten Nutzen ein zu hoher Aufwand. Den Kennzahlen kommt lediglich beim Überfliegen die untergeordnete Aufgabe einer Alarmfunktion zu. Sie werden als richtungsweisend verstanden, dienen einem Überblick, aber müssen ständig interpretiert, reflektiert und angepasst werden. Dies setzt großes Verständnis für die betrieblichen Abläufe voraus und gelingt zumeist nur im Team. *„Jede Zahl hat ihre Geschichte und man braucht auch einen emotionalen Bezug (Controller Logware)."* ... *„Ich vergleiche einmal im Jahr die Fehlzeiten und vergleiche nichts anderes als den Best Case und den Worst Case. Dann kann man Handlungsbedarf entdecken und bei den Führungskräften nachzuhaken, damit die sich drum kümmern. Man braucht da keine Zahlen, 2,8 oder 2,3 ... es reicht ein Überblick und man hat ein pfiffiges Ergebnis"* (Bereichsleiter Aeromat). Die Reichweite von Performance Measurement für die Entscheidungsbildung ist begrenzt, wobei die betrieblichen Experten in der Regel noch nicht einmal über die notwendigen Kompetenzen verfügen, die Zahlen in den angemessenen Kontext zu setzen und zu verstehen. *„Qualitative Aspekte können von den Controllern gar nicht dokumentiert werden, sie können (!) die Daten gar nicht interpretieren, weil sie die Hintergründe gar nicht kennen und weil sie gar nicht in der Entscheidungssituation stehen"* (Bereichsleiter Aeromat). Das wissen auch die Controller selbst. *„Natürlich beobachtet ein Controller Rahmendaten wie die Zahl der Gewährungsleistungen, außerdem Umsatz und Wachstum. Er schlägt wenn nötig Alarm, wenn es da Auffälligkeiten gibt. Für die Bewertung der Qualität und Produktivität von Dienstleistungen aber, da habe ich ja gar kein Wissen. Das können die Abteilungen nur selber bewerten. Dazu müsste man tief in den Entwicklungsprozess mit seinen Untiefen einsteigen. Das kann man nicht von oben beobachten"* (Controller Logware). Auch aus Controllerperspektive bleibt gar keine andere Möglichkeit, als der Leistungsbereitschaft der einzelnen Abteilungen zu vertrauen: *„Die Abteilungen haben schon von alleine Ehrgeiz, die wollen selbst keine Fehler machen und effizient arbeiten"* (Controller Logware).

Je nach beruflicher Ausbildung und Selbstverständnis müssen Controller und auf Controlling setzende Führungskräfte die Beschränktheit ihrer Methoden und ihres Einflusses bisweilen mühevoll lernen: *„Denen fehlt der Realitätsbezug für unternehmerisches Denken und Handeln. Weil sie teilweise Null Verständnis haben und rein geprägt sind von einer rein erlernten Sache von der Uni"* (Bereichsleiter Aeromat). Entsprechend gibt eine befragte Controllerin zu, sie habe sich erst daran gewöhnen müssen, *„manchmal locker zu lassen und auch einfach ein bisschen Vertrauen auch wirklich zu haben und nicht dieses Kontrollieren. Das hab ich abgelegt. Ich beobachte ... Ich hab viel gestaunt und selber auch erstmal sehr viel gelernt. ... Dass ich mich nicht immer mit meiner Zahl hier hinsetzen kann und sagen, das ist jetzt hier gut oder schlecht, sondern, dass man wirklich sehr viel lernen muss, verstehen muss und hinterfragen muss und dass das nur funktioniert mit den Leuten und nicht gegen die Leute"* (Controllerin PCB).

Nicht allen Controllingexperten gelingt ein solcher Lernprozess, vor allem verfehlen sie, wenn sie in der Ausbildung oder in der Berufsbiografie entsprechend sozialisiert wurden, leicht die Anpassung an mittelständische Bedingungen bzw. an eine flexibilisierte Produktion abseits der Massenfertigung. Bei PCB sah man sich aus diesen Gründen gezwungen, sich von einem Betriebsleiter zu trennen, der aus der Großindustrie kam und *„glaubte, das mittelständische Unternehmen mit 500 Beschäftigten durch Kennzahlen regieren zu können. Die (aus der Großindustrie) ticken ganz stark nach Kennzahlen und denken nicht bereichsübergreifend. Die sehen nur ihr Aufgabengebiet, haben ein oder zwei Kennzahlen, dann wackeln die los und gucken nicht links und nicht rechts und meinen erfolgreich zu sein, wenn sie diese Kennzahl gebracht haben. Das mag in der Großindustrie mit Großserien vielleicht erfolgreich sein. Bei uns aber bringt jeder Tag neue Schwerpunkte. Man muss sich immer auf 500 Kunden einstellen, da kann man nicht sagen, die Kennzahl ist das alleinig Seligmachende. Es gibt noch 1000 Dinge rundherum, die auch wichtig sind"* (kaufmännische Geschäftsführerin PCB).

Auf der anderen Seite wäre es verkürzt, die formale Controllingfunktion zu unterschätzen. So wehrt sich die oben genannte Controllerin dagegen, dass ihre Bereitschaft über Kennzahlen zu diskutieren, in der Weise missverstanden wird, als könne die Definition von Leistungen und Kosten ohne jeden Bezug auf Objektivität auf einen Aushandlungsprozess reduziert werden. Es geht ihr darum, dass alle Beteiligten in einem Diskursprozess Daten gemeinsam interpretieren und es durch die Koordination unterschiedlicher Perspektiven gelingt, eine „objektivere" Wirklichkeit der induzierten Prozesse zu erkennen. Dies ist ein praktisches Beispiel für die Integration informeller und formeller Institutionen und für den Sinn der Perspektivenkoordination auf der Grundlage gegenseitiger Anerkennung und gegenseitigen Vertrauens. "*Wenn da jetzt 'ne Überschreitungen der Kosten ist, wird niemand der Kopf abgerupft bei mir, ich denk da werd' ich auch nicht laut, wir besprechen dann die Ursachen, gucken, wie geht es weiter, muss es Maßnahmen geben, werden die eingeleitet, also des läuft zum Glück sehr sachlich ab"* (Controllerin PCB). *„Jeder Verantwortliche im Haus wird zu der Auswertung eingeladen, auch der Betriebsrat und wir haben die Erwartung an die Führungskräfte, dass sie die Auswertung bis an den letzten Mitarbeiter 'rantragen. Also bei uns darf und soll jeder wissen, wo wir stehen. Das ist gewollt. Das haben die Gesellschafter am Anfang gar nicht begriffen, das haben die auch abgelehnt, nach dem Motto, 'wenn wir jetzt viel Gewinn machen, dann kommen nur die Leute mit viel Gehalts- und Lohnforderung und wenn wir Verlust haben dann hören sie nicht zu', aber wir leben das eben anders, und zwar mit Erfolg. Das ist einfach notwendig, das ist auch ein Stück Zusammenhalt"* (kaufmännische Geschäftsführerin PCB).

Die Quintessenz lautet: Controlling ist hilfreich, aber es muss anerkannt werden, dass es nur einen fallibelen Ausschnitt aus der Wirklichkeit repräsentiert, der diskussionswürdig ist. Dazu braucht es kein ausdifferenziertes, aufwendiges und abstraktes System. Der Bereichsleiter von Aeromat rät jedem Verantwortlichen, im eigenen Verantwortungsbereich *„ein eigenes kleines, einfach zu handhabendes Controlling vorzunehmen. Das kann ein persönliches Gespräch sein, wo man etwas klar festhält oder dokumentiert. Aber immer unterstützend und nicht besserwisserisch. Das macht den großen Unterschied!"*

Welche Konsequenzen sind aus dem Gesagten zu ziehen? Formalisierung und Performance Measurement können zweifellos Effizienz und Effektivität erhöhen, sie sind auch angesichts komplexer externer und interner Organisationshandlungen notwendig und bilden die Grundlage für Entscheidungen. Mit ihnen drohen aber die Risiken einer instrumentell strategischen Formalisierung, zumindest dann, wenn keine Rücksicht auf die informelle Basis und der mit ihr verwobenen immateriellen Ressourcen des Arbeitshandelns in Unternehmen genommen wird. Insbesondere bei wissensintensiven Dienstleistungen ist es eher unwahrscheinlich, dass im Falle einer technokratischen Engführung des Performance Measurements die Produktivität von Dienstleistungen gesichert oder gesteigert wird. Die mit wissensintensiven Dienstleistungen verbundene Subjektivierung der Arbeit macht ein systematisches Zusammenspiel zwischen informellen und formellen Institutionen notwendig. Dieser Prozess kann mehr oder weniger bewusst oder geplant verlaufen. In manchen betrieblichen Sozialordnungen erfolgt er implizit aufgrund der gewachsenen integrierenden Unternehmenskultur. Größer werdende Unternehmen hingegen sollten sich das konstruktive Verhältnis von informellen und formellen Institutionen in jedem Fall systematisch bewusst machen. Dies wäre ein wesentliches Element einer institutionalisierten Reflexivität.[8] Auf diese Weise könnte vermieden werden, dass die für eine wissensintensive industrielle Organisation so fundamentalen Kommunikationsprozesse mit ihren sensiblen sozio-moralischen Voraussetzungen wie Vertrauen und Anerkennung gestört werden.

Das Ergebnis wäre eine Produktivitätskultur, die als kooperatives Ziel unterschiedlicher Bereiche und Hierarchien organisationsübergreifende innovative und effiziente Problemlösungen anvisiert. Der hierfür notwendige steigende Bedarf an Koordination, Steuerung und Komplexitätsbewältigung lässt sich nur auf der Grundlage gegenseitigen Vertrauens und wechselseitiger Anerkennung verwirklichen, die in modernen Sozialordnungen in einer partizipativen Unternehmenskultur verankert sein müssen. Entscheidend hierbei ist, dass die Institutionalisierung von Reflexivität nicht als fremdbestimmter Prozess verstanden wird, sondern als partizipativer, kreativer und innovativer Prozess, der nicht frei von Widersprüchen und Konflikten ist. Unternehmen, Führungskräfte, Mitarbeiter und deren Vertreter können nur im Rahmen der entsprechenden Unternehmenskultur und Sozialordnung den hierfür notwendigen Mut und die konstruktive Energie aufbringen, sich den

---

[8]Wie diese durch intelligente Software Tools optimiert werden kann, zeigt der Beitrag von Christian Traubinger in diesem Buch.

damit zusammenhängenden Barrieren zu stellen. Dies hilft auch die präventive Aufgabe zu bewältigen, die Selbstgefährdung, die die Subjektivierung der Arbeit immer begleitet, zumindest zu mildern. Denn wie sagte Frau S., als sie danach gefragt wurde, ob sie nach der Verbesserung der Führungskultur stärker motiviert sei? *„Ich bin immer gleich motiviert. Ich hätte das (unter den alten Bedingungen) aber nicht mehr lange durchgestanden."*

Dr. Heiko Breit studierte Soziologie, Psychologie und Philosophie an der Universität des Saarlandes. Nach Erfahrungen als Industriesoziologe am Institut für Sozialforschung und Sozialwirtschaft *(iso)* in Saarbrücken beschäftigte er sich als wissenschaftlicher Mitarbeiter an der Universität des Saarlandes mit der Entwicklung von Moral-, Verantwortungs- und Rechtsbewusstsein in unterschiedlichen gesellschaftlichen Kontexten (Ökonomie, Ökologie, Arbeit und Beruf). Diese auf theoretischen Grundlagen basierende empirische Arbeit hat er am Deutschen Institut für Internationale Pädagogische Forschung (Dipf) in Frankfurt am Main mit Schwerpunkt auf Bildung, Kultur und Entwicklung sowie als Lehrbeauftragter an der Universität Basel fortgesetzt.

Seit über 10 Jahren ist Heiko Breit wieder am Institut für Sozialforschung und Sozialwirtschaft *(iso)* tätig. Sein zentrales Interesse dort richtet sich auf die Rahmenbedingungen technischen, institutionellen und kulturellen Wandels in Unternehmen und Gesellschaft.

Literatur

[1] Bartmann D, Penzel HG, Petzel E (Hrsg.) (2005) Die Industrialisierung des Bankbetriebs. Wie sich Konzepte der Industrie auf die Banken übertragen lassen, Wiley Verlag, Weinheim

[2] Groys B (1997) Technik im Archiv. Die dämonische Logik technischer Innovationen. Rammert W, Bechmann G (Hrsg.) Technik und Gesellschaft, Campus Verlag, Frankfurt

[3] Grewer G, Matthäi I, Reindl J (2007) Der innovative Ältere. Warum die Entwickleruhr länger als sieben Jahre tickt. Rainer Hampp Verlag, München und Mering

[4] Karmakar U (2004) Will you survive the services revolution?.Harvard Bus Rev 6:101–107

[5] Drucker P (1999) Management im 21. Jahrhundert. Econ, Düsseldorf

[6] Moldaschl MM (2006) Innovationsfähigkeit, Zukunftsfähigkeit, Dynamic Capabilities. Moderne Fähigkeitsmystik und eine Alternative. Schreyögg G, Conrad P (Hrsg.) Managementforschung 16, Gabler Verlag, Wiesbaden, S. 498

[7] Becker A (2003) Controlling als reflexive Steuerung von Organisationen. Schäffer-Pöschel Verlag, Stuttgart

[8] Hodgson GM (2009) Institutional economics into the twenty-first century'. Studi e Note di Economia 24(1):3–26

[9] Mirow M, Matzler K (2012) Wie mächtig ist der Mächtige? Knoblach, B., Oltmanns, T., Hajnal, I., Fink, D. (Hrsg.) Macht in Unternehmen. Der vergessene Faktor, Springer Gabler, Wiesbaden, S. 37

[10] Hinterhuber HH (2013) Führen mit strategischer Teilhabe. SEV, Berlin

[11] Becker A (2003) Controlling als reflexive Steuerung von Organisationen. Schäffer-Pöschel Verlag, Stuttgart

[12] Ortmann G, Sydow J (2001) Strukturationstheorie als Metatheorie des strategischen Managements – Zur losen Integration der Paradigmenvielfalt. Ortmann G, Sydow J (Hrsg.) Strategie und Strukturation, Gabler, Wiesbaden, S. 421–447

[13] Giddens A (1988) Die Konstitution der Gesellschaft. Grundzüge einer Theorie der Strukturierung. Campus Verlag, Frankfurt am Main

[14] Ortmann G, Sydow J (2001) Strukturationstheorie als Metatheorie des strategischen Managements – Zur losen Integration der Paradigmenvielfalt. Ortmann G, Sydow J (Hrsg.) Strategie und Strukturation, Gabler, Wiesbaden, S. 434

[15] Hinterhuber HH (2013) Führen mit strategischer Teilhabe. SEV, Berlin, S. 163

[16] Weber M (1988) Die „Objektivität" sozialwissenschaftlicher und sozialpolitischer Erkenntnis (1904). ders. Gesammelte Aufsätze zur Wissenschaftslehre, 7. Aufl. Mohr Siebeck, Tübingen (zuerst 1922), S. 180f

[17] Giddens A (1995) Konsequenzen der Moderne. Suhrkamp, Frankfurt am Main, S. 82

[18] z. B. Kotthoff H, Reindl J (1990) Die soziale Welt kleiner Betriebe. Wirtschaften, Arbeiten, und Leben im mittelständischen Industriebetrieb. Göttingen, Schwarz

[19] Kotthoff H (2013) Betriebliche Sozialordnung. Hirsch-Greinsen H (Hrsg.)Lexikon der Arbeits- und Industriesoziologie, Edition Sigma, Berlin

[20] Moldaschl M (2005) Institutionelle Reflexivität. Zur Analyse von „Change" im Bermuda-Dreieck von Modernisierungs-, Organisations- und Interventionstheorie. Faust M, Funder M, Moldaschl M (Hrsg.) Die Organisation der Arbeit, Rainer Hampp Verlag, München

[21] Moldaschl M (2005) Institutionelle Reflexivität. Zur Analyse von „Change" im Bermuda-Dreieck von Modernisierungs-, Organisations- und Interventionstheorie. Faust M, Funder M, Moldaschl M (Hrsg.) Die Organisation der Arbeit, Rainer Hampp Verlag, München, S. 175

[22] Böhle F, Pfeiffer S, Porschen S, Sevsay-Tegethoff N (2011) Herrschaft durch Objektivierung. Zum Wandel von Herrschaft im Unternehmen. Bonß W, Lau C (Hrsg.) Macht und Herrschaft in der reflexiven Moderne, Velbrück, Weilerswist, S. 246

[23] Elsner K (2013) Kleine Ursache – große Wirkung: Wertschätzung von hochqualifizierten Mitarbeitern. Eine konzeptionelle Einordnung und empirische Untersuchung zur Bedeutung der Anerkennung für gute Mitarbeiterführung. Rainer Hampp Verlag, München und Mering

[24] Hinterhuber HH (2013) Führen mit strategischer Teilhabe. SEV, Berlin

[25] Elsner K (2013) Kleine Ursache – große Wirkung: Wertschätzung von hochqualifizierten Mitarbeitern. Eine konzeptionelle Einordnung und empirische Untersuchung zur Bedeutung der Anerkennung für gute Mitarbeiterführung. Rainer Hampp Verlag, München und Mering, S. 2

[26] Nunner-Winkler G (2002) Identität und Moral. Straub J, Renn J (Hrsg.) Transitorische Identität. Der Prozesscharakter des modernen Selbst, Campus, Frankfurt, S. 56–84

[27] Trantow S, Hees F, Jeschke S (2011) Die Fähigkeit zur Innovation – Einleitung in den Sammelband. In: Jeschke, S, Isenhardt, I, Hees, F, Trantow, S, (Hrsg.) Enabling innovation, Springer, Berlin, S. 1–14

[28] Simon H (2007) Hidden Champions des 21. Jahrhunderts. Die Erfolgsstrategien unbekannter Weltmarktführer. Frankfurt am Main, Campus, S. 303

[29] a.a.O.

[30] Bödeker W, Friedrichs M (2011) Kosten der psychischen Erkrankungen und Belastungen in Deutschland. Kamp L, Pickaus K (Hrsg.) Regelungslücke psychische Belastungen schließen. Dokumente und Gutachten, HBS, Düsseldorf, S. 69–102

[31] Reindl J (2012) Paradoxe Freiheit, gestörter Sinn: Verstehende Prävention in der Arbeitswelt. Edition sigma, Berlin

[32] Z. B. Lünkemann D (2011) Die Produktivität steigt. In: Personalmagazin 03/11

[33] Dazu Horváth P, Gamm N, Möller K, Kastner M, Schmidt B, Iserloh B, Kliesch G, Otte R, Braun M, Matter M, Pennig S, Vogt J, Köper B (2009) Betriebliches Gesundheitsmanagement mit Hilfe der Balanced Scorecard. Bundesanstalt für Arbeitsschutz und Arbeitsmedizin (baua, Dortmund

[34] http://www.haufe.de/arbeitsschutz/arbeitsschutz-office/beschaeftigung-leistungsgewandelter-mitarbeiter-1-leistungsgewandelt-als-begriff/

[35] Breit H, Huber A (2008) Von der Integrationsvereinbarung zum Integrationsmanagement – Aktivierung und Qualifizierung von betrieblichen Leitungs-und Führungskräften. Bericht an das Bundesministerium für Arbeit und Soziales Initiative „job – Jobs ohne Barrieren. iso-Institut, Saarbrücken

[36] Kothe W (2010) Das betriebliche Eingliederungsmanagement. Ein doppelter Suchprozess, WSI-Mitteilungen, 7/2010, Bund Verlag, Frankfurt

[37] Dazu Auch Breit H, Feldes W (2015) Auf das Team kommt es an. Anmerkungen zur betrieblichen Gründungs- und Entwicklungsdynamik des BEM. Feldes W, Niehaus M, Faber U (Hrsg.) Werkbuch Betriebliches Eingliederungsmanagement, Bund Verlag, Frankfurt

[38] Giddens A (1988) Die Konstitution der Gesellschaft. Grundzüge einer Theorie der Strukturierung. Campus Verlag, Frankfurt

[39] Reindl J (2012) Paradoxe Freiheit, gestörter Sinn: Verstehende Prävention in der Arbeitswelt. Edition sigma, Berlin

[40] Pietsch G (2008) Humankapitalbewertung im Personalcontrolling – Jenseits der Verantwortlichkeitserosion. Controlling & Management 52(3):178–189

[41] Siehe Reindl J (2002a) Vom Produzenten zum Dienstleister: Irrweg oder Perspektive. Überlegungen zum deutschen Maschinenbau. In Leviathan 1, S. 93-112 und Reindl, J (2002b) Das Wachstum industrieller Dienstleistungen – Dienst am Kunden oder "Amerikanisierung" der Produktion? In: WSI Mitteilungen 9, S. 92–112

[42] Moldaschl M (Hrsg.) (2007) Verwertung immaterieller Ressourcen. Nachhaltige Unternehmensführung und Arbeit III. Rainer Hampp Verlag, München

[43] Baethge M (1991) Arbeit. Vergesellschaftung, Identität – Zur zunehmenden normativen Subjektivierung der Arbeit. In: Soziale Welt 42:S. 6–19

[44] Beck U (1991) Politik in der Risikogesellschaft. Essays und Analysen. Suhrkamp, Frankfurt am Main

[45] Inglehart R (1977) The silent revolution. changing values and political styles among western publics. University Press, Princeton

[46] Böhle F, Bolte A, Huchler N, Neumer J, Porschen-Hueck S, Sauer S (2014) Vertrauen und Vertrauenswürdigkeit. Arbeitsgestaltung und Arbeitspolitik jenseits formeller Regulierung. Springer VS, Wiesbaden

[47] Steinmann H, Schreyögg G, Koch J (2005) Management: Grundlagen der Unternehmensführung. 6. Aufl. Gabler, Wiesbaden

[48] Reindl J (2012) Paradoxe Freiheit, gestörter Sinn: Verstehende Prävention in der Arbeitswelt. Edition sigma, Berlin

[49] Initiative Neue Qualität der Arbeit (Inqa) (2015) Psyga – Psychische Gesundheit in der Arbeitswelt. Heruntergeladen am 10.03.2015: http://psyga.info/psychische-gesundheit/daten-und-fakten/

[50] Peter G (Hrsg.) (2007) Grenzkonflikte der Arbeit. Die Herausbildung einer neuen europäischen Arbeitspolitik. Hamburg, VSA-Verlag sowie Voß, GG, Pongratz, HJ (1998) Der Arbeitskraftunternehmer. Eine neue Grundform der Ware Arbeitskraft? In: Kölner Zeitschrift für Soziologie und Sozialpsychologie, H. 1, S. 131–158

[51] Ehrenberg A (2004) Das erschöpfte Selbst. Depression und Gesellschaft in der Gegenwart, Frankfurter Beiträge zur Soziologie und Sozialphilosophie. Campus, Frankfurt/New York

[52] Moldaschl M (2010) Widersprüchliche Arbeitsanforderungen. Ein nichtlinearer Ansatz zur Analyse von Belastung und Bewältigung in der Wissensarbeit.. In: Faller G (Hrsg.) Lehrbuch der Betrieblichen Gesundheitsförderung, Huber, Bern, S. 82–94

[53]   Böhle F, Pfeiffer S, Porschen S, Sevsay-Tegethoff N (2011) Herrschaft durch Objektivierung.
        Zum Wandel von Herrschaft im Unternehmen. In: Bonß W, Lau C (Hrsg.) Macht und Herr-
        schaft in der reflexiven Moderne., Velbrück, Weilerswist, S. 246

[54]   North DC (1990) Institutions, Institutional Change and Economic Performance. Cambridge:
        Cambridge University Press sowie Breit, H, Troja, M (2003) Institutional Change and Social
        Learning in Environmental Contexts: An Introduction. In: Breit H, Engels A, Contexts LE.
        Opladen, Leske & Budrich, S. 13–30

[55]   Hodgson GM (2013) From pleasure machines to moral communities: an evolutionary econo-
        mics without homo economicus. University of Chicago Press, Chicago

[56]   North, DC a.a.O.

[57]   Becker A (2003) Controlling als reflexive Steuerung von Organisationen. Schäffer-Pöschel
        Verlag, Stuttgart

[58]   Hodgson, GM a.a.O.

[59]   Moldaschl MM (2006) Innovationsfähigkeit, Zukunftsfähigkeit, Dynamic Capabilities.
        Moderne Fähigkeitsmystik und eine Alternative. In: Schreyögg G, Conrad P (Hrsg.))
        Managementforschung 16, Gabler Verlag, Wiesbaden

[60]   wie etwa bei Beck U (1991) Politik in der Risikogesellschaft. Essays und Analysen. Suhr-
        kamp, Frankfurt am Main

[61]   Eckensberger LH (2002) Paradigms revisited: From incommensurability to respected com-
        plementarity. In: Keller, H, Poortinga Y, Schölmerich, A (Eds.) Biology, culture, and develop-
        ment: Integrating diverse perspectives. Cambridge: Cambridge University Press, S. 341–383
        sowie Eckensberger, LH (2012) Culture-Inclusive Action-Theory: Action Theory in Dialec-
        tics and Dialectics in Action Theory. In: Valsiner, J The Oxford Handbook of Culture and
        Psychology, Oxford, University Press

[62]   Breit H (2007) Demokratische Kompetenz und demokratische Institutionen. In; Biedermann
        H, Oser F, Quesel C (Hrsg.) Vom Gelingen und Scheitern Politischer Bildung. Studien und
        Entwürfe, Ruegger, Zürich, S. 213–223

[63]   Luhmann N (1968) Vertrauen: Ein Mechanismus der Reduktion sozialer Komplexität. Ferdi-
        nand Enke Verlag, Stuttgart, S. 96

[64]   Frevert U (2013) Vertrauensfragen. Eine Obsession der Moderne. C. H. Beck Verlag, München

[65]   Giddens A (1995) Konsequenzen der Moderne, Suhrkamp, Frankfurt am Main

[66]   Frevert (a.a.O.), S. 17

[67]   Frevert (a.a.O.), S. 21

[68]   Breit H (2008) Kultur – Handlung – Demokratie: Eckpfeiler der kulturpsychologischen
        Handlungstheorie von LH Eckensberger. In: Plath I, Graudenz I, Breit H (Hrsg.) Kultur –
        Handlung – Demokratie. Dreiklang des Humanen, VS Verlag, Wiesbaden

[69]   Klages H (2001) Brauchen wir eine Rückkehr zu traditionellen Werten? In: Bundeszentrale
        für politische Bildung (Hrsg.) Aus Politik und Zeitgeschichte Heft 29, Bonn, S. 7–14

[70]   Messner M, Scheytt T, Becker A (2007) Messen und Managen (Controlling und die (Un-)
        Berechenbarkeit des Managements. In: Mennicken A, Vollmer H (Hrsg.) Zahlenwerk: Kalku-
        lation, Organisation und Gesellschaft, VS Verlag, Wiesbaden, S. 87

[71]   a.a.O., S. 95

DISQRS – ein intelligentes Tool zur kumulativen Bewertung von Entscheidungen bei betrieblichen Veränderungen

Christian Traubinger

„Unser Entscheiden reicht weiter als unser Erkennen" –
Immanuel Kant

Inhaltsverzeichnis

Gerade im Bereich betrieblicher Veränderung, egal ob Restrukturierung oder Innovation, haben wir es häufig mit Ideen und Maßnahmen zu tun, die von einzelnen Akteuren oder kleinen Gruppen ausgehen, in ihrer Wirkung aber eine Vielzahl unterschiedlicher Interessensvertreter betreffen. Da die Initiatoren solcher Maßnahmen aber meistens nur die gewünschten (bzw. erhofften) Effekte und Folgen im Auge haben und Entscheidungen analog dieser eigenen Sichtweise fällen, kommt es oft zu unerwarteten Reaktionen, Ablehnungen oder Blockaden beim Rest der Mitspieler. Verwundern sollte dies eigentlich nicht, da jeder Mitarbeiter seine eigenen, ganz natürlichen blinden Flecken besitzt und das Ausmaß seiner Entscheidungen niemals vollständig umreißen kann. Trotzdem reagieren viele Manager irritiert und verständnislos, wenn z. B. eine in ihren Augen sinnvolle IT-Innovation nicht wie vorgesehen genutzt wird oder Maßnahmen zur Effizienzsteigerung genau das Gegenteil bewirken. In der Change-Forschung werden die Quoten für das Scheitern solcher Projekte, gemessen an ihren originären Zielen, regelmäßig mit 70 % und höher beziffert [1]. Die Erklärungen hierfür sind vielfältig und reichen von

C. Traubinger (✉)
Carpe Ideam, Moldaschl & Traubinger GbR, Bahnhofsweg 2, 82008 Unterhaching bei München
e-mail: info@carpe-ideam.de

© Springer Fachmedien Wiesbaden GmbH 2017
H. Breit et al. (Hrsg.), *Produktivität von industriellen Dienstleistungen in der betrieblichen Praxis*, DOI 10.1007/978-3-658-08632-9_3

subjektivem, mikropolitischem Verhalten bis hin zu struktureller Komplexität, die niemals widerspruchsfrei beherrscht werden kann.

Die Idee, verschiedene Handlungs-Optionen durch mehrere Personen über ein öffentliches Bewertungssystem zu überprüfen, ist alles andere als neu. Jeder Online-Shop bietet heutzutage bereits solche Funktionen, um Artikel (man kann auch Ideen und Vorschläge als Artikel betrachten) zu bewerten. Die gängigste und bekannteste Form ist ein 5-Sterne-System. Aber an welchen Kriterien macht man fest, ob eine Idee wirklich gut ist? Etwa daran, dass möglichst viele Menschen sie für gut empfinden? Oder an einem besonders guten Durchschnittswert? Das wäre viel zu kurz gegriffen und entspricht höchstens einem Beliebtheitswettbewerb. Weder lassen sich damit die eigentlichen Beweggründe für die Bewertung nachvollziehen, noch können Alternativen untereinander abgewogen und priorisiert werden. Im schlimmsten Fall bleiben Chancen oder Risiken unerkannt, weil sie in einem solch simplen Bewertungsraster untergehen.

Das im Rahmen von EFFInDi entwickelte Tool hat deshalb die Schwachstellen traditioneller Bewertungssysteme unter die Lupe genommen und stellt eine reflexive Methodik zur Verfügung, um Handlungsoptionen und deren Auswirkungen in einem komplexen System besser zu verstehen, mikropolitisch (informelle) motivierte Argumentationen zu entlarven und anstehende Entscheidungen zu priorisieren.

Wie in den Fallstudien gezeigt werden konnte, hängt die Produktivität industrieller Dienstleistungen wesentlich von den Rahmenbedingungen einer auf Anerkennung und Vertrauen basierenden Produktivitätskultur ab. Diese benötigt in der Regel eine reflexive Institutionalisierung der für innerbetriebliche Kommunikation zuständigen formellen und informellen Institutionen.[1] Aber was bedeutet in diesem Zusammenhang reflexiv und wie kann die informelle betriebliche Kommunikation in „formalisierte" Kanäle gegossen werden? In erster Linie soll das Ergebnis gerade kein Beliebtheitswettbewerb für anstehende Handlungsentscheidungen sein, sondern detaillierte Rückschlüsse über deren mögliche, zukünftige Auswirkungen liefern. Solche Effekte können dabei sowohl auf harten Fakten basieren (wie z. B. versteckte Probleme bei der flexiblen Maschinenrüstung), aber auch durch „weiche Kriterien" wie Vertrauensgewinn oder -verlust definiert sein. Unsere Herausforderung bei der Entwicklung bestand also vor allem darin, dem Benutzer eine entsprechend strukturierte Interaktionsmöglichkeit zur Verfügung stellen, die ihn anregt, sich intensiv mit anstehenden Entscheidungen oder zukünftigen Ideen auseinanderzusetzen und systematisch eine Argumentation zur Bestätigung oder Widerlegung zugrunde liegender Hypothesen aufzubauen. Um diese Argumentation später filtern und gegeneinander abwägen zu können, muss sie einer vorgegebenen Struktur folgen, die in ihrer Komplexität frei definiert werden kann. Als Beispiel einer solchen Struktur der Pro- und Contra-Argumentation könnte man z. B. folgendes Schema wählen: die unterstützenden Pro-Argumente gliedert man in „positive Erfahrungen aus der Vergangenheit", „ökonomische

---

[1]Siehe den Beitrag von Heiko Breit in diesem Band

Chancen" und „Verbesserung der Reputation im Markt", während die skeptischen Contra-Argumente in „negative Erfahrungen aus der Vergangenheit", „ökonomische Risiken" und „drohender Imageschaden" unterteilt werden. Anhand eines solchen Leitfadens können dann von allen Seiten Beiträge zur Entscheidungsfindung geleistet werden, die inhaltlich strukturiert sind und gleichzeitig explizite Gründe anführen (vgl. Abb. 3.1). Natürlich wäre es auch mit bisher verfügbaren, marktgängigen Tools möglich, ein Feedback zu den Vorschlägen über die gängige Kommentar-Funktion zu generieren, aber diese Methode ließe sich weder sinnvoll auswerten, noch sind solche Kommentare in der Regel wirklich eindeutig.

In einem zweiten Schritt erfolgt nun die Bewertung der vorhandenen Argumente – und zwar in beide divergierenden Richtungen: Zustimmung und Ablehnung. Zur Erinnerung, es werden nicht die Ideen oder Vorschläge direkt bewertet, sondern lediglich die damit korrespondierenden Argumente. Diese Logik bietet einige, wesentliche Unterschiede im Vergleich zur traditionellen Methode: Gerade bei Innovationen und Neuerungen sind viele Details nicht offensichtlich und werden übersehen. Das gilt sowohl für Chancen als auch für Gefahren und liegt in der Natur ihrer Sache. Wenn also Mitarbeiter G. als einziger ein ernstes Problem bei der Einführung eines neuen Konzepts erkennt, kann er das über ein Contra-Argument formulieren statt das Konzept einfach nur als „schlecht" zu bewerten (oder einen Kommentar zu verfassen, den keiner liest). Sollten G.s Kollegen seiner Meinung folgen, können sie dem betreffenden Argument zustimmen und es dadurch bekräftigen. Im konträren Fall würden sie durch Ablehnung die Argumentation entkräften. Mit dem gleichen Prinzip lassen sich entsprechend auch vermutete Chancen auf- oder abwerten. Dadurch können fadenscheinige Argumente, die durch mikropolitische Motivation entstehen (z. B. verursacht durch das „not invented here"-Syndrom), ebenso wirkungsvoll entkräftet wie echte, versteckte Chancen identifiziert werden.

Zur einfachen Auswertung lassen sich alle vorhandenen Argumente zu einem Vorschlag grafisch in einem Koordinatensystem darstellen (vgl. Abb. 3.2). Dabei werden

Abb. 3.1 Strukturierte Pro-
und Contra-Argumentation für
einzelne Themen

Abb. 3.2 Visualisierung der
über Bewertung gewichteten
Argumente

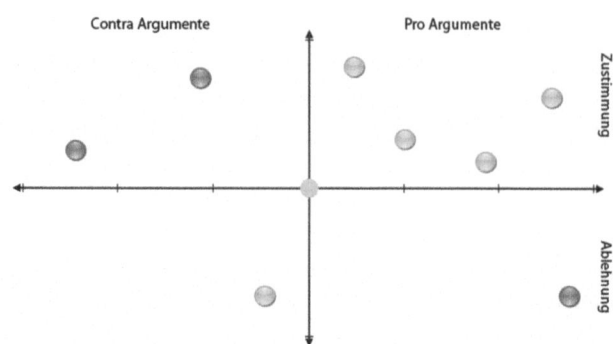

Contra-Argumente in den beiden linken Quadranten und Pro-Argumente in den rechten Quadranten angeordnet. Die Ordinate (y-Achse) zeigt den Grad der Zustimmung oder Ablehnung, während die Anzahl der vorhandenen Bewertungen die Position auf der Abszisse (x-Achse) bestimmt. Mit einem Blick lassen sich dadurch die aussagekräftigsten Argumente mit der größten Zustimmung identifizieren, die Chancen als grüne Punkte im rechten, oberen Quadranten und die Risiken als rote Punkte im linken, oberen Quadranten. Die Punkte im unteren Bereich stehen dagegen für jene Argumente, die mehrheitlich abgelehnt werden.

Während die Visualisierung der Argumentationsebene detaillierte Informationen zu jedem einzelnen Vorschlag bzw. jeder Idee liefert, können mehrere solch potenzieller Alternativen in einer weiteren Ansicht auch untereinander verglichen werden (vgl. Abb. 3.3). Dabei werden zu jeder Idee die Werte der positiven wie auch der negativen Argumente zahlenmäßig kumuliert, so dass sich der Ebenenpunkt durch die Koordinaten „negative Beurteilung" und „positive Beurteilung" ergibt. Wir sprechen dabei von einer sog. Potenzialmatrix, da sie für unterschiedliche Ideen das jeweilige Chancen- bzw. Risikopotenzial aufgrund der aktuell verfügbaren Informationen vergleichbar macht.

Wie die Abb. 3.3 zeigt, ermöglicht diese Darstellung nicht nur die einfache Identifikation von Risiken und Chancen, sondern erweitert die Betrachtung auch auf die Bereiche „Unentschlossen" bzw. „Unstimmigkeiten und mögliche Barrieren". Damit lassen sich Spannungsfelder identifizieren und gezielt analysieren, welche gerade bei Neuerungen und Innovationen an der Tagesordnung und sogar völlig natürlich sind. In der betrieblichen Praxis konnten durch diese Vorlagen auch die Besprechungszeiten im Kreis der Entscheider deutlich verkürzt werden.

Immer mehr Unternehmen wird mittlerweile auch bewusst, dass sie echte Innovationen und Neuerungen explizit in einem solchen Spannungsfeld suchen *müssen*. Diesem Umstand haben wir in unserer Auswertungslogik durch die Einführung einer weiteren Darstellungsoption, der „Potenzialpyramide", Rechnung getragen (vgl. Abb. 3.4). Dabei wird über den Quotienten aus positiver und negativer Beurteilung der Wert für deren

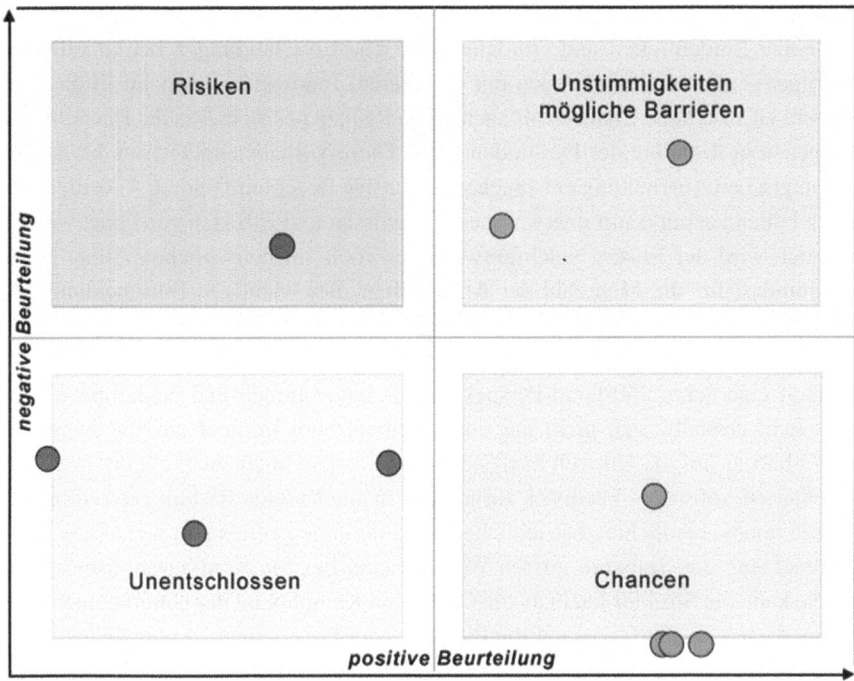

Abb. 3.3 Darstellung alternativer Vorschläge in der Potenzialmatrix

Abb. 3.4 Darstellung alternativer Vorschläge in der Potenzialpyramide

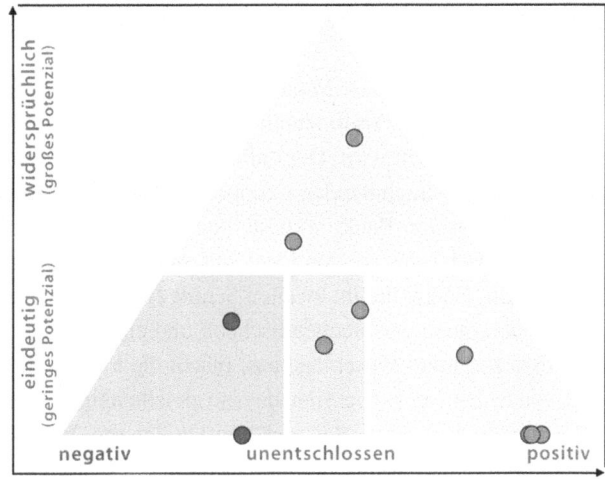

Eindeutigkeit ermittelt. Mehrheitlich positive oder negative Einschätzungen führen zu jeweils hoher Eindeutigkeit und ermöglichen rasche Entscheidungen bei kalkulierbaren Nebenfolgen – aber auch verbunden mit geringerem Innovationspotenzial. Hohe Widersprüchlichkeit, also hohe Chancen als auch große Risiken positionieren die Darstellung der Idee dagegen in Richtung der Pyramidenspitze. Diese Vorhaben sollten bei der zukünftigen, strategischen Ausrichtung entsprechend intensive Beachtung finden. Außerdem sollte in diesen Fällen verstärkt mit unerwarteten Ereignissen und Effekten gerechnet werden.

Natürlich wird der Einsatz solch aufwändiger Tools im betrieblichen Alltag limitiert sein, zumindest für die Mehrzahl der Angestellten. Bei wichtigen Entscheidungen, die direkten Einfluss auf die Unternehmensstrategie haben, können mit Hilfe dieser Methode aber wertvolle Informationen gesammelt, ausgewertet und aufbereitet werden. Vor allem kann damit eine echte 360-Grad-Perspektive für Innovationen und Neuerungen erstellt werden. Echt deshalb, weil nicht nur unidirektional vom Initiator aus die Auswirkung seines Vorhabens auf die Umwelt analysiert wird, sondern auch aus Sicht der betroffenen Stakeholder ein sofortiges Feedback zurück und in alle anderen Richtungen erfolgt.

Um den unterschiedlichen, betrieblichen Anforderungen gerecht zu werden, wurde bei der Entwicklung der Software großen Wert auf eine flexible Konfigurationsmöglichkeit gelegt. So kann die Struktur leicht an die Größe und Komplexität der Unternehmensumgebung angepasst bzw. der Fokus auf die Produkt- oder Prozessentwicklung gelegt werden. Dazu gehört auch eine aufwändige Benutzer- und Rechtesteuerung, die es den Anwendern ermöglicht, Argumente, Bewertungen und Kommentare wahlweise anonymisiert abzugeben. Auch eine Differenzierung zwischen den unterschiedlichen Stakeholdergruppen (Mitarbeiter, Zulieferer, Kunde etc.) wurde implementiert, damit z. B. die Beurteilung interner Prozesse nur der Benutzergruppe „Mitarbeiter" zur Verfügung steht. Aufgrund der dabei zwangsläufig entstandenen Komplexität zur individuellen Konfiguration empfiehlt sich der Einsatz des Softwaretools erst nach einer ausführlichen Einweisung oder im Rahmen einer begleitenden Beratung.

In unseren empirischen Versuchen hat sich außerdem gezeigt, dass den Anwendern diese neue Logik der Argumentation und Bewertung am besten anhand eines konkreten Beispiels verdeutlicht wird. Der dafür notwendige Aufwand für die Einführung nimmt, je nach Größe der teilnehmenden Gruppe, ca. 30 bis 60 Minuten in Anspruch.

Die bis zu diesem Punkt vorgestellten Funktionen dienen vor allem der Auswirkungs-Analyse (Impact-Analyse) von Ideen, internen Veränderungen oder Produkt- bzw. Prozessinnovationen. Nun sollte im zweiten Schritt eine Möglichkeit gefunden und implementiert werden, diese auch entsprechend schnell und effektiv zu priorisieren. Geht man von einer Vorselektion „guter" Vorschläge aus, macht die klassische Bewertung über eine 5-Sterne-Skala von Anfang an wenig Sinn, da eine gleichmäßig positive Bewertung zu erwarten wäre.

Bei einem konkreten Beispiel wurden interne Verbesserungsmaßnahmen in einem kleinen KMU diskutiert, die anschließend priorisiert werden sollten. Dabei wurden von den Mitarbeitern u. a. folgende Punkte als relevant vorgebracht: Erneuerung der

Telefonanlage, Verschönerung des Empfangsbereiches, Anschaffung eines neuen Servers, Verbesserung der internen Kommunikationsprozesse und der Kauf einer kleinen Kapsel-Kaffee-Maschine für den Pausenraum der Mitarbeiter. Insgesamt wurden in diesem Experiment ca. 10 Verbesserungsvorschläge innerhalb von 30 Minuten gesammelt. Eine klassische Bewertung durch alle Mitarbeiter hätte dabei für die meisten Vorschläge das Resultat „wichtig" oder „äußerst wichtig" ergeben – und damit weder eine klare Handlungs- noch Investitionsempfehlung erwirkt.

Für die Lösung dieses Problems haben wir auf eine noch relativ neue Methode aus der Verbraucherforschung zurückgegriffen, die sog. Conjoint-Analyse (considerated jointly – ganzheitlich betrachtet). Mit ihr lässt sich der Bewertungsprozess einer realen Kaufsituation simulieren und die Abwägung einzelner Kriterien erzwingen. Die Probanden müssen dabei bereits während der Befragung unterbewusst zwischen wirklich relevanten Merkmalen und reinen Luxuswünschen unterscheiden. Anders als beim klassischen Fragebogen, bei dem jedes Merkmal ohne Rücksicht auf gegenseitige Abhängigkeiten (z. B. Preis und Qualität) bewertet wird, arbeitet die Conjoint-Analytik über die wiederholte Abwägung unterschiedlicher Eigenschaften, wodurch sich ein Ranking der individuellen Kaufanreize ergibt. Diese Methode der Priorisierung lässt sich aber auch problemlos für den hiesigen Anwendungsfall einsetzen, indem man die einzelnen Vorschläge untereinander abwägt. Technisch wurde dies über virtuelle Fragekarten realisiert, bei denen die Teilnehmer hintereinander in mehreren Schritten jeweils für die wichtigste und unwichtigste Idee stimmen mussten (vgl. Abb. 3.5).

Das Ergebnis dieser Methode hat sich in vielen, unterschiedlichen Einsätzen bestens bewährt. Wir konnten damit nicht nur Maßnahmen im Rahmen eines KVP-Programms priorisieren, sondern auch die Dringlichkeit von Veränderungen analysieren oder die Aufteilung von Entwicklungsbudgets unterstützen. Die Auswertung des im vorherigen Absatz beschriebenen Experiments zu den dringenden Verbesserungsmaßnahmen eines KMU hat zudem ein sehr aufschlussreiches Resultat geliefert, das die Geschäftsführung zum Nachdenken angeregt hat: Sämtliche größere Investitionen wie Telefonanlage und Server sind nämlich auf den hinteren Plätzen gelandet. Was den Mitarbeitern wirklich wichtig erschien, waren die Verbesserung der internen Kommunikationsprozesse und eine neue Kapsel-Kaffee-Maschine für 100 Euro.

Letztlich kann zwar kein Softwaretool die direkte Kommunikation auch nur ansatzweise ersetzen, aber die Möglichkeiten zur Erzeugung von Argumenten, Fakten und Entscheidungsvorlagen übertreffen mit der Logik unserer Projektsoftware sämtliche, marktgängigen Systeme. Dabei ist der Aufwand für den Einsatz minimal und kann innerhalb eines Workshops kurzfristig zum Einsatz kommen.

Die neue Telefonanlage für das KMU wurde mittlerweile übrigens auch angeschafft – die Mitarbeiter kämpfen dabei noch täglich mit massiven Problemen, denn leider scheint das Produkt nicht 100 % kompatibel mit den externen Leitungsanschlüssen des Providers zu sein.

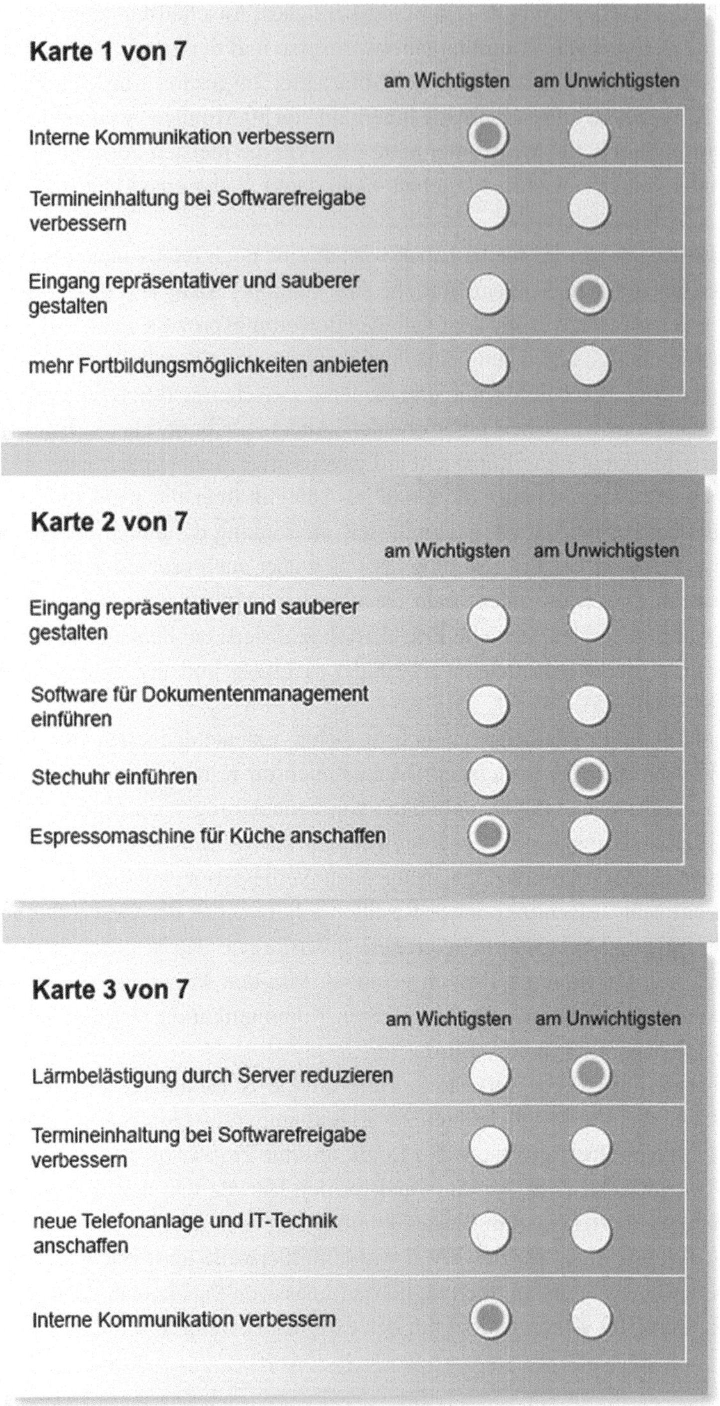

Karte 1 von 7

	am Wichtigsten	am Unwichtigsten
Interne Kommunikation verbessern	◉	○
Termineinhaltung bei Softwarefreigabe verbessern	○	○
Eingang repräsentativer und sauberer gestalten	○	◉
mehr Fortbildungsmöglichkeiten anbieten	○	○

Karte 2 von 7

	am Wichtigsten	am Unwichtigsten
Eingang repräsentativer und sauberer gestalten	○	○
Software für Dokumentenmanagement einführen	○	○
Stechuhr einführen	○	◉
Espressomaschine für Küche anschaffen	◉	○

Karte 3 von 7

	am Wichtigsten	am Unwichtigsten
Lärmbelästigung durch Server reduzieren	○	◉
Termineinhaltung bei Softwarefreigabe verbessern	○	○
neue Telefonanlage und IT-Technik anschaffen	○	○
Interne Kommunikation verbessern	◉	○

Abb. 3.5 Exemplarischer Verlauf einer Conjoint-Befragung

Christian Traubinger Christian Traubinger ist Experte für Innovation und Kooperation sowie Inhaber der Firma „Carpe Ideam – Ideen beflügeln". Als Ingenieur für Informationstechnik war er während seiner industriellen Laufbahn im Produktmanagement eines großen Elektronikkonzerns tätig und hat standortübergreifend die Entwicklung internationaler Kundenprojekte koordiniert. Seit nunmehr 10 Jahren arbeitet er zusammen mit Prof. Dr. Dr. Manfred Moldaschl von der Zeppelin Universität und einem interdisziplinären Team am Aufbau von Innovationsclustern, der Umsetzungsbegleitung kooperativer Innovationsvorhaben sowie der Entwicklung eigener Softwaretools zur reflexiven Bewertung und Evaluierung von Risikoprojekten. Für das Fördermodul „go-Inno" am Bundesministerium für Wirtschaft und Energie ist „Carpe Ideam" als offizielles Beratungsunternehmen autorisiert.

Innerhalb des aktuellen Nachhaltigkeitsdiskurses gehört sein Interesse vor allem der kulturellen Dimension von Nachhaltigkeit. Hierzu zählt u. a. die Suche nach Antworten, wie Unternehmen zukünftig die Bereitschaft zur Aufnahme und Verarbeitung neuer Ideen, aber auch den aktiven Umgang mit Kritik und Scheitern innerhalb der Organisation institutionalisieren können. Seine Erfahrungen stellt Herr Traubinger auch im Rahmen des „Res et Verba"-Netzwerks für kulturelle Nachhaltigkeit zur Verfügung.

Literatur

[1]   Moldaschl M (2009) Erkenntnisbarrieren und Erkenntnisverhütungsmittel – Warum siebzig Prozent der Change-Projekte scheitern Erschienen. Josef K, Heike S, Von Ameln F(Hrsg.) Organisationsberatung – blinde Flecken in organisationalen Veränderungsprozessen, VS Verlag für Sozialwissenschaften, Wiesbaden, S. 301–312

Digitale Menschmodelle als Methode zum Anlernen von Arbeitsprozessen

4

Michael Spitzhirn, Alexander Aust und Angelika C. Bullinger-Hoffmann

Möglichkeiten und Visionen zu arbeitswissenschaftlichen digitalen Menschmodellen zum Anlernen von Arbeitskräften im industriellen Kontext

Inhaltsverzeichnis

M. Spitzhirn (✉) · A. Aust · A.C. Bullinger-Hoffmann
Professur Arbeitswissenschaft und Innovationsmanagement, Technische Universität Chemnitz,
Erfenschlager Straße 73, Gebäude C/F, 09125 Chemnitz
e-mail: michael.spitzhirn@mb.tu-chemnitz.de

A. Aust
e-mail: alexander.aust@mb.tu-chemnitz.de

A.C. Bullinger-Hoffmann
e-mail: bullinger-hoffmann@mb.tu-chemnitz.de

© Springer Fachmedien Wiesbaden GmbH 2017
H. Breit et al. (Hrsg.), *Produktivität von industriellen Dienstleistungen in der betrieblichen Praxis*, DOI 10.1007/978-3-658-08632-9_4

4.1   Anlernprozesse unter gewandelten Bedingungen

Unternehmen sind einem stark wachsenden Wettbewerbsdruck ausgesetzt. So nehmen die Kundenanforderungen in globalen Märkten zu, ebenso die Dynamik der technischen Entwicklung der Produktionssysteme unter Trends wie Industrie 4.0. Die Verkürzung des Produktlebenszyklus sowie der Anstieg der Variantenvielfalt sind zwei Effekte, aus denen die Zunahme von Produktionsneuanläufen (Wildemann 2012) resultiert. Gleichzeitig stehen Unternehmen weiterhin vor der Herausforderung, ihren Bedarf an spezialisierten Fachkräften trotz demografischen Wandels sicherzustellen.

Um Konkurrenzfähigkeit unter diesen Bedingungen zu erhalten, wird das effiziente An- bzw. Umlernen von Produktionsmitarbeitern ein Erfolgsfaktor sein. Arbeitsinhalte werden von zunehmender Wissensintensität, Komplexität und Unplanbarkeit geprägt sein (Spath 2013). Dies ist in den Anlern- und Arbeitsgestaltungsprozess ebenso wie wirtschaftliche, ergonomische und lernförderliche Kriterien zu berücksichtigen. Der Unterstützung von betrieblichen Lernprozessen durch digitale Lernsysteme wird hierfür hohes Potenzial zugesprochen (Treumann et al. 2012; Erpenbeck und Sauter 2013).

Eine Form dieser Lernsysteme stellen digitale Menschmodelle dar. Diese werden bspw. als virtuelle Charaktere im medizinischen Bereich zur Nachstellung von realen Pflege- und Operationsszenarien sowie zur Simulation von militärischen Gefechtstrainings eingesetzt (Fowler-Durham und Alden 2007). Arbeitswissenschaftliche digitale Menschmodelle kommen hingegen zur Planung und Evaluation von Arbeitssystemen zum Einsatz (Bullinger-Hoffmann und Mühlstedt 2017). Sie simulieren Arbeitsplätze und -abläufe und bieten u.a. die Möglichkeit ergonomische Analysen durchzuführen.

Dieser Text gibt erste Antworten auf die Frage, welche Potenziale arbeitswissenschaftliche digitale Menschmodelle zum Anlernen und zur Entwicklung einer betrieblichen Handlungskompetenz bieten und wie deren Weiterentwicklung zu Systemen aussehen kann, die den Anlernprozesse zweckmäßig unterstützen. Dazu wird zuerst auf Einflussgrößen auf den Anlernprozess und auf bestehende Methoden und Medien zum Anlernen eingegangen. Im Anschluss werden digitale Menschmodelle im Kontext Anlernen und Arbeitsprozessgestaltung vorgestellt und entsprechende potentielle Einsatzszenarien diskutiert. Hierbei werden zielführende Verknüpfungspunkte zu anderen Disziplinen aufgezeigt.

4.2   Anlernen und Einflussfaktoren auf den Anlernprozess

Um Mitarbeiter zur Durchführung von Arbeitshandlung zu befähigen, d. h. sie „wissend und könnend" zu machen, müssen diese unterwiesen und angelernt werden (REFA 1991). Mit zunehmenden Wiederholungen von Arbeitsausführung reduziert sich die Bearbeitungszeit je Mengeneinheit des anzulernenden Mitarbeiters (Wright 1936; Henfling 1978; Dar-El 2000). Gleichzeitig steigt die Handlungssicherheit und zeitbestimmende Faktoren nehmen ab, bspw. Augen- oder Hilfsbewegungen. In Folge höherer Routine muss sich der Lernende eine geringer werdende Menge relevanter Kenntnisse und Fertigkeiten aneignen.

Einfluss der Arbeitsperson	▪ Individuelle Konstitution ▪ Psychisch-Physische Disposition ▪ Erfahrungen und Vorwissen ▪ Einstellungen und Motivation	▪ Individuelles Lernverhalten
Einfluss der Anlernmethode	▪ Übungs- und Trainingsform ▪ Struktur des Lernprozesses (bspw. Lernphasen und Pausen) ▪ Lernanreize	▪ Rückmeldung und Evaluation ▪ Medieneinsatz und Darbietungsformen
Einfluss der Arbeitsaufgabe	▪ Schwierigkeitsgrad bzw. Komplexität ▪ Arbeitssystemgestaltung ▪ Zeitvorgaben ▪ Grad Mechanisierung-/Automatisierung	▪ Anteil an Simulationsbewegungen ▪ Redundante Bewegungsabläufe

Abb. 4.1 Einflussfaktoren auf das Anlernen (in Anlehnung an Jeske (2013))

Zudem sinkt die kognitive Belastung bei der Arbeitsausführung. Das Anlernen ist dann abgeschlossen, wenn die Ausführung den qualitativen und quantitativen Anforderungen entspricht (De Greiff 2001). Dabei werden der Anlernprozess und die damit verbundene Anlernzeit durch verschiedene Faktoren beeinflusst. In Anlehnung an De Greiff (2001) und Jeske (2013) lassen sich drei Klassen (vgl. Abb. 4.1) unterscheiden, die Einfluss auf die Anlernzeit haben: die Arbeitsperson, die Arbeitsaufgabe sowie die Anlernmethode.

Neben der Arbeitsmotivation einer Arbeitsperson (Kanfer 1990; Natter et al. 2001) und der Vorerfahrung zur Arbeitsaufgabe (Nembhard und Osothsilp 2002) können u. a. auch die Komplexität der Arbeitsaufgabe (Hacker und Skell 1993; Nembhard und Osothsilp 2002) und die Struktur des Trainingsprogrammes (Terwiesch und Bohn 2011; Serel et al. 2003) einen positiven oder negativen Einfluss auf die notwendige Anlernzeit haben.

Dabei muss unter wirtschaftlichen Aspekten das Ziel sein, die Anlernzeit möglichst kurz unter gleichzeitiger Vermittlung der aufgabenrelevanten Informationen zu gestalten. Zusätzlich ist aus arbeitswissenschaftlicher Sicht darauf zu achten, dass die Arbeitsausführung ergonomisch korrekt erfolgt und das Risiko gesundheitlicher Schäden durch bspw. Fehlbelastungen von vornherein minimalisiert wird (Schlick et al. 2010). Mitarbeiter sind demnach nicht nur zur Ausführung der Arbeitsschritte in sachlogischer Reihenfolge zu befähigten, sondern auch über Gefahren sowie die korrekte Ausführung im Sinne der Ergonomie nach § 12 Arbeitsschutzgesetz zu befähigen.

4.3 Methoden und Medien für Anlernprozesse

In der industriellen Praxis kommt eine Vielzahl von Anlernmethoden zur Anwendung. Klassische Methoden zur Aneignung von Wissen und Fertigkeiten sind bspw. das Ganzheits- und Teilverfahren sowie die Vier-Stufen-Methode von REFA (REFA 1991; De Greiff 2001).

Im Ganzheitsverfahren wird eine Arbeitsaufgabe ohne Unterbrechung mit allen Teilaufgaben so lange wiederholt, bis der Lernende die selbstständige Ausführung beherrscht. Beim Teilverfahren hingegen wird die gesamte Arbeitsaufgabe in mehrere kleinere Teilabschnitte gegliedert. Das Beherrschen einer Teilaufgabe ist die Vorrausetzung, um die darauffolgende Teilaufgabe erlernen zu können. Nachdem alle einzelnen Elemente vollständig erlernt und beherrscht wurden, werden diese zusammengefügt und schrittweise im Verbund geübt (De Greiff 2001).

Die Vier-Stufen-Methode nach REFA zergliedert den Lernprozess ebenfalls in sachlogische Anlernstufen. In der ersten Stufe, der Vorbereitung, wird eine Unterweisungsgliederung vom Unterweiser erstellt. In dieser ist geregelt, welche Tätigkeiten in welcher Art und Weise auszuführen sind und wieso dies so geschieht. Zudem findet eine erste Vermittlung der Kenntnisse über die zu erlernende Tätigkeit statt. Während der zweiten Phase führt der Unterweiser die zu erlernende Tätigkeit vor und erläutert nacheinander die Ausführung der einzelnen Schritte sowie deren Sinn und Zweck (REFA 1991; Jeske 2013). Die dritte Stufe, der Nachvollzug, findet parallel zur zweiten statt. Hierbei versucht der Lernende die erläuterten Tätigkeiten nachzuvollziehen, indem er die Arbeitstätigkeit selbst ausführt. In Stufe vier übt der Lernende die Tätigkeit selbstständig aus, ohne vom Unterweisenden beobachtet zu werden. Weiterhin werden in zeitlich unregelmäßigen Abständen eine oder mehrere Lernerfolgskontrollen durchgeführt. Wenn der Lernende die Tätigkeit selbstständig und ohne Fehler ausführen kann, ist die Unterweisung beendet (REFA 1991; Jeske 2013).

Neben diesen klassischen Verfahren zum Anlernen, die sich in der didaktischen Vorgehensweise unterscheiden, sind derzeit Methoden mit Unterschieden in der Präsentation der Lerninhalte bzw. der Mediennutzung im Einsatz. Lehrfilme bspw. sind die älteste Form medienbasierten Lehrens und Lernens und seit der Verfügbarkeit der Videotechnik für institutionelle Schulungszwecke etabliert (Süss et al. 2013). Nach Aufkommen von Web 2.0 und Social Media wurden zudem anwendergenerierte Online-Tutorials für selbstgesteuerte Lernprozesse in großen Mengen über webbasierte Videoportale verfügbar (Reichert 2013). Neuere Entwicklungen verknüpfen die Videotechnik mit webbasierten Inhalten. Hypervideos bspw. brechen die lineare Filmstruktur auf und bieten die Möglichkeit der Navigation im Video. Der Lernprozess wird nach dem Key-Action-Information-Schema ermöglicht. Darin werden die eingebetteten Handlungsfolgen als Filmschnipsel von ca. 3–4 Sekunden Länge dargeboten und durch den Nutzer individuell steuerbar (Wagener 2008).

Lernprozesse in der virtuellen Realität basieren hierbei auf der Darstellung und gleichzeitigen Wahrnehmung der Wirklichkeit und ihrer physikalischen Eigenschaften in einer in Echtzeit computergenerierten, interaktiven Umgebung. Die reale Umwelt ist ausgeschaltet. Virtuelle Arbeitswelten kommen u. a. in der Fabrikplanung und Konstruktion bereits zur Anwendung (Schenk et al. 2014). Ebenso werden virtuelle Realitäten als Lernräume für berufliche Aus- und Weiterbildungsprozesse genutzt (Blümel et al. 2010).

Eine weitere relevante Technologie für betriebliche Lernprozesse ist Augmented Reality. Im Gegensatz zur virtuellen Realität schafft sie keine künstliche Umwelt sondern ergänzt die reale Umwelt um webbasierte Inhalte. Werden virtuelle und reale Umwelt als Pole einen Kontinuums betrachtet, behält AR einen starken Bezug zur realen Umwelt. Mixed Reality umfasst hingegen den Bereich des Kontinuums, in dem sich reale und virtuelle Objekte auf einem Bildschirm vereinen (Milgram et al. 1994). Eine weite Verbreitung erfährt AR im Bereich von Marketing und Werbung, wird aber auch zu Zwecken der Instruktion in der Medizin, der Konstruktion und Planung im Automobilbau, in der Logistik sowie der Instandhaltung verwendet (Schlögel 2013; Rieger et al. 2014).

Bestehenden digitalen Methoden und Werkzeuge in dem vorgenannten Bereich fehlt es zumeist an Interaktionsmöglichkeiten. Andere virtuelle Werkzeuge wie sogenannte digitale Menschmodelle lassen hierfür Potential vermuten. Was digitale Menschmodelle sind und wozu diese aktuell eingesetzt werden, wird im nächsten Abschnitt erläutert.

4.4 Digitale Menschmodelle

Digitale Menschmodelle (DMM) sind Softwaretools, die „modellhaft Eigenschaften und Fähigkeiten des Menschen oder Elemente davon abbilden, simulieren und zur Nutzung bereitstellen" (Mühlstedt 2012, S.26). Je nach Anwendungsgebiet und Ziel der Nutzung kann u. a. in arbeitswissenschaftliche digitale Menschmodelle, dynamische, biomechanische oder auch grafische Modelle unterschieden werden (Bullinger-Hoffmann und Mühlstedt 2017). Die potentiellen Anwendungsfelder sind ebenso wie die Anzahl der Modelle umfangreich. Im Folgenden sollen zwei Hauptanwendungsfelder beschrieben werden: arbeitswissenschaftliche und pädagogische DMM.

Arbeitswissenschaftliche digitale Menschmodelle wie bspw. der „Human Builder" von Dassault, „Jack" von Siemens und der „Editor menschlicher Arbeit" („ema") von IMK werden zur virtuellen Analyse und Gestaltung von Arbeitsprozessen und Produkten genutzt (Wischniewski 2013). Hierbei können bspw. Sicht- und Erreichbarkeits- oder auch Haltungs- und Kraftanalysen durchgeführt werden (Spanner-Ulmer und Mühlstedt 2009; Bullinger-Hoffmann und Mühlstedt 2017). Weiterhin kommen die Modelle bspw. in KVP Workshops zum Einsatz (Vgl. Abb. 4.2), in denen interdisziplinäre Gruppen aus Planern, Werkern oder auch SIFA-Experten eine Verbesserung bestehender Arbeitsprozesse und -plätze vornehmen (Fritzsche und Trepte 2013).

Erste Ansätze zur Nutzung arbeitswissenschaftlicher DMM als Technologie zur Instruktion sind ebenfalls zu finden. Am Fraunhofer IPA wurde bspw. ein „Lehrer-Lerner-Avatar" entwickelt (Dennerlein et al. 2015), der dem Werker in einem Avatar-Kurzfilm „erarbeitete Körperhaltungen und Bewegungsabläufe bei Hebe- und Montagetätigkeiten" (Dennerlein et al. 2015, S.1) präsentiert und gleichzeitig dessen Abweichungen gegenüber der Vorgabe darstellt. Zudem lässt sich auch die äußere Form des Avatars im Detailgrad anpassen. In Abb. 4.3 ist der „Lehrer-Lerner-Avatar" für einen Hebevorgang dargestellt.

Für Lernprozesse wird derzeit eine andere Art von digitalen Menschmodellen unter Anwendung von Avataren als „Digitale Trainer"/„Pädagogische Agenten" genutzt (VDC 2013). Avatare sind virtuelle Charaktere, die von Menschen erstellt und gesteuert werden

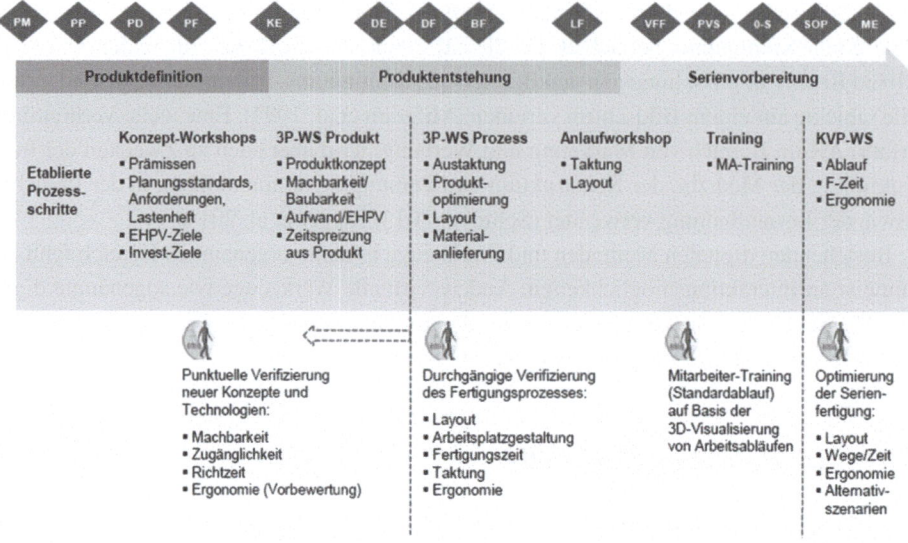

Abb. 4.2 Einsatz von arbeitswissenschaftlichen DMM im Produkt-Entstehungs-Prozess am Beispiel des ema (Fritzsche und Trepte 2013)

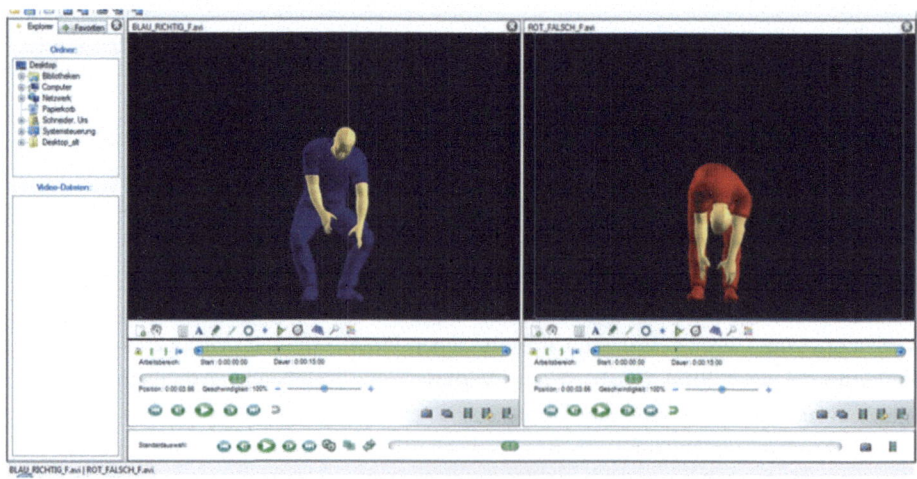

Abb. 4.3 „Lehrer-Lerner-Avatar" (Dennerlein et al. 2015)

(Schroeder und Axelsson 2006). In diesen spiegeln sich Verhalten und Absicht des Nutzers als dessen persönliche Repräsentanz in der virtuellen Welt wider. Virtualität wird hierbei verstanden als die „natürliche" Extension von Körper und Geist und nicht als ein der Realität entgegengesetzter, in Konkurrenz zu deren stehender Raum (Steuer 1992; Bente und Krämer 2011;).

Abb. 4.4 Übersicht der unterschiedlichen Formen Virtueller Charaktere (Bannert et al. 2011)

Als „Pädagogische Agenten" werden jene virtuellen Charaktere bezeichnet, die Lernende durch eine multimediale Lernumgebung führen und dadurch die Lernleistung verbessern sollen (Domagk 2008; Heidig und Clarebout 2011). Unterscheidendes Merkmal zum Avatar ist die autonome Steuerung des Agenten durch die künstliche Intelligenz eines Computerprogramms (vgl. Abb. 4.4). Natürliche Interaktion und Lebendigkeit sind Anforderungen an Informations- und Lernprozesse und werden durch Interaktion über verbale und nonverbale Kommunikation geführt (Bente et al. 2002). Besonders gesprochene menschliche statt gedruckter Sprache sowie eine möglichst realistische und ansprechende Darstellung werden hierbei als lernförderlich angesehen (Moreno et al. 2001; Baylor 2011). Pädagogische Agenten eignen sich vor allem für Lernende mit geringem Vorwissen (Heidig und Clarebout 2011).

Eine starke Nutzung erfahren solche virtuellen Charaktere im medizinischen Bereich zur Nachstellung von realen Pflege- und Operationsszenarien wie auch zur Simulation von militärischen Gefechtstrainings, um Erfahrungen in einer sicheren und geschützten Umgebung zu machen (Fowler-Durham und Alden 2007). Ziel der Systeme ist die Überführung theoretischen Wissens in praxisbezogene Situationen (Cioffi 2001). Hierbei wird durch wiederholte Übungen das Gelernte konsolidiert und in Kompetenzen transformiert (Hovancsek 2007). Nach Kneebone (2005) stellen Simulationen geeignete und effektive Lernmethoden zum Anlernen von Personen aus dem Gesundheitswesen dar, da sowohl technische Fertigkeiten durch das Üben von psycho-motorischen Fertigkeiten als auch affektive (emotionelle) Komponenten dem Lernenden unter Einbeziehung in eine situative Lernumgebung und durch Unterstützung von erfahrenen Instruktoren vermittelt werden. Die eingesetzten Systeme variieren hierbei im Realitätsgrad. Die Bandbreite reicht von Systemen mit geringem (low-tech simulators) bis zu solchen mit sehr hohem Realitätsgrad (full-scale simulation). Low-tech-Simulationen beinhalten Nachbildungen von anatomischen Modellen, welche im Peer–to-Peer-Lernen unter Einsatz von Rollenspielen oder Case Studies genutzt werden (Kinney und Henderson 2008). Full-Scale-Simulationen können darüber hinaus die menschliche Anatomie sowie vitale Funktionen nachahmen und bedingen vom Lernenden eine aktive Entscheidung (Kuiper et al. 2008). Die hier gefundenen Ansätze können ebenso auf den Bereich arbeitswissenschaftlicher digitaler Menschmodelle im Kontext des Anlernens in industriellen Arbeitsprozessen übertragen werden. Bevor sich mit den Möglichkeiten hierzu auseinandergesetzt wird, soll auf wesentliche Erfolgskriterien für Anlernprozesse eingegangen werden.

4.5   Instruktionale Erfolgskriterien

Bei der Gestaltung von Lernsystemen auf Basis digitaler Menschmodelle ist eine Vielzahl instruktionaler Charakteristika zu beachten, um Anlernprozesse erfolgreich zu machen. Bis dato besteht viel Unklarheit, welche das sind (Knogler et al. 2013). Als ein wichtiges Kriterium gilt die „Situation Awareness" (SA), die definiert ist als:

> the perception of elements in the environment within a volume of time and space, the comprehension of their meaning and the projection of their status in the near future. (M R 1988)

Einfluss auf eine hohe SA sind eine realistische Gestaltung sowie hohe Anpassbarkeit der menschlichen Verhaltensmodelle (Riley et al. 2009). Die präzise Evaluierung der technischen Fähigkeiten des Systems ist Voraussetzung, um es zur Unterstützung realer Schulungen einzusetzen. Kritische Faktoren für Akzeptanz und Lernerfolg sind ebenso Systemstabilität und eine nutzerzentrierte, sachlogische und ablenkungsfreie Gestaltung der Mensch-Maschine-Schnittstelle mit möglichst hohem Grad an Manipulationsmöglichkeiten durch den Nutzer (Riley et al. 2009). Hohe Kontrolle des Nutzers über den Ablauf und ein Leistungsfeedback am Ende der Simulation können als weitere bestätigte Erfolgskriterien angenommen werden (Gegenfurtne und Pallarès 2014)

Weitere zu berücksichtigende Aspekte sind lernförderliche Kriterien für virtuelle Lernumgebungen. Diese umfassen die Aspekte der Interaktivität, Adaptivität, Wissensvermittlung und Nutzerfreundlichkeit und Instruktionsdesign (Weidenmann 1996; Niegemann et al. 2008; Rey 2009; Hobmair 2013).

Interaktivität bei digitalen Medien umfasst „Eingriffs- und Steuermöglichkeiten" zwischen Lernsystem und Lernendem (Haack 2002). Durch ein individuelles Eingreifen in den Lernprozess können positive Effekte auf die Merkfähigkeit des Lernenden erzielt werden (Hobmair 2013). Die Möglichkeiten reichen dabei von einfachen Manipulationen wie dem Wechsel von Simulationsgeschwindigkeit und Perspektiven bis hin zu komplexen Modifizierungen des Inhalts einschließlich Feedback und Diskussion (Grissom et al. 2003). Zur Untersuchung der Interaktivität wird eine 6-stufige Einteilung nach Grissom et al. (2003) vorgenommen.

Unter Adaptivität wird die Fähigkeit eines interaktiven Systems verstanden, sich an individuelle Voraussetzungen und Bedürfnisse eines Nutzers anpassen zu können (Rey 2009). Diese Anpassung kann den Instruktionsumfang, die Lernzeit, die Lernsequenzen, die Zeit der Aufgabenpräsentation sowie den Schwierigkeitsgrad umfassen. Rey (2009) nimmt eine Unterteilung in geringe (Stufe 1) und hohe Adaptivität (Stufe 2) vor. Zur Bewertung soll diese Einstufung herangezogen werden und um eine Stufe 0 – keine Adaptivität – erweitert werden.

Unter Usability wird die Nutzerfreundlichkeit der Bedienung und der Benutzeroberfläche des Lernsystems gefasst. Ein effektives und effizientes Lernen soll durch eine möglichst hohe Zufriedenheit beim Bedienen des Lernsystems erreicht werden (Niegemann et al. 2008). Hierbei sind u. a. Richtlinien wie die DIN EN ISO 9241-110 (2008) zu berücksichtigen. In der Untersuchung wird eine qualitative Einschätzung vorgenommen.

Das Instruktionsdesign bildet das übergeordnete Konstrukt dieser Kriterien. Es umfasst ein systematisches Arrangement von Umgebungsbedingungen im digitalen Lernsystem, das geeignet ist, Kompetenzen zu fördern (Niegemann et al., 2008). Zur Erlangung komplexer kognitiver Fähigkeiten ist bspw. der Ansatz des Cognitive Apprenticeship (Mandl et al. 2002) als theoretische Basis für das Anlernen mit DMM geeignet, da er das klassische Anlernen bspw. durch den Meister auf multimediale Lernsysteme überträgt.

4.6   Potentielle Einsatzszenarien

Im Rahmen von Fokusgruppen wurden mit Fachexperten aus dem Bereich Arbeitswissenschaft, Pädagogik und E-Learning die Potentiale aktueller arbeitswissenschaftlicher digitaler Menschmodelle diskutiert, die diese für Anlernprozesse bieten. Des Weiteren wurden Weiterentwicklungsmöglichkeiten definiert, um diesem Einsatzzweck gerecht zu werden. Die qualitativ nach Mayring (2010) ausgewerteten Ergebnisse werden nun auszugsweise vorgestellt.

Aktuelle arbeitswissenschaftliche DMM bieten bereits heute einige für das Anlernen nützliche Ansätze. Die räumliche Navigation (Zoomen, Drehen) ermöglicht eine freie Interaktion innerhalb der Umgebung, wodurch auch Verdeckungen oder kleine Objekte detailliert sichtbar werden. Neben der Anpassung der Umgebung ist eine Anpassung des dreidimensional dargestellten Menschen in unterschiedlichen Detailierungsgraden möglich. Einstellbar – mit geringen Einschränkungen – sind anthropometrische Maße (Körperhöhe, Hüftumfang, Armlänge, etc.) sowie das äußere Erscheinungsbild des Menschmodells in Abhängigkeit von Alter und Geschlecht. Vorteil ist, dass individuelle Eigenschaften des Lernenden und dessen Interaktion mit der Arbeits-/Lernumgebung abgebildet werden und so eine Stärkung der Beziehung des Lernenden mit dem Avatar erreicht werden kann.

Einschränkungen bestehen bei bestehenden Systemen hinsichtlich der Ansprache verschiedener Sinneswahrnehmungen. In arbeitswissenschaftlichen DMM werden aktuell überwiegend visuelle Darstellungen in Form von Bildern oder Simulationsabläufen bereitgestellt. Viele der Programme verfügen jedoch über Schnittstellen, die bspw. das Einbinden von haptischen Systemen (Feedback) ermöglichen. Schnittstellen für textuelle oder auditive Ausgaben könnten ebenso eingebunden werden, sind aktuell mehrheitlich jedoch nicht vorhanden.

Ein wesentlicher Vorteil der aktuellen Systeme besteht in der wiederholbaren und anpassbaren Analyse und Betrachtung der erstellten Arbeitsprozesssimulationen. So lassen sich Abspielgeschwindigkeit oder die Betrachtungsperspektive während der Simulation ändern. Ein spezielles Hervorheben von verdeckten oder auch von arbeitsprozessrelevanten Objekten wie z. B. Arbeitsgegenständen mit besonderen Gefährdungsquellen (zerbrechlich, scharfkantig) erfolgt derzeit nicht, wäre aber technologisch ebenfalls schon umsetzbar.

Im Gegensatz zu Anlernvideos oder Arbeitsanleitungen ermöglichen arbeitswissenschaftliche DMM eine nachträgliche Änderung des Arbeitsablaufes bzw. der Platzierung

von Arbeitsgegenständern ohne größeren Aufwand. Ein weiterer Vorteil der arbeitswissenschaftlichen DMM im Vergleich zu pädagogischen Avataren bzw. anderen Klassen von
digitalen Menschmodellen besteht in der Einbeziehung gesundheitsorientierter Aspekte.
Der Lernende sieht und versteht die ergonomischen Auswirkungen verschiedener Arbeits-
handlungen, indem ihm diese für verschiedene Arbeitsplatzkonfigurationen oder persönliche Arbeitsweisen dargestellt werden. In den Systemen sind hierfür bspw. die ergonomischen Bewertungsverfahren EAWS oder RULA sowie deren teilweise Visualisierung
an Körperpartien des Manikins (vgl. Abb. 4.5) integriert. Das farbliche Hervorheben der
ergonomischen Beurteilung, bspw. der eingenommenen Körperhaltung und den damit verbundenen Belastungen, kann zu einer besseren Nachvollziehbarkeit der Handlungsabläufe
beitragen. Abbildung 4.5 zeigt die entsprechende RULA-Einfärbung am Manikin für drei
unterschiedliche Hebetechniken. Rot steht hierbei für ergonomisch besonders kritische
Situationen, Grün für unbedenkliche.

Bestehende Systeme können den Anwender bei der interaktiven Gestaltung von
Arbeitsplätzen unterstützen. Dabei lässt sich in ausgewählten Systemen die Auswirkung
verschiedener Arbeitsplatz-konfigurationen untersuchen, ohne dass der Nutzer die Bewegungen manuell neu zu erstellen hat (Fritzsche und Trepte 2013). Perspektivisch bietet
dieser Ansatz die Möglichkeit, dass der Lernende bereits in der Planungsphase bei der
Arbeitsplanung und -gestaltung einbezogen wird. Die Akzeptanz für die spätere Arbeit
und geplante Arbeitsumgebung kann so erhöht und die Ausbildung zusätzlicher Kompetenzen unterstützt werden. Ebenso kann die Motivation zum Lernen der nötigen Arbeitsschritte gesteigert und dazu beigetragen werden, dass die Kriterien ganzheitliche Arbeitsgestaltung nach DIN EN ISO 6385:2004 bei der Planung eine stärkere Berücksichtigung
finden. Diese sehen u. a. die Beteiligung der Mitarbeiter bei der Gestaltung des Arbeitsplatzes und der Arbeitsumgebung vor.

Aktuelle arbeitswissenschaftliche DMM können zur Erfüllung dieser Vision weiterentwickelt werden. So kann der aktuell hohe Schulungs- sowie Erstellungsaufwand für den

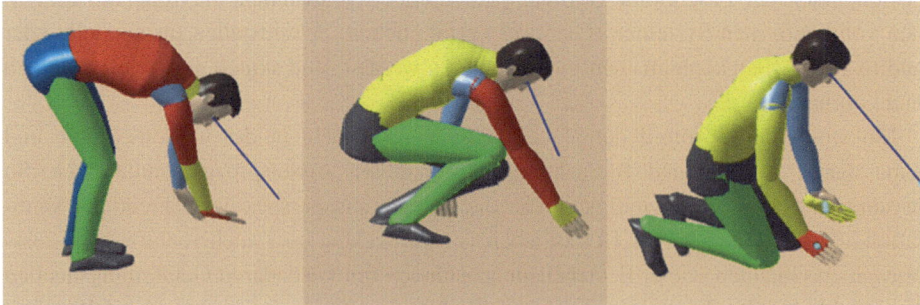

Abb. 4.5 Ergonomische Bewertung unterschiedlicher Körperhaltungen mittels RULA im digitalen
Menschmodell Human Builder

zu simulierenden Arbeitsprozessen reduziert werden, um einen Einsatz allgemein sowie für das Anlernen unter produktiven Gesichtspunkte zu ermöglichen (Wischniewski 2013; Spitzhirn und Bullinger 2017). Erste Ansätze zur Beschleunigung der Prozesserstellung sind bspw. im DMM ema zu finden. Hierbei wird der Arbeitsprozess auf Basis von Prozessbausteinen erstellt. Ein weiterer Ansatz ist die automatisierte Erstellung von Arbeitsprozessen mit Hilfe von KI-Algorithmen wie dies bspw. im Forschungsprojekt „The Smart Virtual Worker" erprobt wurde (Spitzhirn und Bullinger 2013; Spitzhirn et al. 2017). Neben der Beschleunigung der Prozesserstellung ist auch die Bedienung zu erleichtern und die Usability der Systeme zu verbessern (Spitzhirn und Bullinger, 2017).

Für die Weiterentwicklung von arbeitswissenschaftlichen DMM zu erweiterten Planungs- und Instruktionssystemen sind pädagogische Ansätze in die Modellierung einzubeziehen. Diese umfassen die Berücksichtigung lernrelevanter Faktoren wie des Vorwissens bzw. der Erfahrung des Lernenden oder die Strukturierung von Lerninhalten. Zudem ist die Interaktion mit Arbeitsobjekten oder auch das geeignete Hervorheben von lernrelevanten Inhalten und Arbeitsschritten in die Systeme zu integrieren. Hierbei sollen Haupt- und Zusatzinformationen multimodal, kontextspezifisch und mit möglichst geringer Ablenkung dargestellt werden. Die Einbindung von Hinweisen und Feedback sowie eine nutzerorientierte Interaktion sind anzustreben, um den Lernenden eine maßgebliche Unterstützung zu bieten. Gleichzeitig sollte dem Anlernenden aber auch ausreichend Freiraum für eigene Versuche gelassen werden, um neue, kriterienbasierte und situationsspezifische Lösungen generieren zu können. Eine Bevormundung durch das System muss vermieden werden. Weiterhin sind Learning Analytics einzuführen, die in Abhängigkeit der Ergebnisse zu einer Anpassungen im Lernprozess durch das System führen.

Neben dem klassischen Schulungsraum und virtuellen Umgebungen bietet sich der Einsatz von DMM vor Allem im späteren Produktionsumfeld an. Über die Ausgabe auf mobilen digitalen Endgeräten kann der Lernende direkt in die spätere Arbeitsumgebung eingebunden werden, was positive Effekte für die Identifikation mit dem Arbeitsplatz sowie für den Lerntransfer haben kann. Hierbei sind aber auch resultierende Belastungen wie bspw. Umgebungsgeräusche und deren Auswirkungen auf das Anlernen zu berücksichtigen sowie eine Belastungs-Beanspruchungsoptimierung vorzunehmen.

Als erster Schritt einer Weiterentwicklung von arbeitswissenschaftlichen DMM zu virtuellen Instruktionswerkzeugen bietet sich die Integration von interaktiven Arbeitsanweisungen an. Hierbei werden aktuell physisch vorliegende Dokumente wie Anweisungen, Prüfprotokolle etc. in das System einbezogen und miteinander verbunden. Damit lassen sich erste Ansätze zur Interaktion zwischen System und dem Lernenden vollziehen und eine Effizienzerhöhung realisieren. Durch die Verknüpfung verschiedener Methoden wie der Navigation im Raum, der individuellen Anpassung der Prozessdarbietung in Abhängigkeit beeinflussender Faktoren und einem gezielten Hervorheben von Informationen, könnte eine optimierte Interaktion des Lernenden mit dem System erreicht werden. Hierbei sollte die Anpassbarkeit des Gesamtsystems bzw. von Elementen an die Erfordernisse des Lernenden möglich sein, wie dies bspw. durch die Berücksichtigung von

Vorwissen, Erfahrung, Emotionen oder persönliche Präferenzen erfolgen kann. Wichtig wäre zudem, dass das System den Lernfortschritt berücksichtigt, indem es mit zunehmendem Fähigkeits- und Erfahrungsniveau des Lernenden ein selbstgesteuertes Weiterlernen ermöglicht und die aktive Unterstützung auf individuell gewählte Bedarfsfälle reduziert.

Das System könnte darüber hinaus so konzipiert werden, dass es spezielle Lernanreize setzt. In Frage kommt bspw. die Anreicherung mit motivationsfördernden und didaktisch wirksamen Spielelementen (Gamification). Um die Sinnhaftigkeit und die damit verbundene Grundmotivation für die Arbeit zu schaffen, sollte zudem die Bereitstellung von kontextbezogenem Zusatzwissen integriert werden. Dieses könnte dem Lernenden die Sinnhaftigkeit von Arbeitsschritten erläutern und Konsequenzen seines Handelns für vor- und nachgelagerte Prozesse bzw. das Gesamtergebnis verdeutlichen. Weiterhin könnte eine Untergliederung der Arbeit in lernförderliche Einheiten in Abhängigkeit der Arbeitsaufgabe und deren Komplexität vorgenommen werden. Das System würde dann Empfehlungen zur Strukturierung der Arbeit hinsichtlich zu verwendender Methoden wie Teil- oder Ganzheitsverfahren geben.

Ein kombiniertes arbeitswissenschaftliches und pädagogisches DMM böte damit den Vorteil, auch Arbeitsplatzplaner bei der Gestaltung lern- und gesundheitsförderlicher Systeme zu unterstützen. Auf Basis der Merkmale einer Arbeitsaufgabe und weiterer Lerneinflussfaktoren könnte auch eine Abschätzung der benötigten Anlernzeit für den Arbeitsprozess ermittelt und als Grundlage zur Diskussion von Alternativvorschlägen von Arbeitsplatzkonfigurationen genutzt werden.

In einer weiteren Ausbaustufe sollten die Systeme zu computergesteuerten Avataren weiterentwickelt werden. Das System würde nicht nur eine Rückmeldung und Feedback zum Lernergebnis geben, sondern als Assistent bzw. virtueller Mentor („Virtual Mentor") mit dem Lernenden interagieren. Auf Basis von integrierten Optimierungs- und Lernalgorithmen würde dem Lernenden eine aus Systemsicht optimale Arbeitsausführung vorgeschlagen. Diese könnte er durch eine eigene Optimierung verbessern. Dabei lernt das System aus den Handlungen des Lernenden bzw. Ausführenden, indem es dessen Ausführungen mit den in der Datenbank hinterlegten vergleicht und „bessere" Arbeitsausführungen übernimmt. Ein solches System könnte damit in Abhängigkeit der Arbeitstätigkeit und den individuellen Eigenschaften einer Arbeitsperson (Vorwissen, Aufmerksamkeit etc.) individuelle Hilfestellungen bei der Arbeitsausführung bereitstellen. Gleichzeitig könnte das System individuelle Lernpausen vorschlagen und Lernberatung bei der Entwicklung von Selbstlernkompetenz geben. Hierbei könnten auch AR-Ansätze zur Unterstützung des Werkers integriert werden.

Mit einem System wie dem „Virtual Mentor" könnten Werker auch in ausgelernten Arbeitsprozessen unterstützt werden, indem er Hinweise zur effizienten und ergonomischen Arbeitsausführung sowie Empfehlungen zu Pausen, Belastungswechseln etc. erhält. Zusätzlich könnte ein solches System Informationen zum Zustand des Arbeitssystems

(Instandhaltungsbedarf und Vorgehensweise) sowie des Fortschrittes von Arbeitsaufträgen dem Werker bereitstellen. Dies würde insbesondere im Kontext von Cyber-Physischen Produktionssystemen Anknüpfungspunkte liefern.

Neben der stärkeren Berücksichtigung des Lernenden könnte ein solches arbeitswissenschaftlich- pädagogisches DMM auch den Austausch zwischen Mitarbeitern hinsichtlich ergonomischer und zeitökonomischer Arbeitsweisen und gesundheitsförderlichen Maßnahmen fördern. So könnte dieser Ansatz bspw. Planungs- und KVP-Workshops Einzug erhalten.

4.7   Zusammenfassung und Ausblick

Arbeitswissenschaftliche DMM werden aktuell zur ergonomischen Analyse und Gestaltung von Arbeitsprozessen genutzt. Dabei bieten die Systeme bereits heute Potenziale und Ansätze für den Einsatz zum Anlernen von Arbeitsabläufen. Um diese zu heben, sind die bestehende Systeme jedoch wesentlich anzupassen und zu erweitern. Hierzu bietet sich insbesondere die Integration von Forschungsergebnissen zu Lernsystemen wie pädagogischen Avataren und Agenten an. Gleichzeitig müssen lerntheoretische Grundlagen für den neuen Einsatzzweck der Systeme adaptiert werden.

Um das Entwicklungsziel eines „Virtual Mentor" zur Instruktion von Arbeitsinhalten und -prozessen zu erreichen, ist daher eine interdisziplinäre Zusammenarbeit verschiedener Disziplinen wie bspw. der Pädagogik, des E-Learning, der Arbeitswissenschaft und der Informatik notwendig. Im Ergebnis könnte ein System entstehen, das die Vorteile von pädagogischen und arbeitswissenschaftlichen digitalen Menschmodellen vereint und betriebliche Lernprozesse durch ein interaktives und arbeitsplatznahes Lernsystem bereichert. Mitarbeiter wiederum erhalten neuartige Unterstützung beim Anlernen von Arbeitsprozessen, wobei die Eigenschaften der jeweiligen Person noch stärker in den Mittelpunkt gestellt werden können. Ein individuelles Anlernen, das auch körperliche und mentale Dispositionen sowie Vorwissen und Routine-/ Übungsgrad in die Lernprozessgestaltung integriert und darüber hinaus auf unterschiedliche Lernverläufe adaptiv reagiert, könnte somit eine wesentliche Systemaufwertung darstellen. Gleichzeitig würden sich Synergien aus der gemeinsamen Nutzung des Systems durch den Planer sowie den Nutzer des Arbeitssystems, dem lernenden Mitarbeiter, ergeben. Das effizientere Anlernen fände unter gleichzeitiger Vermittlung wesentlicher Informationen zur technischen und organisatorischen Gestaltung des Arbeitssystems statt, womit neben ergonomischen auch wirtschaftliche Zielstellungen erreicht werden könnten.

Gleichzeitig sind aber auch die Risiken, die mit einer stärkeren Technologisierung verbunden sind, zu berücksichtigen. Neben der Nutzung virtueller Agenten muss es auch in Zukunft Möglichkeiten geben, Probleme und Fragen beim Anlernprozess mittels menschlicher Kommunikation und Interaktion zu lösen.

Dipl.-Kfm. Michael Spitzhirn arbeitet seit 2012 als wissenschaftlicher Mitarbeiter an der Professur Arbeitswissenschaft und Innovationsmanagement. Von 2012 bis 2014 entwickelte er gemeinsam mit einem interdisziplinären Team von Nachwuchsforschern der TU Chemnitz das digitale Menschmodell „The Smart Virtual Worker", in dessen Rahmen bestehende Methoden und Werkzeuge zur Planung und ergonomischen Bewertung von Arbeitsplätzen weiterentwickelt wurden.

In seiner aktuellen Forschungstätigkeit beschäftigt er sich mit der Einbindung altersspezifischer Leistungsveränderungen, Ermüdungserscheinungen sowie der Gestaltung und Integration nutzerorientierter Auswertungen in digitale Menschmodelle. Einen weiteren Schwerpunkt bilden arbeitswissenschaftliche Prozessbewertungen mittels zeitwirtschaftlichen und ergonomischen Verfahren sowie der virtuellen Ergonomie.

Alexander Aust studierte Erwachsenenbildung/Betriebliche Weiterbildung (Hauptfach), Industrie- und Techniksoziologie sowie Politikwissenschaft an der Technischen Universität Chemnitz. Seit 2012 arbeitet er als wissenschaftlicher Mitarbeiter an der Professur Arbeitswissenschaft und Innovationsmanagement. Seine thematischen Schwerpunkte sind Kompetenzentwicklung sowie E-Learning und mobile Endgeräte in der Produktion sowie im Bereich der Elektromobilität.

Prof. Dr. Bullinger-Hoffmann leitet seit April 2012 die Professur Arbeitswissenschaft und Innovationsmanagement der TU Chemnitz.

Sie absolvierte ihr Studium an der Universität St. Gallen – HSG und der HEC Paris. Im Anschluss war sie drei Jahre Forschungsassistentin an der Technischen Universität München, wo sie zu „Innovation and Ontologies" summa cum laude promovierte. Ihre Habilitation zum Thema „IT-based Interactive Innovation" erarbeitete Prof. Dr. Bullinger-Hoffmann an der Universität Erlangen-Nürnberg und der University of Pennsylvania.

Sie hat zahlreiche nationale und europäische Projekte eingeworben und geleitet. Ergebnisse der Arbeiten von Prof. Dr. Bullinger-Hoffmann sind unter anderem in referierten Zeitschriften wie Creativity and Innovation Management, R&D Management, Health Policy und WIRTSCHAFTSINFORMATIK publiziert.

Literatur

DIN EN ISO 6385:2004-05. Grundsätze der Ergonomie für die Gestaltung von Arbeitssystemen, Deutsche Fassung EN ISO 6385:2004

DIN EN ISO 9241-110 (2008) Ergonomie der Mensch-System-Interaktion – Teil 110: Grundsätze der Dialoggestaltung. Berlin, Beuth Verlag GmbH.

ArbeSchG § 12 Arbeitsschutzgesetz. Gesetz über die Durchführung von Maßnahmen des Arbeitsschutzes zur Verbesserung der Sicherheit und des Gesundheitsschutzes der Beschäftigten bei der Arbeit (Arbeitsschutzgesetz – ArbSchG) § 12 Unterweisung. Online unter: http://www.gesetze-im-internet.de/arbschg/__12.html

Bannert M, Brunnett G, Eibl M, Fraas C, Hamker F, Hardt W, Ohler P, Sachs-Hombach K (2011) Projektantrag zum DFG-Graduiertenkolleg „Kopplung virtueller und realer sozialer Welten". TU Chemnitz Online unter: http://crossworlds.info/files/2011/09/DFG_Graduiertenkolleg_1780_Auszug_Forschungsprogramm.pdf (Zugriff: 20.01.2016)

Baylor AL (2011) The design of motivational agents and avatars. Educ Tech Res 59:291–300

Bente G, Krämer NC, Petersen A (2002) Virtuelle Realität als Gegenstand und Methode in der Psychologie. In: Bente G, Krämer NC, Petersen A (Hrsg.) Virtuelle Realitäten, Hogrefe, Göttingen, S. 1–26

Bente G, Krämer NC (2011) Virtual gestures: embodiment and nonverbal behavior in computer-mediated communication. In: Kappas A, Krämer NC (Hrsg.) Face-to-Face Communication. Emotions in a Web of Culture, Language, and Technology, Cambridge University Press, Cambridge, S. 176–210

Blümel E, Jenewein K, Schenk M (2010) Virtuelle Realitäten als Lernräume. Zum Einsatz von VR-Technologien im beruflichen Lernen. In: lernen & lehren. Zeitschrift der Bundesarbeitsgemeinschaften Elektro-, Informations-, Metall- und Fahrzeugtechnik e. V., Heft 97

Bullinger-Hoffmann AC, Mühlstedt J (2017) Homo Sapiens Digitalis: Virtuelle Ergonomie und digitale Menschmodelle. Springer-Vieweg, Berlin

Cioffi J (2001) A study of the use of past experiences in clinical decision making in emergency situations. Int J Nurs Stud 38:591–599

Dar-El E (2000) Human Learning: From Learing Curves to Learning Organisation. Kluwer, Bosten

De Greiff M (2001) Die Prognose von Lernkurven in der manuellen Montage unter besonderer Berücksichtigung der Lernkurven von Grundbewegungen. Fortschritt-Berichte VDI-Reihe 2, Nr. 592. VDI Verlag GmbH, Düsseldorf

Dennerlein F, Daub U, Blab F, Podfigurny P, Schneider U, Bauernhansl T (2015) Digitale Menschmodelle für Montagemitarbeiter. Lehrer- und Lerner-Animationen zur Unterstützung körperlich schonender Montageabläufe. Werkzeugtechnik online Jahrgang 105 H.3, S.115–118. Online unter: http://www.werkstattstechnik.de/wt/get_article.php?data[article_id]=82750 (Zugriff: 01 August 2015)

Domagk S (2008) Pädagogische Agenten in multimedialen Lernumgebungen. Empirische Studien zum Einfluss der Sympathie auf Motivation und Lernerfolg (Band 9 der Reihe Wissensprozesse und digitale Medien). Berlin, Logos

Erpenbeck J, Sauter W (2013) So werden wir lernen! Kompetenzentwicklung in einer Welt fühlender Computer, kluger Wolken und sinnsuchender Netze. Springer Gabler, Berlin

Fowler-Durham C, Alden K (2007) Enhancing patient safety in nursing education through patient simulation. In: Patient and Quality: An Evidence-Based Handbook for Nurse, chapter 51 (Hughes R.G. ed.), US Department of Health and Human Services – Agency for Healthcare Research and Quality, Rockville, Online unter: http://www.ncbi.nlm.nih.gov/books/NBK2628/ (Zugegriffen: 30. Juli 2015)

Fritsche L, Trepte J (2013) Humanmotorisch eigeninitiierte Bewegungen und Normzeitbezug als Grundlagen für den virtuellen Facharbeiter. Fachtagung Digital Humans in Application. Online unter: http://www.imk-automotive.de/publikationen-ergonomie.html (Zugegriffen: 01.August 2015)

Gegenfurtner A, Quesada-Pallarés C (2014) Digitale Simulationen und ihr Einfluss auf Selbstwirksamkeit und Lerntransfer. 79. Tagung der Arbeitsgruppe für Empirische Pädagogische Forschung (AEPF), Hamburg

Grissom S, McNally MF, Naps T (2003). Algorithm visualisation in CS education: Comparing levels of student engagement. [PDF document] URL: http://dl.acm.org/citation.cfm?doid=774833.774846 Zugegriffen: 30. Juli 2015

Haack J (2002) Interaktivität als Kennzeichen von Multimedia und Hypermedia. In: Issing LJ, Klimsa P (Hrsg.), Information und Lernen mit Multimedia und Internet. Lehrbuch für Studium und Praxis, Beltz, Weinheim, S. 127–136

Hacker W, Skell W (1993) Lernen in der Arbeit. Bundesinstitut für Berufsbildung, Berlin

Heidig S, Clarebout G (2011) Do pedagogical agents make a difference to student motivation and learning?. Educ Res Rev-Neth 6:27–54

Henfling M (1978) Lernkurventheorie., Verlag A, Lehmann, Gerbrunn

Hobmair H (2013) Psychologie (5. Auflage). Bildungsverlag eins, Köln

Hovancsek M (2007) Using simulation in nurse education. In: Jeffries PR (Hrsg.) Simulation in Nursing Educcation; from Conceptualization to Evaluation, Nationals League for Nursing, New York, S. 1–9

Jeske T (2013) Entwicklung einer Methode zur Prognose der Anlernzeit sensumotorischer Tätigkeiten. Industrial Engineering and Ergonomics. Band 13. Aachen, Shaker Verlag GmbH

Kanfer R (1990) Motivation and individual differences in learning: an integration of development. differential and cognitive perspective. Learn Individ Differ 2(2): 221–239

Kinney S, Henderson D (2008) Comparison of low fidelity simulation learning strategy with tradional lecture. Clin Simul Nurs 4(2):15–18

Kneebone R (2005) Evaluating clinical simulations for learning procedural skills: a theory-based approach. Acad Med 80(6): 549–553

Knogler M, Gegenfurtner A, Quesada Pallarès C (2013) Social design in digital simulations: effects of single versus multi-player simulations on efficacy beliefs and transfer. In: Rummel N, Kapur M, Nathan M, Puntambekar S (Hrsg.) To see the world and a grain of sand: Learning across levels of space, time, and scale, International Society of the Learning Sciences, Madison,p 293–294, Vol 2

Kuiper R, Heinrich C, Matthias A, Graham MJ, Bell-Kotwall L (2008) Debriefing with OPT of clinical reasoning during high fidelity patient simulations (article). IJNES 5:17

M R E (1988) Design and evaluation for situation awareness enhancement. Proceedings of the Human Factors Society 32nd Annual Meeting Vol 1, S 97–101. Human Factors Society, Santa Monica

Mandl H, Gruber H, Renk A (2002) Situiertes Lernen in multimedialen Lernumgebungen. In. Issing LJ, Klimsa P (Hrsg.), Information und Lernen mit Multimedia und Internet. Lehrbuch für Studium und Praxis, Beltz, Weinheim, S. 139–148

Mayring P (2010) Qualitative Inhaltsanalyse. Grundlagen und Techniken. Weinheim & Basel: Beltz.

Milgram P, Takemura H, Utsumi A, Kishino F (1994) Augmented reality: a class of displays on the reality-virtuality continuum. Online unter: http://web.cs.wpi.edu/~gogo/hive/papers/Milgram_Takemura_SPIE_1994.pdf Zugegriffen: 01. August 2015

Moreno R, Mayer RE, Spires H, Lester J (2001) The case for social agency in computer-based teaching. Do students learn more deeply when they interact with animated pedagogical agents? Cognition and Instruction 19 (S) 177–213

Mühlstedt J (2012) Entwicklung eines Modells dynamisch-muskulärer Arbeitsbeanspruchungen auf Basis digitaler Menschmodelle. Universitätsverlag Chemnitz

Natter M, Mild A, Feurstein M, Dorffner G, Taudes A (2001) The effect of incentive schemes and organizational arrangements on the new product development process. Manage Sci47(8):1048–1045

Nembhard DA, Osothsilp N (2002) Taks complexity effects on between-individual learning/forgetting variability. Int J Ind Ergonom 25(3):315–326

Niegemann HM, Domagk S, Hessel S, Hein A, Hupfer M, Zobel A (2008) Kompendium multimediales Lernen. Springer, Berlin

REFA (1991) Arbeitspädagogik – REFA Methodenlehre der Betriebsorganisation. Carl Hanser Verlag, München

Reichert R (2013) Die Macht der Vielen. Über den neuen Kult der digitalen Vernetzung. Transcript, Bielefeld

Rey GD (2009) E-Learning. Theorien, Gestaltungsempfehlungen und Forschung. 1. Aufl. Hans Huber, Bern

Rieger A, Friess H, M E M (2014) Augmented Reality – Realität und Virtualität in der Medizin. In: Niederlag W, Lemke H, Lehrbach H, Peitgen HO (Hrsg.) Der virtuelle Patient, De Gruyter, Berlin, S. 190–204

Riley JM, Scielzo S, Hyatt J, Davis F, Colombo D (2009) Situation Awareness and Performance Feedback toward Enhancing Learning with Game Trainers: An Approach and Lessons Learned. PROCEEDINGS of the HUMAN FACTORS and ERGONOMICS SOCIETY 53rd ANNUAL MEETING-2009

Schenk M, Wirth S, Müller E (2014) Wandlungsfähige Fabrikmodelle. Schenk M, Wirth S, Müller E (Hrsg.)Fabrikplanung und Fabrikbetrieb. Methoden für die wandlungsfähige, vernetzte und ressourceneffiziente Fabrik, Springer, Berlin

Schlick CM, Bruder R, Luczak H (2010) Arbeitswissenschaft. Springer, Berlin

Schlögel D (2013) Einsatzpotentiale von Augmented Reality in Distributionszentren der Lebensmittelindustrie. In: Zsifkovits H, Altendorfer S (Hrsg.) Logistics systems engineering, Rainer Hampp Verlag, München, S. 95–110)

Schroeder R, Axelsson AS (Hrsg.) (2006) Avatars at work and play: collaboration and interaction in shared virtual environments. Springer

Serel DA, Dada M, Moskowitz H, Plante RD (2003) Investing in quality under autonomous and induced learning. Transactions IIE 35(6):545–555

Spanner-Ulmer B, Mühlstedt J (2009) Digitale Menschmodelle als Werkzeuge virtueller Ergonomie. Ergebnisse einer empirischen Studie. Industrie-Management: Zeitschrift für industrielle Geschäftsprozesse 26(4):69–72

Spath D (2013) Produktionsarbeit der Zukunft – Industrie 4.0. Fraunhofer Verlag

Spitzhirn M, Kronfeld T, Müller NH, Truschzinski M, Brunnett G, Hamker F, Helge Ü, Ohler P, Protzel P, Rosenthal P, Bullinger-Hoffmann AC (2017) The Smart Virtual Worker – Digitale Menschmodelle für die Simulation industrieller Arbeitsvörgänge. In: Bullinger-Hoffmann AC, Mühlstedt J (Hrsg.) Homo Sapiens Digitalis: Virtuelle Ergonomie und digitale Menschmodelle, Springer-Vieweg, Berlin, S. 385–397

Spitzhirn M, Bullinger AC (2013) Entwicklung eines neuen digitalen Menschmodells für den Einsatz in kleinen und mittleren Unternehmen. In: Gesellschaft für Arbeitswissenschaft e.V. (Hrsg.) Chancen durch Arbeits-, Produkt- und Systemgestaltung – Zukunftsfähigkeit für Produktions- und Dienstleistungsunternehmen, 59. Kongress der Gesellschaft für Arbeitswissenschaft, GfA-Press, Dortmund, S. 383–386

Spitzhirn M, Bullinger-Hoffmann AC (2017) Eine Anforderungsermittlung zu digitalen Menschmodellen als Instrument zur ergonomischen Arbeitsprozessgestaltung: Anforderungen und Bedarf aus Praxissicht. In: Bullinger-Hoffmann AC, Mühlstedt J (Hrsg.) Homo Sapiens Digitalis: Virtuelle Ergonomie und digitale Menschmodelle, Springer Vieweg, Berlin, S. 229–245

Steuer J (1992) Defining virtual reality: Dimensions determining telepresence. J Commun 42(4):73–93

Süss D, Lampert C, Wijnen CW (2013) Ein Blick zurück: Zur Entwicklung der Medienpädagogik im deutschsprachigen Raum. In: Süss D, Lampert C, Wijnen CW (Hrsg.)Medienpädagogik. Ein Studienbuch zur Einführung, Springer Fachmedien, Wiesbaden, S. 61–94

Terwiesch C, Bohn R (2011) Learning and processes improvement during production ramp-up. Int J Prod Econ 70(1):1–19

Treumann KP, Ganguin S, Arens M (2012) E-Learning in der beruflichen Bildung – Qualitätskriterien aus der Perspektive lernender Subjekte. VS Verlag van der Meij H (2013) Do pedagogical agents enhance software training? Journal Human -Computer Interaction, 28(6). S.518–547

VDC (2013) Whitepaper 3D-Menschmodelle Typen, Anwendungen, Nutzen. Kompetenz-zentrum Virtuelle Realität und Kooperatives Engineering w.V. –Virtual Dimension Center VDC. Online unter: Online unter: http://www.vdc-fellbach.de/files/Whitepaper/2013%20VDC-Whitepaper%203D-Menschmodelle.pdf. (Zugriff: 05.02.2016)

Wagener M (2008) Wissensvermittlung mit dem Utility-Film.In: Muthig J. (Hrsg.) tekom-Jahrestagung, S.323-325

Weidenmann B (1996) Instruktionsmedien. In: Weinert EF (Hrsg.) Psychologie der Lernens und der Instruktion. Hogrefe, Göttingen

Wildemann H (2012) Anlaufmanagement. Leitfaden zur Optimierung der Anlaufphase von Produkten, Anlagen und Dienstleistungen. TCW Transfer-Centrum GmbH & Co. KG, München

Wischniewski S (2013) Digitale Ergonomie 2025. Trends und Strategie zur Gestaltung gebrachstauglicher Produkte und sicherer, gesunder und wettbewerbsfähiger sozio-technischer Arbeitssysteme. Forschung Projekt F 2313. BAuA, Dortmund

Wright TP (1936) Factors affecting the cost of airplanes.Journal of Aeronautical Sciences 3:122–128

Ergonomie am wissensintensiven Arbeitsplatz -Problemstellung und Lösungsansätze

5

Danny Rüffert, Joseph Heß und Angelika C. Bullinger-Hoffmann

Inhaltsverzeichnis

D. Rüffert (✉) · J. Heß · A.C. Bullinger-Hoffmann
Professur Arbeitswissenschaft und Innovationsmanagement, Technische Universität Chemnitz,
Erfenschlager Straße 73, Gebäude C/F, 09125 Chemnitz
e-mail: danny.rueffert@mb.tu-chemnitz.de

J. Heß
e-mail: Joseph.Hess@wirtschaft.tu-chemnitz.de

A.C. Bullinger-Hoffmann
e-mail: bullinger-hoffmann@mb.tu-chemnitz.de

© Springer Fachmedien Wiesbaden GmbH 2017   163
H. Breit et al. (Hrsg.), *Produktivität von industriellen Dienstleistungen
in der betrieblichen Praxis*, DOI 10.1007/978-3-658-08632-9_5

5.1   Einführung

Wissensintensive Arbeitsplätze legen den Fokus auf die psychischen und nicht auf die physischen Stärken der Arbeitnehmer. Wissensintensive Berufe sind demnach solche, die durch den hohen Anteil von Innovateuren oder flexiblen Mitarbeitern geprägt sind. Bei Wissensarbeitern „… bestehen […] hohe Lernanforderungen und Kreativitätsanforderungen. Es geht darum, sich häufig Wissen anzueignen und gegebenenfalls zu generieren" (Tiemann 2009, S. 8). Arbeitnehmer an wissensintensiven Arbeitsplätzen werden als Wissensarbeiter bezeichnet. Ein solcher Arbeitnehmer ist nach Drucker "an employee whose major contribution depends on employing his knowledge rather than his muscle power and coordination, frequently contrasted with production workers who employ muscle power and coordination to operate machines" (Drucker 1991, S. 564). Diese Arbeitnehmer verbringen im Schnitt 80.000 Stunden sitzend im Büro. 17 Millionen deutsche Arbeitnehmer nehmen Tag für Tag im Büro einen Sitzplatz ein (BAuA 2011). Dieses birgt, neben eingebüßter Produktivität durch Unwohlsein, gesundheitliche Gefahren. Die Rückenmuskulatur wird verkürzt, Bauch-, Bein- und Gesäßmuskeln geschwächt. Muskel- und Skeletterkrankungen verursachen das Gros aller krankheitsbedingten Fehltage bei Arbeitnehmern, wobei der Großteil auf wissensintensive Arbeitsplätze entfällt. Auch im Jahre 2009 führten diese als Ursache mit 104,8 Millionen Ausfalltagen den Spitzenplatz in der Arbeitsunfähigkeitstage-Statistik (BAuA (Hrsg.) Bundesanstalt für Arbeitsschutz und Arbeitsmedizin 2011) an. Nach Schätzungen der BAuA lagen im Jahr 2012 die Ausfallkosten sowie der Ausfall an Bruttowertschöpfung aufgrund von Rückenbeschwerden bundesweit bei etwa 17 Milliarden Euro (Baas 2014).

Zur Prävention sind zahlreiche Institutionen deutschlandweit für gesunde Arbeit tätig und setzen sich aktiv für ein ergonomisches Büroumfeld sowie einen starken Rücken im Allgemeinen und insbesondere am Arbeitsplatz ein (u. a. BAuA, BGW, INQA, iga, BKK Dachverband e.V., DGUV, AOK-Bundesverband, vdek, TK, BdR, AGR e.V.). Informationsmedien und Aktionstage dieser Akteure informieren umfangreich über präventive und ergonomische Maßnahmen.

Trotz dieser Bemühungen bleiben Muskel- und Skeletterkrankungen die Hauptursache für die meisten Fehltage in Deutschland (Techniker Krankenkasse 2013). Ob gesundheitsunterstützende Aktivitäten und Maßnahmen am Arbeitsplatz stattfinden, z. B. im Rahmen eines betrieblichen Gesundheitsmanagements (BGM), ist abhängig von der Unternehmensgröße. Eine Untersuchung der Initiative Gesunde Arbeit zeigt, dass die Zahl der Arbeitnehmer mit der Durchführung eines BGM korreliert (Bechmann et al. 2011). Kleine Unternehmen haben oft keine Zeit oder kein Geld für ein aktives Gesundheitsmanagement. Der Artikel thematisiert, wie auch ohne BGM präventive und kostengünstige Ansätze verfolgt werden können. Bevor auf diese Ansätze eingegangen wird, sollen noch einige Begrifflichkeiten abgegrenzt werden.

Als Arbeitsplatz wird derjenige Ort bezeichnet, an welchem der Arbeitnehmer seine Arbeitsleistung erbringen soll. Die Anordnung und die Art des Arbeitsplatzes sind abhängig von dem Aufgabeninhalt. Bartscher und Huber offerieren verschiede Klassifizierungen des Arbeitsplatzes, wobei sie zwischen immobil oder mobil und innerhalb oder außerhalb des Unternehmens unterschieden (Bartscher und Huber 2007). Andere Klassifizierungen sind möglich. Der wissensintensive Arbeitsplatz fällt in den Bereich der innerbetrieblichen, immobilen Arbeitsplätze (Heimarbeit ausgeschlossen). Diese Art des Arbeitsplatzes setzt vor allem den Arbeitgeber in die Pflicht, für die ausreichend gute Gestaltung des Arbeitsplatzes zu sorgen. Die BildscharbV verpflichtet, neben anderen Gesetzen, den Arbeitgeber, geeignete Maßnahmen zu treffen, damit Bildschirmarbeitsplätze den Anforderungen der Gesetzestexte und Normen (ArbSchG, ArbStättV, DIN 4543-1, BGV A3, BGI 650 etc.) entsprechen. Dazu hat der Unternehmer die Sicherheits- und Gesundheitsbedingungen an Bildschirmarbeitsplätzen zu ermitteln und zu beurteilen, insbesondere hinsichtlich einer möglichen Gefährdung des Sehvermögens sowie körperlicher Probleme und mentaler Belastungen. Unternehmen mit mehr als 10 Beschäftigten sind verpflichtet, Unterlagen zu erstellen, aus denen das Ergebnis der Gefährdungsbeurteilung, die festgelegten Maßnahmen des Arbeitsschutzes und das Ergebnis ihrer Überprüfung ersichtlich ist (Gesetzliche Unfallversicherung 2001).

Ergonomische Spielräume sind, trotz der geringen Bewegungsfreiheit, vorhanden. Unter Ergonomie versteht man das Anpassen der Arbeitsbedingungen an die Fähigkeiten und Eigenschaften des Arbeitnehmers (Bullinger 1994). Kontextabhängig kann ebenfalls die Anpassung des Menschen an die Arbeit als Ergonomie verstanden werden (Sauer et al. 2009). Demnach können Veränderungen an dem Arbeitsmittel oder die Veränderung des Menschen, durch beispielsweise Hilfsmittel, zu einer Steigerung des Wohlbefindens führen. Die zentralen Gestaltungsbereiche der Ergonomie unterteilen sich in:

- Arbeitsplatz und Arbeitsmittel (Geräte, Maschinen, Mobiliar, …)
- Arbeitsumfeld (Klima, Beleuchtung, akustische und visuelle Reizsituation, …)
- Arbeitsorganisation (Arbeitsverfahren, Arbeitsplan, Arbeitsinstruktionen, …)
- Arbeitsinhalt (Unter- und Überforderung, Monotonie, …)
- Mensch (Geschlecht, Alter, Fähigkeiten)

Wie auch bei körperaktiven Tätigkeiten in anderen Branchen können bereits mit kleinen Veränderungen das Wohlbefinden gesteigert und die Unfall- bzw. Ausfallzahlen gesenkt werden. Um zu verstehen, an welchen Punkten ergonomische Verbesserungen vorgenommen werden können, muss analysiert werden, welche Arbeitsmittel am wissensintensiven Arbeitsplatz zum Einsatz kommen und wie das Mensch-Maschine-System (MMS) funktioniert. Unter dem MMS wird das zweckmäßige, zielgerichtete Zusammenwirken von Personen mit technischen Systemen zur Erfüllung eines fremd- oder selbstgestellten Auftrages verstanden (Meier und Uhlmann 2012). In Bezug auf den wissensintensiven Arbeitsplatz stehen vor allem Büro- und Kommunikationsgeräte im Fokus, wobei Einrichtungen und Hilfsmittel die Gesundheit und das Wohlbefinden ebenfalls steigern können. Vorgaben für die korrekte Gestaltung von Bildschirmarbeitsplätzen sind in verschiedenen Normen und Gesetzen festgehalten. So etwa die EU-Richtlinie 90/270/EWG vom 29.05.1990, welche Mindestvorschriften in Bezug auf die Sicherheit und den Gesundheitsschutz bei der Arbeit an Bildschirmgeräten festlegt.

Das Hauptproblem bei wissensintensiven Arbeitsplätzen ist die geringe körperliche Aktivität. Über mehrere Stunden hinweg verharrt der Mitarbeiter in derselben Position. Daraus resultieren häufig Symptome wie Rückenschmerzen, Spannungsgefühle sowie allgemeines Unwohlsein. Zusammenfassend kann man sagen, dass Bildschirmarbeit mit einer Zunahme der Muskel- und Skeletterkrankungen einhergeht. Flimmernde Monitore sorgen zusätzlich häufig für Kopfschmerzen und Probleme mit der Konzentration, woraus psychosomatische Beschwerden erwachsen können. Weitere Gesundheitsgefährdungen stellen die Beeinträchtigung des Seeapparates und eine Belastung auf das Herz-Kreislauf-System dar (Arbeitnehmerkammer Bremen 2013)

Wie sehr ein Mitarbeiter von eben genannten Symptomen betroffen ist, hängt stark von der Belastung und dem individuellen Beanspruchungsniveau ab. Unter Belastung wird jede Einflussgröße verstanden, die am menschlichen Organismus eine Wirkung hervorrufen kann. Beanspruchung ist als die Veränderung des Organismus definiert, die durch Belastung hervorgerufen wird (Rohmer 1984). Die Ansätze der Belastung und Beanspruchung lassen sich in einem einfachen Modell zusammenfassen (siehe Abb. 5.1).

Aus diesem Modell lassen sich trotz seiner Einfachheit folgende Beziehungen ableiten:

• Bei gegebener Belastung und konstanten Eigenschaften hängt die Beanspruchung von der Veränderung der Belastung ab. Veränderungen der Belastung führen zu Veränderungen der Beanspruchung
• Bei gegebener Belastung und variablen Eigenschaften hängt die Beanspruchung von der Belastung und der Variation der Eigenschaften ab. Veränderungen oder Unterschiede von Eigenschaften führen zu Veränderungen der Beanspruchung. Zusammenfassend bedeutet das: Verschiedene Menschen sind bei gleicher Belastung immer verschieden beansprucht (Rohmert 1984; Laurig 1971).

Nach der weiter oben erwähnten Definition von Ergonomie hat der Arbeitgeber nunmehr zwei Ansatzpunkte, um das Wohlbefinden am Arbeitsplatz zu steigern und die Gefahr eines

Abb. 5.1 Modell zur Veranschaulichung der Beziehungen zwischen Belastung und Beanspruchung (nach Laurig)

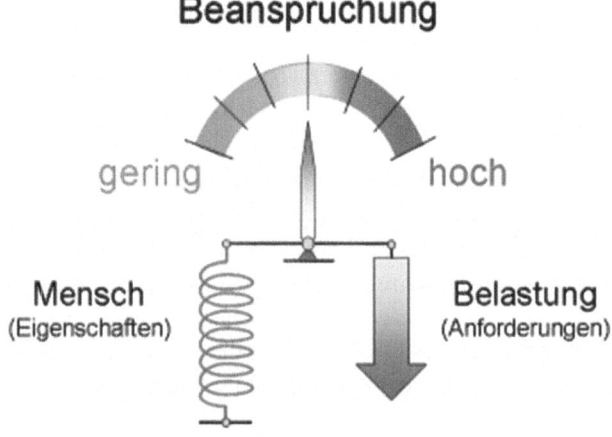

Ausfalls zu senken. Auf der einen Seite kann er Maßnahmen ergreifen, die den Arbeitnehmer unterstützen, seiner Arbeitsaufgabe nachzukommen und auf der anderen Seite können die einwirkenden Belastungen durch geeignete Maßnahmen reduziert werden. Krankheitskosten und geminderte Wertschöpfung sind ganz oder teilweise durch ergonomische Maßnahmen zur optimalen Gestaltung des wissensintensiven Arbeitsplatzes vermeidbar. Darüber hinaus können Investitionen in die Bildschirmergonomie sogar positive Produktivitätseffekte beinhalten (Arbeitnehmerkammer 2013).

5.2   Gestaltung von Wissensarbeitsplätzen

Typische Bestandteile eines Wissensarbeitsplatzes sind Arbeitstisch, Bürostuhl und Arbeitsmittel wie Computer (Tower, Laptop), Tastatur und Maus. Des Weiteren sind Kenntnisse zu Umgebungsfaktoren wie Raum, Klima, Licht und Lärm wichtige Punkte, um einen ergonomischen Arbeitsplatz bereitzustellen. Der folgende Abschnitt wird sich mit grundlegenden Gestaltungsmaßnahmen von Wissensarbeitsplätzen auseinandersetzen.

Bildschirm Zur Visualisierung der Arbeitsaufgabe wird an nahezu jedem Wissensarbeitsplatz ein Bildschirm bereitgestellt. Besondere Anforderungen betreffen vor allem die Größe, Bildqualität und Ausrichtung des Bildschirms. Demzufolge sollte dieser sich im zentralen Gesichtsfeld befinden, um unnötige Kopfbewegungen zu vermeiden. Aufgrund einer natürlichen Neigung des Blickes um 35° lässt sich als Anhaltspunkt für die Bildschirmhöhe feststellen, dass der obere Bildschirmrand sich auf Augenhöhe befinden soll. Bei einer Mehrbildschirmlösung sollte die nötige Kopfrotation 20° nicht übersteigen. Auch die Ausrichtung gegenüber natürlichen Lichtquellen wie Fenster sollte an die vorliegenden Bedingungen angepasst sein. Eine parallele Anordnung zur Fensterfront vermeidet störende Reflexionen. Ein weiterer wichtiger Punkt betrifft die Bildschirmgröße, die auch in Abhängigkeit zu den Anforderungen betrachtet werden muss. Die dargestellten Zeichen müssen groß, scharf und flimmerfrei abgebildet werden. Der Sehabstand richtet sich demnach mehr nach der ausgeführten Aufgabe und kann nicht generalisiert werden. Für typische Bürotätigkeiten sind 500–650 mm zu empfehlen, wobei 500 mm nicht unterschritten werden sollten (BGI 650 2012).

Tastatur und Maus Übliche Eingabemittel von Bildschirmarbeitsplätzen sind Tastatur und Maus, wobei sich derzeit auch immer mehr neuere Eingabemedien wie Stift-Tablets und Trackballs etablieren. Die Auswahl sollte gänzlich an die Bedarfe der Arbeitsinhalte angepasst sein. So wird ein Bildschirmarbeitsplatz z. B. im Bereich Controlling mit den herkömmlichen Geräten auskommen. Beschränkt es sich auf fachspezifische Themen, wie die Konstruktion von Bauteilen und die damit verbundene Verwendung von CAD-Software, sollte über die Verwendung von 3D-Mäusen nachgedacht werden. Diese ermöglichen eine intuitive Navigation von 3D-Modellen, da sie im Gegensatz zu konventionellen Computermäusen bis zu sechs Freiheitsgrade verfügen. Eine andere Varianten sind

die sogenannten Trackball-Mäuse. Sie bieten den Vorteil, dass diese nicht auf der Arbeitsfläche bewegt werden müssen, sondern die Navigation über eine Kugel auf der Trackball-Oberseite durch den Daumen geschieht. Noch in den Anfängen steckt die Steuerung
über Leap-Motion-Systeme, zum Beispiel für Anwendungen im Virtuellen Raum, wobei
gänzlich auf physische Eingabemittel verzichtet und die Steuerungen über Gesten vorgenommen werden. Als allgemeine Empfehlung sollten Computermäuse kabellos sein,
zumal Kabelverbindungen oftmals mit einer Reduzierung der Arbeitsfläche einhergehen
und durch Kontakt mit anderen Arbeitsmitteln störend wirken. Des Weiteren ist zu beachten, dass es zum einen Mäuse für Rechts- und Linkshänder gibt und auch die Größe ein
wichtiges Kriterium für die Auswahl darstellt. So sind verschiedene Mäuse in den Größen
small, medium, large und extra large zu erwerben. Es sollte jeder Arbeitnehmer die Möglichkeit bekommen, ein an seine Bedarfe angepasstes Modell zu benutzen, welches die
natürliche Form und Stellung des Hand-Arm-Systems begünstigt. Auch bei Tastaturen
gibt es die Möglichkeit einer Anpassung. So sind Merkmale wie Tastaturneigung, -höhe,
-größe, Tastenweg und Tastenwiderstand in der Literatur (BGIA Report 2008) ausreichend parametrisiert, um eine ergonomische Tastatur bereitzustellen. Zum Thema Tastenneigung sind die Anregungen eher in Richtung negativer Neigung gerichtet, da dadurch
eine unphysiologische Extension im Handgelenk vermieden werden kann. Sollte keine
negative Neigung möglich sein, bieten sich ergonomische Tastaturen mit Handballenablage an. Dadurch kann eine natürliche Handneigung unterstützt werden. Eine Studie
von Gilad und Harel (2000) bekräftigt diese Empfehlung, da bei einer Tastaturneigung
von ca. $-10°$ eine geringere muskuläre Aktivität in den Unterarmen gemessen wurde und
damit von einer niedrigeren Beanspruchung ausgegangen werden kann (Gilad und Harel
2000). Bei der Tastaturgröße sollte der Umstand beachtet werden, ob bei der täglichen
Arbeit der Nummernblock Verwendung findet. Ist dies nicht der Fall, bietet sich eine verkürzte Tastatur ohne Nummernblock an. Dies ermöglicht eine bessere Positionierung der
Arbeitsmittel im kleinen Greifraum und eine positive Veränderung der Greifwege. Auch
der Platz zur Tischkante muss beachtet werden. Es ist wichtig, dass die Unterarme noch
genügend Platz auf der Arbeitsfläche finden, um diese in einer physiologischen Stellung
abzulegen. Damit wird eine statische Muskelbeanspruchung im Arm-Schulterbereich vermieden und Ermüdungserscheinungen reduziert. Andernfalls sollte sich die Armlehne des
Bürostuhls auf Höhe der Tischkante befinden, um eine Ablagemöglichkeit der Arme zu
garantieren.

Eine Zusammenfassung zum Einsatz von Computer-Eingabemitteln ist im BGIA-Report beschrieben:

- Das Eingabemittel soll den Aufgabenstellungen gerecht werden.
- Das Eingabemittel sollte in möglichst neutraler Körperhaltung zu benutzen sein. Die
  Neutralposition wird vom Design und von der Position des Eingabemittels und der
  individuellen Arbeitstechnik beeinflusst.
- Eine Minimierung des muskulären Aktivitätslevels durch kleinen Kraftaufwand
  und möglichst wenig statische und ungünstige Haltungen sollte angestrebt werden.

Einflussfaktoren dabei sind das Design und die Position des Eingabemittels sowie die Arbeitstechnik.

- Individuelle Unterschiede in Körperhaltungen, anthropometrischen Daten, Arbeitstechniken und Vorlieben müssen berücksichtigt werden (BGIA Report 2008, S. 71).

Arbeitstisch und Bürostuhl Im Zentrum eines Wissensarbeitsplatzes stehen der Arbeitstisch und die Sitzgelegenheit. Grundlegende Gestaltungselemente des Arbeitstisches beziehen sich auf die Abmessungen wie Höhe, Tiefe und Breite. Die Bildschirmarbeitsverordnung (BildscharbV) schreibt dazu vor: „Der Arbeitstisch beziehungsweise die Arbeitsfläche muss eine ausreichend große und reflexionsarme Oberfläche besitzen und eine flexible Anordnung des Bildschirmgeräts, der Tastatur, des Schriftguts und der sonstigen Arbeitsmittel ermöglichen. Ausreichender Raum für eine ergonomisch günstige Arbeitshaltung muss vorhanden sein. Ein separater Ständer für das Bildschirmgerät kann verwendet werden" (BGBl 1996, S. 1843). Für die Breite, Tiefe und Höhe spricht die BGI 650 folgende ergonomische Empfehlung aus. Demnach sollte die Arbeitsfläche 1800 mm breit und 900–1000 mm tief sein. Bei der Arbeitshöhe wird entsprechend zwischen Sitz- und Steharbeitsplatz unterschieden. Für einen Sitzarbeitsplatz sind 620–850 mm und für einen Steharbeitsplatz 950–1250 zu empfehlen. Jedoch muss beachtet werden, dass diese Höhen individuell an die anthropometrischen Maße der Arbeitnehmer angepasst werden müssen. Es handelt sich hier ausschließlich um Richtwerte. Viele Arbeitstische ermöglichen eine stufenlose Höhenverstellung. Somit kann der Sitzarbeitsplatz mit wenigen Handgriffen in einen Steharbeitsplatz umgewandelt werden. Diese Option ist oftmals bei älteren Modellen nicht vorhanden. Jedoch sollte als Mindestanforderung eine Höhenverstellung in dem Bereich möglich sein, dass eine ergonomische Sitzhaltung eingenommen werden kann. Allgemeine Beschwerden im Bereich der Lenden-, Brust- und Halswirbelsäule werden oftmals durch eine falsche Sitzhaltung verursacht. Bei näherer Betrachtung ist zu erkennen, dass in den meisten Büros ergonomische Stühle bereitgestellt werden und das Problem viel mehr in der nicht vorhandenen Kenntnis der Arbeitnehmer über die richtige Justierung des Bürostuhls zu finden ist. Die Höhe der Sitzfläche muss so angepasst werden, dass zwischen Unter- und Oberschenkel ein 90° Winkel vorherrscht und die Füße eine stabile Position auf dem Fußboden einnehmen. Bei herabhängenden Oberarmen liegen die Unterarme locker auf der Armlehne auf. Dies kann durch eine Höhenverstellung der Armlehnen gewährleistet werden. Die Rückenlehne sollte sich der Form der Wirbelsäule angleichen und vor allem im Bereich der Lendenwirbelsäule stützen. Eine Versteifung der Lehne in senkrechter Haltung ist nicht zu empfehlen. Vielmehr sollte ein offener Sitzwinkel (Winkel zwischen Oberkörper und Oberschenkel über 90°) angestrebt werden. Untersuchungen haben ergeben, dass der Bandscheibeninnendruck bei einem Sitzwinkel von 90° deutlich höher ist, als bei 130° (Schlick et al. 2010). Gleiche Effekte zeigen elektromyografischen Messungen der Rückenmuskulatur. Die Aktivität der Rückenmuskeln, gerade im Lendenbereich, nimmt mit Vergrößerung des Sitzwinkels ab. Demnach lässt sich auch die Beanspruchung senken, was die Reduktion von Ermüdungseffekten zur Folge hat.

Raum, Klima, Licht und Lärm Neben den Arbeitsmitteln sind weitere Faktoren entscheidend, um einen ergonomischen Arbeitsplatz bereitzustellen. Diese Faktoren betreffen
vor allem die Arbeitsumweltfaktoren wie Raum, Klima, Licht und Lärm. So sollte der
Büroraum frei von Zugluft sein, jedoch die Möglichkeit einer ausreichenden Frischluft-
zufuhr bestehen. Für die Temperatur ist eine Spanne zwischen 20 bis 22 °C als optimal
anzusehen. Ein Wert von 26 °C sollte nicht überschritten werden (BGI 7004 2007). Die
Beleuchtung von Bildschirmarbeitsplätzen kann raum-, arbeits- oder teilflächenbezogen
ausgeführt werden. Dabei ist eine natürliche Beleuchtung, durch die unterschiedlichen
Tages- bzw. Jahreszeiten, nicht immer zu garantieren. Für den Bürobereich gilt deshalb
eine Beleuchtungsstärke von mindestens 500 Lux. In den Umgebungsbereichen wird mindestens 300 Lux empfohlen. Als Leuchtfarbe sind Warmweiß und Neutralweiß zu offerieren. Es ist allerdings darauf zu achten, dass es zu keiner Zeit durch natürliches Tageslicht
oder alternativer Beleuchtungselemente zu Blendungen kommt. Der Lärm, gemessen am
Schalldruckpegel, ist gering zu halten. Werte von über 55 dB (A) sind bei geistiger Beanspruchung zu vermeiden. Dabei ist besonders auf Geräuschemission von verschiedenen
Geräten zu achten. So können Drucker bspw. in isolierten Räumen untergebracht werden.

5.3   Kleine ergonomische Eingriffe am Wissensarbeitsplatz

Im letzten Abschnitt wurden grundlegende Gestaltungsmaßnahmen eines Wissensarbeitsplatzes vorgestellt. Der folgende Teil befasst sich mit sogenannten ergonomischen Hilfsmitteln, die einen vorhandenen Bildschirmarbeitsplatz nach ergonomischen Gesichtspunkten komplettieren. Es soll gezeigt werden, dass durch kleine Veränderungen ein
Arbeitsplatz entstehen kann, der den heutigen Richtlinien entspricht und den Arbeitnehmer vor arbeitsbedingten pathologischen Veränderungen bewahren kann.

Unter ergonomischen Hilfsmitteln sind dabei Ergänzungen zum Bildschirmarbeitsplatz
zu verstehen, die unkompliziert in das Konzept eines ergonomischen Arbeitsplatzes integriert werden können und dabei den Ansatz einer ganzheitlichen Gestaltung unterstützen.
Die ergonomischen Hilfsmittel können in Sitzhilfen (Ballkissen, Keilkissen, Gymnastikball), Arbeitsmittel (ergonomische Tastatur, ergonomische Maus, ergonomisches Mousepad) und Trainingsutensilien (Balanced Board, Dynair Walker, Handtrainer) unterteilt
werden. Wobei die Trainingsutensilien eine Sonderstellung einnehmen, da sie durch eine
„sportliche Aktivierung" der Arbeitnehmer einem Abbau des Stütz- und Muskelgewebes
entgegenwirken. Diese trainieren koordinative Prozesse und animieren die Arbeitnehmer
körperliche Abwechslung in den meist sitzenden Arbeitsalltag zu integrieren. Die Abb. 5.2
zeigt die verschiedenen ergonomischen Hilfsmittel.

Sitzhilfen haben den Vorteil, dass sie sich unkompliziert in das bestehende Sitzmö-
bel integrieren lassen bzw. eine Alternative dazu bieten. So kann ein Keilkissen oder
ein Ballkissen einfach auf der vorhandenen Sitzfläche positioniert werden. Ein Ballkissen bietet die gleichen Vorteile wie ein Gymnastikball, ohne aber dessen Nachteile zu
besitzen. Es fördert eine aufrechte dynamische Haltung und trainiert dabei die Bauch und

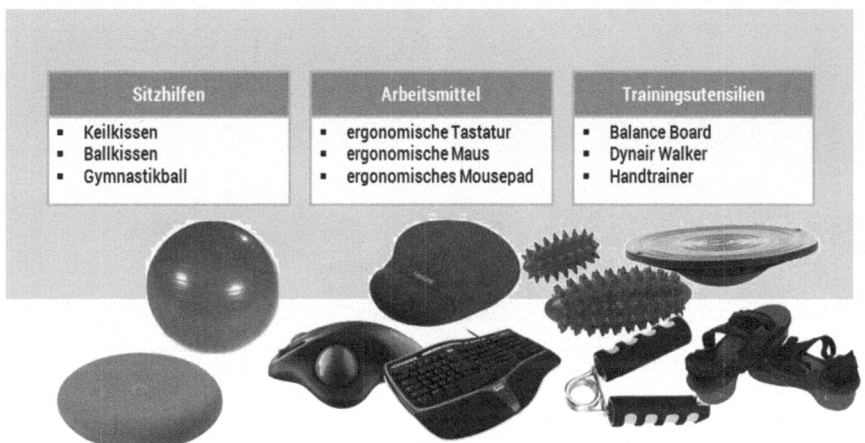

Abb. 5.2 Übersicht über ergonomische Hilfsmittel

Rückenmuskulatur. Das dynamische Ausbalancieren der Wirbelsäule wirkt vorbeugend und therapierend. Das Ballkissen verhindert einseitige statische Belastungen und entlastet Wirbelsäule, Bandscheiben und Bänder. Ähnliche Eigenschafen können dem Gymnastikball zugeschrieben werden, allerdings birgt dieser auch Risiken und Gefahren. So kann es durch Unachtsamkeiten schnell zu Stürzen bzw. Unfällen kommen. Abhilfe kann eine Ballschale schaffen, die zur Fixierung beiträgt und so z. B. das Wegrollen des Gymnastikballes verhindert. Des Weiteren ist das Fehlen einer Lehne als problematisch anzusehen. Denn wie oben beschrieben, wirkt eine Lehne stützend in den einzelnen Bereichen der Wirbelsäule und entlastet, im richtigen Winkel eingestellt, die Muskulatur und Bandscheiben vor allem im Bereich der Lendenwirbelsäule. Neben all den Vorzügen dieser Sitzhilfen muss die korrekte Anwendung im Vordergrund stehen. Es ist nicht zweckmäßig, die Sitzhilfen als einen Ersatz für den ergonomischen Bürostuhl anzusehen. Vielmehr ist es eine Erweiterung, die zwischendurch benutzt werden kann und sollte. Erfahrungen zeigen, dass durch lange Benutzung von Sitzhilfen ebenfalls Ermüdungserscheinungen in der Muskulatur auftreten können, die im Nachgang Schmerzen erzeugen und wiederum zu statischen Zwangshaltungen führen. Besser ist die Benutzung in einem bestimmten Rhythmus, indem der herkömmliche Bürostuhl für eine gewisse Zeit gewechselt bzw. ergänzt wird. So gibt es Zeiträume der Aktivierung von Muskel- und Rückenmuskulatur auf den Sitzhilfen und entsprechende Erholung auf dem ergonomischen Bürostuhl. Eine Richtlinie zur Wechselhäufigkeit kann dabei nicht festgelegt werden. Je mehr man sich bewegt, desto besser für den Körper.

Die zweite Kategorie der ergonomischen Hilfsmittel betrifft die Arbeitsmittel. Diese unterstützen die Arbeitnehmer bei der Arbeit, indem sie speziell an die natürlichen Bedingungen des Menschen angepasst wurden. Demnach werden die neutralen Gelenkstellungen des Hand-Arm-Systems unterstützt und somit Zwangshaltungen, wie eine

Abb. 5.3 Vergleich konventionelle Maus mit ergonomischer Maus und Mousepad

unnatürliche Extension im Handgelenk, vermieden. In Abb. 5.3 ist ein Vergleich zwischen einer herkömmlichen Computermaus und einer ergonomischen Maus mit Verwendung eines Mousepads zu sehen.

Das Mousepad bietet zusätzlich den Vorteil, dass ein unbewusstes Wegbewegen aus dem optimalen Arbeitsbereich verhindert wird. Studien haben gezeigt, dass ca. 53 % der Zeit am Bildschirmarbeitsplatz mit der Maus gearbeitet wird (Ijmker 2011). Eine Verbesserung der Arbeitsleistung mit der Maus hat demnach große Auswirkungen auf die Gesamtproduktivität. Ähnlich verhält es sich mit ergonomischen Tastaturen, die durch ihre Konstruktion an die Neutralstellungen des Hand-Arm-Schulterkomplexes angepasst sind.

Die dritte Kategorie der ergonomischen Hilfsmittel umfasst verschiedene Trainingsutensilien, die problemlos in den Arbeitsalltag integriert werden können. Handtrainer bspw. können während eines Telefonats benutzt werden, um die Finger- und Unterarmmuskulatur zu entspannen. Diese Form der Lockerungsübungen kann dazu beitragen, dass „Repetitive Strain Injury Syndrom" (kurz RSI-Syndrom) vorzubeugen. Dabei handelt es sich um unspezifische Beschwerden im Nacken,- Schulter,- Armkomplex, die vor allem durch stereotypische Bewegungen am Büroarbeitsplatz hervorgerufen werden. „Australien erkannte 1984 als erstes Land RSI als Berufskrankheit an. In Australien, Kanada und den USA gilt RSI mittlerweile als Berufskrankheit Nummer eins" (Vogel und Poppinga 2017). Die Niederlande und Dänemark haben Programme initiiert, um Bildschirmbeschäftigte wirkungsvoll vor RSI zu schützen. In Deutschland ist es allerdings selbst unter Ärzten und Orthopäden noch weitgehend unbekannt und bisher als Berufskrankheit nicht anerkannt (ITK, 2014). Neben Lockerungsübungen mit den sogenannten Handtrainern unterstützen auch die oben angesprochenen Gestaltungsmaßnahmen mit ergonomischen Arbeitsmitteln, dem RSI-Syndrom entgegenzuwirken. Eine weitere Möglichkeit Arbeitnehmer vor physiologischen Beschwerden zu schützen, bezieht sich auf die aktive Gestaltung von Pausen während der Arbeitszeit. Eine Zusammenfassung von Studien, die sich mit der Länge und Lage von Pausen während der Arbeitszeit befassen ist in Gündel (2014) „Arbeiten und gesund bleiben" zu finden. So fassen die Autoren zusammen: „Kurze

Pausen, z. B. jede Stunde, führen zu besserer Leistung, weniger Fehler, weniger erlebter Beanspruchung und größerem Wohlbefinden – und spielen durch die erhöhte Produktivität die verlorene Zeit wieder ein" (Gündel 2014, S. 148). Einen Schritt weiter gehen nun die Autoren des vorliegenden Kapitels durch die Erweiterung der Pausengestaltung mit verschiedenen Trainingsutensilien. So können diese als aktive Pausengestaltung genutzt werden. Verschiedene Gleichgewichtstrainer (hier Balance Board und Dynair Walker) trainieren die Bauch-, Rücken- und Beinmuskulatur und schulen gleichzeitig die koordinativen motorischen Fähigkeiten des Nutzers. Diese präventiven Maßnahmen sind als guter Ausgleich zur vorwiegend sitzenden Tätigkeit am Bildschirmarbeitsplatz anzusehen. Zusätzlich werden verschiedene Gehirnareale aktiviert und teils mittrainiert. Allerdings muss auch hier vor Verletzungspotenzial gewarnt werden. Deshalb sollten diese Ausgleichsübungen am besten in einem Team von zwei Personen ausgeführt werden, um Unfälle zu vermeiden.

5.4 Zusammenhang von Ergonomie, Zufriedenheit und Wohlbefinden im Dienstleistungssektor

Die Effekte ergonomischer Maßnahmen wie Steigerung der Produktivität und Zufriedenheit (Buri-Moser 2013; Bubb 2007) haben sich im produzierenden Gewerbe längst durchgesetzt. Nun stellt sich die Frage inwieweit sich diese auf Wissensarbeitsplätze übertragen lassen. Um dieser Fragestellung nachzugehen wurde in einem indirekten Bereich eines Automobilzulieferers die Wirkung von ergonomischen Gestaltungsmaßnahmen, mit dem Fokus auf ergonomische Hilfsmittel, untersucht. An der Studie nahmen 13 Arbeitnehmer aus dem Fachbereich Controlling teil.

5.4.1 Studiendesign

Das Studiendesign beinhaltete ein 3-stufiges Vorgehen, welches die Punkte – Erfassung der aktuellen Arbeitsplatzgestaltung mittels Checkliste – Anpassung der Arbeitsplätze und Erprobung ergonomischer Hilfsmittel – Befragung zu den Erfahrungen mit den ergonomischen Hilfsmitteln und resultierender Wirkung auf Zufriedenheit und Wohlergehen – umfasst. In Abb. 5.4 ist der schematische Ablauf der Studie dargestellt.

Anhand einer Checkliste wurden die aktuellen Bildschirmarbeitsplätze auf ergonomisches Veränderungspotenzial untersucht und diese dann in Stufe 2 umgesetzt bzw. angepasst. Zusätzlich konnten ergonomische Hilfsmittel, wie oben beschrieben, eingeführt und die Arbeitnehmer einer Schulung zur korrekten Handhabung unterzogen werden. Nach einer 4-wöchigen Testphase wurden, mit Hilfe eines Fragebogens in Stufe 3, die einzelnen ergonomischen Hilfsmittel bewertet und deren Einfluss auf Zufriedenheit, Wohlergehen und physiologische Wirkung erhoben.

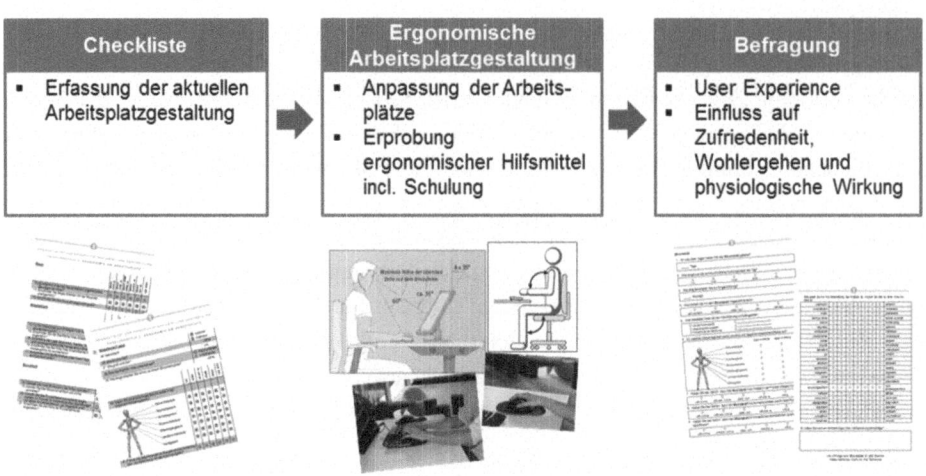

Abb. 5.4 Schematischer Ablauf der Studie

5.4.2 Checkliste

Die verwendete Checkliste setzt sich aus zwei Teilen zusammen. Dabei beruht der erste Teil auf vorhandene Richtlinien und Normen zum Bildschirmarbeitsplatz (z. B. BGI 650). Mit einer 5-stufigen Ratingskala konnten die Arbeitnehmer ihren vorhandenen Arbeitsplatz hinsichtlich der Themenfelder Bildschirm, Eingabemittel, Arbeitstisch, Bürostuhl und Arbeitsumweltfaktoren bewerten. Ziel war es, den Ist-Zustand zu analysieren, um daraus ergonomische Gestaltungsmaßnahmen ableiten zu können. Der zweite Teil der Checkliste beschäftigt sich mit potenziellen pathologischen Gefährdungen der Arbeitnehmer am Wissensarbeitsplatz. Da jeder Mensch individuelle Voraussetzungen und Ansprüche an seinen Arbeitsplatz hat, kann eine Checkliste nicht alle Probleme, die möglicherweise auftreten können, abdecken. Deshalb ist es ratsam negative Symptome, die durch den Arbeitsplatz hervorgerufen werden, direkt zu erfassen. Einen Ausschnitt der Checkliste zeigt Abb. 5.5. Es beinhaltet typische Regionen des menschlichen Körpers, die bei langer Büroarbeit oftmals von muskuloskelettalen Dysbalancen betroffen sind. Des Weiteren lassen sich in der Matrix etwaige Beschwerden den verschiedenen Arbeitsmitteln zuordnen. Die Vorteile für den Arbeitgeber bestehen darin, dass er direkt ablesen kann, ob arbeitsbedingte Beschwerden vorliegen und woher sie resultieren, um schnellstmöglich ergonomische Gestaltungsmaßnahmen zu ergreifen.

5.4.3 Ergebnisse

Die Auswertung des ersten Teils der Checkliste hat ergeben, dass vorhandene ergonomische Richtlinien weitestgehend eingehalten wurden. Allerdings konnten mit dem zweiten

	nie	selten	ab und zu	häufig	immer	weiß nicht
Haben Sie arbeitsbedingte Beschwerden in den folgenden Körperregionen?						
Halswirbelsäule	☐	☐	☐	☐	☐	☐
Nackenbereich	☐	☐	☐	☐	☐	☐
Schultergelenk	☐	☐	☐	☐	☐	☐
Brustwirbelsäule	☐	☐	☐	☐	☐	☐
Ellenbogengelenk	☐	☐	☐	☐	☐	☐
Lendenwirbelsäule	☐	☐	☐	☐	☐	☐
Handgelenk	☐	☐	☐	☐	☐	☐

Würden Sie diesen Umstand den vorliegenden Arbeitsmitteln zuordnen? Wenn ja, kreuzen Sie das entsprechende Arbeitsmittel an.

	Bildschirm	Tastatur	Maus	Arbeitstisch	Bürostuhl
Halswirbel-säule					
Nacken-bereich					
Schulter-gelenk					
Brustwirbel-säule					
Ellenbogen-gelenk					
Lendenwirbel-säule					
Handgelenk					

Abb. 5.5 Ausschnitt aus Checkliste zur Bestimmung hervorgerufener physiologischer Beschwerden

Teil zusätzliche Veränderungsbedarfe aufgedeckt werden. 64 % der Arbeitnehmer gaben an, häufig oder immer unter Beschwerden in bestimmten Körperregionen zu leiden. Lediglich 18 % waren bisher noch nicht von Schmerzen betroffen. Die häufigsten Probleme zeigten sich im Nackenbereich (54 %), wobei auch Halswirbelsäule und Lendenwirbelsäule mit jeweils 27 % nicht zu vernachlässigen sind. Die Kennzahlen decken sich mit einer 2013 durchgeführten Umfrage von Microsoft (Microsoft Corporation 2013) an 530 deutschen Büromitarbeitern. Auch dort waren die meisten Beschwerden im Nackenbereich (48 % der vorliegenden Beschwerden) zu finden.

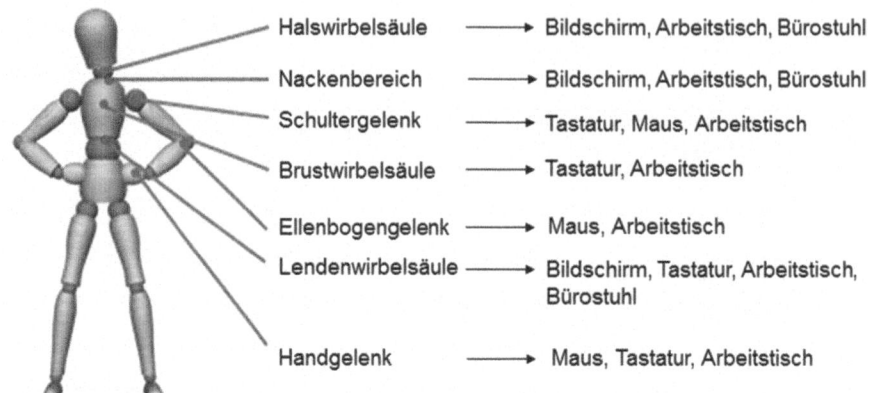

Abb. 5.6 Körperliche Beschwerden und deren Ursachen

Durch die Zuordnung der spezifischen Beschwerden auf bestimmte Arbeitsmittel können Handlungsbedarfe konkretisiert werden. So wirken sich Maus, Tastatur und Arbeitstisch negativ auf das Hand- und Schultergelenk aus. Probleme der Halswirbelsäule werden vor allem mit Bildschirm, Arbeitstisch und Bürostuhl in Verbindung gebracht. Abbildung 5.6 zeigt die körperlichen Beschwerden der Arbeitnehmer und deren deklarierte Ursachen aus der vorgestellten Matrix.

Nach der vierwöchigen Testphase der ergonomischen Hilfsmittel wurde mittels Abschlussfragebogen deren Wirkung auf körperliche Effekte, Wohlbefinden und Zufriedenheit erhoben. Die Bewertung erfolgte anhand einer 5-stufigen Likertskala. Die Ergebnisse der abschließenden Befragung lassen erkennen, dass der Einsatz von ergonomischen Hilfsmitteln sich positiv auf verschiedene Körperpartien auswirkt. So konnten durch die ergonomischen Arbeitsmittel Maus, Tastatur und Mousepad positive Effekte im Bereich des Handgelenkes festgestellt werden. Weiterhin zeigten sich auch Besserung in Schulter und Ellenbogengelenk, die der ergonomischen Tastatur zugeordnet wurden. Von den Sitzhilfen zeigte das Ballkissen vorteilhafte Effekte in der Lendenwirbelsäule. Letztendlich konnte durch den Einsatz der ergonomischen Hilfsmittel in dieser Abteilung das Wohlbefinden um 58 % und die Zufriedenheit um 44 % gesteigert werden. Zusätzlich trat bei einigen Arbeitnehmern eine Steigerung der Konzentrationsfähigkeit auf. Die Abb. 5.7 fasst die Vorteile des Einsatzes ergonomischer Hilfsmittel am Bildschirmarbeitsplatz kurz zusammen.

5.5   Zusammenfassung und Ausblick

Zusammenfassend kann gesagt werden, dass auch kleine Veränderungen und Ergänzungen am Bildschirmarbeitsplatz durch ergonomischer Hilfsmittel weitreichende positive

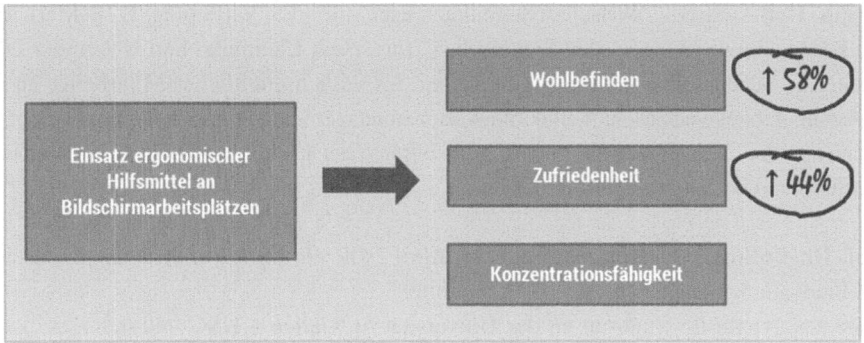

Abb. 5.7 Vorteile einer ergonomischen Arbeitsplatzgestaltung

Effekte erwarten lassen. Die aufgezeigten Hilfsmittel unterstützen die natürliche Körperhaltug des Menschen, sorgen für Bewegung während des Alltags und vermeiden schädliche Extensionen. Hiermit sollen gerade KMUs angesprochen werden, die oftmals nicht über die finanziellen Mittel von Großunternehmen verfügen, um ein aktives betriebliches Gesundheitsmanagement zu führen. Mit den aufgeführten Veränderungen ist es möglich, physiologische Beschwerden zu reduzieren und das Wohlbefinden und die Zufriedenheit der MitarbeiterInnen zu erhöhen, um in der Summe die Produktivität zu steigern.

Die Bundesanstalt für Arbeitsschutz und Arbeitsmedizin (BAuA) beschäftigt sich seit mehreren Jahren mit zukunftsweisenden ergonomischen Ansätzen, um im Kontext der zunehmenden Digitalisierung Handlundsempfehlungen für den Arbeitsplatz der Zukunft ausweisen zu können. Als wichtig und zugleich visionär wird die Weiterentwicklung hin zu ganzheitlichen Modellen, welche neben anthropometrischen und biomechanischen auch weitere Facetten wie die Kognition des Menschen abbilden und entsprechende umfangreiche Simulationen erlauben, angesehen (BAuA 2013). Trotz der ganzheitlichen Planung bedarfsgerechter Umwelten bleibt Ergonomie vorwiegend eine Annehmlichkeit großer Unternehmen. In diesem Kontext haben KMUs jedoch mit den aufgeführten Hilfsmitteln die Möglichkeit, auch ohne ganzheitlichen Ergonomiekonzepte ihre Produktivität zu steigern und Ausfallzeiten präventiv entgegenzutreten.

Danny Rüffert studierte Sports Engineering an der Technischen Universität Chemnitz. Seit 2014 arbeitet er als wissenschaftlicher Mitarbeiter an der Professur Arbeitswissenschaft und Innovationsmanagement. Seine thematischen Schwerpunkte liegen in den Themengebieten ergonomische Arbeitsplatzbewertung und Arbeitsplatzgestaltung, Alterssimulation als auch im Bereich Kompetenzentwicklung im demografischen Kontext.

Joseph Heß studierte Wirtschaftsingenieurwesen mit der Vertiefung B2B-Marketing und Produktentwicklung an der Technischen Universität Chemnitz. Seit November 2014 arbeitet er, neben selbstständigen Tätigkeiten, als wissenschaftlicher Mitarbeiter an der Professur Arbeitswissenschaft und Innovationsmanagement. Sein Schwerpunkt liegt im Themengebiet Competence Engineering im Bereich der Elektromobilität, Kompetenzentwicklung und der Digitalisierung der Lehre.

Prof. Dr. Bullinger-Hoffmann leitet seit April 2012 die Professur Arbeitswissenschaft und Innovationsmanagement der TU Chemnitz.

Sie absolvierte ihr Studium an der Universität St. Gallen – HSG und der HEC Paris. Im Anschluss war sie drei Jahre Forschungsassistentin an der Technischen Universität München, wo sie zu „Innovation and Ontologies" summa cum laude promovierte. Ihre Habilitation zum Thema „IT-based Interactive Innovation" erarbeitete Prof. Dr. Bullinger-Hoffmann an der Universität Erlangen-Nürnberg und der University of Pennsylvania.

Sie hat zahlreiche nationale und europäische Projekte eingeworben und geleitet. Ergebnisse der Arbeiten von Prof. Dr. Bullinger-Hoffmann sind unter anderem in referierten Zeitschriften wie Creativity and Innovation Management, R&D Management, Health Policy und WIRTSCHAFTSINFORMATIK publiziert.

Literatur

Arbeitnehmerkammer Bremen (2013) Bildschirmarbeit und Risiken. In: Argumente für ergonomisch gestaltete Bildschirmarbeit, Arbeitnehmerkammer Bremen, Bremen

Baas J (2014) zur Vorstellung des TK – Gesundheitsreports 2014 am 17. Juni 2014 in Berlin. https://www.tk.de/centaurus/servlet/contentblob/648800/Datei/124014/TK-Pressemappe-Gesundheitsreport-2014-Statement-TK-Vorstand-Dr-Baas.pdf. Zugegriffen: 13. Apr. 2015

Bartscher T, Huber A (2007) Praktische Personalwirtschaft. Gabler Verlag, Wiesbaden

BAuA (Hrsg.) Bundesanstalt für Arbeitsschutz und Arbeitsmedizin (2011) Sitzlust statt Sitzfrust – Sitzen bei der Arbeit und anderswo. Bundesanstalt für Arbeitsschutz und Arbeitsmedizin, Dortmund

BAuA (Hrsg.) Bundesanstalt für Arbeitsschutz und Arbeitsmedizin (2013) Digitale Ergonomie 2025, Trends und Strategien zur Gestaltung gebrauchstauglicher Produkte und sicherer, gesunder und wettbewerbsfähiger sozio-technischer Arbeitssysteme. Bundesanstalt für Arbeitsschutz und Arbeitsmedizin, Dortmund

Bechmann S, Jäckle R, Lück P, Herdegen R (2011) AOK- Bundesverband, BKK Bundesverband, Deutsche Gesetzliche Unfallversicherung, Verband der Ersatzkassen, Motive und Hemmnisse für Betriebliches Gesundheitsmanagement (BGM) – iga.Report 20. AOK- Bundesverband, Berlin

BGI 650 (2012) Bildschirm- und Büroarbeitsplätze, Version 2.0/2012. Bundesanstalt für Arbeitsschutz und Arbeitsmedizin, Berlin

BGI 7004 (2007) Klima im Büro. Bundesanstalt für Arbeitsschutz und Arbeitsmedizin, Berlin

BGIA-Report (2008) Ergonomische Anforderungen an Eingabemittel für Geräte der Informationstechnik 3/2008. Institut für Arbeitsschutz der Deutschen Gesetzlichen Unfallversicherung, Berlin

Bildschirmarbeitsverordnung (BildschArbV) vom 04.12.1996, Teil 1, Nr. 63, 10.12.1996, S. 1841–1845

Bubb H (2007) Ergonomische Arbeitsbewertung. In: Schäfer E, Buch M, Pahls I, Pfitzmann J (Hrsg) Arbeitsleben! Arbeitsanalyse-Arbeitsgestaltung-Kompetenzentwicklung, University Press, Kassel, S. 152–176

Bullinger HJ (1994) Ergonomie. Produkt- und Arbeitsplatzgestaltung. Teubner, Stuttgart

Buri-Moser R (2013) Betriebliches Gesundheitsmanagement. Stand und Entwicklungsmöglichkeiten in Schweizer Unternehmen. Rainer Hampp Verlag, München

Drucker PF (1991) Management: tasks, repetition, responsibilities, practices. Butterworth-Heinemann, Oxford

Gesetzliche Unfallversicherung (2001) Sichere und gesundheitsgerechte Gestaltung von Bildschirmarbeitsplätzen. Bundesverband der Unfallkassen, München

Gilad I, Harel S (2000) Muscular effort in four keyboard designs. Int J Ind Ergonom 26:1–7

Gündel H (2014) Arbeiten und gesund bleiben. Springer Verlag, Berlin

Ijmker S (2011) Software-recorded and self-reported duration of computer use in relation to the onset of severe arm-wrist-hand pain and neck-shoulder pain. In: Occup Environ Med, NCBI, Bethesda

Informationstechnologie & Telekommunikation (2014) Mausarm ein vermeidbares Übel. ITK, Frankfurt am Main. http://www.itk-igmetall.de/arbeit-und-beruf.html?nid=73&q= 31.10.2004. Zugegriffen: 10. Apr. 2015

Techniker Krankenkasse (Hrsg.) (2013) Beweg Dich, Deutschland! – TK-Studie zum Bewegungsverhalten der Menschen in Deutschland. Techniker Krankenkasse, Berlin

Laurig W, Becker-Biskaborn GU, Reiche D (1971) Software problems in analyzing physiological and work study data. Ergonomics 14, Zürich, Ergonomics AG, S. 625–631

Meier H, Uhlmann E (2012) Integrierte Industrielle Sach- und Dienstleistungen; Vermarktung, Entwicklung und Erbringung hybrider Leistungsbündel. Springer Verlag, Berlin

Microsoft Corporation (2013) Microsoft Healthy Computing Survey – Germany 2013. Microsoft, Redmond

Rohmert W (1984) Das Belastungs-Beanspruchungs-Konzept. Zeitschrift für Arbeitswissenschaft. Ergonomia GmbH, Stuttgart S. 193–200)

Sauer J, Scheil M, Schurr M, Von Kiparski R (2009) Arbeitsschutz von A-Z. Rudolf Haufe Verlag GmbH, München

Schlick C, Bruder R, Luczak H (2010) Arbeitswissenschaft. Springer Verlag, Berlin

Tiemann M (2009) Berufsfelder im vergleich – die Wichtigkeit von analytischer Tätigkeit und überfachlichen Qualifikationen. In: L. Lassnigg (Hrsg) Öffnung von Arbeitsmärkten und Bildungssystemen, Studien Verlag, Innsbruck S. 353–377

Vogel P, Poppinga C, (2017) Haufe Arbeitsschutz Office Online. Vogel, Poppinga, HI1378276, Stand: 05.01.2017. https://products.haufe.de/#link?productid=PI957&docid=HI1378276. Zugegriffen 02. Marz. 2017

Lernen und Kompetenzerwerb am wissensintensiven Arbeitsplatz – Organisationale und technologische Entwicklungen

6

Annegret Petzoldt und Angelika C. Bullinger-Hoffmann

Inhaltsverzeichnis

6.1 Veränderte Arbeitswelt

Heutige betriebliche Realität ist geprägt von hoher Dynamik, Internationalisierung sowie einem Produktionsverständnis, welches marktgetrieben ist und auf die Anforderungen und Wünsche der Kunden eingeht (Reichwald und Piller 2002). Reichwald und Piller (Reichwald und Piller 2002: 4) sprechen von der *„neuen Macht der Abnehmer"*. Zu diesem Trend

A. Petzoldt (✉) · A.C. Bullinger-Hoffmann
Professur Arbeitswissenschaft und Innovationsmanagement, Technische Universität Chemnitz, Erfenschlager Straße 73, Gebäude C/F, 09125 Chemnitz
e-mail: annegret.petzoldt@mb.tu-chemnitz.de

A.C. Bullinger-Hoffmann
e-mail: bullinger-hoffmann@mb.tu-chemnitz.de

© Springer Fachmedien Wiesbaden GmbH 2017
H. Breit et al. (Hrsg.), *Produktivität von industriellen Dienstleistungen in der betrieblichen Praxis*, DOI 10.1007/978-3-658-08632-9_6

der Individualisierung kommt der zunehmende Innovationsdruck hinzu. Unternehmen sind gezwungen, ständig nach wettbewerbsvorteilebringenden Neuerungen innerhalb ihrer Prozesse, Produkte oder Dienstleistungen zu streben. Dies erfordert neben einer gewissen Kreativität (Bullinger 1996) auch die Verknüpfung von unterschiedlichen, bestehenden oder neuen Wissensbeständen, deren Kombination dann in einem neuen Anwendungs- kontext als Innovation zur Abgrenzung zu Konkurrenten und der Sicherung der Wettbe- werbsfähigkeit beiträgt. Während in der Vergangenheit dieser Prozess häufig losgelöst von betrieblicher Praxis und auf technologische Aspekte fixiert in einem Forschungs- und Entwicklungskontext stattfand, ist heute eine Öffnung des Innovationsprozesses zu beob- achten (Heidenreich 1997; Mai 2014). Unterstützt wird dies durch die Entwicklungen im Bereich der Informations- und Kommunikationstechnologien (Piller und Reichwald 2009). Sie ermöglichen mit den Entwicklungen des Web 2.0, der zunehmenden Vernet- zung der Menschen über Social Media und dem Aufkommen neuer web-basierter Wert- schöpfungsstrategien eine effektive und effiziente Gestaltung von Innovationsprozessen über die Organisationsgrenzen hinaus. Mit der zunehmenden Vernetzung und den techno- logiebasierten Kommunikationsmöglichkeiten steigen die Mitbestimmungsmöglichkeiten des Einzelnen. Märkte, Dienstleistungen und Organisationen sind verstärkt durch demo- kratische oder zumindest scheinbare Mitbestimmung der Stakeholder charakterisiert. Hierbei werden beispielsweise die Kunden aktiv in Entwicklungs-, Vermarktungs- und andere Kernprozesse einbezogen (Reichwald und Piller 2002). Auch unternehmensintern, das heißt auf organisationaler Ebene, werden Hierarchien abgebaut (Mai 2014) und der Mitarbeiter wird zum Unternehmer im Unternehmen, der eigenverantwortlich und kom- petent die Wertschöpfung der Organisation sichert (Piller und Reichwald 2009). Es wird davon ausgegangen, dass alle Mitarbeiter auf Basis ihrer qualifikatorischen Ressourcen, wie Erfahrung und Wissen, im Rahmen ihrer alltäglichen Arbeit in die organisationalen Innovationsprozesse involviert sind (Voß und Pongratz 1998).

Organisationale Machtstrukturen verschieben sich und kooperative Aspekte der Arbeitsorganisation gewinnen dabei an Bedeutung (Voß und Pongratz 1998). Im Kontext der Arbeit ändern sich damit die Anforderungen an den Mitarbeiter fundamental. Die Zahl Beschäftigter, die materielle Arbeit, wie in der klassischen Produktion, verrichten, nimmt stetig ab und immaterielle Tätigkeiten in den Unternehmen nehmen zu (Matys 2014). Heutige Arbeit ist gekennzeichnet durch immaterielle Informationsaufnahme, -verarbeitung und –weiterentwicklung. Die verstärkte Bedeutung von Wissen und Krea- tivität erfordert entsprechende Kompetenzen; ebenso bedarf es veränderter Fähigkeiten für den Umgang mit Informationen und den verwendeten Kommunikationstechnologien.

Der Umgang mit den Ressourcen Information und Wissen beschreibt die Wissensarbeit. North (Matys 2014, S. 22) definiert Wissensarbeit als „eine auf kognitiven Fähigkeiten basierende Tätigkeit mit immateriellem Arbeitsergebnis, deren Wertschöpfung in der Ver- arbeitung von Informationen, der Kreativität und daraus folgend der Generierung und Kom- munikation von Wissen begründet ist". Florida (North und Güldenberg 2010) beschreibt das Ziel von Wissensarbeit als die Schaffung neuer Inhalte und Lösungen und nennt kom- plexes Problemlösen sowie unabhängiges Urteilsvermögen als Kerneigenschaften eines

Wissensarbeiters. Daneben erfordert die Generierung neuen Wissens, Kreativität, komplexe Denkprozesse, die Fähigkeit sich zu erinnern und neue Verknüpfungen herzustellen. Dieser Prozess der Entwicklung neuer Wissensbestände und den damit verbundenen Veränderungen innerhalb der Organisation aus dem Arbeitsprozess heraus ist vergleichbar mit dem Lernprozess auf individueller Ebene. Lernen wird definiert als Prozess, der auf Basis von Erfahrung zu einer relativ stabilen Veränderung des Verhaltens oder des Verhaltenspotentials führt (u. a. (Florida 2002; Krech und Crutchfield 1992)). Wissensarbeit kann damit als Arbeiten und Lernen verstanden werden.

In den vergangenen Jahrzehnten wurde Wissensmanagement als Antwort auf diese Entwicklungen entwickelt. Mittlerweile scheint es jedoch, dass die Steuerung und strategische Speicherung von Daten, Informationen und Wissen etwa nach den Modellen von Nonaka und Takeuchi (Zimbardo et al. 1992) oder Probst, Raub und Romhardt (Nonaka und Takeuchi 1995) nicht ausreichen, um den aktuellen Anforderungen gerecht zu werden. Im Hinblick auf die eingangs erwähnte Innovationsorientierung steht nicht das Verwalten des Wissens im Fokus, sondern „vielmehr die Fähigkeit, nachhaltig neues Wissen zu generieren, für neue Produkte und Dienstleistungen" (Bullinger 1996, S. 145). Arbeitssoziologische Ansätze erweitern die Arbeit mit Wissen um die zentralen Aspekte Kommunikation und Interaktion (Probst et al. 2013).

Bei der Erfüllung der Wissensarbeit wird zudem auf die Unterstützung durch Technologien zurückgegriffen, die einerseits zur Bewältigung der unüberschaubaren Informationsmassen notwendig sind und andererseits der Kommunikation und dem Austausch von Wissen dienen (Richter 2007). Die organisationale Einbettung gibt dabei den Rahmen von Wissensarbeit.

Dieser Beitrag greift dies auf und geht der Frage nach, wie Lernen in einem Arbeitssystem, dessen wichtigste Ressourcen die Mitarbeiter und deren Wissen sind, unter der Nutzung heutiger Informations- und Kommunikationstechnologien erfolgen kann.

Hierfür werden in den folgenden Abschnitten speziell die Lernprozesse innerhalb der Wissensarbeit betrachtet, die durch Informations- und Kommunikationstechnologien unterstützt werden. Am Ende des Beitrags werden konkrete Lernformen und Methoden des Lernens in der Wissensarbeit vorgestellt und vor dem Hintergrund der dargestellten Ausgangssituation betrachtet. Im nächsten Abschnitt wird dafür einleitend der theoretische Rahmen für die Betrachtung des Lernens bei der Wissensarbeit vorgestellt.

6.2 Arbeit als sozio-technisches System

Die in Abschn. 6.1 beschriebenen Veränderungen der betrieblichen Realität skizzieren ein interdisziplinäres und komplexes Problemfeld, das eine Betrachtung aus wirtschafts- und bildungswissenschaftlicher sowie einer technologischen Perspektive erfordert.

In der Organisationstheorie entwickelten sich bereits mit dem Beginn der zunehmenden Technisierung in den 1950er- und 1960er-Jahren Ansätze, welche Organisationen als komplexe, soziale Systeme verstanden haben. Mitarbeiter wurden innerhalb der Organisation

ebenso wie die Technologie als Subsystem definiert (Blegen 1968; Trist 1981). Trist und
Emery folgend, sind die im Arbeitssystem enthaltenen Subsysteme Mensch, Technik und
(Arbeits-)Organisation interdependent und definieren sich in Abgrenzung und Abhängigkeit ihrer Umwelt. In Studien des Tavistock Institutes of Human Relations konnten sie
nachweisen, dass im Zuge von Technisierung Veränderungen der Organisation entstehen,
die wiederum Auswirkungen auf die Mitarbeiter und deren Arbeit haben. Mit ihren Untersuchungen im englischen Kohlebergbau konnten sie die Wechselwirkungen und Emergen-
zen der einzelnen Subsysteme in der Organisation nachweisen und erfassen.

Mit dem Verständnis über diese Zusammenhänge können der Technologieeinsatz und
die Arbeitsorganisation als Einflussgrößen für das individuelle, arbeitsprozessintegrierte
Lernen identifiziert werden. Die Definition der Organisation als soziales System, welches
über Kommunikation operiert und über Grenzen zwischen sich und der Umwelt definiert
ist, bietet die Grundlage für die Steuerung der Lern-und Bildungsprozesse der Mitarbeiter. Der Mitarbeiter als Individuum hingegen ist kein soziales, sondern ein psychisches
System, dessen Operation zum Erhalt und zur Entwicklung das Denken ist. Technologie
ist in der sozio-technischen Sichtweise als allopoitisch charakterisiert und wird damit als
einflussnehmend aber gegeben betrachtet. Sowohl die Organisation als auch der Mitarbeiter sind durch ein hohes Maß an Komplexität gekennzeichnet. Zudem wird der Mensch
im Arbeitssystem im Gegensatz zu den beiden anderen Teilsystemen nicht in seiner
Gesamtheit erfasst. Um aus einer wirtschaftlich-arbeitswissenschaftlichen Sicht heraus
dem steigenden Komplexitätsgrad und aus einer bildungswissenschaftlichen Perspektive
heraus der zunehmenden Kompetenzorientierung gerecht werden zu können, muss das
Individuum über das Arbeitssystem hinaus in der Gesamtheit seiner Persönlichkeit und die
Umwelt des Lernenden in Form der in seinem Arbeitssystem vorhandenen Technologie
und (Arbeits-)Organisation berücksichtigt werden.

Dabei findet Lernen, als Prozess der Weiterentwicklung von Wissensbeständen und der
Veränderung von Verhalten und Verhaltenspotentialen, im betrieblichen Kontext sowohl
auf organisationaler als auch auf individueller Ebene statt. In Anlehnung an die einge-
nommene systemische Perspektive verläuft dieser Prozess in beiden Fällen über die Verarbeitung von Informationen, die es beiden Systemen ermöglichen, sich in ihrer Umwelt
zu positionieren (Klimecki 1999). Für das soziale System Organisation bedeutet dies, die
Umwelteinflüsse der Gesellschaft, des Marktes etc. aufzunehmen und für die Organisation
zu interpretieren. Dieses Personalisieren der Information bildet die Basis für organisationale Lernprozesse und damit die Schaffung neuen Wissens. Lernen im sozialen System
Organisation ist dabei ein kollektiver Prozess, der auf Kommunikation zwischen den Sys-
temmitgliedern, also psychische und technische (Sub-)Systeme, fußt. Für den vorliegenden Beitrag verdeutlicht dies, dass Mitarbeiter und Technologie sowie deren Zusammenwirken für den Erfolg und die stetige Anpassung der Organisation enzscheidend sind. Der
Mitarbeiter als psychisches System ist in der Lage, die Informationen über Denkprozesse
zu verarbeiten und einen Lernprozess zu gestalten sowie dies über Kommunikation auf
organisationaler Ebene zu verarbeiten (Klimecki 1999). Die Kommunikation wird dabei
maßgeblich von Technologie unterstützt.

6.3 Lernen am wissensintensiven Arbeitsplatz und der Kompetenzbegriff

Die Ausgangslage für den vorliegenden Abschnitt bilden die drei Faktoren Mensch, Technik und Organisation, welche in ihrem Zusammenspiel den Gegenstand betrieblicher Realität bilden. Ausgehend von den Interdependenzen und der zugrundeliegenden Dynamik bildet der individuelle Lernbegriff den Kern der nachstehenden Überlegungen.

6.3.1 Lernen im Wandel

Während der Fokus der Steuerung individueller Lernprozesse in der betrieblichen Bildung bisher auf Qualifizierung und Wissensvermittlung im Rahmen formaler Lernprozesse lag, gewinnen arbeitsintegrierte und selbstgesteuerte Lernprozesse zunehmend an Bedeutung (Böhler 2013), was insbesondere im Bereich des Lernens auf fundamentale Richtungswechsel hin zu Selbstorganisation und Selbstbestimmung hinweist. Diesem Verständnis folgend, bedeutet dies, dass der Mitarbeiter nicht ausschließlich durch formalisierte Weiterbildungen und externe Schulungen zum Erfolgsträger der Organisation, sondern verursacht Veränderungen des Unternehmens verursacht, was nur durch individuelles, arbeitsprozessbezogenes Lernen möglich ist, das wiederum auf individuellen Erfahrungen basiert. Hierfür muss das Lernen an den Ort der Aufgabenerfüllung verlegt werden und im Kontext des Zusammenspiels der drei Faktoren Mensch, Technik und Organisation betrachtet werden. In allen Bereichen menschlicher Arbeit, wie bei der Bereitstellung von Dienstleistungen und anderen wissensintensiven Arbeitssystemen, sind die zunehmende Flexibilisierung, Komplexität und Technisierung zu beobachten. In Bezug auf die Wissensarbeit ist festzustellen, dass Aufgabenerfüllung und Lernen auf Basis des Erfahrungszuwachses miteinander verschmelzen (Korteling et al. 2013). Wenn individuelles Lernen zur Bedingung organisationalen Erfolgs wird, werden Managementansätze benötigt, welche es ermöglichen, die Produktivität der Wissensarbeit zu bewerten und die damit verbundenen Lernprozesse zu steuern. Die Effektivität und Effizienz der Produktion lässt sich relativ eindeutig und objektiv messen. Über Kennzahlen können Input und Output ins Verhältnis gesetzt werden und die Produktivität abgelesen werden. In der Wissensarbeit sind jedoch sowohl Input als auch Output häufig immateriell. Die Übertragung der Produktivitätsbestimmung auf Dienstleitung und Wissensarbeit wird noch untersucht, jedoch lässt sich bereits heute die Frage beantworten, wie individuelles Lernen in der Wissensarbeit betrachtet werden kann.

Die zentralen Momente dabei sind Selbststeuerung, Ganzheitlichkeit und Situationsorientierung (Dehnbostel et al. 2007). Lernen, verstanden als ein Prozess der Verbesserung/Entwicklung von innen heraus, in dem der Mensch sein Verhalten oder sein Verhaltenspotential relativ stabil verändert, basiert auf Erfahrung (Florida 2002; Krech und Crutchfield 1992). Im Kontext der Arbeit zielt diese Verhaltensänderung auf die Verbesserung der Handlungsfähigkeit zur Erfüllung der Arbeitsaufgabe. Handlungsfähigkeit beschreibt die Qualität und das Vermögen, kontextbezogen und begründet zu handeln.

Die Voraussetzung für umfassendes berufliches Handeln bilden die subjektiven Bedeutungszusammenhänge und Erfahrungen des Individuums, die in Form von Kompetenzen beschrieben werden können.

6.3.2 Lernen und Kompetenz

Der Kompetenzbegriff ist aus unserer heutigen Alltags- und Fachsprache kaum mehr wegzudenken und doch liegt ihm kein einheitliches Verständnis zugrunde. Aus motivationspsychologischer Tradition heraus hat sich durchgesetzt, dass Kompetenz als etwas Immanentes, das menschliche Handeln Bestimmendes zu verstehen ist (Baitsch 1998; Lerderer 2014). Kompetenz dient der Beschreibung individueller Voraussetzungen und Ressourcen im Spannungsfeld gesellschaftlicher und betrieblicher Anforderungen (Koch und Straßer 2008). Ein entscheidendes Merkmal, das die Mehrheit der Kompetenzdefinitionen eint, ist das Zugrundelegen einer Ganzheitlichkeitsannahme. Denn während der Begriff der Qualifikation diejenigen Komponenten des Handelns beschreibt, die von der Handlung losgelöst erlernbar und prüfbar sind, rücken mit dem Kompetenzbegriff die individuellen Fähigkeiten der Selbstregulation und Selbstorganisation in den Fokus bildungspraktischer und bildungstheoretischer Überlegungen (Erpenbeck und Rosenstiel 2007; Koch und Straßer 2008). Damit kommt die Kompetenzorientierung der Forderung nach, den Menschen im Arbeitssystem in seiner Gesamtheit zu erfassen. Kappelhoff (2004) konstatiert, dass Kompetenzen die Fähigkeit reflexiven und kreativen Problemlösehandelns beschreiben, welche sich aus situationsbezogenen Selbstorganisationsdispositionen entwickeln. Ein weiteres Merkmal des Kompetenzbegriffes bildet nach Probst (2000) die Fähigkeit, Wissen anforderungs- und situationsbezogen einzusetzen.

Die Entwicklung von Kompetenzen kann als subjektbezogen verstanden werden. Zudem stehen Kompetenzen in einem engen Zusammenhang mit Handlungsfähigkeit (Dehnbostel et al. 2007). Handlungsfähigkeit wiederum bildet das Verbindungsstück zwischen den Teilsystemen Mensch, Organisation und Technik, da sie nicht allein von der (Handlungs-)Kompetenz des Menschen sondern auch von dessen technologieorientierten und organisationalen Umweltfaktoren beeinflusst wird. Im Sinne der getroffenen systemischen Grundlegung ist dazu anzumerken, dass diese Beeinflussung multidirektional verläuft. Somit kann Lernen im Arbeitssystem beschrieben werden als Prozess zum Erwerb von Kompetenzen zur verbesserten Handlungsfähigkeit, der durch individuelle Voraussetzungen und Interdependenzen zwischen den Umweltfaktoren der Arbeitsorganisation und der Technologie gekennzeichnet ist.

6.3.3 Lernen und (Lern-)Organisation

Die Arbeitsorganisation im Rahmen von Wissensarbeit ist durch einen hohen Grad an Autonomie gekennzeichnet (Müller und Meyer 2012). Wie einleitend dargelegt, bildet Kommunikation dabei eine wichtige Grundlage. Der verstärkte Einbezug von Kundenwünschen,

-anregungen setzen ebenfalls einen Austausch voraus, wobei der Kundenbegriff hier nicht auf organisationsexterne „Käufer" beschränkt ist, sondern auch innerbetriebliche Abhängigkeiten berücksichtigt. Zum Austausch von Informationen werden verschiedene Kooperationssysteme wie E-Mail-Clients oder Instant Messenger oder Wikis genutzt (Richter 2007). Diese sozialen Strukturen der Arbeit spiegeln sich in den Entwicklungen der Lernformen wider. Lernen als individueller Prozess kann in verschiedenen Situationen und Konstellationen stattfinden. In Bezug auf organisationales und innovationsorientiertes Lernen werden dabei besonders kooperative und kollaborative Formen des Lernens genannt (Richter 2007). Beide Formen des Lernens sind gruppenbezogen. Unter kooperativem Lernen werden jedoch zumeist strukturierte und mit speziellen Kooperationsmethoden unterstützte Lernprozesse gefasst (Haake et al. 2012). Darüber hinaus zeichnet kooperatives Lernen sich dadurch aus, dass Wissen zwar in der Gruppe entsteht; jedoch eher als Zusammenführung individuell erarbeiteter Bausteine am Ende des Prozesses zu einem bestimmten Ergebnis (Konrad 2014). Kollaboratives Lernen hingegen wird als permanent gemeinschaftlich ablaufender Lernprozess verstanden, bei dem Lernende gemeinsame Ziele und Ergebnisse vereinbaren und verfolgen (Haake et al. 2012).

6.3.4 Lernen und (Lern-)Technologie

Wie dargelegt, nimmt der Technologieaspekt im Rahmen heutiger Lernprozesse eine zentrale Rolle ein. Findet Lernen im Arbeitsprozess resp. der Aufgabenerfüllung statt, so wird dies durch etwaige zur Verfügung stehende oder zu verwendende EDV-Programme, Kooperationssysteme sowie durch die Organisation vorgegebenen Strukturen und Anforderungen beeinflusst. Während die Bedeutung des Einsatzes von Informations- und Kommunikationstechnologie in der wissenschaftlichen Literatur immer wieder hervorgehoben wird, führten Richter et al. (Richter 2007) im Jahr 2013 eine Untersuchung zum Status quo der Verwendung von Kooperationssystemen durch. In einer Befragung von 222 Organisationen konnte erhoben werden, dass klassische Eins-zu-ein-Kommunikation etwa über die Nutzung von E-Mail-Clients die Kommunikationsstrukturen dominieren (Richter 2007). Im Hinblick auf Web 2.0 und Kooperationssysteme im Bereich Social Software hat die Untersuchung ergeben, dass deren Einsatz zwar noch nicht etabliert ist, aber bereits in „naher Zukunft stark an Bedeutung gewinnen werden" (Richter 2007, S.46).

6.4 Kompetenzerwerb am wissensintensiven Arbeitsplatz

Wenn Kompetenzen als Befähigung zur Problemlösung verstanden werden, ist es folgerichtig, anzunehmen, dass Lernen nur im Kontext erfolgreich sein kann. Bisherige etablierte betriebliche Bildung stand dem nicht entgegen, jedoch werden häufig (künstliche) Lernsituationen geschaffen und von einer planbaren und steuerbaren Wissens- oder sogar Kompetenzvermittlung ausgegangen, welche den Lerner in eine passive Rolle drängen.

Neuere Entwicklung zeigen, dass diese Strukturen mehr und mehr in den Hintergrund geraten.

Im Folgenden wird aufgezeigt, wie die konkrete Ermöglichung und Gestaltung von arbeitsintegrierten Lernprozessen in der betrieblichen Realität am Beispiel der Wissensarbeit im Arbeitssystem Büro umgesetzt wird und wie innovative Lernformen in den nächsten Jahren das Lernen am Arbeitsplatz unterstützen werden.

6.4.1 Organisationale Methoden des Lernens am wissensintensiven Arbeitsplatz

Die Integration von Lernen in den Arbeitsprozess wird, wie in den vorangegangen Abschnitten dargelegt, damit begründet, dass die Komplexität betrieblicher Realität in traditionellen, von der Arbeit getrennten, Lernformen nicht mehr hinreichend abgebildet werden kann (Dehnbostel und Elsholz 2007). Dehnbostel et al. (2007) führen Beratung und Begleitung beruflicher Entwicklung oder das Anstreben ganzheitlicher Weiterbildungskonzepte als wichtige Eckpunkte effektiver Weiterbildung auf. Zudem sieht er in der Arbeitsorganisation Ansatzpunkte zur Gestaltung arbeitnehmerorientierter Kompetenzentwicklung innerhalb der betrieblichen Bildung.

Unter dem Teilsystem Organisation werden im Arbeitssystem Büro alle den Aufbau und Ablauf bestimmenden Regelungen verstanden. Hierzu zählen auch die Gestaltung der Arbeitsaufgabe, der Arbeitszeitorganisation und die Integration des Arbeitsprozesses in den gesamt-organisationalen Prozess der Wertschöpfung. Der Beitrag des psychischen Subsystems Mensch im Arbeitssystem Büro umfasst die Ressourcen Wissen und Erfahrung, um den Input der Information in den in der Aufgabe formulierten Output zu transformieren. Darüber hinaus bringt der Mitarbeiter seine individuellen Qualifikationen, Kompetenzen, Charaktereigenschaften, Verhaltensweisen und seine Motivation in das System ein. Hinsichtlich einer lernförderlichen Arbeitsgestaltung kann zum einen der Arbeitsprozess selbst betrachtet werden und zum anderen besteht die Möglichkeit, konkrete Lernformen in den Arbeitsprozess zu implementieren.

Der Kompetenzerwerb bei der Wissensarbeit am Büroarbeitsplatz kann damit zum einen über die Arbeitsaufgabe und zum anderen über Arbeitsbedingungen gesteuert werden. Da Lernen als subjektiver und individueller Prozess verstanden wird, sind besonders motivationale Aspekte der Arbeitsgestaltung zu beachten. Hierzu liefern Hackman und Oldham (1975) mit dem Job Characteristics Model einen wichtigen Beitrag. Mit den Untersuchungen formulieren sie Ganzheitlichkeit, Vielfalt und Bedeutungsgehalt der Arbeitsaufgabe sowie Autonomie und Rückmeldung als Kriterien motivierender Arbeitsgestaltung. Dehnbostel und Elsholz (2007) erweitern diese Kriterien im Rahmen der lernförderlichen Arbeitsgestaltung um die Aspekte der sozialen Unterstützung und individuelle Entwicklungsstände und –potentiale. Diese auf Organisation und Individuen bezogen Eigenschaften lernförderlicher Arbeit können durch die Berücksichtigung der Arbeitsumwelt ergänzt werden.

Für den Kompetenzerwerb am Büroarbeitsplatz kann dies umgesetzt werden, indem beispielsweise eine projektorientierte Aufgabenorganisation erfolgt. Die förderliche Arbeitsumwelt wird über die ergonomische Gestaltung der Arbeitsplätze und der Arbeitsmittel sichergestellt. Um jedoch konkrete Maßnahmen auswählen und umsetzen zu können, ist die Analyse des Arbeitsprozesses und der Arbeitsumwelt nötig. Hierfür können sowohl quantitative als auch qualitative Methoden herangezogen werden. Mittels Dokumenten- und Datenanalysen, Befragungen sowie Beobachtungsverfahren werden die obengenannten Systemaspekte erfasst. Mit der Gestaltung lernförderlicher Arbeitsaufgaben und der Arbeitsumwelt kann insbesondere informelles und nicht-intentionales Lernen begünstigt werden.

Daneben besteht die Möglichkeit, konkrete Lernformen zu integrieren, die formales und intentionales Lernen im Arbeitsprozess ermöglichen. Hierfür können bereits etablierte und organisational verankerte Methoden der Verbesserungs- und Innovationsprozesse im Unternehmen aufgegriffen werden (Dehnbostel et al. 2007). Mit der Bildung von Lerninseln und Lernzirkeln wurden bereits Methoden etabliert, Lernen am Büroarbeitsplatz zu reflektieren. Zudem bilden Lernformen wie Communities of Practice die Möglichkeit, Wissen und Erfahrungen innerhalb des Unternehmens zu transferieren. Diese Formen des Kompetenzerwerbs im Arbeitsprozess müssen durch organisationale und technologische Gesichtspunkte gefördert und unterstützt werden. Darüber hinaus werden seit einiger Zeit neue Formen des Lernens am Arbeitsplatz entwickelt. Wie in Abschn. 6.3 dargelegt wurde, wird erwartet, dass die Nutzung neuer Technologien wie Social Software und umfangreiche Vernetzungssoftware in den kommenden Jahren weiter ansteigen wird. Diese zur Verfügung stehenden Informations- und Kommunikationstechnologien bilden bereits heute die Grundlage für die Entwicklung innovativer Lernformen und gehen über die Ansätze zum web-basierten Lernen hinaus.

6.4.2 Technologische Entwicklung – neue Formen des Lernens

Eine Denkrichtung bei der Entwicklung innovativer Methoden des Lernens im Arbeitsprozess ist das game-based Learning. Hierbei bildet traditionelles Erfahrungslernen den Ausgangspunkt und wird um den Aspekt der Unterhaltung ergänzt (Korteling et al. 2013). Ausgehend von den bereits etablierten und immer komplexer werdenden Lernumgebungen, wie web-basierte Lernmanagementsysteme (LMS), wird in den Ansätzen zum game-based Learning verstärkt der Einfluss sozialer Aspekte auf den (technologiegestützten) Lernprozess berücksichtigt (Pernelle et al. 2012). In klassischen Web-Based Trainings werden zwar multimediale Darstellungskanäle für die Lerninhalte genutzt, der Lerner bleibt aber dennoch in einer überwiegend passiven Rolle gefangen (Klimmt 2008). Nach Meier und Seufert (Meier und Seufert 2003) nimmt dies Einfluss auf die Motivation der Lerner und führt zu höheren Abbruchraten. Mit der Einbettung von Lerninhalten in einen Unterhaltungskontext kann dies überwunden werden (Pernelle et al. 2012). Die stetige Steigerung der Leistungsfähigkeit der Hard- und Software ermöglichst immer komplexere

Abbildungen von Realitäten und Situationssimulationen. Darüber hinaus sind digitale Spiele, welche der Unterhaltung dienen, populär wie nie. Der Markt für digitale Spiele ist von enormer Vielfalt geprägt (ausführlich dazu (Klimmt 2008)). Die Gründe für den Erfolg digitaler Spiele werden darin gesehen, dass Spielern durch die unmittelbare Beeinflussung des Spielverlaufs eine Selbstwirksamkeitserfahrung vermittelt und über die emotionale Anteilnahme sowie die Handlungsnotwendigkeit Spannung aufgebaut wird (Le und Weber 2013). Zudem kann in Spielen, die als Abbildung von spezifischen Realitäten konzipiert sind, eine gewisse Lebens- und Rollenerfahrung ermöglicht werden. Diese Aspekte spielen auch im Lernprozess eine wichtige Rolle. Das Überwinden passiver Lernsituationen entspricht dem heutigen Verständnis selbstgesteuerten und selbst organisierten Lernens, indem Dauer und Vorgehen vom Lerner selbst bestimmt wird (Klimmt 2008). Lernen auf Basis von digitalen Spielen bietet die Möglichkeit, situative Lernarrangements abzubilden und ermöglicht vielfältige Variationen sozialer Lernformen. Digitale Spiele als innovative Form des Lernens bergen das Potential, zukünftiges berufliches und persönliches Lernen weiter zu verschmelzen. Jedoch ist die Übertragung des Erfolgs digitaler Unterhaltungsspiele Game-Based-Learning-Szenarien nicht unkritisch zu betrachten. Die Entwicklung eines solchen Lernspiels geht weit über ein „Platzieren von Lerninhalten" hinaus. „Inhalte müssen mit der Spielmechanik verzahnt werden" (Klimmt 2008: 271). Der Entwicklungsaufwand eines solchen Spiels ist als extrem hoch einzuschätzen.

6.5   Fazit

Die systemische Betrachtung der Lernsituation am Wissensarbeitsplatz umfasst im Teilsystem Technik alle Formen von materiellen und kommunikations-technologischen Hilfsmitteln, wie Einrichtung, Hardware und Software zur Informationsverarbeitung und gebäudebezogene Aspekte.

Der Beitrag unterstreicht, dass die verschiedenen Teilsysteme Mensch, Technik und Organisation interdependent sind und hinsichtlich des Lernens und der Kompetenzentwicklung gemeinsam betrachtet werden müssen. Als Stellgrößen für die bessere Steuerung und Förderung des Kompetenzerwerbs konnten zunächst (arbeits-)organisatorische Prinzipien abgeleitet werden. Gerade das psychische System Mensch wird beschrieben durch die Befähigung zur Reflexivität. Diese kann als Umwelt-/Störfaktor auf beispielsweise die Organisation einwirken, in dem Mitarbeiter anstreben Strukturen zu ändern, die wiederum auf die Kompetenzentwicklung der Mitarbeiter zurückwirken und somit einen rekursiven Prozess beschreiben (Dehnbostel et al. 2007). Die Mitgestaltung der Arbeitsorganisation sowie die erfolgreiche Integration von Lernprozessen in die Wissensarbeit setzt, wie in Abschn. 6.3 skizziert, Kooperation und Kollaboration der einzelnen Mitarbeiter voraus. Die mit den derzeitigen Entwicklungen einhergehende Verschmelzung von Arbeit und beruflichem sowie privatem Lernen fordert neue, innovative Lernarrangements, welche die Selbstbestimmung des Lernenden unterstützen und fördern. Mit Ansätzen, wie der vorgestellten Game-Based -Learning-Ansätzen wird dem Rechnung getragen und es werden technologiebasierte, innovative Lernsituationen entwickelt, deren Potential darin gesehen werden kann, das Lernen zu einem für den Lerner aktiv zu erlebenden Prozess werden zu lassen.

Annegret Petzoldt studierte an der Technischen Universität Chemnitz im Bachelorstudiengang Pädagogik sowie International Vocational Education im Masterprogramm an der Otto-von-Guericke Universität in Magdeburg und der Anglia Ruskin University in Cambridge und Chelmsford (UK). Seit November 2014 arbeitet sie an der Professur Arbeitswissenschaft und Innovationsmanagement im Cluster Competence Engineering.

Prof. Dr. Bullinger-Hoffmann leitet seit April 2012 die Professur Arbeitswissenschaft und Innovationsmanagement der TU Chemnitz.

Sie absolvierte ihr Studium an der Universität St. Gallen – HSG und der HEC Paris. Im Anschluss war sie drei Jahre Forschungsassistentin an der Technischen Universität München, wo sie zu „Innovation and Ontologies" summa cum laude promovierte. Ihre Habilitation zum Thema „IT-based Interactive Innovation" erarbeitete Prof. Dr. Bullinger-Hoffmann an der Universität Erlangen-Nürnberg und der University of Pennsylvania.

Sie hat zahlreiche nationale und europäische Projekte eingeworben und geleitet. Ergebnisse der Arbeiten von Prof. Dr. Bullinger-Hoffmann sind unter anderem in referierten Zeitschriften wie Creativity and Innovation Management, R&D Management, Health Policy und WIRTSCHAFTSINFORMATIK publiziert.

Literatur

Baitsch C (1998) Lernen im Prozeß der Arbeit – zum Stand der internationalen Forschung. In: Arbeitsgemeinschaft Qualifikations-Entwicklungs-Management (QUEM) (Hrsg), 269–337

Blegen HM (1968) The system approach to the study of organization. In: Acta Sociologica 12(1-2): S. 12–30

Böhler C (2013) Webbasiertes Lernen in Unternehmen Entscheider/innen, Zielgruppen, Lernformen und Erfolgsfaktoren. In: Ebner M, Schön S et al. (Hrsg.) Lehrbuch für Lernen und Lehren mit Technologien, 2. Aufl. epubli GmbH, Berlin

Bullinger H-J (Hrsg.) (1996) Erfolgsfaktor Mitarbeiter: Motivation – Kreativität – Innovation. In: Technologiemanagement – Wettbewerbsfähige Technologieentwicklung und Arbeitsgestaltung, Vieweg+Teubner Verlag, Wiesbaden

Dehnbostel P, Elsholz U, Gillen J (2007) Konzeptionelle Begründungen und Eckpunkte einer arbeitnehmerorientierten Weiterbildung. In: Dehnbostel P, Elsholz U, Gillen J (Hrsg.) Kompetenzerwerb in der Arbeit. Perspektiven arbeitnehmerorientierter Weiterbildung, Ed. Sigma, Berlin, S. 13–27

Dehnbostel P, Elsholz U (2007) Lern- und kompetenzförderliche Arbeitsgestaltung: Chancen für die betriebliche Weiterbildung?. In: Dehnbostel P, Elsholz U, Gillen J (Hrsg.) Kompetenzerwerb in der Arbeit. Perspektiven arbeitnehmerorientierter Weiterbildung., Ed. Sigma, Berlin, S. 35–47

Erpenbeck J, Rosenstiel L (2007) Handbuch Kompetenzmessung. Erkennen, verstehen und bewerten von Kompetenzen in der betrieblichen, pädagogischen und psychologischen Praxis, 2. Aufl. Schäffer und Pöschel, Stuttgart

Florida RL (2002) The rise of the creative class: And how it's transforming work, leisure, community and everyday life. Basic Books, New York

Günter VG, Pongratz HJ (1998) Der Arbeitskraftunternehmer. Eine neue Grundform der "Ware Arbeitskraft"? In Kölner Zeitschrift für Soziologie und Sozialphilosophie 50(1):S. 131–158

Haake JM, Schwabe G, Wessner M (2012). CSCL-Kompendium 2.0: Lehr- und Handbuch zum computerunterstützten, kooperativen Lernen (2., völlig überarb. und erw. Aufl). Informatik 10-2012. Oldenbourg, München

Hackman JR, Oldham GR (1975) Development of the Job diagnostic survey. J Appl Psychol 60:159–170

Heidenreich M (1997) Zwischen Innovation und Institutionalisierung. In Zwischen Akteur und System. Springer VS, Wiesbaden, S. 177–206

Kappelhoff P (2004) Kompetenzentwicklung in Netzwerken: Die Sicht der Komplexitäts- und allgemeinen Evolutionstheorie.

Klimecki R (1999) Organisationales Lernen: Ein Ansatz zur Integration von Theorie, Empirie und Gestaltung. Management, Forschung und Praxis: Nr. 26.. Univ.-Bibl., Konstanz

Klimmt C (2008) Unterhaltungserleben bei Computerspielen. In: Mitgutsch K, Rosenstingl H (Hrsg.) Faszination Computerspielen. Theorie – Kultur – Erleben, Braumüller, Wien, S. 7–17

Koch M, Straßer P (2008) Der Kompetenzbegriff: Kritik einer neuen Bildungsleitsemantik. In: Koch M (Hrsg.) In der Tat kompetent: Zum Verständnis von Kompetenz und Tätigkeit in der beruflichen Benachteiligtenförderung, wbs Bertelsmann Verlag, Bielefeld, S. 25–52

Konrad K (2014) Lernen lernen – allein und mit anderen: Konzepte, Lösungen, Beispiele. Springer VS, Wiesbaden

Korteling H, Helsdingen A, Theunissen NCM (2013). Serious gaming @ work: Learning job-related competencies using serious gaming. In: Bakker A B, Derks D (Hrsg.) The psychology of digital media @ work, Taylor & Francis Group, London. vi, 186, S. 123–144

Krech D, Crutchfield RS (1992) Grundlagen der Psychologie. Beltz, Hemsbach

Le S, Weber P (2013) Game-Based Learning Spielend Lernen?. Ebner M, Schön S, Martin E, Sandra S (Hrsg.) Lehrbuch für Lernen und Lehren mit Technologien, 2. Aufl. epubli GmbH, Berlin

Lerderer B (2014) Kompetenz oder Bildung. Eine Analyse jüngerer Konnotationsverschiebungen des Bildungsbegriffs und Plädoyer für eine Rück- und Neubesinnung auf ein transinstrumentelles Bildungsverständnis. University Press, Innsbruck

Mai M (Hrsg.) (2014) Handbuch Innovationen: Interdisziplinäre Grundlagen und Anwendungsfelder. Springer Fachmedien Wiesbaden, Wiesbaden

Matys T (2014) Macht, Kontrolle und Entscheidungen in Organisationen: Eine Einführung in organisationale Mikro-, Meso- und Makropolitik (2. aktualisierte Aufl.). Studientexte zur Soziologie. Springer VS, Wiesbaden

Meier C, Seufert S (2003) Game-based learning: Erfahrungen mit und Perspektiven für digitale Lernspiele in der beruflichen Bildung. In: Hohenstein A, Wilbers K (Hrsg.) Handbuch E-Learning, Fachverlag Deutscher Wirtschaftsdienst, Köln

Müller JK, Meyer R (2012) Lernen und Arbeiten in Balance?: Vereinbarkeitsstrategien von Beschäftigten in wissensintensiven Branchen. In: Faßhauer U (Hrsg.) Faßhauer, Uwe, Schriftenreihe der Sektion Berufs- und Wirtschaftspädagogik der Deutschen Gesellschaft für Erziehungswissenschaft (DGfE). Berufs- und wirtschaftspädagogische Analysen – aktuelle Forschungen zur beruflichen Bildung, Budrich, Opladen, S. 153–164

Nonaka I, Takeuchi H (1995) The knowledge-creating company: how Japanese companies create the dynamics of innovation. Oxford University Press, New York

North K, Güldenberg S (2010) Produktive Wissensarbeit(er): Antworten auf die Management-Herausforderung des 21., Gabler, Wiesbaden

Pernelle P, Marty J-C, Carron T (2012) Serious gaming: a new way to introduce product lifecycle management. In: Uden L, Rodríguez C, Emilio S, Santana DP, Juan F et al. (Hrsg.) Advances in intelligent systems and computing. Workshop on Learning Technology for Education in Cloud (LTEC'12), Springer, Berlin Heidelberg, S. 89–100

Piller FT, Reichwald R (2009) Wertschöpfungsprinzipien von Open Innovation: Information und Kommunikation in verteilten offenen Netzwerken. In: Möslein K, Zerfaß A, Möslein K, Zerfaß A (Hrsg.), Kommunikation als Erfolgsfaktor im Innovationsmanagement. Strategien im Zeitalter der Open Innovation, 1. Aufl. Gabler, Wiesbaden,S. 105–120

Probst G, Raub S, Romhardt K (2013) Wissen managen: Wie Unternehmen ihre wertvollste Ressource optimal nutzen, from. http://dx.doi.org/10.1007/978-3-8349-4563-1 Zugegriffen: 14 Mai 2017

Probst GJB (2000) Kompetenz-Management: Wie Individuen und Organisationen Kompetenz entwickeln 1. Aufl. Gabler, Wiesbaden

Reichwald R, Piller FT (2002) Customer integration: Formen und Prinzipien einer Integration der Kunden in die unternehmerische Wertschöpfung. Arbeitsberichte des Lehrstuhls für Allgemeine und Industrielle Betriebswirtschaftslehre an der Technischen Universität München: Arbeitsbericht Nr. 26.. Lehrstuhl für Allg. und Industrielle Betriebswirtschaftslehre an der TUM, München

Richter A(2007) Status quo der Vernetzten Organisation In: Koch M, Richter A (Hrsg.) Enterprise 2.0. Planung, Einführung und erfolgreicher Einsatz von Social Software in Unternehmen, Oldenbourg, München, S. 35–48

Trist EL (1981) The evolution of socio-technical systems: a conceptual framework and an action research program. Occasional paper: no. 2, June 1981.. Ontario Ministry of Labour, Ontario Quality of Working Life Centre, Toronto

Zimbardo PG, Hoppe-Graff S, Keller B (Hrsg.) (1992) Springer-Lehrbuch. Psychologie (5., neu übers. und bearb. Aufl). Springer, Berlin

Innovationswettbewerbe als Mittel einer produktiven und effektiven Wissensteilung in F&E-Organisationen

Stefanie Rockstroh, Claudia Roscher, Tobias Sanders und Angelica C. Bullinger-Hoffmann

Inhaltsverzeichnis

S. Rockstroh (✉) · C. Roscher · T. Sanders · A.C. Bullinger-Hoffmann
Professur Arbeitswissenschaft und Innovationsmanagement, Technische Universität Chemnitz
Erfenschlager Straße 73, Gebäude C/F, 09125 Chemnitz
e-mail: stefanie.rockstroh@mb.tu-chemnitz.de

C. Roscher
e-mail: claudia.roscher@mb.tu-chemnitz.de

T. Sanders
e-mail: tobias.sanders@mb.tu-chemnitz.de

A.C. Bullinger-Hoffmann
e-mail: bullinger-hoffmann@mb.tu-chemnitz.de

© Springer Fachmedien Wiesbaden GmbH 2017
H. Breit et al. (Hrsg.), *Produktivität von industriellen Dienstleistungen
in der betrieblichen Praxis*, DOI 10.1007/978-3-658-08632-9_7

7.1   Einleitung

Wissensteilung sowie ein produktives und effektives Wissensmanagement gehören zu den wesentlichen Erfolgsfaktoren eines Unternehmens. Besonders im F&E-Bereich rücken der Mensch bzw. dessen Fähig- und Fertigkeiten, ebenso wie sein implizit und explizit vorhandenes Wissen als wertvolle Ressourcen verstärkt in den Fokus der Betrachtung. Implizites und explizites Wissen gelten als Treiber von Innovationen und bringen die Voraussetzung für schnelle Problemlösungen mit sich (Bullinger et al. 2009; Probst et al. 2012).

Der folgende Beitrag widmet sich den Herausforderungen organisationaler Wissensteilung mittels offener Innovationsprozesse. Am Beispiel eines Innovationswettbewerbes in einer F&E-Organisation wird der Frage nachgegangen, inwiefern offene Innovationsprozesse gezielt zu einer produktiven und effektiven Wissensteilung eingesetzt werden können. Ziel ist es, auf der Basis wesentlicher Ergebnisse erste Erkenntnisse sowie Handlungsempfehlungen für die betriebliche Praxis abzuleiten.

Nach kurzer thematischer Einleitung erfolgt zunächst die Erörterung theoretischer Grundlagen in den Bereichen Wissensmanagement und Wissenstransfer, um ein Grundverständnis für das Thema zu erlangen. Es wird aufgezeigt, inwiefern ein Innovationswettbewerb als Instrument offener Innovationsprozesse zur Wissensteilung gezielt Einsatz finden kann. Im Anschluss daran folgt die Vorstellung des Innovationswettbewerbes als empirisches Feld sowie der Methodik und Ergebnisse. Den Abschluss des Beitrags bilden eine Zusammenfassung der Ergebnisse sowie ein Ausblick auf zukünftigen Forschungsbedarf als Anhaltpunkte für die betriebliche Praxis.

7.2   Theoretische Grundlagen

Eine Vielzahl an Autoren beschäftigt sich seit langem mit den Themen des Wissensmanagements sowie organisationaler Teilung expliziten und impliziten Wissens (Bullinger et al. 2009; Pawlowsky 1998). Implizites Wissen beschreibt jenes Wissen, welches aufgrund der persönlichen Ausrichtung des Wissensträgers nur sehr schwer zu formulieren und entwickeln ist. Explizites Wissen wird als beschreibbares, bspw. in Form von Dokumentationen oder Datenbanken abgespeichertes Wissen definiert. Das Management impliziten und expliziten Wissens im Unternehmen stellt, ebenso wie die Teilung im Kollektiv, ein komplexes Konstrukt mit verschiedenen Einflussfaktoren dar (Becker und Thorwest 2013).

7.2.1   Vom Wissensmanagement zur kollektiven Wissensteilung

Die strategische Verankerung des Managements von Wissen in der Organisation ist von hoher Bedeutung. Sie bildet die Grundlage, das Innovationspotential von Unternehmen optimal ausschöpfen zu können (Becker und Thorwest 2013) und beinhaltet neben einer systematischen und bewussten Handhabung der Ressource Wissen ebenso dessen zielgerichtete Verwendung in der Organisation (Bullinger et al. 1997). Zu den Aufgaben eines derart organisatorisch verankerten Wissensmanagements gehören neben der Identifizierung von Wissensressourcen ebenso die Generierung neuen Wissens und der Wissensaustausch. Ziel ist es, neue Erkenntnisse und Einsichten in bestehende Handlungsroutinen im Unternehmen einfließen zu lassen und damit interne und externe Prozesse permanent an den Wandel der Zeit sowie gesellschaftliche und wirtschaftliche Herausforderungen anzupassen (Hilger et al. 2010). So zeigen bspw. die Ergebnisse einer Studie der Autoren Bullinger & Prieto (1997) im Dienstleistungsbereich, dass ein produktives und effektives Wissensmanagement nicht nur die Innovationsfähigkeit steigern, sondern ebenso die Produktqualität erhöhen kann. Insbesondere im Dienstleistungsbereich unterstützt das Wissensmanagement im Sinne einer effektiven Nutzung vorhandenen Wissens die Erstellung innovativer Dienstleitungen (Bullinger et al. 1997).

Eine Methode des Wissensmanagements ist der Wissenstransfer. Unter dem Begriff des Wissenstransfers wird die Übertragung von Wissen und Können, z.B. Face-to-Face oder durch Text-Dokumente, verstanden. Der Wissenstransfer soll dazu beitragen, Unternehmen durch die Bereitstellung schnellen und effektiven Wissens bei der Bewältigung auftretender Herausforderungen zu unterstützen (von Krogh und Köhne 1998). Da der ursprüngliche Wissensträger bei dem Prozess des Wissenstransfers sein Wissen nicht verliert, sondern lediglich weitergibt (Burmann 2013), findet in der Literatur häufig der Begriff der Wissensteilung synonym Verwendung. In Anlehnung an Hayek (Helmstädter 2000) liegt im Kontext der Arbeitsteilung hierbei die eigenständige Bereitschaft seitens des Wissensträgers vor, sein Wissen zum Vorteil der Gesellschaft insgesamt zu teilen und zu kommunizieren (Seidel 2003).

Im Unternehmen hängt die Qualität und Quantität des Wissens von der möglichen effizienten Kombination diverser Wissensträger sowie Wissensbestandteile ab. Sie bildet die Basis kollektiven Wissens. Dabei handelt es sich um Wissen, welches auf dem Wissen jedes einzelnen Mitgliedes im Kollektiv basiert, jedoch von einem Kollektiv beherrscht wird. Die notwendige, nicht hinreichende Voraussetzung bei der Bildung kollektiven Wissens besteht in der sozialen Verfügbarkeit, welche sich aus der Kommunizierbarkeit, der Konsens- und Integrationsfähigkeit zusammensetzt (Thiel 2002). Aufgrund dessen ist die kollektive Wissensteilung, nachfolgend als innovierende Wissensteilung, produktiver und effektiver, da der Akteur innerhalb einer Gruppe das Wissen weiterentwickelt bzw. sein implizites Wissen mit der Gruppe teilt sowie sich den Verhaltensregeln, Normen und Werten dieser Gruppe anpasst. Hierbei entsteht ein wechselseitiger Lernprozess, welcher eine parallele Anpassung der individuellen und kollektiven Wissensbasen zur Folge hat (Schwarz 2010) und im Verständnis einer resultierenden kollektiven Intelligenz zu den wichtigsten Innovationsquellen im Unternehmen gehört (Roscher et al. 2015).

Es zeigt sich, dass Wissensteilung als komplexer Vorgang verstanden werden kann (Helmstädter 2000). Innovationen werden heute nicht mehr nur durch kostenintensive F&E-Abteilungen hervorgebracht, sondern sind vielmehr das Ergebnis eines Zusammenwirkens verschiedener Akteure bzw. deren Wissens. Damit wird nicht ausschließlich nur der Fokus auf die Integration interner Akteure im Unternehmen, sondern ebenso externer Akteure gelegt (Bley 2010; Roscher et al. 2015).

7.2.2 Innovationswettbewerbe als Instrument offener Innovationsprozesse

Mit dem Aspekt innovierender Wissensteilung beschäftigt sich die Methode der offenen Innovation. Offene Innovationsprozesse bezeichnet nach Chesbrough (2006) als „[…] the use of purposive inflows and outflows of knowledge to accelerate internal innovation, and expand the markets for external use of innovation, respectively". Ihr Ziel ist es, weitere, z.B. externe Akteure, in die Innovationsaktivitäten des Unternehmens einzubinden und u.a. die Entwicklung von Produkten zu optimieren (Reichwald und Piller 2009). Durch die Integration Externer bieten offene Innovationsprozesse für Unternehmen einen in der Interaktion begründeten Zugang zu internen und externen Bedürfnis- und Lösungsinformationen (Bley 2010). Damit soll nicht nur die Effektivität im Innovationsprozess, sondern ebenso die Effizienz der Wertschöpfung gesteigert werden. Der Fokus liegt hierbei auf der Verknüpfung der Informationen über die Bedürfnisse potentieller Kunden mit den Informationen über die Lösung sowie Umsetzung dieser in ein angepasstes Leistungsangebot (Reichwald und Piller 2009). Es wird die Möglichkeit geschaffen, kollektiv Ideen und Lösungen zu modifizieren. Die Akteure können ihr spezielles Wissen für alle bzw. für eine vorher festgelegte Zielgruppe zugänglich machen und einen wichtigen Beitrag zum Innovationsgeschehen des Unternehmens leisten. Zu den Instrumenten, mit denen dies realisiert werden kann, gehören bspw. Ideen- oder Innovationswettbewerbe, die Lead-User-Methode sowie virtuelle Toolkits und Communities (Reichwald und Piller 2009). Die Bezeichnungen Ideenwettbewerb und Innovationswettbewerb finden häufig synonym Verwendung und werden im englischsprachigen Raum häufig mit dem Begriff Innovation Contest gleichgesetzt (Dapp 2012). Ebner (in Wenger 2014) definiert den Ideenwettbewerb wie folgt: „Ein Ideenwettbewerb ist ein Appell an eine bestimmte Zielgruppe, Ideen zu einem vorgegebenen Thema in einem festgelegten Zeitraum einzureichen. Ein Organisator unterstützt – bei Bedarf zusammen mit Mentoren – die Teilnahme bei der Abgabe der Ideen, die durch die Teilnehmer selbst und/oder eine Jury nach vorgegebenen Kriterien bewertet und prämiert werden."

Bullinger und Möslein (2010) fokussieren vor allem die in einem Innovationswettbewerb eingesetzten Fertigkeiten und Fähigkeiten der Nutzer und definieren den Wettbewerbsbegriff, ergänzt um den Einsatz von Web-2.0-Technologien, als Mittel zur Lösung komplexer Probleme (Bullinger und Möslein 2010; Dapp 2012). Innovationswettbewerbe sind meist zeitlich begrenzt und beinhalten eine geringe Anzahl an Themen, auf welche sich die Teilnehmer spezifizieren können (Pirker et al. 2010). Die Zielgruppe variiert hierbei nach vorher festgelegten spezifischen Merkmalen bzw. besonders gefragten Kompetenzen und Fähigkeiten (Bley 2010).

Sowohl die Ausführungen zum Wissensmanagement als auch zum Wissenstransfer und der (kollektiven) Wissensteilung sind auf offene Innovationsprozesse wie Innovationswettbewerbe übertragbar. Dies begründet sich darin, dass die Beteiligten einer Organisation sowie externe Beteiligte ihr Wissen, bspw. Verbesserungsvorschläge und innovative Ideen, auf einer Internetplattform präsentieren und bestenfalls in oder mit Hilfe der Community weiterentwickeln können (Reichwald und Piller 2009). Im nachfolgenden Abschnitt wird ein Innovationswettbewerb in einer F&E-Organisation näher erläutert.

7.3 Der Innovationswettbewerb als empirisches Feld

Im Zeitraum von November 2014 bis Februar 2015 wurde an der Technischen Universität Chemnitz (TU Chemnitz) ein Innovationswettbewerb unter dem Titel „Deine IDEE für die TUC" ausgerichtet. Beteiligen konnten sich Studierende, Beschäftigte, Alumni sowie interessierte Bürger. Die Grundlage des Innovationswettbewerbes bildete die Weiterentwicklung der TU Chemnitz als Studien- und Arbeitsort ebenso wie die Förderung der Vernetzung zwischen Universität und Region. Dementsprechend wurden drei verschiedene Themengebiete erarbeitet, in denen die Teilnehmer ihre Ideen abgeben konnten: „Studium & mehr: erLEBE DEINE TUC!", „Prozesse & Verwaltung: Mach's NOCH besser!" und „Region Chemnitz: verNETZt gewinnt!" (Abb. 7.1).

Der Bereich „Studium & mehr: erLEBE DEINE TUC!" fokussierte konkrete Verbesserungen des Studiums an der Universität sowie des Studienerfolgs. Die bestehenden internen (Verwaltungs-) Prozesse zu verbessern, war das Ziel des Bereiches „Prozesse & Verwaltung: Mach's NOCH besser!". Der dritte Bereich „Region Chemnitz: verNETZt gewinnt!" war vor allem für Ideen angedacht, welche die Universität und die Region Chemnitz noch stärker vernetzen.

In den drei Themenbereichen bestand für die TeilnehmerInnen die Möglichkeit, ihr Wissen im Kollektiv zu teilen. Dazu konnten ab November 2014 in der ersten Phase der Ideenfindung über die URL www.deine-tuc.de Verbesserungsvorschläge und innovative Ideen samt zugehörigem Inhalt die Bereiche auf die Plattform hochgeladen und anderen Nutzer präsentiert werden. Die Plattform bot der entwickelnden Community außerdem die Möglichkeit, die Ideen von anderen über eine Kommentarfunktion aufzugreifen und weiterzuentwickeln. Die eingereichten Ideen wurden auf diese Art kommentiert und durch

Abb. 7.1 Die drei Themenbereiche des Innovationswettbewerbes (eigene Darstellung, 2014)

entsprechende, auf Herzen basierende, Like-Buttons bewertet (Reichwald und Piller 2009). Ein eigens für den Wettbewerb entwickeltes Moderationskonzept rundete diese erste Phase ab.

Die Bewertung der Ideen und Vorschläge erfolgte in nachfolgenden Phasen durch die Community im Rahmen eines Crowdfunding sowie mittels zweier Juryprozesse. Während die Communitybewertung eine Verteilung sogenannter TUC-€ durch die TeilnehmerInnen beinhaltete, erhielten die beiden Jurys vorgegebene Kriterien, nach denen sie die Ideen bewerteten. Die Kriterien wurden gemäß Blohm et al. (2011) ausgewählt und beinhalteten die Aspekte Neuartigkeit, Relevanz, Umsetzbarkeit und Ausarbeitungsgrad. Im Anschluss an den Wettbewerb erfolgte die Prämierung der Gewinner je Themenbereich, um in Anlehnung an Wenger (2014) den Aufwand der Teilnehmenden zu kompensieren.

Für den Erfolg des Wettbewerbes und der Schaffung einer kollektiven Wissensteilung war es notwendig, schon im Vorfeld Marketingaktivitäten gezielt einzusetzen, um den Wettbewerb lebendig werden zu lassen (Adamczyk 2012). Diese sollten einerseits für eine weite Bekanntheit des Wettbewerbes an der TU Chemnitz selbst sowie in der Region sorgen und Interesse hervorrufen. Der Fokus lag hierbei auf der Animierung potentieller Personenkreise zu einer Teilnahme am Wettbewerb sowie einem Vorantreiben kollektiver Wissensteilung. Eine Aktivität war die Verteilung von Flyern und Postern an stark frequentierten Orten, wie dem Studentensekretariat und der Mensa (Abb. 7.2).

Eine weitere Aktivität war die Einbettung eines Werbetrailers auf der Landingpage der Wettbewerbsplattform. Dieser diente ebenfalls zur Verbreitung des Wettbewerbes sowie zur Animation potentieller Personenkreise. Gemäß Lammenett (2014) ist es von entscheidender Bedeutung, dass durch eine Kombination von Informationen und sofortiger Aktionsmöglichkeit ein sichtbarer Nutzerzuwachs erzielt wird. Zu Beginn des Wettbewerbes konnte somit ein stetiger Zuwachs an Nutzern verzeichnet werden, der auch nach

Abb. 7.2 Flyerbeispiel „Studierende" – Abbildung von Studierenden und Mitarbeitern (eigene Darstellung, 2014)

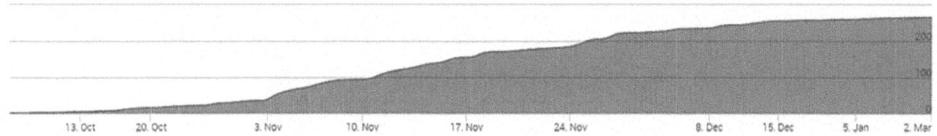

Abb. 7.3 Wachsende Teilnahme am Innovationswettbewerb in Anzahl der Personen (Dashboard deine-tuc.de, 2015)

Herabsetzung der Marketingaktivitäten anhielt. Bis zur Beendigung der Ideenfindungs-phase nach dem ersten Wettbewerbsmonat stiegen die Teilnehmerzahlen kontinuierlich an (Abb. 7.3).

Während zu Beginn des Wettbewerbes der Bereich „Prozesse & Verwaltung" domi-nierte, entwickelte sich im Laufe des ersten Wettbewerbsmonats der Bereich „Studium & mehr" immer mehr zum Hauptdiskussions- und Ideensammelbereich. Im Vergleich schwächer entwickelte sich der Bereich „Region Chemnitz" (vgl. 7.4.2).

In dem folgenden Abschn. 7.4 wird zunächst auf die Methodik der Auswertung ein-gegangen. Anschließend folgte die Darstellung der Methoden und Ergebnisse des Innova-tionswettbewerbes. Die Ergebnisse beziehen sich im vorliegenden Beitrag auf inhaltliche Aspekte der Ideen und Kommentare, um am Ende einen Zusammenhang zur Wissenstei-lung herstellen zu können.

7.4 Ausgewählte Möglichkeiten der Ideenbewertung

Innerhalb von vier Wochen wurden insgesamt 140 Ideen auf der Plattform geteilt und über den gesamten Wettbewerbszeitraum durch 156 Community-Kommentare unterstützt und weiterentwickelt.

7.4.1 Methodisches Vorgehen

Zunächst wurden die eingereichten Ideen der genannten Bereiche in drei Kategorien ein-geteilt. Für die Findung der Kategorien dienten die Definitionen von Bedürfnisinforma-tion und Lösungsinformation nach Von Hippel (1994) sowie Reichwald and Piller (2009). Hierbei ist unter Bedürfnisinformation jede Idee einzuordnen, die ausschließlich Präferen-zen, Wünsche und Anforderungen, im vorliegenden Fall der Studierenden, Mitarbeitenden sowie externen Personen, bspw. an ein Angebot, eine Leistung oder auch an die Qualität derer bietet (Von Hippel 1994), welche bis dato noch nicht an der TU Chemnitz angeboten wurde. Die Lösungsinformation beinhaltet das Wissen, wie ein Bedürfnis gelöst werden kann, bspw. durch Spezifikation einer Dienstleistung (Reichwald und Piller 2009).

Die erste Kategorie beinhaltet Ideen, die ausschließlich eine Bedürfnisinformation [I1] liefern. Eine Kombination von Bedürfnis- und Lösungsinformation [I2] ist als zweite

Kategorie zu nennen, d.h. die abgegebene Idee zeigt das Bedürfnis sowie eine geeignete Lösung auf. Aufgrund der Tatsache, dass nicht alle Ideen den beiden Kategorien zugeordnet werden konnten, wird eine Kategorie Sonstiges [I3] hinzugezogen. In diese werden u.a. Ideen eingeordnet, die bestehende Angebote der TU Chemnitz bewerben und somit nicht als neu zu erachten sind. Eine Übersicht der Einordnung ist im Abschn. 7.4.2 dargestellt.

Nach inhaltlicher Betrachtung der Ideen und deren Zuordnung in die drei beschriebenen Kategorien schließt sich die inhaltliche Analyse der Community-Kommentare an. Hierbei wurden eigens fünf [K1] – [K5] Kategorien sowie 16 Unterkategorien anhand des Inhaltes der eigereichten Ideen seitens der Community festgesetzt. Hintergrund der Kategorienbildung ist die Möglichkeit einer optimalen Zuordnung der Kommentare im Hinblick auf den Aspekt einer produktiven und effektiven Wissensteilung. Auch diese Kategorien werden im Abschn. 7.4.2 in einer Übersicht dargestellt.

Des Weiteren ist für die Verbindung zu der kollektiven Wissensteilung eine Untersuchung betreffend des Diskussionsverhaltens der Community vorteilhaft. Hierbei erfolgte eine Einteilung in „Diskussionen mit den Ideengebern" und „Diskussionen zwischen der Community". Letzteres bezieht sich ausschließlich auf Diskussionen ohne den Einfluss des Ideengebers.

7.4.2   Ergebnisse

Die nachfolgende Tab. 7.1 verdeutlicht, wie viele Ideen in jedem Bereich eingereicht wurden sowie die daraus resultierenden Top-5-Ideen. Die Ideenverteilung im Bereich „Studium & mehr" ist mit 63 eingereichten Ideen am höchsten, gefolgt von „Prozesse & Verwaltung" mit 46 Ideen. Im Bereich „Region Chemnitz" wurden mit 31 die wenigsten Ideen abgegeben. Als mögliche Ursache kann die Erreichbarkeit der externen Personen in Betracht gezogen werden.

Ideen, welche ausschließlich eine Bedürfnisinformation [I1] beinhalten, mehrheitlich vorhanden, jedoch ist der Abstand zu der Kategorie [I2] gering. Auffallend ist, dass die

Tab. 7.1 Gesamtübersicht der Ideen nach Kategorien je Themenbereich

Kategorie	Studium & mehr	Prozesse & Verwaltung	Region Chemnitz	Summe
[I1] Bedürfnisinformation	29	29	19	**77**
davon Top 5	2	7	2	**11**
[I2] Bedürfnis- & Lösungsinformation	32	16	12	**60**
davon Top 5	8	5	11	**24**
[I3] sonstiges	2	1	0	**3**
	63	46	31	**140**

Mehrheit der Gewinnerideen in die Kategorie Bedürfnis- & Lösungsinformation [I2] ein-zuordnen sind. Hintergründe könnten das eigene Interesse an der Umsetzung des Themas sowie ein spezielles Hintergrundwissen bspw. über interne Prozesse der TU-Mitarbeiten-den sein.

Zu der ungleichmäßig in den Themenbereichen verteilten Anzahl der Gewinnerideen von insgesamt 35 ist zu sagen, dass die erste Jury aus den 20 besten Ideen je Themenbe-reich, welche durch die Community bestimmt wurden, zunächst die Top 5 wählte. Jedoch trat der Fall auf, dass einige Ideen sich ähnelten oder sogar aufeinander aufbauten. Die Jury bildete bereichsübergreifende Themencluster. Fehlende Rückmeldungen oder frei-williges Zurücktreten führten schließlich zu insgesamt 14 Präsentationen, welche am Finaltag vor der zweiten Jury vorgestellt wurden.

Bedeutende Ideen waren u.a. die Essensversorgung in diversen Universitätsteilen, die Grünanlagenpflege und -gestaltung, die Integration von internationalen Studierenden und Nachwuchswissenschaftlern, ein Hochschulkindergarten sowie eine Orientierungshilfe rund um die TU Chemnitz in Form einer App.

Ausgesprochen tätig im Kommentieren waren die TeilnehmerInnen mit 92 Kommen-taren im Bereich „Prozesse & Verwaltung", gefolgt von dem Bereich „Studium & mehr" mit 49 Kommentaren. Der Bereich „Region Chemnitz" erhielt mit insgesamt 15 die wenigsten Kommentare. Gründe dafür könnten die Erfahrung und das Hintergrundwissen der TU Chemnitz-MitarbeiterInnen über die TU und deren Prozesse sein. Die fünf Kate-gorien sowie die 16 Unterkategorien (vgl. Tab. 7.2) ergaben sich aus den abgegebenen Community-Kommentaren.

In der übergeordneten Kategorie [K1] Arten der Zustimmung ist besonders hervorzu-heben, dass die Mehrheit mit 31 Kommentaren den jeweiligen Ideen direkt zustimmt, gefolgt von der inhaltlichen Verbindung „Zustimmung & Weiterentwicklung". Hierbei drückten die Community-Teilnehmer zunächst ihre Begeisterung aus und entwickelten anschließend diese noch weiter. Die Mehrheit der Kommentare ist in beiden genannten Kategorien in dem Bereich „Prozesse & Verwaltung" zu finden. In Bezug auf die Kate-gorie [K2] Arten der Ablehnung gab es von den 156 Kommentaren nur 19, die sich gegen eine Idee aussprachen oder sie skeptisch betrachteten. Auch hier ist die Mehrheit dem Bereich „Prozesse & Verwaltung" zuzuordnen. Auffällig ist, dass überwiegend die Ideen-geber in der Kategorie [K3] Arten der Verteidigung ihre Ideen vor anderen rechtfertigen. Die beiden Bereiche „Studium & mehr" und „Prozesse & Verwaltung" sind dabei relativ gleichverteilt. Die zweithöchste Anzahl an Kommentaren sind in der Kategorie [K4] Arten von Hinweisen – Weiterentwicklung der Idee" zu finden. Es ist anzunehmen, dass viele TU-Chemnitz-MitarbeiterInnen die Ideen und deren zukünftige Umsetzung sehr ernst nehmen und sich demnach auch vermehrt engagieren. Unter der Kategorie [K5] Sonstiges wurden alle Kommentare eingeordnet, welche unkonstruktive Ergänzungen oder Fragen beinhalten, wie Werbung für Vorhandenes.

Zusammenfassend besitzt der Bereich „Prozesse & Verwaltung" stets die Mehrheit an Kommentaren in jeder Kategorie, welches bspw. an dem Hintergrundwissen der Mitarbei-tenden der TU Chemnitz liegen könnte. Im Bereich „Studium & mehr" liegt die Mehrheit

Tab. 7.2 Kategorien der Community-Kommentare je Themenbereich

Kategorien	Studium & mehr	Prozesse & Verwaltung	Region Chemnitz	Summe
[K1] Arten der Zustimmung				
direkte Zustimmung	12	16	3	**31**
Zustimmungen innerhalb der Kommentare	1	6	1	**8**
Zustimmung & Weiterentwicklung der Idee	1	12	4	**17**
Zustimmung & Verweis auf bestehende Lösungen	0	2	0	**2**
Zustimmung & Skepsis	0	2	0	**2**
[K2] Arten der Ablehnung				
Ablehnung der Idee	2	7	0	**9**
Ablehnung, da bestehende Lösung existiert	1	0	0	**1**
Ablehnung & Gegenvorschlag	2	2	1	**5**
Skepsis ggü. der Idee	2	2	0	**4**
[K3] Arten der Verteidigung				
Verteidigung seitens Ideengeber	6	9	3	**18**
Verteidigung seitens Community	1	6	0	**7**
[K4] Arten von Hinweisen				
Weiterentwicklung der Idee	8	15	0	**23**
Verweis auf bestehende Lösungen	8	3	2	**13**
[K5] Sonstiges				
Fragen seitens Ideengeber oder Community	1	5	0	**6**
Ergänzungen seitens der Ideengeber	0	1	1	**2**
unkonstruktive Kommentare	4	4	0	**8**
	49	**92**	**15**	**156**

der eingereichten Kommentare in den Kategorien „Arten von Zustimmung" sowie „Arten von Hinweisen". Auch hier zeigt sich ein Interesse seitens der Studierenden die Universität als Studienort attraktiver gestalten zu wollen. Eine Ursache an der geringen Zahl von Kommentaren im Bereich „Region Chemnitz" könnte die schwierigere Erreichbarkeit (vgl. Abschn. 7.3) externer Personen sein.

Hinsichtlich des Diskussionsverhaltens innerhalb der Kommentare ist abzuleiten, dass die Community mit den jeweiligen Ideengebern im Bereich „Prozesse & Verwaltung" am aktivsten diskutierte. Von den insgesamt 14 Diskussionen können im Durchschnitt 2,7 Kommentare einer Idee zugeordnet werden. Im Gegensatz hierzu fanden vier Diskussionen innerhalb der Community (ohne den Ideengeber) mit durchschnittlich 3,3 Kommentaren statt. Im Bereich „Studium & mehr" wurde deutlich weniger diskutiert. Von den fünf stattgefundenen Diskussionen mit dem Ideengeber kommen auf jede Idee im Durchschnitt 2,2 Kommentare. Ohne den Ideengeber fand eine Diskussion mit zwei Kommentaren statt. Die Minderheit bildet ebenso, wie bei der Anzahl von Ideen und Kommentaren, der Bereich „Region Chemnitz". Auf zwei Diskussionen mit und eine ohne Ideengeber, sind im Durchschnitt 2,0 Kommentare zu verzeichnen.

Alles in allem kamen viele nützliche Ideen, Kommentare und Diskussionen zustande, welche die TU Chemnitz bei der Umsetzung ihrer Ziele unterstützen können. Nach dem Wettbewerb wurden die Top-5-Ideen an die zuständigen Stellen weitergeleitet. Eine schnellstmögliche Ideenumsetzung wird gemeinsam mit den Ideengebern vorangetrieben.

Wie die Ergebnisse aufzeigen, hat eine produktive und effektive Wissensteilung stattgefunden. Insgesamt wurden 140 Ideen eingebracht, mit 946 Herzen geliked und in 156 Kommentaren diskutiert. Die Ideen sollen in bereits bestehende Projekte an der TU Chemnitz integriert werden. Somit ist festzustellen, dass Innovationswettbewerbe durchaus eine gute Möglichkeit sind, Wissensteilung zu fördern.

7.5 Zusammenfassung und Ausblick

Auch im organisatorischen Rahmen einer Universität, an der vorwiegend wissensintensive Dienstleistungen als Güter hergestellt werden, ist die effektive Nutzung von Wissen die Grundlage für die wirtschaftliche Produktivität. Daher ist in diesem Beitrag der Ideenwettbewerb der TU Chemnitz vorgestellt worden, der die innovativen Ideen der Studierenden, MitarbeiterInnen und interessierten BürgerInnen der Stadt aufnehmen und verarbeiten helfen sollte. Dementsprechend konnte das Wissen dieser Personengruppen akquiriert werden, das nun in die Organisation der TU Chemnitz übernommen werden soll. Die universitären Strukturen sollen besser an die Wünsche und Vorstellungen der Studierenden und Mitarbeitenden angepasst werden. Zum anderen soll dadurch die prozessuale Struktur und damit die Produktivität der TU Chemnitz gesteigert werden.

Für die Sicherstellung eines lebendigen Wettbewerbes, welcher durch eine optimale Erhebung der Bedürfnisinformationen sowie dem heterogenen externen und internen Netzwerk die Lösungsfindung verbessern soll, ist Folgendes zu beachten. Den Akteuren sollte die Möglichkeit geboten werden, ihr implizites Wissen auf einer geeigneten Plattform mit der Gruppe bzw. Community teilen zu können (kollektive Wissensteilung). Ebenfalls von großer Bedeutung ist die Kommentarfunktion, die es ermöglicht, die abgegebenen Ideen weiterzuentwickeln und ein bestmögliches Ergebnis für die Organisation zu erhalten. Die genannten Marketingaktivitäten können hierbei zur Unterstützung herangezogen werden.

Aufgrund der Tatsache, dass der Wettbewerb bereits stattgefunden hat, ist für eine neuerliche Wettbewerbsdurchführung ein annähernder Prozessverlauf bereits bekannt und es kann auf bereits erstellte Texte aus dem Bereich Öffentlichkeitsarbeit zurückgegriffen werden. Beispielsweise können Zeitschriftenartikel, die zum Beginn des Wettbewerbes erscheinen sollen, rechtzeitig vom Organisationsteam fertiggestellt und verbreitet werden. Des Weiteren hat sich herausgestellt, dass die Phase des Crowdfundings kürzer veranschlagt werden kann, während die Phase der Ideenfindung entsprechend verlängert werden könnte, um noch mehr Ideen generieren zu können. Gerade auch durch diese Auswertung des Teilnehmersamples ist ein vertiefender Eindruck von den Ideengebern und ihren innovativen Arbeitshandeln entstanden, die sich im Rahmen des Innovationswettbewerbes engagierten.

Zusammenfassend kann festgehalten werden, dass der Innovationswettbewerb an der TU Chemnitz ein erfolgreiches Projekt war, bei dem sich durch die kollektive Wissensteilung viele verschiedene und vor allem innovative Ideen, Anregungen und Potentiale herauskristallisierten. Eine Wiederholung des Wettbewerbes ist in Aussicht gestellt worden, wobei auf einen ergiebigen Fundus an persönlichen und dokumentierten Erfahrungen zurückgegriffen werden kann.

Stefanie Rockstroh studierte Wirtschaftswissenschaften an der Technischen Universität Chemnitz. Seit Oktober 2014 arbeitet sie als wissenschaftliche Mitarbeiterin an der Professur Arbeitswissenschaft und Innovationsmanagement. Ihr Schwerpunkt liegt in dem Themengebiet Competence Engineering im Bereich der Elektromobilität und der Digitalisierung der Lehre.

Claudia Roscher arbeitet seit 2011 nach ihrem Studium der Wirtschaftspädagogik und Betriebswirtschaftslehre an der Professur Arbeitswissenschaft und Innovationsmanagement. Ihre thematischen Schwerpunkte umfassen die Bereiche Kompetenzmanagement, Innovations- und Veränderungsmanagement, Organisations- und Teamentwicklung sowie Kommunikationsmanagement.

Tobias Sanders (geb. Nitsche) studierte Soziologie, mit den Vertiefungen soziologische Theorien und Arbeits- und Industriesoziologie, an der TU Chemnitz und ist seit 2014 wissenschaftlicher Mitarbeiter an der Professur Arbeitswissenschaft und Innovationsmanagement.

Seine thematischen Schwerpunkte sind Arbeit und Arbeitsformen im Kontext der modernen Gesellschaft, die Bedeutung der Arbeitstätigen für den Arbeitsprozess, Kompetenzentwicklung und Innovationsfähigkeit von Individuen und Organisationen.

Prof. Dr. Bullinger-Hoffmann leitet seit April 2012 die Professur Arbeitswissenschaft und Innovationsmanagement der TU Chemnitz.

Sie absolvierte ihr Studium an der Universität St. Gallen – HSG und der HEC Paris. Im Anschluss war sie drei Jahre Forschungsassistentin an der Technischen Universität München, wo sie zu „Innovation and Ontologies" summa cum laude promovierte.

Ihre Habilitation zum Thema „IT-based Interactive Innovation" erarbeitete Prof. Dr. Bullinger-Hoffmann an der Universität Erlangen-Nürnberg und der University of Pennsylvania.

Sie hat zahlreiche nationale und europäische Projekte eingeworben und geleitet. Ergebnisse der Arbeiten von Prof. Dr. Bullinger-Hoffmann sind unter anderem in referierten Zeitschriften wie Creativity and Innovation Management, R&D Management, Health Policy und WIRTSCHAFTSINFORMATIK publiziert.

Literatur

Adamczyk S (2012) managing innovation contests: challenger of attraction and facilitation. Dissertation. Friedrich-Alexander-Universität. Erlangen-Nürnberg. https://opus4.kobv.de/opus4-fau/frontdoor/index/index/docId/2270. Zugegriffen: 23. Apr. 2015.

Becker I, Thorwest U (2013) Innovationsmotor: Wissensmanagement! Der kommunikative Kulturwandel in Unternehmen. In: Arns T, Bentle M, Niemeier J, Schütt P, Weber M (Hrsg.) 15. Kongress für Wissens-management und Social Media. Wissensmanagement und Social Media – Markterfolg im Innovationswettbewerb. BITKOM KnowTech. 8. Bis 9. Oktober 2013., Berlin, GITO, S. pp 141–148

Bley S (2010) Innovationswettbewerb und Open Innovation. In: Gundlach C, Glanz A, Gutsche J (Hrsg.) Die frühe Innovationsphase. Methoden und Strategien für die Vorentwicklung, 1. Aufl. Düsseldorf, Symposium Publishing, S. 299–326

Blohm I, Bretschneider U, Leimeister JM, Krcmar H (2011) Entwicklung eines Instruments zur Qualitätsmessung von kundengenerierten Innovationsideen. In: Leimeister JM (Hrsg.) Gemeinschaftsgestützte Innovationsentwicklung für Softwareunternehmen, 1. Aufl. Eul (Schriften zu Kooperations- und Mediensystemen, 31), Lohmar, S. 277–302

Bullinger AC, Moeslein KM (2010) Online innovation Contests– Where are we? Proceedings of the Sixteenth. Americas Conference on Information Systems (AMCIS), Lima.

Bullinger H-J, Wörner K, Prieto J (1997) Wissensmanagement heute. Daten. Fakten. Trends. Stuttgart, Fraunhofer IAO-Studie

Bullinger H-J, Spath D, Warnecke H-J, Westkämpfer E (Hrsg.) (2009) Handbuch Unternehmensorganisation. Strategien, Planung, Umsetzung, 3. neu bearbeitete Aufl. Springer, Heidelberg

Burmann C (2013) Strategische Flexibilität und Strategiewechsel als Determinanten des Unternehmenswertes. neue betriebswirtschaftliche forschung 292. DUV. Wiesbaden.

Chesbrough HW, Vanhaverbeke W, West J (2006) Open Innovation – Researching a new Paradigm. Oxford University Press Inc, New York

Dapp TF (2012) Die digitale Öffnung von Innovation und Wertschöpfung. In: Ili S (Hrsg.) Innovation excellence. Wie Unternehmen ihre Innovationsfähigkeit systematisch steigern, 1. Aufl. Düsseldorf, Symposium Publishing, S. 201–252

Helmstädter E (2000) Arbeitsteilung und Wissensteilung – Zur Institutionenökonomik der Wissensgesellschaft. In: Nutzinger HG, Held M (Hrsg.) Geteilte Arbeit und ganzer Mensch. Perspektiven der Arbeitsgesellschaft, Frankfurt/Main, Campus, S. 118–141

Hilger A, Kohl M, Krenn S (2010) Bedarfe und Erfolgskriterien der nachhaltigen Implementierung von Wissensmanagement im Mittelstand. Studie im Rahmen des Projekts „Mit dem technologischen Fortschritt mithalten – Weiterbildung und Wissensökonomie im Mittelstand". Forschungsinstitut betriebliche Bildung Nürnberg

Lammenett E (Hrsg) (2014) Praxiswissen Online-Marketing: Affiliate- und E-Mail-Marketing. Keyword-Advertising, Online-Werbung. Suchmaschinen-Optimierung. 2. aktual. und erweiterte Aufl. Gabler. Wiesbaden

Pawlowsky P (Hrsg) (1998) Integratives Wissensmanagement. Wissensmanagement, Erfahrungen und Perspektiven. Gabler. Wiesbaden S. 9–43

Pirker C, Füller J, Rieger M, Lenz A (2010) (S.) Crowdsourcing im Unternehmensumfeld. In: Ili S (Hrsg.) Open Innovation umsetzen. Prozesse. Methoden. Systeme. Kultur, 1. Aufl. Düsseldorf, Symposium Publishing, S. 315–338

Probst G, Raub S, Romhardt K (2012) Wissen managen: Wie Unternehmen ihre wertvollste Ressource optimal nutzen. 7. Aufl. Springer Gabler. Wiesbaden.

Reichwald R, Piller F (2009) Interaktive Wertschöpfung: Open Innovation, Individualisierung und neue Formen der Arbeitsteilung. 2. Aufl. Gabler. Wiesbaden.

Roscher C, Rockstroh S, Bullinger AC (2015): Individuelle Innovationsfähigkeit im Kontext von Open Innovation. Session Beitrag. 9th Symposium SKM Bochum. Explicating the Multi-Level-Perspective of Dynamic Capability Research. Bochum.

Schwarz F (2010) Wissensmanagement in internationalen Unternehmen durch Expatriates und Impatriates. Hamburg, Diplomica

Seidel M(2003) Die Bereitschaft zur Wissensteilung. Rahmenbedingungen für ein wissensorientiertes Management. In: Wüthrich HA (Hrsg.) Internationalisierung und Management, DUV, Wiesbaden

Thiel M (2002) Wissenstransfer in komplexen Organisationen: Effizienz durch Wiederverwendung von Wissen und Best Practices. Springer. Wiesbaden.

Von Hippel E (1994) Sticky information and the locus of problem solving. Manage Sci 40(4):429–439

Von Krogh G, Köhne M (1998) Der Wissenstransfer in Unternehmen. Phasen des Wissenstransfers und wichtige Einflussfaktoren. In: Die Unternehmung. Heft 5. S. 235–263

Wenger JE (2014) Innovationswettbewerbe und Incentives: Zielsetzung, Hebelwirkung, Gewinne. Springer, Wiesbaden

Teil III

Methodik der Dienstleistung

Dienstleistungsproduktivität und -effizienz

8

Konzeptionelle Überlegungen zur Nutzung nicht-parametrischer Verfahren

Uwe Cantner und Stefanie Picard

Inhaltsverzeichnis

8.1 Einleitung

Der Dienstleistungssektor stellt in nahezu allen entwickelten Industrienationen einen wesentlichen Teil der Volkswirtschaft dar. So betrug auch in Deutschland im Jahr 2015 der Anteil des tertiären Sektors am Bruttoinlandsprodukt 69 Prozent. Mittlerweile arbeiteten

U. Cantner (✉) · S. Picard
Wirtschaftswissenschaftliche Fakultät, Volkswirtschaftslehre/Mikroökonomik,
Friedrich-Schiller-Universität Jena, Carl-Zeiss-Str. 3, D-07743 Jena
e-mail: uwe.cantner@uni-jena.de

S. Picard
e-mail: Stefanie.Picard@uni-jena.de

© Springer Fachmedien Wiesbaden GmbH 2017
H. Breit et al. (Hrsg.), *Produktivität von industriellen Dienstleistungen in der betrieblichen Praxis*, DOI 10.1007/978-3-658-08632-9_8

fast dreiviertel (74,1 Prozent) aller Erwerbstätigen im Dienstleistungssektor (Statistisches Bundesamt 2016). Insbesondere die unternehmensnahen Dienstleistungen haben in den letzten zwei Jahrzehnten ein hohes Wachstum erfahren.

Da sich Industrieunternehmen durch eine Homogenisierung von Produkten einem ver-schärften Wettbewerbsdruck ausgesetzt sehen, wird es für sie immer wichtiger, sich als kompetenter Problemlösungspartner zu präsentieren. Um nicht vorrangig über den Preis konkurrieren zu müssen, gewinnt neben innovativen Produkten die Erweiterung des Sach-gütergeschäftes um produktbegleitende Dienstleistungen an Bedeutung (Albach, 1989). Der Erfolg und die Wirtschaftlichkeit solcher Maßnahmen sind allerdings nicht unumstritten (Freiling 2004). Während einige Studien von großen Umsatzpotenzialen und hohen Margen berichten (bspw. Allmendinger und Lombreglia 2005), weisen andere Autoren auf geringe Umsätze und Profitabilitätsprobleme hin (Hildenbrandt et al. 2006; Ulaga und Reinartz 2011). So weist etwa Nachum (1999, 922) darauf hin, dass „[t]he common accepted wisdom among economists is that productivity of services lags behind productivity of manufacturing."

Als eine Ursache für die geringe Produktivität im Dienstleistungssektor sehen Gallouj und Savona, (2009) Messprobleme sowie konzeptionelle Probleme bei der Produktivitäts-bestimmung. Mit Blick auf konzeptionelle Probleme verweist Lasshof (2006) darauf, dass Messansätze oft Konzepte aus dem klassischen Industriegüterbereich auf den Dienstleis-tungsbereich anwenden, ohne diese im Hinblick auf die besondere Komplexität des Dienst-leistungssektors anzupassen. Die besonderen Merkmale der Dienstleistungen - Heterog-nität, Simultanität, Immaterialität und Vergänglichkeit - stellten eine Produktivitätsanalyse im Dienstleistungssektor vor beträchtliche Herausforderungen. Die Produktionsfunktion herkömmlichen Typs, bei der ein Produktionsergebnis Y mit Hilfe traditioneller Produk-tionsfaktoren X, etwa Arbeit und Kapital, erstellt wird, muss hier entsprechend dieser drei wesentlichen Charakteristika der Dienstleistungserstellung ergänzt werden.

Vor diesem Hintergrund wollen wir in diesem Beitrag einen Ansatz vorstellen, der es erlaubt, die Besonderheiten von Dienstleistungen in einer Produktivitäts- und Effizienz-analyse zu berücksichtigen. Der Vorschlag basiert methodisch auf der nicht-parametri-schen Frontierfunktionsanalyse – auch Data-Envelopment-Analyse genannt – und erwei-tert diese entsprechend. Wir beginnen dazu in Abschn. 8.2 mit einigen grundlegenden konzeptionellen Ausführungen zu Produktivität und Effizienz sowie zu Dienstleistungen mit deren speziellen Eigenschaften. Abschnitt 8.3 diskutiert die Produktionsfunktion bei Dienstleistungen, führt die nicht-parametrische Frontierfunktionsanalyse ein und zeigt auf, wie die Effizienz von Dienstleistungen damit bemessen werden kann. Mit Abschn. 8.4 beschließen wir die Ausführungen zusammenfassend.

8.2   Konzeptionelle Grundlagen

In einem ersten Schritt sollen die konzeptionellen Grundlagen der nachfolgenden Diskus-sion einer Produktivitäts- und Effizienzanalyse von Dienstleistungen dargestellt werden.

8.2.1 Produktivität und Effizienz

Zunächst soll geklärt werden, was unter dem Begriff Produktivität zu verstehen ist. Auch wenn die Begriffe Produktivität, Effizienz und Effektivität umgangssprachlich oftmals synonym verwendet werden, sind sie nicht gleichzusetzen (Djellal und Gallouj 2008; Klassen et al. 1998). Während die Effektivität den Zielerreichungsgrad erfasst, ohne die eingesetzten Mittel zur Verwirklichung dieser Ziele zu berücksichtigen, beinhaltet das Konzept der Effizienz eine Gegenüberstellung von Zielerträgen und den dafür erforderlichen Aufwand. Bei der Effektivität handelt es sich also um eine reine Outputbetrachtung – sie betrachtet die Wirksamkeit oder Qualität der Zielerreichung. Die Effizienz hingegen ist ein Maß der Wirtschaftlichkeit, da sie eine Kosten-Nutzen-Relation beinhaltet. Oder wie Drucker (1963) es ausdrückt: Die Effizienz fragt danach, ob „die Dinge richtig getan werden" und stellt somit eine Leitlinie für die operative Planung dar, während die Effektivität erfasst, ob „die richtigen Dinge getan werden". Sie dient somit der strategischen Planung.

Grundlage für die Bestimmung von Effizienz ist die Analyse des Produktionsprozesses anhand der Produktivität. Sie ist eine von mehreren Ansätzen zur Messung von Effizienz (Cantner et al. 2007). Die Produktivität A ergibt sich aus dem Quotienten aus Produktionsergebnis, dem Output O und den dafür eingesetzten Produktionsfaktoren, dem Input I (Cantner et al. 2007), also $A = O/I$.

Diese direkte und einfache Definition wird auch in der Praxis in verschiedenen Ausprägungen angenommen und implementiert. Die Produktivität lässt sich auf verschiedenen Betrachtungsebenen analysieren. Sie kann sich auf ganze Volkswirtschaften, Branchen, Betriebe oder einzelne Arbeitsgänge beziehen. Neben den verschiedenen Ausprägungen der Produktivitätsanalyse hinsichtlich der Betrachtungsebene existieren Unterschiede in der quantitativen sowie inhaltlichen Struktur. Des Weiteren lässt sie sich auf verschiedene zeitliche Dimensionen anwenden (für nähere Erläuterungen zu den unterschiedlichen Ausprägungen der Produktivitätsanalyse siehe Cantner et al. 2007). Trotz der Vielzahl von unterschiedlichen Formen der Produktivitätsanalyse bleibt die zugrunde liegende Denkweise dieses Konzeptes güterwirtschaftlich geprägt.

Während es sich bei dem absoluten Konstrukt der Produktivität um ein deskriptives Konzept handelt, ist das relative Maß der Effizienz h ein normatives Konzept, indem bei ihr die beobachtete Produktivität A mit der maximal möglichen Produktivität A^* verglichen wird, also $h = A/A^*$.

Diese Effizienzkennzahl nimmt Werte aus dem Intervall $(0;1]$ an und repräsentiert den Effizienzgrad. So zeugt ein Wert $h = 1$ von maximaler Effizienz, während Werte $h < 1$ entsprechend geringere Effizienzniveaus ausdrücken, etwa mit $h = 0,8$ eine Effizienz von 80% gegenüber dem Maximalwert. Entsprechend gibt der Wert $1 - 0,8 = 0,2$ den Grad der Ineffizienz an.

8.2.2 Definition und Charakteristika von Dienstleistungen

Trotz der hohen und wachsenden Bedeutung von Dienstleistungen in Form von Umsatz-
zahlen und Arbeitsplätzen und dem steigenden Interesse an ihnen in der ökonomischen
Theorie hat sich bislang keine konsistente und allgemein anerkannte Definition von Dienstleistungen durchgesetzt. Die Definitionsversuche in der ökonomischen Literatur lassen
sich grundsätzlich in drei Gruppen unterscheiden: enumerative Definitionen, Negativde-
finitionen und Definitionen über konstitutive Merkmale (Corsten 1998; Corsten 1985).

Die Definitionsansätze der ersten beiden Gruppen weisen jedoch zentrale Schwächen
auf. Enumerative Definitionen, welche den Dienstleistungsbegriff durch Aufzählen von
Beispielen konkretisieren (vgl. Langeard 1981), können kaum Anspruch auf Vollständig-
keit erheben, nicht zuletzt, da permanent neue Dienstleistungen hervorgebracht werden.
Zudem werden keine allgemeingültigen Kriterien herausgearbeitet, anhand derer eine
Identifikation von Dienstleistungen möglich wäre (Corsten 1985). Ähnliches gilt für die
Negativdefinition, welche alle Leistungen, die sich nicht als Sachleistung identifizieren
lassen, unter dem Begriff Dienstleistung subsumiert (Malerei als Beispiel), ohne dabei
diskriminierende Merkmale herauszuarbeiten. Dieses Vorgehen ist allenfalls eine „wissenschaftliche Verlegenheitslösung" (Corsten und Gössinger, 2007), da keinerlei positives
Ordnungskriterium zugrunde liegt und Dienstleistungen auf das Merkmal der Immaterialität reduziert werden (Gießler 1993).

Bei den aus wissenschaftlicher Perspektive am vielversprechendsten Definitionsan-
sätzen über konstitutive Merkmale kann zwischen potenzial-, prozess- und ergebnis-
orientierten Definitionen unterschieden werden (Corsten 1998). In der diesbezüglich
einschlägigen Literatur wurde eine Vielzahl von Dienstleistungscharakteristika diskutiert, welche sich auf die *Immaterialität* und *Nicht-Lagerfähigkeit* sowie die *Mitwirkung
des Dienstleistungsnehmers* (Integration des externen Faktors) verdichten lassen. Aus
diesen drei Basismerkmalen leiten sich weitere Leistungsbesonderheiten ab. Im Folgenden werden diese drei Charakteristika für die Effizienzmessung von Dienstleistungen
herangezogen.

8.2.3 Dienstleistungscharakteristika und Produktivitätsmessung

Da sich allgemeine Probleme, die sich bei der Produktivitätsmessung ergeben, durch die
Charakteristika von Dienstleistungen verstärken (McLaughlin and Coffey, 1990, 47), soll
auf diese im Folgenden näher eingegangen werden.

Das Merkmal der *Immaterialität* oder auch Intangibilität von Dienstleistungen bezieht
sich auf die fehlende Greifbarkeit einer Dienstleistung gegenüber einer Sachleistung. Der
Abnehmer kann die Dienstleistung in der Regel nicht sehen, riechen, schmecken oder
fühlen. Der Grad der Immaterialität variiert dabei erheblich, man denke dabei nur an ein

Beratungsgespräch im Vergleich zu einer Reparaturleistung. Während bei der Reparatur das Leistungsergebnis durchaus greifbar ist, ist das des Beratungsgespräches völlig immateriell. Das Merkmal der Immaterialität erschwert die Produktivitätsmessung erheblich, da dort Größe oder Umfang quantitativ zu berücksichtigen sind; allerdings ist die bloße Zählung wie bei einem produzierten Sachgutes hier nicht möglich.

Diese Nichtgreifbarkeit bringt für den Abnehmer eine erhebliche Unsicherheit mit sich, da die Dienstleistung vor dem Kauf sowie nach vollbrachter Leistung meist nicht oder nur teilweise beurteilt werden kann (Easingwood 1986; Graßy 1993). Um diese Unsicherheit zu verringern, muss der Abnehmer auf sogenannte Surrogate zurückgreifen, wie dem Erscheinungsbild oder der wahrgenommenen Kompetenz der Mitarbeiter oder der Außendarstellung des Unternehmens (Laashof, 2006). Es wird also weniger die einzelne Dienstleistung, sondern eher das allgemeine Leistungspotenzial des Anbieters bewertet.

Eng verbunden mit dem Merkmal der Immaterialität sind die *Nicht-Lagerfähigkeit* und die Nicht-Transportfähigkeit – eine Dienstleistung wird unmittelbar am Dienstleitungsnehmer erbracht (*uno-actu*-Prinzip). Für die Dienstleistungsanbieter ergibt sich die Schwierigkeit, dass ihr Output sich zwar der Lagerbarkeit entzieht, die Leistungspotenziale, wie Personal und Räumlichkeiten, aber vorgehalten werden können und müssen. Die Frage nach der optimalen Größe der Leistungspotenziale und der Anpassung der Kapazitäten an die Nachfrage stellt für den Dienstleister oftmals eine Herausforderung dar. Die Möglichkeit des Puffers von Stoßzeiten durch Vorratsproduktion ist meist nur eingeschränkt gegeben oder entfällt. So kann ein Restaurant zu Zeiten, in denen weniger Betrieb ist, die Speisen für folgende Stoßzeiten in einen gewissen Rahmen vorbereiten und dadurch das Personal zu niedriger frequentierten Betriebszeiten aus- und zu Stoßzeiten entlasten, freie Kapazitäten z. B. bezüglich der Sitzplätze im Restaurant oder im Kino können im Gegensatz dazu nicht auf Halde gelegt werden, bis sie benötigt werden. Für die Produktivitätsmessung bedeutet dies, dass die zeitliche Dimension und damit die Unterscheidung zwischen Leistungserbringung und Vorhalten der Leistungsbereitschaft (als Optionsgut) zu berücksichtigen sind.

Eine dritte besondere Dimension der Dienstleistungserstellung ist die *Mitwirkung der Dienstleistungsnehmer* („you get the consultant you deserve", Dejalla und Gallouj 2013). In aller Regel ist eine Dienstleistungserstellung unmittelbar auf die Bedürfnisse des Abnehmers zugeschnitten (die durchschnittlichen Bedürfnisse bei mehreren gleichzeitigen Abnehmern). Man denke hier an eine Fortbildungsdienstleistung durch Trainer oder Coaches; die Art der Leistung wie auch der Grad des Fortbildungserfolgs (also Ergebnis) hängen unmittelbar von den Vorkenntnissen und der Leistungsfähigkeit der Kursteilnehmer ab. Hierdurch wird der Produktivitätsvergleich zwischen verschiedenen Dienstleistungserstellungen an verschiedene Abnehmer erschwert. Um dieses Problem zu lösen, sollte der Beitrag des Dienstleistungsnehmers im Produktionsprozess berücksichtigt werden.

8.3   Ein Konzept für die Produktivitätsmessung bei Dienstleistungen

8.3.1   Die Produktionsfunktion bei Dienstleistungen

Die drei benannten Besonderheiten von Dienstleistungen, Immaterialität, Nichtlagerbarkeit und Beteiligung des Dienstleistungsnehmers, müssen bei Produktionsbetrachtungen berücksichtigt werden. Der produktive Zusammenhang für die Erstellung einer Dienstleistung kann wie folgt beschrieben werden (Vektoren durch Fettdruck hervorgehoben, Skalare in Normaldruck):

$$Y(D, \mathbf{Q}) = f(\mathbf{X}, Z, \mathbf{C})$$

D : produzierte Quantität einer Dienstleistung
$\mathbf{Q}$: Vektor der Qualitätsausprägungen einer Dienstleistung
$\mathbf{X}$: Vektor klassischer Inputfaktoren: Kapital, Arbeit, Material, Energie …
Z : nicht genutzte Zeit (Leerzeiten)
$\mathbf{C}$: Vektor der Charakteristika der/s Dienstleistungsabnehmer/s

Die Besonderheiten der Dienstleistungsproduktion werden über die Größen Z und $\mathbf{C}$ auf der Inputseite, sowie die Größen D und $\mathbf{Q}$ auf der Outputseite berücksichtigt. Zur Veranschaulichung mag die Dienstleistung einer Fortbildung durch ein entsprechendes Fortbildungsinstitut dienen. Dieses bietet Kurse auf verschiedenen Anforderungsniveaus an und es interessiert, wie effizient dieses Angebot gestaltet und durchgeführt wird. Der Betrachtungszeitraum sei beispielsweise ein Monat.

Wir betrachten zunächst die Inputseite der Dienstleistungserstellung und diskutieren das *uno-actu*-Prinzip sowie die *Mitwirkung des Dienstleistungsnehmers*.

In dem Maße, wie die Produktionsfaktoren $\mathbf{X}$ nur bereitgestellt, nicht jedoch produktiv tätig sind (es kann aufgrund des *uno-actu*-Prinzips der Dienstleistung nicht auf Lager produziert werden), erhöht sich automatisch der Einsatz der Produktionsfaktoren pro geleisteter Service- oder Outputeinheit. Dies wird über den genutzten Zeiteinsatz abgebildet. Angenommen, es stehen $\mathbf{X}$ Einheiten an Produktionsfaktoren für T Zeiteinheiten zur Verfügung; diese werden aber zur Dienstleistungserbringung nur für $T - Z$ Zeiteinheiten genutzt. Die anteilige zeitlich Nutzung ist dann $z = (T - Z)/T$ und die effektive produktive Nutzung von $\mathbf{X}$ während T berechnet sich als $\mathbf{X}_e = \mathbf{X}/z$. Ohne Leerzeiten gilt $Z = 0$ und es berechnen sich $z = 1$ und $\mathbf{X_e} = \mathbf{X}$. Ohne jedwede Leistungsabgabe in T mit $Z = T$ ergeben sich $z = 0$ und $\mathbf{X}_e \to \infty$. Alle anderen Werte effektiven Faktoreinsatzes liegen dazwischen.

Man kann sich nun Ausgestaltungen einer Produktivitätsanalyse vorstellen, die entweder auf $\mathbf{X}_e$ oder auf $\mathbf{X}$ abstellen. Im Fall der Dienstleistungserstellung Fortbildung kann man hier zum einen argumentieren, dass Leerzeiten zu einem ineffizienten Einsatz der bereitgestellten Inputfaktoren $\mathbf{X}$ führen, was einer Einsatzvermehrung entspricht, also $\mathbf{X}_e$; man betrachtet also die Fortbildungsleistung in einem bestimmten Zeitraum. Andererseits kann man auch daran interessiert sein, wie effizient eine bestimmte Einheit an Fortbildung erstellt wird; hier geht $\mathbf{X}$ in die Analyse ein, ohne dass Leerzeiten berücksichtigt werden. Im Vergleich der beiden Analysen kann sich beispielsweise ergeben, dass ein Fortbildungsanbieter 1 zwar mehr Einsatz an Faktoren $\mathbf{X}$ als ein Anbieter 2 benötigt – und damit vergleichsweise ineffizient ist –, aber über die Zeit hinweg, aufgrund eines höheren Auslastungsgrades, eine höhere Effizienz aufweist. Ein Zwischenweg zu diesen beiden Alternative wäre, dass sowohl $\mathbf{X}$ als auch Z auf der Inputseite der Analyse einbezogen werden; auf diese Weise könnte man die jeweiligen produktiven Beiträge in einem Schritt bestimmen..

Das Prinzip der Mitwirkung des Dienstleistungsnehmers bei der Erstellung der Dienstleistung wird über den Vektor $\mathbf{C}$ abgebildet. Es handelt sich hierbei um aktive und veränderbare (Kenntnisse, absorptive Fähigkeiten, Motivation, …) oder passive und nicht (kaum) veränderbare (mathematisches oder sprachliches Talent, …) Eigenschaften des Dienstleistungsnehmers, die für die erfolgreiche Dienstleistungserstellung relevant sind. Diese Faktoren gehen in den Erstellungsprozess ein, befördern diesen (positive Grenzproduktivität) oder behindern ihn (negative Grenzproduktivität), stehen aber nicht oder nur sehr eingeschränkt unter Kontrolle des Dienstleistungserstellers. Sie können formal in gleicher Weise wie die üblichen anderen Produktionsfaktoren $\mathbf{X}$ in einer Produktivitätsanalyse eingesetzt werden. Zu beachten ist dabei, dass die Größen $\mathbf{C}$ und $\mathbf{X}$ keine perfekten Substitute darstellen; so kann eine Dienstleistung weder ohne $\mathbf{X} \geq 0$ noch ohne $\mathbf{C} \geq 0$ erstellt werden.[1]

Angewendet auf die Dienstleistung Fortbildung kann man das Wissensniveau der Schulungsteilnehmer vor Durchführung der Maßnahme als eine Größe in $\mathbf{C}$ heranziehen. Der Schulungserfolg, so kann man postulieren, hängt auch vom Kenntnisstand der Teilnehmer ab, der die Dienstleistungserstellung positiv befördert. Eine Substituierbarkeit kann hier gegeben sein, so dass ein höherer (niedrigerer) Wissenstand mit geringerem (vermehrten) Einsatz der Inputfaktoren $\mathbf{X}$ durch das Fortbildungsinstitut einhergeht.

Mit Blick auf die Outputseite der Dienstleistungserstellung sind bei der Analyse Besonderheiten zu berücksichtigen, die sich aus der *Immaterialität und Qualität der Dienstleistung* ergeben.

Dienstleistungen sind immaterieller Natur, tendieren dazu (innerhalb bestimmter Grenzen), die Eigenschaften eines öffentlichen Gutes aufzuweisen und können damit von mehreren Dienstleistungsnehmern in Anspruch genommen werden. Bei der Outputmessung muss dies berücksichtigt werden, indem man über den Faktor D die Anzahl der Nutzer einer Dienstleistungsverrichtung berücksichtigt. Im Falle von Fortbildungsmaßnahmen wäre dies beispielsweise die Anzahl der Kursteilnehmer.

Ebenfalls sollte die Qualität der Dienstleistungserstellung in die Analyse Eingang finden, welche aus mehreren Dimensionen, zusammengefasst im Vektor $\mathbf{Q}$, besteht und die für jede Einheit D vorliegt. Die Größen in $\mathbf{Q}$ können einerseits als Durchschnittswerte

---

[1] „" bedeutet hier, dass zumindest ein Element des Vektors, oder, einen strikt positiven Wert aufzuweisen hat.

Q_d über die Quantität D bestimmt werden und dann als weitere Outputdimension in die Analyse Eingang finden. Andererseits kann ein Index aus **Q** und D erstellt werden, der das erstellte Qualitätsvolumen angibt, das dann die einzige Outputgröße darstellt. Nimmt man als Qualitätsdimension bei der Fortbildungsmaßnahme den Kenntnisstand nach Durchführung, so wird entweder ein durchschnittlicher Kenntnisstand bestimmt oder ein Kenntnisvolumen.

8.3.2   Der nicht-parametrische Ansatz zur Produktivitätsmessung

Für die Bestimmung der Effizienz einer Dienstleistungserstellung verwenden wir die nicht-parametrische Frontierfunktionsanalyse. Diese ist insbesondere geeignet, wenn in der Analyse sowohl mehrere Inputfaktoren als auch mehrere Outputgrößen berücksichtigt werden sollen. In der folgenden Kurzdarstellung dieser Vorgehensweise beschränken wir uns auf eine sogenannte Inputorientierung. Bei dieser wird die Effizienz bzw. Ineffizienz der Leistungserstellung in Inputeinheiten gemessen. Entsprechend sind die Effizienzkennzahlen so zu lesen, dass ein gegebenes Produktionsergebnis im besten Fall mit H Prozent der Inputs hätte produziert werden können, wobei H Werte zwischen 100% und mehr als 0% annehmen kann. Alternativ kann man die Problematik auch im Rahmen einer Outputorientierung diskutieren, bei der man als Ergebnis findet, dass mit gegebenen Inputs im besten Fall ein Output in Höhe von K % hätte produziert werden müssen, wobei für K Werte von 100% und mehr bestimmt werden. Für eine tiefergehende Diskussion der Outputorientierung verweisen wir auf die Literatur (bspw.Cantner et al. 2007).

Grundlagen Der Vergleich der Leistungsfähigkeit von einzelnen Produktionsstätten, Unternehmen, Sektoren oder gesamten Volkswirtschaften hat eine lange Tradition. In empirischen Analysen werden hierzu vor allem Kennzahlen zur Produktivität und Produktivitätsentwicklung dieser Einheiten herangezogen. Höhere Produktivität wird dann in aller Regel mit höherer technischer Leistungsfähigkeit, höherem ökonomischen Erfolg und höherem Wohlstand in Verbindung gebracht. Werden mit Hilfe dieser Kennzahlen Vergleiche zwischen verschiedenen Beobachtungen durchgeführt, so bezeichnet man dies als eine *Effizienzanalyse*.

Zur Durchführung derartiger Effizienzanalysen stehen verschiedene Verfahren zur Verfügung. Neben der Indexzahlenmethode, die auf Kennzahlen zur totalen Faktorproduktivität basiert und auf die hier nicht weiter eingegangen werden soll, konzentriert sich die empirische Wirtschaftsforschung auf die Bestimmung von sogenannten *Rand-* oder *Frontierproduktionsfunktionen*. Diese Randfunktionen werden durch die Produktionsfunktionen der besten Beobachtungen repräsentiert. Sie stellen einen Referenzmaßstab dar, gegenüber dem sich alle Beobachtungen einer Untersuchung messen lassen.

Frontierproduktionsfunktionen lassen sich einerseits mit Hilfe der *parametrischen Frontierfunktionsschätzung* ermitteln. Andererseits können auch die Verfahren der *nicht-parametrischen Frontierfunktionsbestimmung* angewendet werden. Die beiden Ansätze unterscheiden sich zum einen in ihrer theoretischen Fundierung und zum anderen in ihrer jeweiligen Methodik. Dieser Beitrag beschäftigt sich zentral mit der nicht-parametrischen Frontierfunktionsbestimmung, die auch unter dem Namen *Data-Envelopment-Analysis* - im Folgenden mit DEA abgekürzt - bekannt geworden ist. Sie wurde einerseits von Abraham Charnes und William Cooper (1962) im Rahmen des Operations Research entwickelt, wobei die gängigen Basisformulierungen in Charnes/Cooper/Rhodes (1978) und Banker/Charnes/Cooper (1984) zu finden sind. Daneben haben Rolf Färe, Shawna Grosskopf und Knox Lovell mit einer Reihe von Arbeiten, insbesondere Färe/Grosskopf/Lovell (1994), auf volkswirtschaftlicher Ebene einen dazu äquivalenten Ansatz entwickelt, der als *non-parametric production frontier* (NPPF) bezeichnet wird. Während die beiden Ansätze die identische Methodik verwenden, unterscheiden sie sich in ihrem jeweiligen Ausgangspunkt der Analyse. Während die DEA mit einem traditionellen Produktivitätsindex und damit mit dem Konzept der Produktionsfunktion beginnt, wählt die NPPF sogenannte Produktionskorrespondenzen als Ausgangspunkt. Im Folgenden beschränken wir uns auf die Vorgehensweise, wie sie bei der DEA beschritten wird.

Die Bestimmung einer DEA-Frontierproduktionsfunktion für eine Anzahl von Beobachtungen basiert darauf, dass man bei der Berechnung der Produktivitätskennzahlen zugleich eine Effizienzanalyse und damit einen Vergleich der Beobachtungen durchführt. Zu diesem Zweck beschränkt man die zu ermittelnden Werte auf das halboffene Intervall (0,1], wobei die Produktivität der besten Beobachtungen jeweils den Wert 1 annimmt. Diese Normierung wird dann eingehalten, wenn man den Produktivitätsindex einer bestimmten Beobachtung *l* **maximiert** und als Nebenbedingungen einführt, dass die Produktivitätsindizes aller Beobachtungen nur Werte zwischen 0 und 1 annehmen dürfen. Bei dieser Vorgehensweise versucht man also, für jede Beobachtung den maximal möglichen Effizienzgrad zu bestimmen.

Um das Prozedere deutlich zu machen, betrachten wir die Beobachtungen für *n* Entscheider (*decision making units*, DMU). Der Produktivitätsindex h_l einer bestimmten DMU *l* wird mit Hilfe jeweils linearer Aggregationen der Input- und Outputgrößen gebildet:

$$(1) \qquad h_l = \frac{\sum_{r=1}^{s} u_{rl} y_{rl}}{\sum_{j=1}^{m} v_{jl} x_{jl}}$$

x_{jl} und y_{rl} stehen für die gegebenen *m* realen Input- und *s* realen Outputgrößen der DMU *l*. u_{rl} und v_{jl} sind Aggregationsgewichte, die auch als Preise, Multiplikatoren oder Grenzproduktivitäten bezeichnet werden. Sie sind ebenso wie der normierte Produktivitätsindex das Ergebnis des angestrebten Unternehmensvergleichs.

Für diesen Unternehmensvergleich werden alle DMU in diese Bewertung einer bestimmten DMU einbezogen, wobei man versucht die Produktivität einer jeden DMU bestmöglich darzustellen. Entsprechend wird der Produktivitätsindex einer bestimmten DMU *l* unter Nebenbedingungen maximiert. Das entsprechende Maximierungsproblem lautet für *l*:

$$\max_{v_{jb} u_{rl}} h_l = \frac{\sum_{r=1}^{s} u_{rl} y_{rl}}{\sum_{j=1}^{m} v_{jl} x_{jl}}$$

$$(2) \qquad NB : \frac{\sum_{r=1}^{s} u_{rl} y_{ri}}{\sum_{j=1}^{m} v_{jl} x_{ji}} \leq 1 \quad \forall i$$

$$u_{rl} \geq 0, v_{jl} \geq 0$$

Die Nebenbedingungen lauten, dass der Produktivitätsindex h von l sowie diejenigen aller anderen DMUs bei Anwendung jeweils derselben Aggregationsgewichte für die Inputs und Outputs den Wert 1 nicht überschreiten dürfen. Damit hat man über h unmittelbar eine Effizienzkennzahl ermittelt. Ein Wert von 1 steht für best practice und Werte darunter stehen für Ineffizienzen (genaugenommen ergibt 1- h das Maß der Ineffizienz an):

Bei der Lösung von (2) taucht das Problem auf, dass die Zielfunktion sowie die Nebenbedingungen jeweils als Quotient von zwei linearen Aggregationen gegeben sind. Derartige Maximierungsprobleme bezeichnet man auch als lineare Quotientenprogrammierung. Diese sind in der angegebenen Form nicht einfach zu lösen. So bedeutet eine Maximierung der Zielfunktion, dass man entweder den Zähler maximiert oder den Nenner minimiert. Mit Hilfe der Charnes-Cooper-Transformation (siehe Anhang) kann dieses Problem gelöst werden; im Ergebnis erhält man ein lineares Programm folgender Form:

$$\max_{\mu_{rl} \omega_{jl}} h_l = \sum_{r=1}^{s} \mu_{rl} y_{rl}$$

$$(3) \qquad NB \quad \sum_{r=1}^{s} \mu_{rl} y_{ri} - \sum_{r=1}^{s} \omega_{jl} x_{ji} \leq 0$$

$$\sum_{r=1}^{s} \omega_{jl} x_{jl} = 1$$

$$\mu_{rl} \geq 0, \omega_{jl} \geq 0$$

In dieser Form sind die Quotienten verschwunden, was sich bei der Zielfunktion durch eine Neuformulierung der Aggregationsgewichte erreichen lässt und bei den Nebenbedingungen (bei gleichzeitiger Anwendung der modifizierten Aggregationsgewichte) durch einfaches Umstellen. Die Interpretation der Effizienzkennzahl h bleibt unverändert.

Modell mit konstanten Skalenerträgen Das erste einfache DEA-Modell geht auf Charnes/Cooper/**R**hodes (1978) zurück (CCR-Modell). Wesentlich hierfür ist die Annahme, dass die untersuchten Beobachtungseinheiten mit einer Produktionstechnologie produzieren, die *konstante Skalenerträge* aufweist. Die entsprechende Formulierung des DEA-Programms ist in (3) gegeben, die man auch *Productivity-Form* nennt. Diese Bezeichnung soll darauf hinweisen, dass die Optimallösung des Problems Kennzahlen zur Produktivität der einzelnen Beobachtungen hervorbringt: die Effizienzkennzahl h, die Aggregationsgewichte für Inputs, die auch als Grenzproduktivitäten bezeichnet werden, sowie die Aggregationsgewichte für die Outputs, die man auch Preise nennt. Eine explizite Randproduktionsfunktion wird jedoch auf diese Art und Weise noch nicht ermittelt.

Gemäß dem Dualitätssatz der linearen Programmierung existiert bekanntlich zu jedem Maximierungsproblem auch ein duales Minimierungsproblem (und umgekehrt). Stellt man das duale Problem zu (3) auf, so erhält man eine Formulierung, die als *Envelopment-Form* bezeichnet wird:

$$\min_{\theta_l \lambda_{il}} h_l = \theta_l$$

$$(4) \qquad NB \qquad \sum_{i=1}^{n} \lambda_{il} y_{ri} \geq y_{rl} \qquad \forall r$$

$$\theta_l x_{jl} - \sum_{i=1}^{n} \lambda_{il} x_{ji} \geq 0 \qquad \forall j$$

$$\lambda_{il} \geq 0$$

In diesem dualen Minimierungsproblem bestimmt man mit Hilfe von θ_l das Niveau, auf das die Inputfaktoren der DMU l *proportional* reduziert werden müssten, damit diese ebenfalls *best-practice* wird und auf der Frontierfunktion zu liegen kommt - wobei dieser Zustand auch als virtuelle Beobachtung bezeichnet wird. Die Kennzahl θ_l gibt also Auskunft über den radialen Abstand der Beobachtung l von der Randfunktion und lässt somit die Aussage zu, ob ein Unternehmen zur Frontierfunktionen gehört oder nicht - wobei im letzteren Fall der Grad der Ineffizienz angegeben wird. Es gilt für die Menge aller
effizienten Beobachtungen: $W^e = (i|\theta_i = 1)$;
nicht-effizienten Beobachtungen: $W^n = (i|\theta_i < 1)$.

Daneben wird auch der n-Vektor λ_l mit Elementen λ_{il} bestimmt. Mit dessen Hilfe lassen sich Aussagen darüber machen, mit welchen tatsächlichen Beobachtungen auf der Frontierfunktion die untersuchte Einheit l verglichen wird. Diese lassen sich mit Hilfe von $\lambda_{il} > 0$ identifizieren. Die Höhe des Wertes λ_{il} gibt dann Aufschluss darüber, mit welchem Gewicht die Referenzbeobachtung i in die Konstruktion der virtuellen Beobachtung zu l eingegangen ist.

Modell mit variablen Skalenerträgen Bisher wurde für die Produktionstechnologie konstante Skalenerträge - im Folgenden mit CRS (*constant-returns-to-scale*) bezeichnet - unterstellt und dann in obigen Beispielen den Output der verschiedenen Beobachtungen auf die Einheit 1 normiert. Die gemessene Ineffizienz ist daher als reine technische Ineffizienz zu interpretieren.

Bei Dienstleistungen, die sich durch ein hohes Maß an Immaterialität auszeichnen, kommt dem Phänomen steigender Skalenerträge eine besondere Bedeutung zu – um im Fortbildungsbeispiel zu bleiben, bis zu einem gewissen Grad steigt der für die Fortbildungsleistung notwendige Input nicht oder kaum mit der Anzahl der Teilnehmer in einem Kurs. Bei andern Dienstleistungen, wie etwa einer Friseurleistung, ergibt sich ein derartiger Zusammenhang nicht.

Diese Zusammenhänge können bei der Effizienzmessung berücksichtigt werden, indem man die Annahme einer strikten Größenunabhängigkeit der Leistungserstellung (also konstante Skalenerträge) aufgibt und verschiedene Arten von Skalenerträgen zulässt; man spricht dann von variablen Skalenerträgen.

Lässt man somit eine Abhängigkeit der Leistungserstellung vom Niveau des Outputs zu, dann kann man auch *Skalen(in)effizienzen* feststellen. Die Analyse hierzu geht auf die Arbeit von **B**anker/**C**harnes/**C**ooper (1984) zurück und wird als **BCC**-Formulierung der DEA bezeichnet. Wir wollen uns kurz die Grundprinzipien betrachten.

Welche Veränderungen ergeben sich bei unserer Analyse, wenn man variable Skalenerträge unterstellt? Zum ersten bedeutet dies, dass ein Abweichen einer Beobachtung von der höchsten Durchschnittsproduktivität nicht sofort als technische Ineffizienz zu betrachten ist. Vielmehr lassen sich für unterschiedliche Produktionsvolumina *best-practice*-Beobachtungen finden. Diesen Fall variabler Skalenerträge möchten wir im Weiteren mit VRS (*variable-returns-to-scale*) bezeichnen.

Wie lässt sich die Umhüllende bei VRS erzeugen? Während im Fall konstanter Skalenerträge als einzige Bedingung an die λ_{il}-Werte die Nichtnegativität gefordert ist, muss bei variablen Skalenerträgen zusätzlich erfüllt sein, dass die Summe der λ_{il} über alle DMUs genau den Wert 1 aufweist.[2] Diese neue Restriktion wird als weitere Nebenbedingung in das lineare Programm der *Envelopment*-Form aufgenommen:

$$\min_{\theta_l \lambda_{il}} h_l = \theta_l$$

$$(5) \qquad NB \sum_{i=1}^{n} \lambda_{il} y_{ri} \geq y_{rl} \qquad \forall r$$

$$\theta_l x_{jl} - \sum_{i=1}^{n} \lambda_{il} x_{ji} \geq 0 \qquad \forall j$$

$$\sum_{i=1}^{n} \lambda_{il} = 1$$

$$\lambda_{il} \geq 0$$

---

[2]Neben der Formulierung variabler Skalenerträge lassen sich für die Frontierfunktion auch die Unterfälle nicht-sinkender Skalenerträge mit der Bedingung und nicht-steigender Skalenerträge mit der Bedingung berücksichtigen.

Die Kombination einer CCR- mit einer BCC-Envelopment-Analyse lässt nun Rückschlüsse darauf zu, ob und von welcher Art Skalen(in)effizienzen vorliegen. Neben deren
Quantifizierung interessiert man sich hier auch für deren Art, und zwar in dem Sinne, ob
sie auf zu große oder zu kleine Produktionseinheiten zurückzuführen sind.

Aus der CCR-Analyse in der Envelopment-Form lässt sich für jede Beobachtung die
Summe der λ_{il}-Werte berechnen. Sie gibt Aufschluss darüber, welche Art von Skalenerträgen vorliegt. So gilt:

konstante Skalenerträge: $\sum \lambda_{il} = 1$;

steigende Skalenerträge: $\sum \lambda_{il} < 1$;

sinkende Skalenerträge: $\sum \lambda_{il} > 1$.

Diejenigen Beobachtungen, deren $_{il}$-Summe bei CCR genau den Wert 1 annimmt,
stehen für das optimale Produktionsvolumen (optimale DMU-Größe) unter den verschiedenen Beobachtungen einer Untersuchung. Für alle anderen Beobachtungen lässt sich
feststellen, dass diese die $\sum \lambda_{il}$-fache Größe der (optimalen) DMU aufweisen und damit
entweder zu klein ($\sum \lambda_{il} < 1$;) oder zu groß ($\sum \lambda_{il} > 1$) sind.

Bezeichnet man die Effizienzwerte bei CCR mit θ_l^c und diejenigen bei BBC mit θ_l^v, so
berechnet man für Beobachtung l der Grad der Skaleneffizienz als:

$$(6) \qquad \sigma_l = \frac{\theta_l^c}{\theta_l^v}$$

Für $\sigma_l = 1$ ist die DMU l skaleneffizient, andernfalls skaleninnefizient. Die Art der Skalen-
inneffizienz lässt sich aus der λ_{il}-Summe der CCR-Analyse entnehmen, mit $\sum \lambda_{il} < (>)1$
als einem gegenüber dem optimalen zu großen (kleinen) Produktionsvolumen.

8.3.3 Berücksichtigung der besonderen Charakteristika der Dienstleistungsproduktion

Für das BCC-Modell wird im Folgenden kurz aufgezeigt, wie sich die Besonderheiten der
Dienstleistungserstellung bei der Effizienzanalyse berücksichtigen lassen. Wir betrachten
dazu das folgende BBC-Bewertungsmodell:

$$\min_{\theta_l \lambda_{il}} h_l = \theta_l$$

$$NB \quad \sum_{i=1}^{n} \lambda_{il} y_{ri} d_i \geq y_{rl} d_l \qquad \forall r$$

$$(7) \qquad \theta_l x_{e,jl} - \sum_{i=1}^{n} \lambda_{il} x_{e,ji} \geq 0 \qquad \forall j$$

$$\theta_l c_{e,kl} - \sum_{i=1}^{n} \lambda_{il} c_{e,ki} \geq 0 \qquad \forall k$$

$$\sum_{i=1}^{n} \lambda_{il} = 1$$

$$\lambda_{il} \geq 0$$

Die Berücksichtigung der Zeitdimension im Sinne von Leistungserstellung und Warte-zeiten lässt sich einfach durch die zeitangepasste Menge x_e (aus $\mathbf{X}_e$) eines Inputfaktors implementieren.

Die Einbindung der Dienstleistungsabnehmer in den Erstellungsprozess wird mit Hilfe der Inputquantitäten c geleistet; um im Beispiel der Fortbildungsmaßnahmen zu bleiben, hier könnten die Ergebnisse eines Eingangstests der Schulungsteilnehmer berücksichtigt werden (summarisch oder als Durchschnittswert). In den Nebenbedingungen des Mini-mierungsproblems (7) erscheinen diese dann in gleicher Weise wie herkömmliche Pro-duktionsfaktoren. Bei der Interpretation der Ergebnisse muss allerdings berücksichtigt werden, dass die $\mathbf{C}$-Inputs in aller Regel nicht unter Kontrolle der analysierten DMU sind wie etwa andere Inputs (Arbeit, Kapital, etc.).

Die Immaterialität der Dienstleistung lässt sich zunächst dadurch erfassen, dass die Anzahl der Nutzer d der Dienstleistung beim Output berücksichtigt wird; das gelingt, indem man die messbaren Outputquantitäten y mit der Anzahl der Nutzer multipliziert. Sollte sich der Output nicht nutzerspezifisch bewerten lassen, dann geht allein die Nutzer-anzahl in die Analyse ein, mit $y_i = 1$ und $d_i \geq 1$. Sollte eine nutzerspezifische Messung der Qualität der Dienstleistungserstellung möglich sein, etwa als eines Abschlusstests bei den Schulungsteilnehmern, dann gilt $y_i = \sum_{1}^{d} q_{id}$ und $d_i = 1$.

8.4   Schlussbemerkungen

In diesem Beitrag stellen wir grundlegende Überlegungen zu einer Effizienzanalyse bei Dienstleistungen vor. Die Besonderheiten der Dienstleistungsproduktion erfor-dern zwar keine formale Erweiterung der Methode der Effizienzmessung; jedoch sind bei der empirischen Anwendung die Dimensionen der Immaterialität, der Nichtla-gerbarkeit und der Integration des Dienstleistungsabnehmers in den Leistungserstel-lungsprozess zu berücksichtigen. Dies gelingt über geeignete Faktoren und Variablen zum einen und zum anderen über deren geschickte Integration in das Bewertungs-modell. Die zu erwartenden Ergebnisse hängen nicht nur von diesen konzeptionellen

Dimensionen ab, sondern auch davon, wie gut die verwendeten Variablen die entsprechenden Besonderheiten der Dienstleistungen und ihres Erstellungsprozesses abbilden können.

Anhang

Die Charnes-Cooper-Transformation Zur Lösung der linearen Quotientenprogrammierung ist es möglich, dieses in ein Problem der linearen Programmierung zu transformieren, das dann mit Hilfe der hierfür bekannten Verfahren gelöst werden kann. Die entsprechende Transformation, wie sie bei der DEA verwendet wird, bezeichnet man auch als *Charnes-Cooper-Transformation* (*Charnes/Cooper Charnes/Cooper* 1962): Nenner und Zähler der Zielfunktion und der Nebenbedingungen in (2) werden durch die aggregierten Inputs des zu analysierenden Unternehmens l dividiert. Letztendlich transformiert man nach folgender Vorschrift die zu bestimmenden Aggregationsgewichte u_{rl} und v_{jl} zu modifizierten Aggregationsgewichten:

$$\mu_{rl} = \frac{1}{\sum_{j=1}^{m} v_{jl} x_{jl}} u_{rl}, \omega_{rl} = \frac{1}{\sum_{j=1}^{m} v_{jl} x_{jl}} v_{rl} \tag{8}$$

Für den Nenner der Zielfunktion in (2) ergibt sich folglich der Wert 1. Dementsprechend erhält das Optimierungsmodell folgende neue Form wie in (3) oben:

$$\max_{\mu_{rl}\omega_{jl}} h_l = \sum_{r=1}^{s} \mu_{rl} y_{rl}$$

$$(3) \; NB \; \sum_{r=1}^{s} \mu_{rl} y_{ri} - \sum_{r=1}^{s} \omega_{jl} x_{ji} \leq 0$$

$$\sum_{s}^{r=1} \omega_{jl} x_{jl} = 1$$

$$\mu_{rl} \geq 0, \omega_{jl} \geq 0$$

Hier ist die Bedingung, dass der Nenner der Zielfunktion in (2) zu 1 wird, als zusätzliche Nebenbedingung aufgenommen worden. Das entstandene lineare Problem lässt sich nun mit den Verfahren zur linearen Optimierung lösen. Für eine Effizienzanalyse der n Unternehmen sind dann n Optimierungsaufgaben der Form (3) zu lösen. Für eine ausführliche Beschreibung der Transformation siehe etwa Cantner et al. (2007).

Professor Dr. Uwe Cantner ist seit 2000 Universitätsprofessor für Volkswirtschaftslehre, insb. Mikroökonomik an der Friedrich-Schiller-Universität Jena (FSU) und seit 2010 Professor of Economics an der University of Southern Denmark, Odense. Die Funktionen als Vizepräsident der Friedrich-Schiller-Universität Jena und als Direktor der Jenaer Graduierten-Akademie nimmt er seit 2014 wahr. Seit 2015 ist er Mitglied der Expertenkommission Forschung und Innovation bei der deutschen Bundesregierung.

Er studierte von 1980-85 Betriebswirtschaftslehre in Augsburg und von 1983-84 Volkswirtschaftslehre in Detroit. 1990 promovierte er an der Ludwig-Maximilians-Universität München und habilitierte sich 1996 in Volkswirtschaftslehre an der Universität Augsburg. Er war Gastprofessor an folgenden Universitäten: Université du Toulon et du Var (1997-98), Université de Rennes I (1998-2000), Telecom Ecole de Management in Paris (2013-15), Università di Torino (2014), Université de Nice/Sophia Antipolis (2015) und Griffith University, Brisbane (2016).

Die Funktion des Managing Editor des Journal of Evolutionary Economics übernahm er 2001. Seit 2006 ist er Sprecher des Graduiertenkollegs DFG-GRK 1411 The Economics of Innovative an der FSU und seit 2008 Direktor der Jenaer Graduiertenschule Human Behaviour in Social and Economic Change an der FSU. Er publiziert in international referierten Zeitschriften zu Themen aus der Innovationsökonomik, aus der Evolutorischen Ökonomik sowie aus der Produktivitäts- und Effizienzmessung.

Stefanie Picard Stefanie Picard studierte Volkswirtschaftslehre an der Friedrich-Schiller-Universität Jena und an der Universität von Bologna. Nachdem sie ihren Diplomabschluss 2010 an der Friedrich-Schiller-Universität Jena ablegte, arbeitete sie dort als wissenschaftliche Mitarbeiterin am Lehrstuhl für Mikroökonomik im BMBF Forschungsprojekt „EffInDi – Produktivität und Effektivität von Dienstleistungen". Seit 2016 ist sie als wissenschaftliche Mitarbeiterin im Hessischen Statistischen Landesamt tätig.

Literatur

Albach H (1989) Dienstleistungsunternehmen in der modernen Industriegesellschaft. Beck, München,
Allmendinger G, Lombreglia R (2005) Four strategies for the age of smart services. Harvard Bus Rev 83(10):131–142
Banker RD, Charnes A, Cooper WW (1984) Some models for estimating technical and scale inefficiencies in data envelopment analysis. Manage Sci 30:1078–1092
Bundesamt S (2016), Destatis – Volkswirtschaftliche Gesamtrechnungen, Statistisches Bundesamt, Wiesbaden
Cantner U, Krüger J, Hanusch H (2007) Produktivität und Effizienz – Der nicht-parametrische Ansatz. Springer-Verlag, Berlin
Charnes A, Cooper WW, Rhodes E (1978) Measuring the efficiency of decision making units. Eur J Oper Res 2:429–444
Charnes A, Cooper WW (1962) Programming with linear fractional functionals. Nav Res Logist Q 9:181–185

Corsten H (1985). Die Produktion von Dienstleistungen. Grundzüge einer Produktionswirtschafts-lehre des tertiären Sektors. Erich Schmidt Verlag, Berlin, S. 139.

Corsten H (1998) Ansatzpunkte für ein integratives Dienstleistungsmanagement. In: Bruhn M, Meffert H (Hrsg.) Handbuch Dienstleistungsmanagement: von der strategischen Konzeption zur praktischen Umsetzung, Springer-Gabler, Heidelberg S. 73–92

Corsten H, Gössinger R (2007) Dienstleistungsmanagement. Oldenbourg Verlag, München

Djellal F, Gallouj F (2008) A model for analysing the innovation dynamic in services: the case of ‚assembled‘ services. Int J Serv Tech Manag 9(3–4):285–304

Djellal F, Gallouj F (2013) The productivity challenge in services: measurement and strategic per-spectives. SERV IND J 33 (3-4):282–299

Drucker PF (1963) Managing for business effectiveness. Harvard Bus Rev 41(3):53–60

Easingwood CJ (1986) New product development for service companies. J Prod Innovat Manag 3(4):264–275

Färe R, Grosskopf S, Lovell CAK (1994) Production Frontiers. Cambridge University Press, Cambridge

Freiling J (2004) Performance Contracting. In: Backhaus, K, Voeth, M(Hrsg.) Handbuch Industrie-gütermarketing, Springer, Heidelberg, 677–695

Gallouj F, Savona M (2009) Innovation in services: a review of the debate and a research agenda. J Evol Econ 19(2):149–172

Giesler H (1993), Direkt-Marketing bei Banken – Ein Instrument der Qualitätspolitik. Deutscher Universitätsverlag, Wiesbaden, 1993.

Graßy O (1993), Industrielle Dienstleistungen: Diversifikationspotentiale für Industrieunternehmen. FGM-VerlagMünchen, 1993.

Hildenbrand K, Gebauer H, Fleisch E (2006) Strategische Ausrichtung des Servicegeschäfts in pro-duzierenden Unternehmen – In: Barkawi, K, Baader, A, Montanus, S (Hrsg.) Erfolgreich mit after sales services, Springer Berlin, 73–94

Klassen KJ, Russell RM, Chrisman JJ (1998) Efficiency and productivity measures for high contact services. Serv Ind J 18(4):1–18

Langeard E (1981) Grundfragen des Dienstleistungsmarketing. Marketing. Zeitschrift für Forschung und Praxis 3(4):233–240

Lasshof B (2006) Produktivität von Dienstleistungen - Mitwirkung und Einfluss des Kunden. Deut-scher Universitätsverlag, Wiesbaden

McLaughlin CP, Coffey S (1990) Measuring productivity in services. Int J Serv Ind Manag 1(1):46–64

Nachum L (1999) Measurement of productivity of professional services: Anillustration on Swedish management consulting firms. Int J Oper Prod Man 19(9):922–950

Ulaga W, Reinartz WJ (2011) Hybrid offerings: how manufacturing firms combine goods and ser-vices successfully. J Marketing 75(6):5–23

Eine Diskussion des Problems mit Produktivitätsproblemen

9

Sebastian Döll

„Before we can [and we do] explain why people commit mistakes, we must first explain why they should ever be right."
F.A. Hayek[1]

Inhaltsverzeichnis

9.1 Einleitung

Karl Popper verkündete in *The Myth of Framework,* dass *Wissenschaft* damit beginnt, dass unsere Erwartungen in etwas enttäuscht werden. Diese Enttäuschungen – diese Probleme – ob theoretischer oder praktischer Natur, stehen am Anfang von *Wissenschaft.* Die Frage nach dem, was am Anfang steht, ist jedoch nicht so drängend wie jene, die versucht zu ergründen, was am Ende steht bzw. was am Ende stehen soll oder zu stehen hat. Je

---

[1]Hayek (1937, S. 34); Siehe Boettke et. al (2013) für eine historische Einordnung.

S. Döll (✉)
Wirtschaftswissenschaftliche Fakultät, Volkswirtschaftslehre/Mikroökonomik,
Friedrich-Schiller-Universität Jena, Carl-Zeiss-Str. 3, D-07743 Jena
e-mail: sebastian.doell@uni-jena.de

© Springer Fachmedien Wiesbaden GmbH 2017
H. Breit et al. (Hrsg.), *Produktivität von industriellen Dienstleistungen
in der betrieblichen Praxis*, DOI 10.1007/978-3-658-08632-9_9

intensiver ich mich mit den *Lösungen* unserer Disziplin beschäftige, also vom Ende her
mit meinen Fragen beginne, umso mehr gewinne ich den Eindruck, dass die *Lösungen*
nicht immer zu den aufgeworfenen Problemen vom Anfang passen. Dass mit ihrer Natur
nach *praktischen* Problemen begonnen wird, z. B. damit, dass Individuen eine Anstellung
finden oder aber auch, dass die Produktivität, also grundsätzlich die Produktionsprozesse,
nicht so effizient oder effektiv sind, wie wir uns das vorstellen. Dann aber mit *theoretischen* Lösungen geendet wird. Das wir mit anderen Lösungen enden, mag in der Natur der
Sache liegen, jedoch, sind es dann auch andere Probleme, mit denen wir eigentlich begonnen haben. Mises bestimmte in *Human Action* die Natur der Probleme der *Sozialwissen-
schaft* als rein *theoretisch*, da die Lösungen nur rein theoretisch sein könnten. Sein Student
und Freund Hayek lieferte dazu in unzähligen Beiträgen, jedoch wohl am eindringlichs-
ten in *Economics and Knowledge*, die Erklärung hierfür. Es ist nicht die Beschränktheit des Zugangs zu Ressourcen, die es dem Ökonomen unmöglich machen, *praktische*
Lösungen hervorzubringen, also *praktische* Probleme zu bearbeiten, sondern das, was
Simon's später *Beschränkte Rationalität* nannte, nämlich das unzureichende Wissen über
den Zustand der Ökonomie und das deshalb unzureichende Wissen über den zukünftigen
Zustand. Dabei ist es nicht nur ein Problem der Verteilung von Wissen zwischen allen
Individuen, welches unzureichend zugänglich ist, sondern auch der Umstand, dass dieses
Wissen an sich zugleich rudimentär bzw. unvollständig, d. h. (radikal) subjektiv ist. Mises
und insbesondere Menger als Begründer der *Österreichischen Schule der Nationalökonomik*, und Kirzner sowie Schumpeter und viele andere nach ihnen, stellten fest, dass
es das *Handeln* ist und dass es personifiziert der *Entrepreneur* ist, der den Zustand der
Ökonomik herstellt. Es ist die Notwendigkeit unmittelbaren menschlichen Handelns –
sei es zur Arbitrage wie bei Kirzner oder zur *Kreativen Zerstörung*[2] – die es Ökonomen in ihrer Position unmöglich macht, von Natur aus *praktische* Probleme zu lösen.
Mit Blick auf diese Erkenntnis habe ich den Eindruck gewonnen, dass wir oftmals mit
hoch ambitionierten Problemstellungen beginnen – was völlig legitim scheint – aber die
bereitgestellten Lösungen dann zu gänzlich anderen, nämlich häufig weniger ambitionierten Problemen gehören. Dass also von ihrer Natur her *praktischen* Problemen begonnen
wird, aber unweigerlich mit *theoretischen* Problemen geendet wird. So werden am Beginn
praktische Probleme der Wirtschaftssubjekte aufgeworfen, aber am Ende werden lediglich theoretische politische Maßnahmen, also gerade keine praktischen Handreichungen,
präsentiert. Diese politischen Maßnahmen sind notwendig bzw. so ausgestaltet, dass sie in
Unkenntnis über individuelle Probleme sind. Das Forschungsergebnis ist also häufig nicht
das Spiegelbild der aufgeworfenen Frage. Nun mag dies – wie schon beschrieben – in
der Natur der Sache liegen, wie auch Feyerabend (1993 [1975]), Lakatos, Popper (1963)[3]

---

[2]Was Schumpeter (1942) als *„essential fact about capitalism"* bezeichnete.
[3]Popper (1963) wollte *Wissenschaft* und *Pseudowissenschaft* unterscheiden, wohlwissend, dass *Wissenschaft* öfter irrt und *Pseudowissenschaft* öfter einmal über die Wahrheit stolpert. D. h. dass nicht
allein nur die *wissenschaftliche Methode*, also die *empirische*, in der Lage ist, die gestellten Probleme unmittelbar zu lösen.

und Shackle (1965)[4] feststellen. Nur erhebt *Wissenschaft* den Anspruch, sich von *Pseudo-wissenschaft* abzugrenzen bzw. alles, was *Wissenschaft* macht und machen soll, steht im Gegensatz zu allem, was *Pseudowissenschaft* macht oder machen soll. *Wissenschaft* soll sich von *Pseudowissenschaft* durch ihre Methode, die *wissenschaftliche*, also die Induktive, welche grundsätzlich *empirisch* ist, unterscheiden. Dies ist auch so zu verstehen, dass sich *Wissenschaft* von *Pseudowissenschaft* bzw. *wissenschaftliche* Probleme von *pseudowissenschaftlichen* Problemen durch die Anwendbarkeit jener Methode voneinander abgrenzen. Es verlangt also nach einer Abgrenzung der Probleme, um *Wissenschaft* von *Pseudowissenschaft* und *wissenschaftliche* Probleme von *pseudowissenschaftlichen* Problemen zu unterscheiden.

Im Kontext von *Produktivität* und *Produktivitätsproblemen,* denen sich dieses Buch widmet, scheint es mir sinnvoll, zu untersuchen, wie *Produktivitätsprobleme* überhaupt beschaffen sind und in welche Kategorie sie fallen. Hierzu ist es zweckmäßig, die Probleme zunächst in zwei *Klassen* zu unterteilen: Zum einen in die *Klasse* der *Anwendungsprobleme.* D. h. die Probleme, die eigentlich nur dadurch zu lösen sind, dass wir etwas *Anwendbares* hervorbringen. Zum Beispiel, dass ein Unternehmen gegründet oder geschlossen wird, oder aber eine Maschine gebaut oder zerlegt wird. Tatsächlich schließen unsere Untersuchungen aber oftmals die Erforschung von im Laufe der Untersuchung gewandelter Probleme ab. Zum anderen gibt es die *Klasse* der *Beobachtungsprobleme.* Bei diesen Problemen handelt es sich um Probleme, deren Lösungen „lediglich" etwas *Beobachtbares* – also etwas rein Theoretisches – enthalten. Meines Erachtens sind *Produktivitätsprobleme* grundsätzlich in die *Klasse* der *Anwendungsprobleme* einzuordnen. Sie sind also eben solche Probleme, auf die wir als Lösung etwas *Anwendbares* hin hervorzubringen haben. Wenn dem aber so ist, ist *kritisch* zu fragen, wie diese Anwendungsprobleme zu untersuchen sind und ob insoweit die *Ökonomik* hinreichend von der *Pseudowissenschaft* zu unterscheiden ist. Eine solche proaktive Fragestellung nach der Konstitution der Ökonomik ist meiner Ansicht nach mehr als notwendig und sinnvoll. Dies gilt insbesondere mit Blick auf staatliche Gewalt und ihre Adressierbarkeit bzw. die mögliche Zueigenmachung von Ergebnissen durch diese. Oder aber, die Unzugänglichkeit von Ergebnissen durch diese. Ignoranz kann hier in beide Richtungen angenommen werden. Wobei ein Nichtstun durch aus ein Glücksfall sein kann, d. h. das glücksbringende Nichtstun, im Angesichts einer ausgesprochen großen Dummheit, die da vielleicht präsentiert wird,[5] und die Auswirkungen, nicht für „die" Individuen im *Benthemischen*-Sinn, sondern „das" Individuum.

Ich möchte dies gern annehmen, da *individuelles* menschliches Handeln am Anfang und am Ende aller menschlichen Unternehmungen steht.[6] Dies gilt gleichermaßen, ob dies nun Forschung, Wissenschaft oder aber Industrie und Dienstleistungen betrifft. Sind wir mit

---

[4]Shackle (1965, S. 182) schreibt Folgendes: „*Let us admit that all science is ‚arbitrary'. As we sit before the fire, we see patterns and pictures in the flames.*"
[5]Hayek, 1974, Nobellpreisrede *Pretendence of Knowledge.*
[6]Siehe weiter unten. Schumpeter als Advokat des methodischen Individualismus.

Problemen in diesen Bereichen konfrontiert, so kann nur die bzw. eine *Tat* diesen abhelfen. Und dass wir zur Lösung dieser Probleme tätig werden, steht zumindest unmittelbar nichts entgegen. Mittelbar gewiss, dass die angewandten Methoden und/oder beteiligten Personen und die ihnen zur Verfügung stehenden Mittel nicht adäquat sind. Dies führt mich zu der Frage nach jener Klasse von Problemen, in die sich ein Problem einordnet, das nicht mit der Klasse übereinstimmt, in welcher das für die gefundene Lösung zu Grunde liegende Problem einzuordnen ist: die Problemklasse. Boland (Boland 1997, S. 263) formuliert diesen Umstand in etwa so: Nicht alle unsere Probleme, die wir aufzuwerfen belieben, mit denen wir grundsätzlich beginnen, für die wir behaupten, Lösungen gefunden zu haben, sind auch jene Probleme, mit denen wir tatsächlich enden. Es gibt sicherlich für jede unserer Lösungen in der Ökonomik ein passendes Problem, aber vielleicht nicht für jedes unserer Probleme auch eine Lösung. Eher scheint es mir so, dass manche der aufgeworfenen Probleme von anderen Akteuren zu lösen sind, als von jenen, die sie aufgeworfen haben. Jedes Ergebnis stellt sicherlich irgendjemanden zufrieden, aber vielleicht nicht immer denjenigen, den wir erhofft haben, zufrieden zu stellen, oder der erhofft hat, eine Lösung zu erhalten.

Dass das Verständnis für die zu behandelnde *Problemklasse* der Ökonomik oder aller Sozialwissenschaften mehr als ambivalent ist, kann beispielhaft am Werk von J. A. Schumpeter aufgezeigt werden. So lädt er in seinem im Jahr 1947 erschienenen Artikel *„The Creative Response in Economic History"* nicht Unternehmer oder (Wissens-)Arbeiter zu einer „wertvollen Entdeckungsreise über den ökonomischen Wandel" ein. Das bedeutet, also gerade nicht die unmittelbar an diesem Wandel Beteiligten bzw. Verantwortlichen, nicht diejenigen, für deren Probleme der Wandel eine Antwort und erneute Frage darstellt. Statt dieser lud Schumpeter Wirtschaftshistoriker und -theoriker zu dieser Entdeckungsreise ein. Dies ist insofern nicht erstaunlich, als dass er schon in seinem bekannten Frühwerk *Das Wesen und der Hauptinhalt der theoretischen Nationalökonomik*[7] mit dem Gedanken beginnt, einer *rein theoretischen* bzw. historistischen Nationalökonomik zu huldigen.[8] Für ihn waren alle Ökonomen, die nicht dem *Walras'ischen Totalsystem* und dem Gedanken der *Nationalökonomik* als einer dem Beispiel der Physik folgenden Disziplinen huldigten, entweder nur Vorläufer oder aber Anhänger eines verlorenen Stammes (Lachmann 1976, S. 54). Dies soll insoweit gelten, als es das Verständnis davon betrifft, was die Nationalökonomik erreichen kann und soll bzw. dahingehend, welche Probleme aufgeworfen und gelöst werden sollen und demgegenüber, welche Probleme tatsächlich aufgeworfen und gelöst werden können.

---

[7]Schumpeter, 1908.

[8]Noch vor dem *Wesen* veröffentliche J.A. Schumpeter ein Pamphlet *Methodischer Individualismus*. Dieses Werk war kaum bekannt und wurde auch erst 1980 ins Englische übersetzt. Hierin annonciert er die Wichtigkeit des *Individuums* als Ursprung und Ende aller wirtschaftlichen Tätigkeit. Sein Gedankengebäude baut ebenso wie das seiner brillanten Vorgänger Menger (2006 [1871]), Mises (1998 [1940]) oder Hayek auf dem Grundpfeiler des *methodischen Individualismus* auf.

In seinem späteren Opus Magnum *„Die Theorie der wirtschaftlichen Entwicklung"* aus den Jahren von 1911/1934[9] unterscheidet Schumpeter *Invention* und *Innovation* dadurch, dass für Letztere etwas „Neues" getan werden muss oder dass etwas Bekanntes auf eine neue Art getan wird. Essentiell ist für eine Innovation also, dass etwas „getan" wird. Es muss etwas verändert werden, etwas getan werden, was nicht evident ist. Denn die Notwendigkeit zur Veränderung bzw. die Veränderung an sich, also die Notwendigkeit der Überwerfung von Bekanntem, verdeutlicht, dass das Bekannte unzureichend ist. Wenn das Bekannte unzureichend ist, so ist dieses nicht mehr als vollständig bekannt oder wahrhaftig zu erachten. Damit gibt es auch keinen klaren Pfad zu diesem Bekannten hin, außer jenem des Ausprobierens, dem der Anpassung und Veränderung. Genauso wie *Menger*[10] und Mises vor ihm, stellt Schumpeter hier das *Handeln* in den Vordergrund. Es ist das *Tun* von neuen Dingen oder die Veränderung jener Dinge, die bisher getan wurden und mit denen wir nicht zufrieden sind,[11] die den wirtschaftlichen und sozialen Entwicklungen Bahn brechen oder überhaupt Bahn brechen können. Die *Probleme* der Wirtschaft sind somit nur durch unmittelbares *Handeln* zu bewältigen. Es ist ungenügend, die Lösungen nur zu beschreiben, weil bisher Bekanntes überworfen werden muss, um einer tatsächlichen Lösung, welche als solche zu bezeichnen ist bzw. auch zu überprüfen ist, Bahn zu brechen.

Die Ambivalenz besteht darin, dass die *Probleme* der Ökonomie andere Probleme als die *Probleme* der Ökonomik sind. Die Lösungen der ersteren enthalten *Anwendbares* bzw. müssen angewendet werden. Daher müssen wir uns damit auseinandersetzen, welche Probleme wir eigentlich versuchen zu lösen, was veritable Lösungen für diese Probleme wären und welche Lösungen wir vielleicht ermitteln, die aber nicht mit den ursprünglich gestellten Problemen kongruent sind. Wir müssen uns also mit der Logik unserer forscherischen Tätigkeit beschäftigen und diese *kritisch* überprüfen. Schumpeter (2004 [1934]) stellt deutlich heraus, dass es besondere Menschen – für ihn den *Entrepreneur*[12] – braucht, um etwas in der Wirtschaft zu verändern. Ich möchte dies aufgrund meiner eigenen Erfahrung so deuten, dass es möglicherweise „leicht" ist, eine Masse von

---

[9]Erstmals wurde es als *Theorie der wirtschaftlichen Entwicklung* in 1911 veröffentlicht. Es folgt die am weitesten bekannte und zitierte und erweiterte Ausgabe auf Englisch 1934.

[10]Carl Menger hat mit seinen *Grundsätzen* die österreichische Schule der Nationalökonomik begründet, in deren Tradition ein illustrerer Kreis von herausragenden Denkern steht. Schumpeter muss ebenfalls zu diesem Kreis gezählt werden. Nicht nur bzgl. seiner Themen, die sowohl die Methodik umfasst, welches ein treibendes Thema der „Österreicher" war und ist. Sondern auch die Theorien der Umlaufmittel und Konjunkturzyklen.

[11]Mises (1998 [1940], S. 13) hat der *Unzufriedenheit* und *Handeln* einen besonderen Platz eingeräumt. *„The incentive that impels a man to act is always some uneasiness"*. Wir könnten auch Motivation sagen, aber im Prinzip ist es der Übergang von einem Zustand eines sozialen Systems in einen anderen.

[12]Menger und seine Mitstreiter stellten vermutlich als erstes die Bedeutung des *Unternehmers* für das wirtschaftliche System heraus (Kirzner, 1978).

bedeutsamen Problemen vorzubringen. Gleichwohl ist es aber wesentlich „schwieriger", ohne eine gewisse Tatkraft und mit dem Risiko eines ungewissen Ausgangs selbst das kleinste dieser Probleme zu lösen.

Es ist erforderlich, einzugestehen, dass in der Ökonomik in Bezug auf Problemlösungen *Anspruch* und *Ergebnis* nicht immer miteinander übereinstimmen. Rückgreifend auf die Gedanken von Schumpeter scheint es, als ob *Produktivitätsprobleme* – also jene Probleme, die daraus folgen, dass unsere Erwartungen bezüglich unserer Produktivität nicht erfüllt sind – doch nur durch die Entwicklung neuer Maschinen, die Anwendung neuer Organisationsformen, die Erschließung neuer Absatzmärkte oder Ressourcen zu lösen sind. Außerdem kann bezweifelt werden, ob aufgrund der Komplexität der involvierten Prozesse, die in ihrer Gänze niemandem bekannt sind – so die Argumentation Hayeks in *„Economics and Knowledge"* von 1937 – überhaupt eine Lösung von einem oder mehreren wenigen Individuen des *wissenschaftlichen Apparats* für die sich eigentlich stellenden Problem gefunden werden kann.

9.2   Produktivitätsprobleme

Produktivität vermag sich zunächst über das Verhältnis einer Ausbringungsmenge zu einer Einsatzmenge bzw. eines Einsatzes zu einem Ergebnis zu definieren.

$$P_i = \frac{y_i}{x_i}$$

Die Ausbringungsmenge bzw. das Ergebnis y_i kann dabei vieles sein, z. B. Stückzahlen, Umsatz, Gewinn etc. Genauso kann die Einsatzmenge bzw. der Einsatz x_i vieles sein, z. B. Arbeitsstunden, Kosten, Menge von Ressourcen. Jedoch kann Produktivität nicht ausschließlich darüber definiert werden bzw. sollte sie nicht. Vielmehr ist mit jedem P_i auch ein zugehöriger Erwartungswert E_i zu assoziieren. Nur wenn $E_i \neq P_i$ sind wir mit einem Problem konfrontiert – einem *Produktivitätsproblem* – gegeben dessen wir oder jeder andere aktiv wird. Wir müssen nun dieses Problem genauer charakterisieren. Um dies zu tun, halten wir Nachfolgendes fest: jede Untersuchung der Produktivität P_i mit einem zugehörigen Erwartungswert E_i kann nur eines von *zwei* möglichen Ergebnissen haben.

Erstens, unsere Erwartungen in die Leistungsfähigkeit von Mensch und/oder Maschine sind erfüllt.

$$E_i = P_i$$

Wir sind ebenso „produktiv" wie wir es erwartet haben, zu sein oder es ist uns nicht unmittelbar ersichtlich, wie wir „produktiver" sein können. Unsere Erwartungen werden nur dahingehend enttäuscht, dass sich die Überprüfung als unnötig bzw. als rein *deskriptiv* herausgestellt hat.

Zweitens, unsere Erwartungen werden nicht erfüllt. Wir haben mehr erwartet. Wir haben gehofft, „produktiver" sein zu können.

$$E_i \neq P_i$$

Unsere Erwartungen wurden jedoch insoweit nicht erfüllt. Sie wurden lediglich dahingehend erfüllt, als dass sich eine Überprüfung als notwendig herausgestellt hat. Es gibt etwas zu tun bzw. wir nehmen an, dass es mehr zu tun gibt. Wir haben an dieser Stelle zu vernachlässigen, dass *ersteres* Ergebnis tatsächlich erzielt wird bzw. dass, gegeben einer gewissen *Nichtsättigungs*annahme bezüglich menschlichen Verhaltens, von dem Eintritt eines solchen auszugehen ist.

Ersteres Ergebnis einer Produktivitätsmessung ist demnach als *nicht-problembehaftet* zu bewerten. Wir haben erwartet, mit einem Problem konfrontiert zu sein bzw. wir haben angenommen, mit einem Problem hinsichtlich der effizienten oder effektiven Produktion von Dingen konfrontiert zu sein. Aber dem ist anscheinend nicht der Fall. Wir haben nicht viel, was wir verbessern können oder es ist uns zu diesem Zeitpunkt nicht ersichtlich, was zu verbessern wäre. Es ist zwar – wie schon festgestellt – kaum davon auszugehen, dass wir tatsächlich dieses Ergebnis erhalten. Dies gilt auch hinsichtlich der Voraussetzung, unter der eine Messung durchgeführt wird oder jener Voraussetzung, welche der unmittelbare Zweifel oder die Unsicherheit ist. Dennoch ist dieses Ergebnis plausibel.

Im Gegensatz hierzu ist das *zweite* Ergebnis einer Produktivitätsmessung als *problemhaftet* anzusehen. Wir erwarten, etwas verbessern zu können bzw. wir nehmen an, tatsächlich etwas verbessern zu können. An dieser Stelle müssen wir uns jedoch damit konfrontiert sehen, dass wir zunächst gehofft haben, unter Berücksichtigung aller Umstände und besten Wissens wie Gewissens die beste aller Entscheidungen getroffen zu haben. Obgleich wenn dies bewusst nicht der Fall gewesen ist, ist gleichwohl dennoch eine „beste" aller Entscheidungen getroffen worden. Wir haben all unser Wissen zur Verfolgung unseres Zweckes eingesetzt bzw. wir haben all das Wissen eingesetzt, von dem wir annehmen können und konnten, dass es der Verfolgung dieses Zweckes dienlich ist. Es war uns *quasi* unmöglich, eine andere Maschine zu bauen, ein anderes Verfahren einzusetzen, einen anderen Absatzmarkt anzugehen oder eine andere Organisationsform zu wählen, als jene, die wir gewählt haben. Wäre dem nicht der Fall, so hätten wir sicherlich vermeiden wollen, nun mit dieser Situation konfrontiert zu sein, in der wir eine neue Maschine einsetzen möchten, ein neues Verfahren anwenden, einen anderen Absatzmarkt erschließen oder eine neue Organisationsform ausprobieren wollen. Ebenso ist es unmöglich, diese Verbesserungen *theoretisch* zu bewirken. Diese Verbesserungen sind rein *praktischer* Natur. Sie können nur durch *innovative* Tätigkeiten bewirkt werden. Denn so wie dieser Zustand der Zufriedenheit aus einem anderen Zustand der Unzufriedenheit entstand und die Zufriedenheit eigentlich hätte verschwinden sollen, so werden wir mit größter Wahrscheinlichkeit wieder in einem Zustand der Unzufriedenheit enden. Da es also keinen klaren Weg zur Zufriedenheit zu geben scheint, so ist es auch zwangsläufig notwendig, dass immer wieder Dinge getan werden müssen und dass *Tätigkeit/Handeln* das zentrale Element wirtschaftlicher Prozesse ist.

9.3   Problem- und Lösungsklassen

Wird nun eingewendet, dass Produktivitätsforschung oder vielleicht sozialwissenschaftliche Forschung ganz allgemein nicht von „praktischer Natur" ist, d. h. dass sie sich nicht mit der Verbesserung von Maschinen und Verfahren oder der Erschließung von neuen Absatzmärkten beschäftigt, so müssen wir genau an diesem Punkt hinterfragen, ob dem denn tatsächlich so ist oder sein sollte. Dass also die Probleme, die sich eigentlich in der Produktivitätsforschung aufwerfen – solche Probleme mit Maschinen, mit Verfahren, mit Absatzmärkten und Organisationsformen – als die Probleme erkannt und behandelt werden sollten die sie nun einmal sind oder aber statt dieser vielleicht auf gänzlich andere Probleme geschaut werden sollte. Es soll an dieser Stelle erneut angemerkt werden, dass ein unmittelbares Handeln zur Lösung eines Problems stets möglich ist. Niemand würde es verbieten, eine neue Organisationsform zu entwickeln und in einem Unternehmen auszuprobieren. Gleiches gilt für den Ansatz, eine neue Maschine zu entwickeln. Die neuen Maschinen und Verfahren sind unmittelbar einsetzbar, die neuen Absatzmärkte und Ressourcen unmittelbar nutzbar und die neuen Organisationsformen unmittelbar kommunizierbar. In Rückgriff auf Schumpeter (Schumpeter 2004 [1934]; Schumpeter 1942a, Schumpeter 1942b), kann es nur der *Entrepreneur* oder eine Person mit einem *entrepreneurial spirit* sein, der solcherlei Probleme löst bzw. zu lösen imstande ist. Es ist nicht zu erwarten, dass Probleme dieser Art von anderen Personen gelöst werden. Auch Probleme der Arbitrage können Kirzner (Kirzner 1973; Kirzner 1978) folgend nur durch den *Entrepreneur* gelöst werden. Allein der *Entrepreneur* ist es, der erkennt, wo Markpreise nicht wettbewerbsmäßig sind. Es ist nicht der Staat oder der Wissenschaftler, sondern ausschließlich er. Nur der *Entrepreneur* erkennt diese Möglichkeiten und daher ist es auch nur der *Entrepreneur*, der in der Lage ist, die notwendigen Anpassungen zu machen.

Wenn wir uns nun mit dem Wesen der Produktivitätsforschung auseinandersetzen, so haben wir uns die Produktivitätsprobleme genauer anzusehen bzw. herauszufinden, welcher *Klasse* die jeweiligen Probleme angehören. Sind diese Probleme durch eine Andersleistung gekennzeichnet? Haben wir also ein anderes Ergebnis erwartet, so bedingt eine Lösung dieser Probleme „Organisationelles", „Absatzmarktliches", „Resourcemäßiges" oder „Technisches" zu verändern. Es sind im weitesten Sinne „praktische" Handlungen notwendig, um diese Probleme zu beseitigen. So sind also „technische" Dinge zu tun, um „technische" Probleme zu lösen. Wir müssen „Organisationelles" verändern, um „organisationelle" Probleme zu lösen und weiter müssen wir „absatzmarktlich" aktiv werden, um dort etwas zu verändern. Eine Lösung für diese Probleme kann durch nichts anderes beseitigt werden – so auch Mises und Schumpeter – als dadurch, dass etwas getan wird. Eine Beseitigung ist natürlich nicht unmittelbar die Folge dessen, sie kann, auch wenn darauf willentlich ausgerichtet, ein anderes Ergebnis haben, aber ohne *Tun* ist eine Lösung grundsätzlich unmöglich. Es genügt hier keine bloße Schlussfolgerung. Denn Probleme entspringen eben nicht aus der Gewissheit, sondern sie keimen aus der Ungewissheit auf. Unsere „technischen", „absatzmarktlichen", „resourcemäßigen" und

„organisationellen" Probleme sind ein Resultat des Umstands, dass wir nicht alles planen konnten bzw. neue Tatsachen geschaffen wurden. Wir versuchen, ja wir sind bemüht, keine Probleme zu finden, denn Probleme sind *qua* Definition zu lösen. Sie stellen *qua* Definition etwas dar, was zu beseitigen ist. Daher haben wir das nunmehr bekannte Problem nicht gesucht und daher ist auch noch nicht *wahrhaft/tatsächlich* bekannt, wie dieses nun erst bekannt gewordene Problem zu beseitigen ist.

Wenn wir nun dahin zurückkommen, uns zu fragen, was im Kern von „Unproduktivität" steckt, sollten wir erkennen, dass dort jene „organisationellen", „absatzmarktlichen", „technischen" und/oder „ressourcenmäßigen" Probleme auf uns warten. Eben jene Probleme, die eben gerade nur durch solcherlei Handlungen abschließend zu lösen sind. Dies führt uns erneut zurück zu Schumpeter und seiner exemplarischen Ambivalenz zu dem, was die Nationalökonomik leisten kann oder was sie leisten soll. Denn es stellt sich scheinbar noch immer die Frage, welchem Modell einer *Wissenschaft* wir folgen möchten. Soweit die Wissenschaft die Probleme der Wirtschaftssubjekte betrifft, kann sich die Wirtschaftswissenschaft nicht als rein „theoretische" Disziplin konstituieren. Gegeben den vorangegangenen Ausführungen kann das Wesen und der Hauptinhalt einer Wirtschaftswissenschaft Schumpeter (1908), die sich der Probleme der Wirtschaftssubjekte annimmt, nur „praktisch" sein.

Die Probleme, der sich die Produktivitätsforschung zuzuwenden scheint, scheinen eben jene „praktischen" Probleme zu sein, die zuvor beschrieben worden sind. Sie sind der Klasse der *Anwendungsprobleme* zuzuordnen. Jedoch scheint sich die *Produktivitätsforschung* aber insoweit tatsächlich mit *Beobachtungsproblemen* zu beschäftigen wollen, als dass wir nichts *Anwendbares* in ihr finden können. Wir stoßen also nicht auf jene „praktischen" Dinge, die wir zuvor betrachtet haben. Diese Beobachtungsprobleme, die zur gegenwärtigen Produktivitätsforschung korrelieren, können lediglich beobachtend gelöst werden. Diese Probleme sind wahrscheinlich artifiziell. Sie vernachlässigen tatsächliche Ursache-Wirkung-Beziehungen. Die tatsächlich bestehenden „praktischen" Probleme von Produktivität werden auf diese Weise nicht unmittelbar, jedenfalls nicht vollständig, gelöst. Abschließend bleibt *kritisch* zu hinterfragen, welche *Probleme* gelöst werden sollen. Die Antwort hierauf möchte ich nicht geben. Jedoch sollten wir feststellen, dass die Demarkation, die gezogen wird und gezogen werden sollte, eben jene ist, welche *Wissenschaft* von der *Pseudowissenschaft* trennt und trennen soll.[13]

---

[13]Was grundsätzlich falsch verstanden wird, ist, dass *Wissenschaft* sich klar von *Pseudowissenschaft* abgrenzt, und zwar über ihre empirische Methode. Dem ist aber grundsätzlich nicht so. „*Hume believed that a justification of induction could not be given because we do not know whether we shall have success; the correct formulation, instead, would read that a justification of induction could not be given if we knew that we should have no success.*" (Reichenbach 2006 [1938], S. 362). Die *positivistische* Position ist keine ungreifbare, noch kann sie unumstößlich *Wissenschaft* von *Pseudowissenschaft* trennen.

Sebastian Döll studierte Volkswirtschaftslehre an der Friedrich-Schiller-Universität Jena. Von 2010 bis 2014 war er wissenschaftlicher Mitarbeiter am Lehrstuhl für Mikroökonomik von Prof. Dr. Uwe Cantner. Er forscht auf dem Gebiet der Produktivitäts- und Effizienzanalyse sowie der Ideengeschichte und wissenschaftlichen Methodik. Danach war er als Technical Lead und Lead Developer bei einer internationalen Unternehmensberatung tätig. Heute arbeitet er als Senior Frontend Developer bei einem internationalen Verlags- und Medienhaus und engagiert sich in einer Vielzahl von Open-Source-Projekten.

Literaturverzeichnis

Boettke P, Caceres ZW, Martin A (2013) Hayek and behavioral economics Error is obvious, coordination is the puzzle. In: Frantz R, Leeson R (Hrsg.) Palgrave Macmillian, London, S. 90–110

Boland LA (1997) Critical economic methodology: a personal odyssey. Routledge, London

Feyerabend P (1993 [1975]) Against Method. Verso, New York

Hayek FA (1937) Economics and Knowledge. Economica. New Series 4(13):33–54

Kirzner IM (1973) Competition and entrepreneurship. University Of Chicago Press, Chicago

Kirzner IM (1978) The entrepreneurial eole in Menger's system. Atlantic Economic Journal 6(3):S. 31–45

Lachmann LM (1976) From mises to shackle: an essay on austrian economics and the kaleidic society. J Econ Lit 14:54–62

Menger C (2006 [1871]) Grundsätze der Volkswirtschaftslehre. VDM, Saarbrücken

Mises L (1998 [1940]) Human action, auburn. Ludwig von Mises Institute, Auburn, Alabama

Popper KR (1963) Science as falsification. in conjectures and refutations. Routledge, London S. 33–39

Popper KR (1987) „The Myth of the framework," Rational changes in science: Essays on scientific reasoning. S. 35–62

Reichenbach H (2006 [1938].) Experience and prediction. University of Notre Dame Press, Notre Dame

Schumpeter J (1942a) Capitalism, socialism, and democracy. Harper & Bros, New York

Schumpeter JA (1908) Das Wesen und der Hauptinhalt der theoretischen Nationalökonomie. Duncker & Humblot, Leipzig

Schumpeter JA (1942b) Capitalism, socialism and democracy, Harper & Bros, New York

Schumpeter JA (1947) The creative response in economic history. J Econ Hist 7(2):149–159

Schumpeter JA (2004 [1934]) The theory of economic development. Harvard University Press, Cambridge

Schumpeter JA (2006 [1912]) Theorie der Wirtschaftlichen Entwicklung. Röpke J., Stiller O. (Hrsg.), Nachdruck der 1. Auflage von 1912, erschienen bei, Duncker & Humblot, Berlin

Shackle GLS (1965) A scheme of economic theory. Cambridge University Press, New York

The manufacturer's authorised representative in the EU is Springer
Nature Customer Service Centre GmbH, Europaplatz 3, 69115 Heidelberg,
Germany. If you have any concerns regarding our products, please
contact ProductSafety@springernature.com

Printed and bound by CPI Group (UK) Ltd, Croydon, CR0 4YY
27/04/2026
02097564-0016